2013职(执)业资格考试辅导丛书

公路工程试验检测人员考试全真模拟题

王 志 邵丽霞 陈 峰 马 峰 主编

人民交通出版社

内 容 提 要

本书为公路工程试验检测人员考试辅导用书，主要包括《公共基础》、《材料》、《公路》、《桥梁》四个考试科目，每个科目均按考试大纲要求编制了5套全真模拟题，每套模拟题后均有参考答案及详细解析，答案详解部分自成系统，可使考生在自测的同时达到复习提高的目的。

本书主要供公路工程试验检测人员应考使用，亦可供其他相关人员参考使用。

图书在版编目(CIP)数据

公路工程试验检测人员考试全真模拟题 / 王志等主编. —北京：人民交通出版社，2013.3

ISBN 978-7-114-10493-0

Ⅰ.①公…　Ⅱ.①王…　Ⅲ.①道路工程—试验—资格考试—习题集②道路工程—检测—资格考试—习题集　Ⅳ.①U41-44

中国版本图书馆CIP数据核字(2013)第058694号

书　　名：公路工程试验检测人员考试全真模拟题
著 作 者：王　志　邵丽霞　陈　峰　马　峰
责任编辑：曲　乐　周　宇
出版发行：人民交通出版社
地　　址：(100011)北京市朝阳区安定门外外馆斜街3号
网　　址：http://www.ccpress.com.cn
销售电话：(010)59757973
总 经 销：人民交通出版社发行部
经　　销：各地新华书店
印　　刷：北京交通印务实业公司
开　　本：787×1092　1/16
印　　张：24.5
字　　数：595千
版　　次：2013年3月　第1版
印　　次：2013年3月　第1次印刷
书　　号：ISBN 978-7-114-10493-0
定　　价：52.00元

前言

做考试模拟题是广大考生复习备考必不可少的一个环节。好的模拟题及解析将有利于考生培养考场感觉，熟悉题型结构，掌握答题技巧，确保考生在真正的考试中能正常发挥甚至超常发挥。因此，编者精选历年历次公路工程试验检测考试真题编写了这套全真模拟题及解析，以供广大考生复习迎考和强化训练之用。

2013 年，交通运输部修订出版了《公路水运工程试验检测人员考试大纲》(2013 年版)，除相关考试内容有所变化外，在考试题型上也做了较大变动，将 2012 版考试大纲中的"问答题型"改为了"综合题型"，且试卷全部采用客观题的考核形式。本书在上一版基础上针对考试大纲的变化做了有针对性的修订与完善，但限于修订时间的限制，本次修订时，每个科目只出了一道综合题，并分别放在模拟试题(一)后，可供考生熟悉新题型，模拟试题中仍以问答题的形式出现，以便考生系统掌握相关考试要点。本套修订版模拟题具有以下特点：

一、针对性

本套全真模拟题及解析是专门为准备参加"2013 年公路水运工程试验检测人员考试"的广大公路工程考生编写的。模拟题在题型结构、内容比例等方面紧扣最新大纲，在深度和广度上不超出大纲范围。鉴于试验检测工程师和试验检测员两个等级专业考试科目的设置和考试范围相同，考试内容的难易程度不同，本套模拟题及解析主要以对内容要求较难的试验检测工程师为主，同时兼顾考试内容较易的试验检测员。

二、实用性

由于广大考生往往工作繁忙，很难抽出大量时间按照大纲开列出的参考书目系统学习，本套模拟题最大的特色是每套模拟题后均附有参考答案和详细解析。答案和解析内容均出自考试大纲主要参考书目，方便考生练习和复习，不必费时费力翻阅查找其他的参考资料，通过做练习达到巩固知识、培养能力、全面提高、重点掌握的目的。

三、高效性

从考生的角度出发，每个考试科目只编排了五套模拟试题。希望考生通过五套模拟题的练习和对解析内容的领会，在短期内就能得到很大提高并通过相应科目的考试，起到事半功倍的效果。需要注意的是：希望考生在每次做模拟题时，要以临场的精神状态，以考试要求的时间和速度完成练习，从而达到模拟考试的最佳效果。

本书内容包括《公共基础》、《材料》、《公路》和《桥梁》科目。由于2013年公路水运工程试验检测考试大纲相比原考试大纲发生了一些变化，本次修订是依据考试大纲内容上的变化对原来的内容进行了调整、增加、删除、订正等工作。由于编者水平有限，难免有疏漏和错误之处，恳请同行专家和广大读者给予批评指正，在此表示衷心的感谢！请将发现的问题和存在的疑问以电子邮件形式（wzzz@163.com）发给我们，我们将尽快给予答复。

编　者

2013年3月

目　录

第一部分　公共基础

第二部分　公　路

第三部分　桥　梁

第四部分　材　　料

第一部分　公共基础

《公共基础》模拟试题(一)

一、单项选择题(四个备选项中只有一个正确答案,总共30道题,每题1分,共计30分)

1. 国家监督抽查的产品,地方( )另行重复抽查;上级监督抽查的产品,下级( )另行重复抽查。( )

A. 可以;可以　　B. 不得;不得　　C. 可以;不得　　D. 不得;可以

2. 为社会提供公正数据的产品质量机构必须经( )以上的人民政府计量行政部门。

A. 省级　　B. 市级　　C. 县级　　D. 乡镇级

3. 试验检测机构应在等级证书有效期满前提前( )个月向原发证机构提出换证复核申请。

A. 1年　　B. 6个月　　C. 3个月　　D. 1个月

4. 检测机构停业时,应该在( )内办理注销手续。

A. 15日　　B. 30日　　C. 60日　　D. 180日

5. 质量体系文件的层次通常习惯划分为( )。

A. 二层次　　B. 三层次或四层次

C. 五层次　　D. 六层次

6. 实际能力达不到《等级证书》能力的检测机构,质检机构应该给予( )。

A. 整改期限

B. 注销等级证书的处分

C. 重新评定检测机构等级的处理

D. 列入违规记录并予以公示的处分

7. 施工单位偷工减料处工程合同价款( )的罚款。

A. 4%以上、6%以下　　B. 2%以上、4%以下

C. 6%以上、8%以下　　D. 8%以上、10%以下

8. 公路水运工程试验检测信用评价周期为( )年。

A. 1　　B. 2　　C. 3　　D. 4

9. 计量是量值准确一致的( )。

A. 测量　　B. 校验　　C. 检定　　D. 比对

10. 一般来讲,检定与校准相比包括的内容( )。

A. 更少　　B. 更多　　C. 一样多　　D. ABC都不正确

11. 校准实验室对所有的校准都应具有并应用评定测量( )的程序。

A. 不准确度　　B. 不确定度　　C. 精密度　　D. 准确度

12. 实验室应具有安全处置、运输、存放、使用和有计划维护( )的程序,以确保其功能正常并防止污染或性能退化。

A. 测量系统　　B. 测量数据　　C. 测量设备　　D. 校准设备

13. 质量手册是阐明一个组织的质量方针,并描述其(　　)和质量实践的文件。

A. 保障体系　　B. 实施过程　　C. 认证体系　　D. 质量体系

14. 溯源性指任何一个测量结果或计量标准的值,都能通过一条具有规定不确定度的联系比较链与(　　)联系起来。

A. 标准物质　　B. 量值传递　　C. 计量基准　　D. 测量标准

15. 实验室应有校准其参考标准的计划和程序,参考标准应由(　　)进行校准。

A. 能够提供溯源的机构　　B. 有校准能力的机构

C. 有资质的实验室　　D. 甲级资质实验室

16. CMA 是(　　)的英文缩写。

A. 国际计量认证　　B. 中国计量认证

C. 计量合格证　　D. 计量资格证

17. 报告和证书的格式应设计为适用于所进行的各种检测和校准(　　),并尽量减小产生的误解或误用的可能性。

A. 信息　　B. 要求　　C. 标准　　D. 类型

18. 绝对误差的定义为(　　)。

A. 测量结果 - 真值　　B. 测量结果 - 规定真值

C. 测量装置的固有误差　　D. 测量结果 - 相对真值

19. 某仪表的精确度等级为 R,则 (　　)。

A. 示值误差为 $R\%$　　B. 引用误差为 $R\%$

C. 相对误差为 $R\%$　　D. 绝对误差为 R

20. 计量值的概率分布为(　　)。

A. 正态分布　　B. 几何分布　　C. 两项分布　　D. 泊松分布

21. 在数据表达方法中(　　) 是基础。

A. 表格法　　B. 图示法　　C. 经验公式　　D. 回归分析

22. 经验公式法表达数据的优点是(　　)。

A. 紧凑扼要　　B. 简单　　C. 准确　　D. 直观

23. 最小二乘法的原理是,当所有的测量数据的(　　)最小时,所拟合的直线最优。

A. 误差　　B. 偏差的积　　C. 误差的和　　D. 偏差的平方和

24. 42 000,若有 3 个无效零则为 2 位有效位数,应写为(　　)。

A. 4.2×10^4　　B. 42×10^3　　C. 420×10^2　　D. $4\,200\times10$

25. 四位数字 12.8、3.25、2.153、0.028 4 相加,若计算结果尚需参与下一步运算,则结果为(　　)。

A. 18.231 4　　B. 18.231　　C. 18.23　　D. 18.2

26. 当测量值与平均值之差大于 2 倍标准差时,则该测量值应(　　)。

A. 保留　　B. 存疑　　C. 舍弃　　D. 保留,但需存疑

27. 采用 3S 法确定可疑数据取舍的判定公式为(　　)。

A. $|x_i - x_{平}| \geqslant 3S$　　B. $|x_i - x_{平}| > 3S$

C. $|x_i - x_{平}| \leqslant 3S$　　D. $|x_i - x_{平}| < 3S$

28. 工地试验室授权负责人信用等级被评为信用很差的( )年内不能担任工地试验室授权负责人。

A. 2 年　　B. 3 年　　C. 5 年　　D. 7 年

29. 批质量是单个提交检查批的质量,用( )表示。

A. 每百单位产品不合格品数　　B. 产品不合格品数

C. 每百单位产品合格品数　　D. 产品合格品数

30. 抽样程序指使用( )判断批合格与否的过程。

A. 抽样　　B. 抽样方案　　C. 合格判定数　　D. 不合格判定数

二、判断题(正确的事实在后面括号中打"✓",错误的事实在后面括号中打"×"。总共 30 道题,每题 1 分,共计 30 分)

1. 为社会提供公证数据的产品质量检验机构,必须经县级以上的人民政府计量行政部门对其检定、测试的能力和可靠性考核合格。( )

2. 产品质量检验机构、认证机构伪造检验结果或者出具虚假证明的,责令改正,对直接负责的主管人员和其他直接责任人处五万元以上十万元以下的罚款。( )

3. 评价周期内累计扣分分值大于等于 40 分的试验检测人员信用等级为信用很差。( )

4. 国家对产品质量实行以抽查为主要方式的监督检查制度,抽查的样品应当在市场上或者企业成品仓库内的待销产品中任意抽取。( )

5. 县级以上人民政府计量行政部门,根据需要设置计量监督员。( )

6. 根据计量基准的地位、性质和用途,通常分为一级、二级、三级、四级 4 个基准。( )

7. 社会公用计量标准,是指省级以上的政府有关主管部门组织建立的作为统一本地区量值依据,并对社会实施计量监督具有公正作用的各项计量标准。( )

8. 计量是现代"度量衡",计量比"度量衡"更确切,更广泛,更科学。( )

9. 比对是在规定的条件下,对相同准确度等级的同类计量基准、计量标准或工作计量器具之间的量值所进行的比较,其目的是考核量值的误差。( )

10. 校准不具备法制性,是实际企业自愿溯源行为;检定具有法制性,属于计量管理范畴。( )

11. 施工单位、监理单位应根据工程质量安全管理需要或合同约定,在工程现场可自行设立工地试验室,不可委托第三方试验检测机构设立工地试验室。( )

12. 实验室应对非标准方法、实验室设计的方法、扩充和修改过的标准方法进行确认,以证实该方法适用于预期的用途。( )

13. 在评定测量不确定度时,通常不考虑被检测和校准物品预计的长期性能。( )

14. 检测结果只能以书面报告或校准证书的形式发布。( )

15. 真值,是指在一定的条件下,被测量客观存在的实际值。因此,通过精密的测量可以得到。( )

16. 相对误差通常以百分数表达,虽然能够表示误差的大小和方向,但不能表示测量的精密程度,因此,通常采用绝对误差表示测量误差。( )

17. 随机事件的频率和概率是两个不同的概念，但在通常的情况下，通过大量的反复试验，把其频率视作概率的近似值。 ( )

18. 绘制直方图的过程中，确定的组界值应与原始数据的精度一样。 ( )

19. 工地试验室实行授权负责人责任制。授权负责人须持有试验检测工程师证书，可以不是母体试验检测机构委派的正式聘用人员。 ( )

20. 相关系数 γ 是描述回归方程线性关系密切程度的指标，γ 越接近 1，x 和 y 之间的线性关系越好。 ( )

21. 样本中所包含的样本单位，称为样本大小，通常用 n 表示。 ( )

22. 在误差分析中，样本平均值与总体平均值误差越大，则准确度越低。 ( )

23. 随机误差出现的误差数值和正负号没有明显的规律，但完全可以掌握这种误差的统计规律，用概率论和数理统计方法对数据进行分析和处理，以获得可靠的测量结果。 ( )

24. 将 1158 修约到百位数，得 12×10^2。 ( )

25. 修约值报出值 15.5(－)到个数位后进行判定，修约值为 15。 ( )

26. 在数据的修约规则中 0 为多余数字。 ( )

27. 在所有的计算中，常数 e、π 和因子 $\sqrt{2}$ 等数值的有效位数，可认为无限制，需要几位就取几位。 ( )

28. 肖维纳特法是根据顺序统计量来确定可疑数据的取舍。 ( )

29. 正常型频数直方图为中间高两边低，左右对称。双峰型直方图是一种异常型，原因为数据来自不同分布的总体，此时应加以分层。 ( )

30. 样本大小或样本大小系列，和判定数组结合在一起，称为抽样方案。 ( )

三、多项选择题（每道题目所列出的备选项中，有两个或两个以上正确答案，选项全部正确得满分，选项部分正确按比例得分，出现错误选项该题不得分。总共 20 道题，每小题 2 分，共计 40 分）

1. 处理因计量器具准确度所引起的纠纷以( )检定的数据为准。

A. 国家计量基准器具　　B. 国家承认的其他计量基准器具

C. 社会公用计量标准器具　　D. 生活中被普遍使用的计量标准器具

2. 产品质量认证机构应当依照国家规定对准许使用认证标志的产品进行认证后的跟踪检查，对不符合认证标准而使用认证标志的( )。

A. 要求其改正　　B. 警告

C. 取消其使用认证标志的资格　　D. 吊销生产许可证

3. 产品质量监督部门违反规定，向社会推荐监制监销等方式参与产品经营活动的可以( )。

A. 由其上级机关或监察机关责令改正，消除影响

B. 违法收入予以没收

C. 对直接负责的主管人员和其他责任人依法给予行政处分

D. 对直接负责的主管人员和其他责任人依法追究刑事责任

4. 县级以上人民政府建设行政主管部门和其他有关部门履行监督检查职责时，有权采取下列措施( )。

A. 组织稽查特派员,对建设项目实施监督检查

B. 要求被检查的单位提供有关的工程质量的文件和资料

C. 进入被检查单位施工现场进行检查

D. 发现有影响工程质量的问题时责令改正

5. 认证是第三方依据程序对(　　)符合规定的要求给予书面保证(合格证书)。

A. 产品　　B. 过程　　C. 体系或人员　　D. 仪器

6. 计量是量值准确一致的测量。概括起来,计量工作具有(　　)的基本特点。

A. 准确性　　B. 一致性　　C. 溯源性　　D. 法制性

7. 工地试验室出具的试验检测报告应加盖工地试验室印章,印章包含的基本信息有(　　)。

A. 母体试验检测机构名称　　B. 建设项目标段名称

C. 工地试验室　　D. 法人代表

8. 对于签发的涉及结构安全的产品或试验检测项目不合格报告,工地试验室授权负责人应在2个工作日之内(　　)。

A. 报送试验检测委托方　　B. 抄送项目质量监督机构

C. 建立不合格试验检测项目台账　　D. 报告母体试验检测机构

9. 工地试验室授权负责人变更,需(　　)。

A. 由工地试验室提出申请　　B. 母体试验检测机构提出申请

C. 经项目建设单位同意　　D. 报项目质监机构备案

10. 测量不确定度评定所需的严密程度取决于(　　)。

A. 检测方法的要求　　B. 客户的要求

C. 试验人员　　D. 据以作出满足某规范决定的窄限

11. 质量体系是指实施质量管理所需的(　　)。

A. 组织机构　　B. 程序　　C. 过程　　D. 资源

12. 真值有(　　)。

A. 理论真值　　B. 规定真值　　C. 相对真值　　D. 标准真值

13. 样本数据按其性质可分为(　　)。

A. 计量值　　B. 计数值　　C. 检测值　　D. 效验值

14. 直方图在质量控制中的用途主要有(　　)。

A. 估计可能出现的不合格率　　B. 考察工序能力

C. 判断质量分布状态　　D. 判断施工能力

15. 根据误差表示的方法的不同,误差有(　　)。

A. 绝对误差　　B. 相对误差　　C. 引用误差　　D. 示值误差

16. 误差按性质分(　　)。

A. 系统误差　　B. 随机误差　　C. 过失误差　　D. 方法误差

17. 一个抽样方案中应该有(　　)。

A. 合格品数　　B. 样本大小　　C. 不合格品数　　D. 合格判定数

18. 试验室内所有仪器设备均应有状态标识,以下标识错误的有(　　)。

A. 将标识贴在架子上　　B. 将所有玻璃器皿均贴绿色标识

C. 水泥混凝土试模共用标识　　D. 千分表标识贴在包装盒上

19. 一次抽样方案有（　　）。

A. 合格的概率　B. 样本大小　C. 不合格判定数　D. 合格判定数

20. 工地试验室应按照母体试验检测机构质量管理体系的要求，建立完整的试验检测人员档案、仪器设备管理档案和试验检测业务档案，严格按照试验检测规程操作，并做到（　　）相互对应。

A. 试验检测台账　　B. 仪器设备使用记录

C. 试验检测原始记录　　D. 试验检测报告

《公共基础》模拟试题(一)答案及解析

一、单项选择题(四个备选项中只有一个正确答案,总共30道题,每题1分,共计30分)

1.[答案] B

[解析] 《中华人民共和国产品质量法》第十五条 国家对产品质量实行以抽查为主要方式的监督检查制度,……,国家监督抽查的产品,地方**不得**另行重复抽查;上级监督抽查的产品,下级**不得**另行重复抽查。……

2.[答案] A

[解析] 《中华人民共和国计量法》第二十二条 为社会提供公证数据的产品质量检验机构,必须经**省级**以上人民政府计量行政部门对其计量检定、测试的能力和可靠性考核合格。

3.[答案] C

[解析] 《通知》第五条 试验检测机构应在等级证书有效期满前提前**3个月**向原发证机构提出换证复核申请。

4.[答案] A

[解析] 《公路水运工程试验检测管理办法》第二十五条 检测机构停业时,应当自停业之日起**15日**内向原发证质监机构办理《等级证书》注销手续。

5.[答案] B

[解析] 质量体系文件是描述质量体系的一整套文件。它主要由质量手册、程序文件、作业指导书、表格报告及质量记录格式等质量文件构成。质量手册称为第一级文件;质量体系程序文件称为第二级文件;作业指导书称为第三级文件;表格、报告、质量记录的格式称为第四级文件。各单位根据具体情况也**可以将第三与第四级文件合并,但是其包含的内容不可缺少**。

6.[答案] A

[解析]《公路水运工程试验检测管理办法》第四十九条 质监机构在监督检查中发现检测机构有违反本规定行为的,应当予以警告、限期整改,情节严重的列入违规记录并予以公示,质监机构不再委托其承担检测业务。实际能力已达不到《等级证书》能力等级的检测机构,质监机构应当给予**整改期限**。整改期满仍达不到规定条件的,质监机构应当视情况注销《等级证书》或者重新评定检测机构等级。重新评定的等级低于原来评定等级的,检测机构1年内不得申报升级。被注销等级的检测机构,2年内不得再次申报。质监机构应当及时向社会公布监督检查的结果。

7.[答案] B

[解析] 《建设工程质量管理条例》第六十四条 违反本条例规定,施工单位在施工中偷工减料的,使用不合格的建筑材料、建筑构配件和设备的,或者有不按照工程设计图纸或者施工技术标准施工的其他行为的,责令改正,处工程合同价款**百分之二以上百分之四以下**的罚

款;造成建设工程质量不符合规定的质量标准的,负责返工、修理,并赔偿并因此造成的损失;情节严重的,责令停业整顿,降低资质等级或者吊销资质证书。

8.[答案] A

[解析] **《公路水运工程试验检测信用评价办法(试行)》第五条** 信用评价周期为1年,评价的时间段从1月1日至12月31日。评价结果定期公示、公布,对被直接评为信用很差的试验检测机构和人员应当及时公布。

9.[答案] A

[解析] **计量是与测量结果置信度有关的、与不确定度联系在一起的规范化的测量**。不同于一般的测量,它具有准确性、一致性、溯源性及法制性的特点。

10.[答案] B

[解析] 在规定条件下,为确定测量仪器或测量系统所指示的量值,或实物量具或参考物质所代表的量值,与对应的由标准所复现的量值之间关系的一组操作,称为校准;**计量器具的检定**,则是查明和确定计量器具是否符合法定要求的程序,它**包括检查、加标记和出具检定证书**。

11.[答案] B

[解析] 《检测和校准实验室能力认可准则》:校准实验室或进行自校准的检测实验室,对所有的校准和各种校准类型都应具有并应用评定测量**不确定度**的程序。

12.[答案] C

[解析] 《检测和校准实验室能力认可准则》:实验室应具有安全处置、运输、存放、使用和有计划维护**测量设备**的程序,以确保其功能正常并防止污染或性能退化。

13.[答案] D

[解析] 《检测和校准实验室能力认可准则》:质量手册是阐明一个组织的质量方针,并描述其**质量体系**的文件。

14.[答案] C

[解析] 溯源性是指任何一个测量结果或计量标准的值,都能通过一条具有规定不确定度的连续比较链与**计量基准**联系起来。这种特性使所有的同种量值都可以按这种比较链通过校准和一致性得到技术保证,否则,量值出于多元或多头,必然会在技术上和管理上造成混乱。

15.[答案] A

[解析] 《检测和校准实验室能力认可准则》:实验室应有校准其参考标准的计划和程序。参考标准应由**能够提供溯源的机构**进行校准。

16.[答案] B

[解析] CMA是China Metrology Accreditation(**中国计量认证/认可**)的缩写。取得计量认证合格证书的检测机构,可按证书上所批准列明的项目,在检测(检测、测试)证书及报告上使用本标志。

17.[答案] D

[解析] 《检测和校准实验室能力认可准则》:报告和证书的格式应设计为适用于所进行的各种检测或校准**类型**,并尽量减小产生误解或误用的可能性。

18.［答案］　A

［解析］　测量结果减去被测量的真值所得的差，称为绝对误差。用式可表示为：**绝对误差 = 测量结果 - 真值。**

19.［答案］　B

［解析］　仪表精度等级又称准确度级，是按国家统一规定的允许误差大小划分成的等级。**引用误差的百分数分子作为等级标志**。引用误差是计量器具示值的绝对误差与器具特定值之比，引用误差 = 绝对误差/特定值（特定值又称引用值，可以是测量仪器的量程或标称范围的上限）。

20.［答案］　A

［解析］　正态分布是人们考察自然科学和工程技术中得到的一种连续分布，是对大量实践经验的抽象结果。**计量值是连续型随机变量**，其分布是连续型分布。BCD 选项都属于离散型分布，只有选项 A 是连续型分布。

21.［答案］　A

［解析］　测量数据的表示方法通常有**表格法**、**图示法**、**经验公式法**三种。表格法简单方便，在科学试验中一系列测量数据都是先列成表格，然后再进行其他的处理，列成表格是为了表示测量结果，或是为了以后的计算方便，同时也是图示法和经验公式法的基础。

22.［答案］　A

［解析］　测量数据的表示方法通常有**表格法**、**图示法**、**经验公式法**三种。表格法简单方便，但要进行分析就不能胜任了，但它是图示法和经验公式法的基础；图示法最大的优点是一目了然，从图形中可直观地看出函数变化的规律；经验公式法把全部测量数据用一个公式来代替，不仅有**紧凑扼要**的优点，而且可以对公式进行必要的数学运算。

23.［答案］　D

［解析］　一元线性回归是工程中经常遇到的配直线的问题。通过试验，可以得到若干组的对应数据，根据这些数据画出相关图，当点大致分布在一条直线附近时，说明两变量之间存在线性关系，即可以用一条适当的直线来表示这两变量的关系。此直线方程为：$Y = a + bx$，a、b 是回归系数，最小二乘法是根据**偏差平方和**最小的条件来选择常数 a、b 的方法，当所有数据偏差平方和最小时，所配的直线最优。

24.［答案］　B

［解析］　《数值修约规则》：对没有小数位且以若干个零结尾的数值，从非零数字最左一位向右数得到的位数减去无效零（即仅为定位用的零）的个数；对其他十进位数，从非零数字最左一位向右数而得到的位数，就是有效位数。

25.［答案］　C

［解析］　《数值修约规则》：近似数运算→加减运算，如果参与运算的数不超过 10 个，运算时以各数中（末）最大的数为准，其余的数均比它多保留一位，多余位数应舍去。计算结果（末）应与参与运算的数中（末）最大的那个数相同。**若计算结果尚需参与下一步运算，则可多保留一位**。12.8 + 3.25 + 2.15 + 0.03 = 18.23。

26.［答案］　D

［解析］　可疑数据的取舍的方法常用的有拉依达法、肖维纳特法和格拉布斯法三种。

拉依达法假定小概率事件不会发生，当试验次数较多时，可简单地用3倍标准差作为确定可疑数据的取舍标准。当测量值与平均值之差**大于2倍标准偏差时，则该测量值应保留，但需存疑**。

27.［答案］ B

［解析］ 可疑数据的取舍的方法常用的有拉依达法、肖维纳特法和格拉布斯法三种。拉依达法假定小概率事件不会发生，当试验次数较多时，可简单地用3倍标准差作为确定可疑数据的取舍标准。当某一测量数据（x_i）与其测量结果的算术平均值$x_{平}$之差大于3倍标准偏差时，用公式表示为：$|x_i - x_{平}| > 3S$。

28.［答案］ C

29.［答案］ A

［解析］ 抽样检查的目的是判断批的质量，而批的质量是根据其所含的单位产品的质量统计出来的。根据不同的统计方法，批的质量可以用不同的方式表示。对于计件检查，可以用**每百单位产品不合格品数**p表示。

30.［答案］ B

［解析］ **抽样程序是使用抽样方案判断批合格与否的过程**。抽样方案是指为实施抽样而制定的一组策划，包括抽样方法、抽样数量和样本判断准则等。

二、判断题（正确的事实在后面括号中打"✓"，错误的事实在后面括号中打"×"。总共30道题，每题1分，共计30分）

1.［答案］ ×

［解析］《中华人民共和国计量法》第二十二条　为社会提供公证数据的产品质量检验机构，必须经**省级**以上人民政府计量行政部门对其计量检定、测试的能力和可靠性考核合格。

2.［答案］ ×

［解析］《中华人民共和国产品质量法》第五十七条　产品质量检验机构、认证机构伪造检验结果或者出具虚假证明的，责令改正，对**单位**处**五万元以上十万元以下**的罚款，对**直接负责的主管人员**和**其他直接责任人员**处**一万元以上五万元以下**的罚款；有违法所得的，并处没收违法所得；情节严重的，取消其检验资格、认证资格；构成犯罪的，依法追究刑事责任。……

3.［答案］ ✓

［解析］ **《公路水运工程试验检测信用评价办法（试行）》**第十二条 评价周期内累计扣分分值大于等于20分，小于40分的试验检测人员信用等级为信用较差；**扣分分值大于等于40分的试验检测人员信用等级为信用很差。**

连续2年信用等级被评为信用较差的试验检测人员，其信用等级直接降为信用很差。

被确定为信用很差或伪造证书上岗的试验检测人员列入黑名单，并按12号令予以处罚。

4.［答案］ ×

［解析］《中华人民共和国产品质量法》第十五条　国家对产品质量实行以抽查为主要方式的监督检查制度，对可能危及人体健康和人身、财产安全的产品，影响国计民生的重要工业产品以及消费者、有关组织反映有质量问题的产品进行抽查。抽查的样品应当在市场上或者企业成品仓库内的待销产品中**随机抽取**。……

5.［答案］ ✓

［解析］《中华人民共和国计量法》第十九条 **县级以上人民政府计量行政部门，根据需要设置计量监督员**。计量监督员管理办法，由国务院计量行政部门制定。

6.［答案］ ×

［解析］ 计量基准器具简称计量基准，是指用以复现和保存计量单位量值，经国家技术监督局批准，作为统一全国量值最高依据的计量器具。根据计量基准的地位、性质和用途，通常分为**主计量基准**（一级）、**副计量基准**（二级）和**工作计量基准**（三级）。

7.［答案］ ×

［解析］《中华人民共和国计量法实施细则》：社会公用计量标准对社会上实施计量监督具有公证作用。县级以上地方人民政府计量行政部门建立的本行政区域内最高等级的社会公用计量标准，须向上一级人民政府计量行政部门申请考核；其他等级的，由当地人民政府计量行政部门主持考核。

8.［答案］ ✓

［解析］ **计量的概念起源于商品交换，由于人们生活中最早迫切需要测量长度、容量和重量，所以古代称为"度量衡"**。计量是为实现单位统一、量值准确可靠而进行的科技、法制和管理活动，准确性、一致性、溯源性及法制性是计量工作的重要特点。

9.［答案］ ×

［解析］ 比对是在规定的条件下对相同准确度等级的同类计量基准、计量标准或工作计量器具之间的量值所进行的比较，其目的是考核量值的**一致性**。比对往往是在缺少更高准确度计量标准的情况下，使用"计量结果趋向一致"的一种手段。

10.［答案］ ✓

［解析］ 校准和检定的主要区别：①**校准不具法制性，是企业的自愿溯源行为；检定具有法制性，属计量管理范畴的执法行为**。②校准主要确定测量器具的示值误差；检定是对测量器具的计量特性及技术要求的全面评定。③校准的依据是校准规范、校准方法，可做统一规定也可自行规定；检定的依据是检定规程。④校准不判断测量器具合格与否，但当需要时，可确定测量器具的某一性能是否符合预期的要求；检定是对所检的测量器具做出合格与否的结论。⑤校准结果通常是发校准证书或校准报告；检定结果合格的发检定证书，不合格的发不合格通知书。

11.［答案］ ×

［解析］**《关于进一步加强公路水运工程工地试验室管理工作的意见》**

三、施工单位、监理单位应根据工程质量安全管理需要或合同约定，**在工程现场可自行设立工地试验室，也可委托第三方试验检测机构设立工地试验室**，设立工地试验室的母体均应具有相应的《公路水运试验检测机构等级证书》（以下简称等级证书）。

12.［答案］ ×

［解析］ 实验室应对非标准方法、实验室设计的方法、**超出其预定范围使用的标准方法**、扩充和修改过的标准方法进行确认，以证实该方法适用于预期的用途。

13.［答案］ ✓

［解析］《检测和校准实验室能力认可准则》：在评定测量不确定度时，对给定条件下的

所有重要不确定度分量，均应采用适当的分析方法加以考虑。

注：1. 构成不确定度的来源包括（但不限于）所用的参考标准和标准物质（参考物质）、方法和设备、环境条件、被检测或校准物品的性能和状态以及操作人员；

2. **在评定测量不确定度时，通常不考虑被检测和（或）校准物品预计的长期性能。**

14. [答案] ×

[解析] 只要满足要求，检测报告或校准证书**可用硬拷贝或电子表子数据传输的方式发布**。

15. [答案] ×

[解析] 真值是一个变量本身所具有的真实值，**它是一个理想的概念，一般是无法得到的**。只能随着测量技术的不断进步而**逐渐接近真值**。在计算误差时，一般用约定真值或相对真值来代替。

16. [答案] ×

[解析] 绝对误差不能确切地表示测量所达到的测量精度，相对误差不仅能表示测量的绝对误差，而且能反映测量所达到的精度。例如，测 100V 电压时，$\Delta X_1 = +2V$，在测 10V 电压时，$\Delta X_2 = 0.5V$，虽然 $\Delta X_1 > \Delta X_2$，可实际 ΔX_1 只占被测量的 2%，而 ΔX_2 却占被测量的 5%。显然，后者的误差对测量结果的影响相对较大。因此，工程上**通常采用相对误差表示测量误差**。

17. [答案] ✓

[解析] 若在 n 次试验中，事件 A 发生了 n_a 次，则在 n 次试验中发生的频率为 $F_n(A) = \frac{n_a}{n}$；一个事件 A 的概率 $P(A)$ 就是该事件的频率稳定值 P，即 $P(A) = p$。当 n 极大时，频率 $\frac{n_a}{n}$ 稳定地趋于某一个常数。

18. [答案] ×

[解析] 绘制直方图的步骤一般是：收集数据，数据分析与整理，确定组数与组距，**确定组界值**，统计频数，绘制直方图。为避免数据恰好落在组界上，**组界值要比原始数据的精度高一位**。

19. [答案] ×

[解析] **《关于进一步加强公路水运工程工地试验室管理工作的意见》**

九、工地试验室实行授权负责人责任制。工地试验室授权负责人对工地试验室运行管理工作和试验检测活动全面负责，**授权负责人必须是母体试验检测机构委派的正式聘用人员，且须持有试验检测工程师证书**。

20. [答案] ×

[解析] 相关系数是说明两个现象之间相关关系密切程度的统计分析指标。相关系数用希腊字母 γ 表示，γ 值的范围在 -1 和 $+1$ 之间。$\gamma > 0$ 为正相关，$\gamma < 0$ 为负相关。$\gamma = 0$ 表示不相关；γ 的绝对值越大，相关程度越高。在线形回归中，相关系数是变量之间相关程度的指标。**γ 的绝对值越接近 1，x 和 y 之间的线性关系越好**。

21. [答案] ×

[解析] 样本又称"子样"，是按照一定的抽样规则从总体中取出的一部分个体。**样本中**

个体的数目称为"样本容量",也称为样本大小,通常用 n 表示。从检查批中抽取用于检查的单位产品称为样本单位。样本单位的全体则称为样本。而样本大小则是指样本中所包含的**样本单位数量**。

22.[答案] √

[解析] 总体平均值表示总体集中趋势的特征数字,以符号 μ 表示。在没有系统误差时,它就是真值。在有限次测定中,样本的算术平均值是总体均值 μ 的一个优良估计值,可以用样本来推断总体。**当样本平均值与总体平均值误差变大时,则推断准确度会变小。**

23.[答案] √

[解析] 随机误差或称偶然误差,是指排除了系统误差后尚存的误差。它受多种因素的影响,使观察值不按方向性和系统性而随机地变化。随机误差服从正态分布,可以用概率统计方法处理。

24.[答案] √

[解析] 《数值修约规则》:拟舍弃数字的最左一位数字大于5;或者是5,而其后跟有并非全部为0的数字时,则进一,即保留的末位数字加1。

25.[答案] √

[解析] 《数值修约规则》:如果判定报出值需要进行修约,当拟舍弃数字的最左一位数字为5而后面无数字或皆为零时,数值后面有(+)号者进一,数值后面有(-)号者舍去,其他按有关规则进行。如15.5(-)→15。

26.[答案] ×

[解析] 《数值修约规则》:对于"0"这个数字,它在数中的位置不同,可能是有效数字,也可能是多余数字。整数前面的"0"无意义,是多余数字;对纯小数,在小数点后,数字前的"0"只起定位,决定数量级的作用,也是多余数字,**处于数中间位置的"0"是有效数字**。

27.[答案] √

[解析] 常数 e 、π 和因子$\sqrt{2}$等均属于无限不循环小数,其近似数的有效位数根据需要选取。

28.[答案] ×

[解析] 常用可疑数据的取舍方法有拉依达法、肖维纳特法、格拉布斯法等。拉依达法是以3倍标准偏差作为判别标准,所以亦称3倍标准偏差法,简称3s法。肖维纳特法判别可疑数据舍弃的标准为:$|x_i-\bar{x}|/S \geqslant K_n$(肖维纳特系数)。**格拉布斯法**假定测量结果服从正态分布,**根据顺序统计量**来确定可疑数据的取舍。拉依达法简便快速,可用于精度要求不高时;而格拉布斯法可靠性最佳,可用来独立检测粗差或用来检验其他方法的准确性。

29.[答案] √

[解析] 异常型直方图有以下几种类型:①孤岛型。直方图两边出现孤立小岛,造成原因如材料发生变化,测试有误差等;②双峰型。直方图中出现两个峰,主要是因为数据来自两个不同分布的总体,此时应加以分层;③折齿型。直方图出现凹凸不平的形状,主要是数据分组太多,此时应重新整理数据;④陡壁型。直方图向一边倾斜,这是数据收集不正常所致。

30.[答案] √

[解析] **样本大小或样本大小系列和判定数组结合在一起,称为抽样方案**。而判定数

组是指由合格判定数系列和不合格判定数或合格判定数系列和不合格判定数系列结合在一起。

三、多项选择题(每道题目所列出的备选项中,有两个或两个以上正确答案,选项全部正确得满分,选项部分正确按比例得分,出现错误选项该题不得分。总共20道题,每小题2分,共计40分)

1.[答案] AC

[解析] 《中华人民共和国计量法》第二十一条 处理因计量器具准确度所引起的纠纷,以**国家计量基准器具**或者**社会公用计量标准器具**检定的数据为准。

2.[答案] AC

[解析] 《中华人民共和国产品质量法》第二十一条 产品质量检验机构、认证机构必须依法按照有关标准,客观、公正地出具检验结果或者认证证明。产品质量认证机构应当依照国家规定对准许使用认证标志的产品进行认证后的跟踪检查;对不符合认证标准而使用认证标志的,**要求其改正**;情节严重的,**取消其使用认证标志**的资格。

3.[答案] ABC

[解析] 《中华人民共和国产品质量法》第六十七条 产品质量监督部门或者其他国家机关违反本法第二十五条的规定,向社会推荐生产者的产品或者以监制、监销等方式参与产品经营活动的,**由其上级机关或者监察机关责令改正,消除影响,有违法收入的予以没收;情节严重的,对直接负责的主管人员和其他直接责任人员依法给予行政处分**。……

4.[答案] BCD

[解析] 《建设工程质量管理条例》第四十八条 县级以上人民政府建设行政主管部门和其他有关部门履行监督检查职责时,有权采取下列措施:**(一)要求被检查的单位提供有关工程质量的文件和资料。(二)进入被检查的施工现场进行检查;(三)发现有影响工程质量的问题,责令改正**。

5.[答案] ABC

[解析] 认证是与**产品**、**过程**、**体系**或**人员**有关的第三方证明。

注:1.管理体系认证有时也被称为注册;

2.认证适用于除合格评定机构自身外的所有合格评定对象,对合格评定机构适用认可。

6.[答案] ABCD

[解析] 计量是为实现单位统一、量值准确可靠而进行的科技、法制和管理活动,**准确性**、**一致性**、**溯源性**及**法制性**是计量工作的重要特点。

7.[答案] ABC

[解析] **《关于进一步加强公路水运工程工地试验室管理工作的意见》**

八、工地试验室应在母体试验检测机构授权的范围内,为工程建设项目提供试验检测服务,不得对外承揽试验检测业务。

工地试验室出具的试验检测报告应加盖工地试验室印章,**印章包含的基本信息有:母体试验检测机构名称+建设项目标段名称+工地试验室。**

8.[答案] ABC

[解析] **《关于进一步加强公路水运工程工地试验室管理工作的意见》**

十、授权负责人有以下职责：(四)实行不合格品报告制度，对于签发的涉及结构安全的产品或试验检测项目不合格报告，工地试验室授权负责人应在2个工作日之内**报送试验检测委托方，抄送项目质量监督机构，并建立不合格试验检测项目**台账。

9.［答案］ BCD

［解析］ 《关于进一步加强公路水运工程工地试验室管理工作的意见》

十、授权负责人有以下职责：(三)**工地试验室授权负责人变更，需由母体试验检测机构提出申请，经项目建设单位同意后报项目质监机构备案。**

10.［答案］ ABD

［解析］ 《检测和校准实验室能力的通用要求》第5.4.6.2条 检测实验室应具有并应用评定测量不确定度的程序。……

注：1. 测量不确定度评定所需的严密程度取决于某些因素，诸如：

①检测方法的要求；

②客户的要求；

③据以作出满足某规范决定的窄限。(窄限，narrow limit，系统计学专业词语)

2. ……

11.［答案］ ABCD

［解析］ 质量体系是指为保证产品、过程或服务质量，满足规定(或潜有)的要求，由**组织机构**、**程序**、**过程**和**资源**等构成的有机整体。也就是说，为了实现质量目标的需要而建立的综合体。

注：1. 质量体系的内容应以满足质量目标的需要为准；

2. 一个组织的质量体系，主要是为满足该组织内部管理的需要而设计的，它比特定顾客的要求更为广泛，顾客仅仅评价质量体系中的有关部分；

3. 为了合同或强制性质量评价的目的，可要求对已确定的质量体系要素的实施进行证实。

12.［答案］ ABC

［解析］ 真值是量的定义的完整体现，是与给定的特定量的定义完全一致的值，它是通过完善的或完美无缺的测量才能获得的值。真值包括：**理论真值**、**规定真值**和**相对真值**。

13.［答案］ AB

［解析］ 样本数据按其质量特性可分为**计量值**和**计数值**两类。所谓计数值数据，是指1，2，3，…这种非连续性取值的数据，如一批产品的不合格品数，缺陷的个数等，计数值又可分为计点值和计件值。而计量值数据，是指一些可以连续取值的数据。如钢材的厚度、抗拉强度，零件的尺寸等测定值都属于计量值数据。

14.［答案］ ABCD

［解析］ 直方图也称质量分布图，是揭示质量分布规律的一种工具。直方图在质量控制中的用途主要有：**估计可能出现的不合格率、考察工序能力、判断质量分布状态、判断施工能力**。

15.［答案］ AB

［解析］ 根据误差表示方法的不同，误差可分为**绝对误差**和**相对误差**。根据误差产生的原因及性质，可分为系统误差与偶然误差两类。测量仪器的示值误差是指"测量仪器示值与对应输入量的真值之差"。这是测量仪器的最主要的计量特性之一，其实质就是反映了测量

仪器准确度的大小。测量仪器的引用误差可简称为引用误差，它是指“测量仪器的误差除以仪器的特定值”。通常很多测量仪器是用引用误差来表示该测量仪器的允许误差限。

16.［答案］ ABC

［解析］ 误差按性质分可分为三类：**系统误差**、**随机误差**、**过失误差**（也称粗大误差）。系统误差产生的原因主要有：方法误差、仪器误差、人员误差、环境误差、试剂误差等。

17.［答案］ BD

［解析］ 样本大小和判定规格即构成了抽样方案。质量监督抽查中的一个重要环节就是确定抽样方案，抽样方案由**样本大小** n 和**合格判定数** A_C 两个要素构成。

18.［答案］ ABCD

［解析］ 路强仪的标识应贴在应力环或传感器上；用作读取数据的器皿必须加贴标识，用作盛装溶液的容器无需检定和贴标识；水泥混凝土试模与标识必须一一对应，不能共用；千分表、百分表标识应贴在表的背面。

19.［答案］ BCD

［解析］ 由样本大小 n 和判定数组［A_e，R_e］结合在一起组成的抽样方案，称为一次抽样方案。n 为样本量（大小）；［A_e，R_e］为一次抽样方案判定数组，其中 A_e 是合格判定数，R_e 是不合格判定数。

20.［答案］ ABCD

［解析］ **《关于进一步加强公路水运工程工地试验室管理工作的意见》**

七、工地试验室应按照母体试验检测机构质量管理体系的要求，建立完整的试验检测人员档案、仪器设备管理档案和试验检测业务档案，严格按照试验检测规程操作，并做到**试验检测台账、仪器设备使用记录、试验检测原始记录、试验检测报告相互对应**。试验检测报告签字人必须是持证的试验检测人员。

《公共基础》模拟试题(二)

一、单项选择题(四个备选项中只有一个正确答案,总共30道题,每题1分,共计30分)

1. 产品质量检验机构伪造检验结果出具虚假证明的,责令改正,对单位处(　　)的罚款,对直接责任人处(　　)的罚款。

A. 五万元以上十万元以下,一万元以上五万元以下

B. 十万元以上二十万元以下,五万元以上十万元以下

C. 一万元以上五万元以下,五千元以上一万元以下

D. 二十万元以上三十万元以下,十万元以上二十万元以下

2. (　　)以上地方产品质量监督部门,可以根据需要设置检验机构。

A. 省级　B. 市级　C. 县级　D. 乡镇级

3. 国务院发展计划部门按照国务院规定的职责,组织稽查特派员,对(　　)实施监督检查。

A. 国家出资的重大建设项目　B. 国家重大科技改造项目

C. 房屋建筑工程　D. 市政基础设施工程质量

4. "交质监发[2013]114号"文是(　　)。

A. 关于印发工地试验室标准化建设要点的通知

B. 关于印发公路水运工程试验检测人员考试办法的通知

C. 关于印发《公路工程标准体系》的通知

D. 关于进一步加强和规范公路水运工程试验检测工作的若干意见

5. 1平方米面积上均匀地垂直作用1牛顿力所形成的压强等于(　　)。

A. 1千克力　B. 1帕　C. 1牛　D. 1兆帕

6. (1)质检机构依照本方法发放等级证书,并且不允许以任何名义收取工本费。(2)等级证书遗失或者污损的,可以向原发证质检机构申请补发。上述说法正确的是(　　)。

A. (1)(2)　B. (1)　C. (2)　D. 都不正确

7. 取得等级证书检测机构可以设立(　　)。

A. 工地施工实验室　B. 工地建筑实验室

C. 工地流动实验室　D. 工地临时实验室

8. 质检机构的评定结果,公示期不得少于(　　)。

A. 3天　B. 7天　C. 14天　D. 30天

9. 工地试验室信用评价结果小于等于(　　)的,其授权负责人两年内不能担任工地试验室授权负责人。

A. 60分　B. 70分　C. 80分　D. 90分

10. 测量不确定度是与测量结果联系的参数,表示合理的赋予被测量之值的(　　)。

A. 分散性　B. 偏差　C. 误差　D. 偶然误差

11. 校准结果即可给出被测量的示值,又可以确定示值的(　　)。

A. 精密度　　B. 偶然误差　　C. 修正值　　D. 系统误差

12. 检测和校准方法的确认通常是(　　)、风险和技术可行性之间的一种平衡。

A. 成本　　B. 经济　　C. 准确　　D. 评价

13. 用于检测和校准并对结果有影响的每一处设备和软件均应加以唯一性(　　)。

A. 印章　　B. 标牌　　C. 标志　　D. 标识

14. 检测和校准设备(包括硬件和软件)应得到保护以避免发生致使检测和校准结果的(　　)调整。

A. 失控　　B. 失效　　C. 重复　　D. 不精确

15. 量值溯源等级图是一种等级顺序的框图,用以表明计量器具的(　　)与给定量的基准关系。

A. 准确性　　B. 计量特性　　C. 标准差　　D. 分散性

16. 对于校准实验室设备校准计划的制定和实施,应该确保实验室所进行的校准和测量可溯源到(　　)。

A. 标准物质　　B. 国家法定计量单位

C. 计量基准　　D. 国际单位制(SI)

17. 有 CMA 标志的检验报告可用于产品质量评价成果司法鉴定,具有(　　)。

A. 合格标志　　B. 准确性　　C. 保护性　　D. 法律效力

18. 公路水运工程试验检测人员在试验检测工作中,出具虚假数据报告造成质量标准降低的,在信用评价时应扣(　　)分。

A. 10 分　　B. 20 分　　C. 40 分　　D. 100 分

19. 当无数次重复性试验后,所获得的平均值为(　　)。

A. 测量结果 - 随机误差　　B. 真值 + 系统误差

C. 测量结果 - 系统误差　　D. 真值

20. 下列(　　)特征更能反映样本数据的波动性。

A. 平均值　　B. 极差　　C. 标准偏差　　D. 变异系数

21. 当相关系数 γ(　　)时,x 和 y 之间符合直线函数关系,称 x 与 y 完全相关。

A. = +1　　B. -1　　C. = ±1　　D. 接近 1

22. 采用图示法表达数据的最大优点是(　　)。

A. 方便　　B. 紧凑扼要　　C. 准确　　D. 直观

23. 采用经验公式表达数据,在回归分析中称为(　　)。

A. 经验方程　　B. 回归公式　　C. 回归方程　　D. 经验公式

24. 检验所建立经验公式的准确性时,若发现代入的测量数据中的自变量所计算出的函数与实际测量值差别很大,说明(　　)。

A. 曲线化直可能不准确　　B. 绘制的曲线可能不准确

C. 确定的公式基本类型可能有错　　D. 确定公式中的常数可能有错

25. 将 50.28 修约到个位数的 0.5 个单位得(　　)。

A. 50　　B. 50.3　　C. 50.0　　D. 50.5

26.( )用于描述随机误差。

A. 精密度 B. 精确度 C. 准确度 D. 正确度

27. 格拉布斯法根据( )确定可疑数据的取舍。

A. 指定的显著性水平 B. 试验组数

C. 临界值 D. 顺序统计量

28. 从批中抽取的( ),称为样本单位。

A. 用于检查的单位产品数 B. 用于检查的单位产品

C. 单位产品数 D. 单位产品

29. 每百单位产品不合格品数的定义是批中所有不合格品数总数除以( )再乘以100。

A. 批量 B. 批 C. 样本 D. 样本单位数

30. 随机误差是由于( )造成的。

A. 仪器误差 B. 人为误差 C. 试剂误差 D. 不能预料的原因

二、判断题(正确的事实在后面括号中打"✓",错误的事实在后面括号中打"×"。总共30道题,每题1分,共计30分)

1. 公路试验检测报告按内容属性,由管理要素和技术要素构成。( )

2. 工地试验室授权负责人信用等级被评为信用较差的,2年内不能担任工地试验室授权负责人。信用等级被评为信用很差的,5年内不能担任工地试验室授权负责人。( )

3. 公路水运工程试验检测机构增项申请必须以检测项目为单位,不得申请单个或多个参数的增项。( )

4. 公路工程试验检查机构等级标准规定综合甲级持有试验检测人员证书的总人数不得少于32人,持有试验检测工程师的人数不得少于12人。( )

5. 所谓实验室间比对是按照预先规定的条件,由两个或多个实验室对相同或类似检测物品进行检测的组织、实施、评价。( )

6. 检测机构等级评定中,公路工程综合类与水运工程材料类各设4个等级。( )

7. 副基准直接或间接与国家基准比对,地位仅次于国家基准,但不能代替国家基准使用。( )

8. 计量标准器具按等级分类为1级、2级、3级标准砝码。( )

9. 能力验证是利用实验室间比对确定实验室的综合水平的一种方法。( )

10. 检定是在规定的条件下,为确定测量仪器或测量系统所指示的量值,与对应标准复现的量值之间的关系操作,即被校的计量器具与高一等级的计量标准相比较,以确定被校计量器具的示值误差的全部工作。( )

11. 校准和检定一样,要对所检的测量器具作出合格与否的结论。( )

12. 决定实验室检测和校准的正确性和可靠性的因素有很多,包括:人员、检测和校准方法及方法的确认、设备、检测和校准物品的处置。( )

13. 在某些情况下,检测方法性质会妨碍对测量不确定度进行严密的计量学和统计学上的有效计算,这种情况下,实验室至少应努力找出不确定度的所有分量且作出合理评定,并确保结果的表达方式不会对不确定度造成错觉。( )

14. 当对物品是否适合于检测或校准存在疑问时，或当物品不符合所提供的描述，或对所要检测或校准规定得不够详尽时，实验室应该在工作之前询问客户，以得到进一步的说法，并记录下讨论的内容。 ( )

15. 当校准产生了一组修正因子时，实验室应有程序确保其所有备份（例如计算机软件中的备份）得到正确更新。 ( )

16. 引用误差 = $\Delta x / x_b$，x_b 为基准值或基值，称为引用值，可以是仪表的量程，也可以是测量范围的上限或其他值。这个值在产品标准或检定中给出，只有当仪表的读数接近其限量时，引用误差才反映测量结果的相对误差。 ( )

17. 样本的平均值即为真值。 ( )

18. 一组样本数据的分散程度越大，标准差就越大，其均值与总体均值的偏差就越大。 ( )

19. 正态分布的概率密度函数，总体标准差 δ 愈大，曲线低而宽，随机变量在平均值 μ 附近出现的密度愈小；总体标准差 δ 愈小，曲线高而窄，随机变量在平均值 μ 附近出现的密度愈大。 ( )

20. 采用图示法绘制的曲线，应使曲线两边的点数接近于相等。 ( )

21. 批量是指批中所包含的单位产品数，通常以 N 表示。 ( )

22. 试验检测人员在继续教育过程中有弄虚作假、冒名顶替等行为的，取消其本周期内已取得的继续教育记录，并纳入诚信记录。 ( )

23. 当测量所得的绝对误差相同时，测量的量大者精度高。 ( )

24. 系统误差有一定的规律，容易识别，并可通过试验或用分析方法掌握其变化规律，在测量结果中加以修正。 ( )

25. 拟舍弃数字的最左一位数字为5，而右面的无数字或皆为0时，应进一。 ( )

26. 在测量或计量中取有效数字的位数的准则是：对不需要标明误差的数据，其有效位数应取到最末一位数字为可疑数字；对需要标明误差的数据，其有效位数应取到与误差同一数量级。 ( )

27. 乘积 $4.231 \times 0.02 \times 1.5672 = 0.13262$。 ( )

28. 精密度、准确度和精确度是一个概念。 ( )

29. 对试验数据进行分析处理之前，应首先主观判断去掉那些不理想的数据。 ( )

30. 有一个或一个以上的质量特性不符合规定的单位产品，称为不合格品。 ( )

三、多项选择题（每道题目所列出的备选项中，有两个或两个以上正确答案，选项全部正确得满分，选项部分正确按比例得分，出现错误选项该题不得分。总共20道题，每小题2分，共计40分）

1. 生产者对抽查检验有异议的可以在收到检验结果之日15天内向（ ）申请复检。

A. 实施监督抽查的产品质量监督部门

B. 平级的其他地区的产品质量监督部门

C. 仲裁部门

D. 其上级产品质量监督部门

2. 消费者有权就产品质量问题(　　)。

A. 向产品的生产者查询　　B. 向产品的销售者查询

C. 向工商行政管理部门申诉　　D. 向产品质量监督部门申诉

3. 未经总监理工程师签字(　　)。

A. 建筑材料、建筑构件和设备不得在工程上使用或者安装

B. 施工单位不得进行下一道工序的施工

C. 建设单位不得拨付工程款

D. 建设单位不得进行竣工验收

4. 专家评审组应当向质检机构出具《现场评审报告》,主要内容包括(　　)。

A. 现场考核评审意见　　B. 公路水运试验检测机构等级评分表

C. 现场操作考核项目一览表　　D. 两份典型试验检测报告

5. 公路水运工程安全生产监督管理应当坚持(　　)方针。

A. 分级负责　　B. 安全第一　　C. 预防为主　　D. 综合治理

6. 计量是实现单位统一、量值准确可靠而进行的(　　)活动。

A. 科技　　B. 法制　　C. 管理　　D. 监督

7. 质量记录应包括(　　)。

A. 来自质检机构的审核报告　　B. 原始数据

C. 来自内部审核和管理评审的报告　　D. 纠正措施的记录

8. 当记录中出现错误时 正确的处理(　　)。

A. 每一错误应该画改,不可擦除掉

B. 将正确值写在旁边

C. 对记录的所有改动应有改动人的签名或签名缩写

D. 对电子存储的记录也应采取同样措施,以避免原始数据的丢失或改动

9. 实验室应对(　　)方法进行确认,以证实该方法适应于预期的用途。

A. 非标准　　B. 实验室设计(制定)的

C. 超出其预定范围使用标准　　D. 扩充和修改过的标准

10. 当利用计算机或自动设备对检测或校准数据控制时,实验室应确保(　　)。

A. 合理的评定应依据对方法性能的理解和测量范围,并利用诸如过去的经验和确认的数据

B. 由使用者开发的计算机软件应被制成足够的详细的文件,并对其适用性进行验证

C. 建立并实施数据保护的程序

D. 维护计算机和自动软件以确保其功能正常,并提供保护检测和标准数据完整性所必需的环境和运行条件

11. 标准物质,具有一种或多种足够的均匀和很好地确定了的特性,用以(　　)。

A. 校准测量装置　　B. 评价测量方法

C. 给材料赋值的材料和物质　　D. 评价测量精度

12. 表示数据的集中位置的特征量有(　　)。

A. 平均值　　B. 极差　　C. 标准偏差　　D. 中位数

13. 下列(　　)检测数据属于计量值数据。

A. 强度　　B. 长度　　C. 质量　　D. 不合格品率

14. (　　)误差是可以消除的。

A. 系统误差　　B. 随机误差　　C. 过失误差　　D. 偶然误差

15. 常用的可疑的数据的取舍方法主要有(　　)。

A. 3 倍标准差法　　B. 肖维纳特法　　C. 变异系数　　D. 格拉布斯法

16. 质量检验按检验数量分类有(　　)。

A. 全数检验　　B. 计量值检验　　C. 抽样检验　　D. 计数值检验

17. 按抽样方案制订的原理分类,抽样检验可分为(　　)。

A. 标准型抽样方案　　B. 挑选型抽样方案

C. 连续生产型方案　　D. 调整型抽样方案

18. 当需要对检测结果作出解释时,下列(　　)情况需要在检测报告中列出评定测量不确定度的声明。

A. 当测量不确定度与检测结果的有效性或应用有关

B. 客户的指令中有要求

C. 实验室要求校验不确定度

D. 当不确定度影响到对规范限度的符合性

19. 实验室应(　　)报告每一项检测、校准,或一系列的检测或校准的结果,并符合检测或校准方法中规定的要求。

A. 准确　　B. 清晰　　C. 明确　　D. 客观

20. 实验室应配备正确进行的检测和校准所要求的所有(　　)设备。

A. 抽样　　B. 测量　　C. 检测　　D. 校准

《公共基础》模拟试题(二)答案及解析

一、单项选择题(四个备选项中只有一个正确答案,总共30道题,每题1分,共计30分)

1.[答案] A

[解析] 《中华人民共和国产品质量法》第五十七条 产品质量检验机构、认证机构伪造检验结果或者出具虚假证明的,责令改正,对单位处**五万元以上十万元以下**的罚款,对直接负责的主管人员和其他直接责任人员处**一万元以上五万元以下**的罚款;有违法所得的,并处没收违法所得;情节严重的,取消其检验资格、认证资格;构成犯罪的,依法追究刑事责任。

产品质量检验机构、认证机构出具的检验结果或者证明不实,造成损失的,应当承担相应的赔偿责任;造成重大损失的,撤销其检验资格、认证资格。

产品质量认证机构违反本法第二十一条第二款的规定,对不符合认证标准而使用认证标志的产品,未依法要求其改正或者取消其使用认证标志资格的,对因产品不符合认证标准给消费者造成的损失,与产品的生产者、销售者承担连带责任;情节严重的,撤销其认证资格。

2.[答案] C

[解析] 《中华人民共和国产品质量法》第八条 国务院产品质量监督部门主管全国产品质量监督工作。国务院有关部门在各自的职责范围内负责产品质量监督工作。

县级以上地方产品质量监督部门主管本行政区域内的产品质量监督工作。**县级**以上地方人民政府有关部门在各自的职责范围内负责产品质量监督工作。

3.[答案] A

[解析] 《建设工程质量管理条例》第四十五条 国务院发展计划部门按照国务院规定的职责组织稽查特派员,对**国家出资的重大建设项目**实施监督检查。

国务院经济贸易主管部门按照国务院规定的职责,对国家重大技术改造项目实施监督检查。

4.[答案] D

[解析] 《公路水运工程试验检测考试大纲(2013年版)》公共基础科目新增参考书目:关于印发工地试验室标准化建设要点的通知(厅质监序[2012]200号)、关于印发公路水运工程试验检测人员考试办法的通知(质监综字[2013]1号)、关于发布《公路工程标准体系》的通知(交公路发[2002]288号)、关于进一步加强和规范公路水运工程试验检测工作的若干意见(交质监发[2013]114号)。

5.[答案] B

[解析] 1帕=1牛顿/平方米。

6.[答案] C

[解析] 《公路水运工程试验检测管理办法》第二十六条 质监机构依照本办法发放《等级证书》**可以收取工本费**。工本费的具体收费标准依据省、自治区、直辖市人民政府财政部门、价格主管部门会同同级交通主管部门核定的标准执行。

第二十七条 《等级证书》遗失或者污损的,可以向原发证质监机构**申请补发**。

7.[答案] D

[解析] 《公路水运工程试验检测管理办法》第三十一条 取得《等级证书》的检测机构,可设立**工地临时试验室**,承担相应公路水运工程的试验检测业务,并对其试验检测结果承担责任。工程所在地省站应当对工地临时试验室进行监督。

8.[答案] B

[解析] 《公路水运工程试验检测管理办法》第十七条 质监机构依据《现场评审报告》及检测机构等级标准对申请人进行等级评定。

质监机构的评定结果,应当通过交通主管部门指定的报刊、信息网络等媒体向社会公示,公示期不得少于**7天**。

公示期内,任何单位和个人有权就评定结果向质监机构提出异议,质监机构应当及时受理、核实和处理。

公示期满无异议或者经核实异议不成立的,由质监机构根据评定结果向申请人颁发《公路水运工程试验检测机构等级证书》(以下简称《等级证书》);经核实异议成立的,应当书面通知申请人,并说明理由,同时应当为异议人保密。省站颁发证书的同时应当报部质监局备案。

9.[答案] B

[解析] **关于进一步加强公路水运工程工地试验室管理工作的意见**

十一、工地试验室授权负责人的管理。

(五)**工地试验室信用评价结果小于等于70分的,其授权负责人两年内不能担任工地试验室授权负责人。**

10.[答案] A

[解析] 测量不确定度是表征合理地赋予被测量之值的**分散性**,与测量结果相联系的参数。

注:1. 此参数可以是诸如标准差或其倍数,或说明了置信水准的区间的半宽度;

2. 测量不确定度由多个分量组成,其中一些分量可以测量列结果的统计分布估算,并用试验标准差表征。另一些分量则可用基于经验或其他的假定概率分布估算,也可用标准差表征;

3. 测量结果应理解为被测量之值的最佳估计,而所有的不确定度分量均贡献给了分散性,包括那些由系统效应引起的分量。

11.[答案] C

[解析] 校准的主要目的:

(1)确定示值误差,并可确定是否在预期的允差范围之内;

(2)得出标称值偏差的报告值,可调整测量器具或**对示值加以修正**;

(3)给任何标尺标记赋值或确定其他特性值,或给参考物质特性赋值;

(4)实现溯源性。

12.[答案] A

[解析] 《检测和校准实验室能力认可准则》第5.4.5.3条 按预期用途进行评价所确认的方法得到的值的范围和准确度,应适应客户的需求。这些值诸如:结果的不确定度、检出限、方法的选择性、线性、重复性限和(或)复现性限、抵御外来影响的稳健度和(或)抵御来自

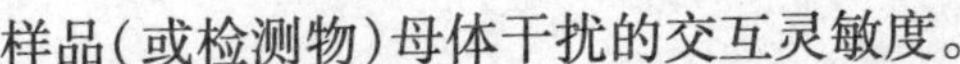

样品(或检测物)母体干扰的交互灵敏度。

注:1. 确认包括对要求的详细说明、方法特性量的测定、利用该方法能满足要求的核实以及有关确认的有效性的声明;

2. 在方法制订过程中,需进行定期的评审,以证实客户的需求仍能得到满足。对修订编制计划所需的要求中的任何变更,均需得到批准和授权;

3. 确认通常是**成本、风险和技术可行性之间的一种平衡**。许多情况下,由于缺乏信息,值(如准确度、检出限、选择性、线性、重复性、复现性、稳健度和交互灵敏度)的范围和不确定度只能以简化的方式给出。

13. **[答案]**　D

[解析]　《检测和校准实验室能力认可准则》:用于检测和校准并对结果有影响的每一设备及其软件,如可能,均应加以**唯一性标识**。

14. **[答案]**　B

[解析]　《检测和校准实验室能力认可准则》:检测和校准设备包括硬件和软件应得到保护,以避免发生致使检测和/或校准结果的**失效**调整。

15. **[答案]**　B

[解析]　溯源等级图是一种代表等级顺序的框图,用以表明计量器具的**计量特性**与给定的基准之间的关系。

注:溯源等级图示对给定量或给定型号计量器具所用的比较链的一种说明,以此作为其溯源性的证明。

16. **[答案]**　D

[解析]　《检测和校准实验室能力认可准则》:对于校准实验室,设备校准计划的制定和实施应确保实验室所进行的校准和测量可溯源到**国际单位制**(SI)。

17. **[答案]**　D

[解析]　根据计量认证管理法规规定,经计量认证合格的检测机构出具的数据,用于贸易的出证、产品质量评价、**成果鉴定作为公证数据具有法律效力**。未经计量认证的技术机构为社会提供公证数据属于违法行为,违法必究。

18. **[答案]**　C

19. **[答案]**　B

[解析]　在重复性条件下,对同一被测量进行无限多次测量所得的平均值与被测量的真值之差,称为系统误差。即:平均值 - 真值 = 系统误差。反之,**平均值 = 真值 + 系统误差**。

20. **[答案]**　D

[解析]　标准差反映样本数据的绝对波动情况,当测量较大的量值时,绝对误差一般较大;而测量较小的量值时,绝对误差一般较小,因此,用相对波动的大小,即**变异系数**,更能反映样本数据的波动性。

变异系数用 C_v 表示,是标准差与算术平均值的比值。

21. **[答案]**　C

[解析]　相关分析是用相关系数(γ)来表示两个变量间相互的直线关系,并判断其密切程度的统计方法。相关系数 γ 没有单位。在 -1 ~ +1 范围内变动,其绝对值愈接近 1,两个变量间的直线相关愈密切,愈接近 0,相关愈不密切。相关系数若为正,说明一变量随另一变量增减而增减,方向相同;若为负,表示一变量增加、另一变量减少,即方向相反,但它不能表示直

线以外(如各种曲线)的关系。

为判断两事物数量间有无相关,可先将两组变量中一对对数值在普通方格纸上做散点图。

正相关:各点分布呈椭圆形,y 随 x 的增加而增加,x 亦随 y 的增加而增加,此时 $1>\gamma>0$,椭圆范围内各点的排列愈接近其长轴,相关愈密切,当所有点都在长轴上时,**$\gamma=1$,称为完全正相关**。

负相关:各点分布亦呈椭圆形,y 随 x 的增加而减少,x 亦随 y 的增加而减少,此时 $0>\gamma>-1$,各点排列愈接近其长轴,相关愈密切,当所有电子都在长轴上时,**$\gamma=-1$,称为完全负相关**。

22.[答案] D

[解析] 测量数据的表示方法通常有**表格法**、**图示法**、**经验公式法**三种。图示法的最大优点是**一目了然**,即从图形中可非常直观地看出函数的变化规律,如递增性或递减性,是否具有周期性变化规律等。

23.[答案] C

[解析] 测量数据不仅可用图形表示出数据之间的关系,而且可用与图形对应的一个公式来表示所有的测量数据,当然这个公式不可能完全准确地表达全部数据。因此,常把与曲线对应的公式称为经验公式,在回归分析中则称为**回归方程**。

24.[答案] C

[解析] 经验公式是对客观实践进行总结而来的,没有严格的理论推导依据,所以谈不上正确不正确。只能说精确不精确,如果经验公式的误差在控制范围内,我们就接受它,否则对它再进行改进或者放弃它。

25.[答案] D

[解析] 《数值修约规则》:0.5 单位修约:将拟修约数值乘以 2,按指定数位规则修约,所得数值再除以 2。

(A)	(2A)	(修约间隔为 1)	(修约间隔为 0.5)
50.28	100.56	101	50.5

26.[答案] A

[解析] 测量结果与在重复条件下,对同一被测量进行无线多次测量所得结果的平均值之差,称为随机误差。

测量的精密度高,是指随机误差(偶然误差)较小,这时测量数据比较集中,但系统误差的大小并不明确。

27.[答案] D

[解析] 《格拉布斯法》:格拉布斯法假定测量结果服从正态分布,根据**顺序统计量**来确定可疑数据的取舍。进行 n 次重复试验,试验结果为 x_1、x_2、…、x_i、…、x_n,而且 x_i 服从正态分布。为了检验 ($i=1,2,\cdots,n$) 中是否有可疑值,可将 x_i 按其值由小到大顺序重新排列,根据顺序统计原则,给出标准化顺序统计量 g。

28.[答案] B

[解析] 从批中抽取的**用于检查的单位产品**,称为样本单位,有时也称为样品。

29.[答案] A

[解析] 每百单位产品不合格品数用 p 表示。

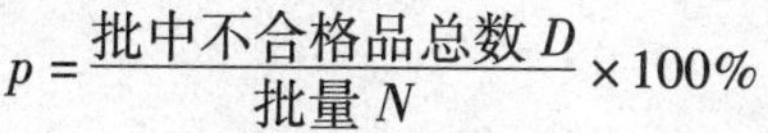

$$p=\frac{\text{批中不合格品总数}D}{\text{批量}N}\times 100\%$$

30.［答案］ D

［解析］ 随机误差往往是由于不能预料的原因造成的，误差的数值和正负没有明显的规律，很难在测试过程中加以消除。

二、判断题（正确的事实在后面括号中打"√"，错误的事实在后面括号中打"×"。总共30道题，每题1分，共计30分）

1.［答案］ √

［解析］ 《公路试验检测数据报告编制导则》（JT/T 828—2012）：公路试验检测数据报告按内容属性，由管理要素和技术要素构成。

2.［答案］ √

［解析］ **关于进一步加强公路水运工程工地试验室管理工作的意见：**

十一、工地试验室授权负责人的管理。

（四）工地试验室授权负责人信用等级被评为信用较差的，2年内不能担任工地试验室授权负责人。信用等级被评为信用很差的，5年内不能担任工地试验室授权负责人。

3.［答案］ √

［解析］ **关于公布《公路水运工程试验检测机构等级标准》及《公路水运试验检测机构等级评定程序》的通知：**

四、增项申请

（一）增项申请应填报《公路水运工程试验检测机构等级评定申请书》中增项相关内容。

（二）增项申请必须以检测项目为单位，不得申请单个或多个参数的增项。

（三）增项原则上应是试验检测机构等级标准范围内的检测项目，特殊情况下可对试验检测机构等级标准范围外但在现行交通行业标准、规范内规定的检测项目申请增项。

（四）增项数量应不超过本等级检测项目数量的50%，增项检测项目对人员、环境等对应条件的要求应在申报材料中体现。

4.［答案］ √

［解析］ **关于公布《公路水运工程试验检测机构等级标准》及《公路水运试验检测机构等级评定程序》的通知：**

公路工程试验检测人员配备

等　级	综合甲级	综合乙级	综合丙级	交通工程专项	桥梁隧道工程专项
＊持试验检测人员证书总人数	≥32人	≥16人	≥7人	≥22人	≥25人
＊持试验检测工程师证书人数	≥12人	≥6人	≥3人	≥10人	≥12人
相关专业高级职称人数	≥6人	≥1人	—	≥4人	≥6人

注：标"＊"项为强制性项目。

5.［答案］ √

6.［答案］ ×

［解析］《公路水运工程试验检测管理办法》第六条　检测机构等级，是依据检测机构的公路水运工程试验检测水平、主要试验检测仪器设备及检测人员的配备情况、试验检测环境等基本条件对检测机构进行的能力划分。

检测机构等级，分为公路工程和水运工程专业。

公路工程专业分为综合类和专项类。**公路工程综合类设甲、乙、丙3个等级**。公路工程专项类分为交通工程和桥梁隧道工程。

水运工程专业分为材料类和结构类。**水运工程材料类设甲、乙、丙3个等级**。水运工程结构类设甲、乙两个等级。

7.［答案］ ×

［解析］ 计量基准器具简称计量基准，是指用以复现和保存计量单位量值，经国家技术监督局批准，作为统一全国量值最高依据的计量器具。通常计量基准分为国家计量基准（主基准）、国家副计量基准和工作计量基准三类。国家计量基准是一个国家内量值溯源的终点，也是量值传递的起点，具有最高的计量学特性。国家的计量基准是用以代替国家计量基准的日常使用和验证国家计量基准的变化，**一旦国家计量基准损坏，国家副计量基准可用来代替国家计量基准**。工作计量基准主要是用以代替国家副计量基准的日常使用。

8.［答案］ ×

［解析］ 计量基准器具简称计量基准，是指用以复现和保存计量单位量值，经国家技术监督局批准，作为统一全国量值最高依据的计量器具。**计量标准器具按准确度等级分类为1级、2级、3级、4级、5级标准砝码**。

9.［答案］ ×

［解析］ 能力验证是利用实验室间比对确定实验室的**检测能力**的一种方法。

10.［答案］ ×

［解析］ 校准是在规定的条件下，为确定测量仪器或测量系统所指示的量值，与对应标准复现的量值之间的关系操作，即被校的计量器具与高一等级的计量标准相比较，以确定被校计量器具的示值误差的全部工作。

检定则是查明和确认计量器具是否符合法定要求的程序，它包括检查、加标记和出具检定证书。

11.［答案］ ×

［解析］ **校准不判定测量器具合格与否**，但当需要时，可确定测量器具的某一性能是否符合预期的要求；检定要对所检的测量器具作出合格与否的结论。

12.［答案］ ×

［解析］ 决定实验室检测和校准的正确性和可靠性的因素有很多，包括：人员、设施和环境条件、检测和校准方法及方法的确认、设备、**测量的溯源性**、抽样、检测和校准物品的处置。

13.［答案］ √

［解析］《检测和校准实验室能力认可准则》第5.4.6.2条　检测实验室应具有并应用评定测量不确定度的程序。某些情况下，检测方法的性质会妨碍对测量不确定度进行严密的

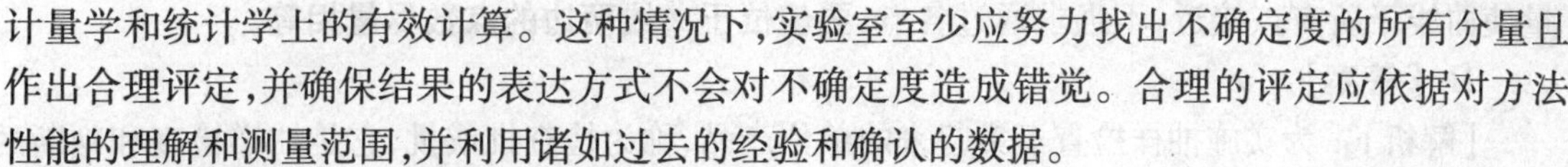

计量学和统计学上的有效计算。这种情况下,实验室至少应努力找出不确定度的所有分量且作出合理评定,并确保结果的表达方式不会对不确定度造成错觉。合理的评定应依据对方法性能的理解和测量范围,并利用诸如过去的经验和确认的数据。

14.[答案] ✓

[解析] 《检测和校准实验室能力认可准则》第5.8.3条 在接收检测或校准物品时,应记录异常情况或对检测或校准方法中所述正常(或规定)条件的偏离。当对物品是否适合于检测或校准存有疑问,或当物品不符合所提供的描述,或对所要求的检测或校准规定得不够详尽时,实验室应在开始工作之前问询客户,以得到进一步的说明,并记录下讨论的内容。

15.[答案] ✓

[解析] 《检测和校准实验室能力认可准则》第5.5.11条 **当校准产生了一组修正因子时,实验室应有程序确保其所有备份(例如计算机软件中的备份)得到正确更新。**

16.[答案] ✓

[解析] 引用误差指测量仪器的误差除以仪器的特定值,即:引用误差=绝对误差/特定值(特定值又称引用值,可以是测量仪器的量程或标称范围的上限)。

17.[答案] ×

[解析] 总体平均值,即无限次测定数据的平均值,无系统误差时即为真值,反映测量值分布的集中趋势。**样本的平均值为真值的近似值。**

18.[答案] ×

[解析] 均值反映的是数据的集中程度,与分散程度没有关系,不能由样本数据的分散程度来推断其集中程度。

19.[答案] ✓

[解析] 正态分布是具有两个参数μ和δ的连续型随机变量的分布,第一参数μ是遵从正态分布的随机变量的均值,第二个参数δ是此随机变量的方差,所以正态分布记作$N(\mu,\delta)$。正态分布曲线是一条中央高,两侧逐渐下降、低平,两端无限延伸,与横轴相靠近而不相交,左右完全对称的钟形曲线,在相同μ值下,δ值愈大,曲线愈平坦,即随机变量的分散性愈大;反之,δ愈小,曲线愈尖锐,随机变量的分散性愈小。如下图所示。

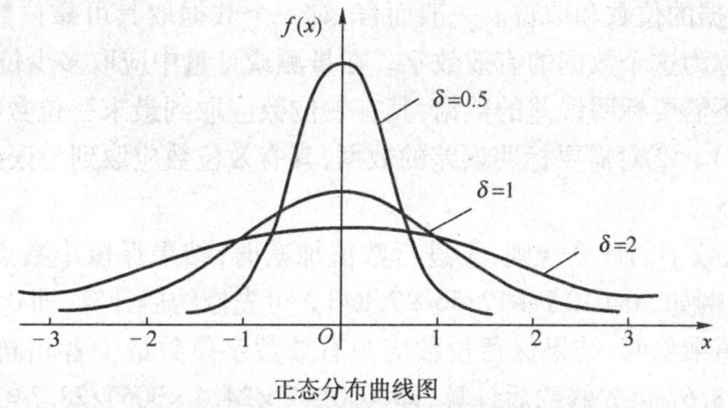

正态分布曲线图

20.[答案] ✓

[解析] 图示法的最大优点是形象、直观,从图形中可以很直观地看出函数的变化规律。作图方法一般是先按成对数据(x,y)描点,再连成曲线。但要注意连出的曲线光滑匀整,并尽

量使曲线于所有点接近,不强求通过各点,**要使位于曲线两边的点数尽量相等**。

21.[**答案**] ✓

[**解析**] 为实施抽样检查汇集起来的单位产品,称为检查批或批,它是抽样检查和判断的对象。一个批通常是由在基本稳定的生产条件下,在同一生产周期内生产出来的同形式、同等级、同尺寸以及同成分的单位产品构成。**该批包含的单位产品数,称为批量,通常用符号 *N* 表示**。

22.[**答案**] ✓

[**解析**] 《关于印发公路水运工程试验检测人员继续教育(试行)的通知》第二十二条,试验检测人员在继续教育过程中有弄虚作假、冒名顶替等行为的,取消其本周期内已取得的继续教育记录,并纳入诚信记录。

23.[**答案**] ✓

[**解析**] 例:测量标称值为 10.2mm 的甲棒长度时,得到实际值为 10.0mm,其示值误差 $\Delta=0.2$mm;而测量标称值为 100.2mm 的乙棒长度时,得到实际值为 100.0mm,其示值误差 0.2mm。它们的绝对误差虽然相同,但乙棒的长度是甲棒 10 倍左右,显然要比较或反映两者不同的测量水平,还需用相对误差或误差率的概念,即 $\delta=0.2/10.0=2\%$,而 $\delta=0.2/100.0=0.2\%$,所以乙棒比甲棒测得准确。

24.[**答案**] ✓

[**解析**] 在重复性条件下,对同一被测量进行无限次测量所得结果的平均值与被测量的真值之差,称为系统误差。随机误差也称为偶然误差,是纯粹的随机量,在相同的条件下重复测量观察某一量时每次数据出现的大、小、正、负不等使多次测量的误差无规律。系统误差是重复测试均保持同一数值,或按某一定规律变化的误差分量,可以通过一定的方法减小或消除,使测量精度最终主要受随机误差的影响。

25.[**答案**] ×

[**解析**] 拟舍弃数字的最左一位数字为 5,而右面的无数字或皆为 0 时,若保留的末位数**为奇数则进一,为偶数则舍弃**。

26.[**答案**] ✓

[**解析**] 测量结果都是包含误差的近似数据,在其记录、计算时,应以测量可能达到的精度为依据来确定数据的位数和取位。一般而言,对一个数据取其可靠位数的全部数字加上第一位可疑数字,就称为这个数据的有效数字。在量测或计量中应取多少位有效数字,可根据下述准则判定:①对不需要标明误差的数据,其有效位数应取到最末一位数字为可疑数字(也称不确切或参考数字)。②对需要标明误差的数据,其有效位数应取到与误差同一数量级。

27.[**答案**] ×

[**解析**] 有效数字的计算规则:①进行数值加减时,结果保留小数点后位数应与小数点位数最少者相同。例如,$0.0121+12.56+7.8432$ 可先修约后计算,即 $0.01+12.56+7.84=20.41$。②进行数值乘除时,结果保留位数应与有效数字位数最少者相同。例如,$(0.0142\times24.43\times305.84)/28.67$ 可先修约后计算,即 $(0.0142\times24.4\times306)/28.7=3.69$。③进行数值乘方或开方时,结果有效数字位数不变。例如,$6.54^2=42.8$。④进行对数计算时,对数尾数的位数应与真数的有效数字位数相同。⑤表示分析结果的精密度和准确度时,误差和偏差等只取一位或两位有效数字。⑥计算中涉及常数以及非测量值,如自然数、分数时,不考虑其有效数字的

位数,视为准确数值。⑦为提高计算的准确性,在计算过程中可暂时多保留一位有效数字,计算完后再修约。运用电子计算器运算时,要对其运算结果进行修约,保留适当的位数,不可将显示的全部数字作为结果。⑧若数据进行乘除运算时,第一位数字大于或等于8,其有效数字位数可多算一位。如9.46可看作是四位有效数字。本题中0.02的有效位数最少,其他数取两位,积也取两位,即为$4.2 \times 0.02 \times 1.6 = 0.13$。

28.［答案］　×

［解析］　常用精密度、准确度和精确度来评价测量结果中误差的大小。**这三个概念的涵义不同,应加以区别**。①精密度:表示测量结果中偶然误差大小的程度。精密度高是指在多次测量中,数据的离散性小,偶然误差小。②准确度:表示测量结果中系统误差大小的程度。准确度高表示多次测量数据的平均值偏离真值的程度小,系统误差小。③精确度:是对测量结果中系统误差和偶然误差大小的综合评价。精确度高是表示在多次测量中,数据比较集中,且逼近真值,即测量结果中的系统误差和偶然误差都比较小。

29.［答案］　×

［解析］　应采用科学的可疑数据的剔除方法,对可疑的试验数据进行取舍,**不能主观判断**。

30.［答案］　✓

［解析］　只有全部质量特性符合规定的单位产品才是合格品;**有一个或一个以上不合格的单位产品**,即为不合格品,不合格品也可分为A类、B类、C类。A类不合格品最为严重,B类不合格品次之,C类不合格品最轻微。

三、多项选择题(每道题目所列出的备选项中,有两个或两个以上正确答案,选项全部正确得满分,选项部分正确按比例得分,出现错误选项该题不得分。总共20道题,每小题2分,共计40分)

1.［答案］　AD

［解析］　《中华人民共和国产品质量法》第十五条　国家对产品质量实行以抽查为主要方式的监督检查制度,对可能危及人体健康和人身、财产安全的产品,影响国计民生的重要工业产品以及消费者、有关组织反映有质量问题的产品进行抽查。抽查的样品应当在市场上或者企业成品仓库内的待销产品中随机抽取。监督抽查工作由国务院产品质量监督部门规划和组织。县级以上地方产品质量监督部门在本行政区域内也可以组织监督抽查。法律对产品质量的监督检查另有规定的,依照有关法律的规定执行。

国家监督抽查的产品,地方不得另行重复抽查;上级监督抽查的产品,下级不得另行重复抽查。

根据监督抽查的需要,可以对产品进行检验。检验抽取样品的数量不得超过检验的合理需要,并不得向被检查人收取检验费用。监督抽查所需检验费用按照国务院规定列支。

生产者、销售者对抽查检验的结果有异议的,可以自收到检验结果之日起十五日内向**实施监督抽查的产品质量监督部门**或者**其上级产品质量监督部门**申请复检,由受理复检的产品质量监督部门作出复检结论。

2.［答案］　ABCD

[解析] 《中华人民共和国产品质量法》第二十二条　消费者有权就产品质量问题，**向产品的生产者、销售者查询；向产品质量监督部门、工商行政管理部门及有关部门申诉**，接受申诉的部门应当负责处理。

3. [答案]　CD

[解析] 《建设工程质量管理条例》第三十七条　工程监理单位应当选派具有相应资格的总监理工程师进驻施工现场。

未经监理工程师签字，建筑材料，建筑物配件、设备不得在工程上使用或者安装，施工单位不得进行下一道工序的施工；未经总监理工程师签字，建设单位不得拨付工程款，不得进行竣工验收。

4. [答案]　ABCD

[解析] 《公路水运工程试验检测管理办法》第十六条　专家评审组应当向质监机构出具《现场评审报告》，主要内容包括：

(一)现场考核评审意见；

(二)公路水运工程试验检测机构等级评分表；

(三)现场操作考核项目一览表；

(四)两份典型试验检测报告。

5. [答案]　BCD

[解析] 《公路水运工程安全生产监督管理法》第四条：公路水运工程安全生产监督管理应当坚持安全第一、预防为主、综合治理的方针。

6. [答案]　ABC

[解析]　计量是为实现单位统一、量值准确可靠而进行的**科技、法制和管理活动**。

7. [答案]　CD

[解析] 《检测和校准实验室能力的通用要求》第 4.12.1.1 条　实验室应建立和维持识别、收集、索引、存取、存档、存放、维护和清理质量记录和技术记录的程序。质量记录应包括**来自内部审核和管理评审的报告及纠正和预防措施的记录**。

8. [答案]　ABCD

[解析] 《检测和校准实验室能力的通用要求》第 4.12.2.3 条　当记录中出现错误时，每一错误应画改，不可擦涂掉，以免字迹模糊或消失，并将正确值填写在其旁边。对记录的所有改动应有改动人的签名或签名缩写。对电子存储的记录也应采取同等措施，以避免原始数据的丢失或改动。

9. [答案]　ABCD

[解析] 《检测和校准实验室能力的通用要求》第 5.4.5.2 条　实验室应对**非标准方法、实验室设计(制定)的方法、超出其预定范围使用的标准方法、扩充和修改过的标准方法**进行确认，以证实该方法适用于预期的用途。确认应尽可能全面，以满足预定用途或应用领域的需要。实验室应记录所获得的结果、使用的确认程序以及该方法是否适合预期用途的声明。

10. [答案]　BCD

[解析] 《检测和校准实验室能力的通用要求》第 5.4.7.2 条　当利用计算机或自动设

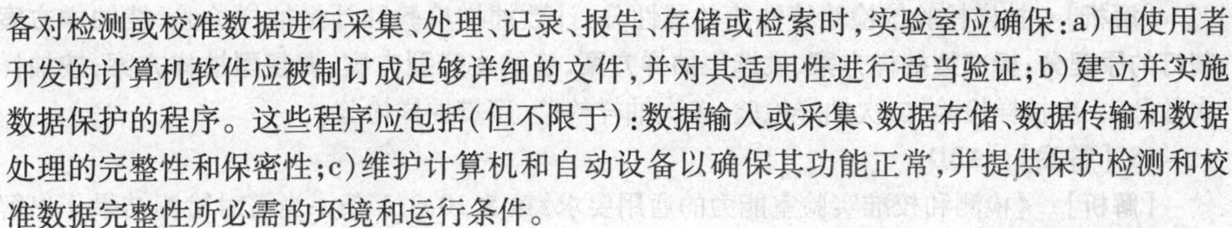

备对检测或校准数据进行采集、处理、记录、报告、存储或检索时,实验室应确保:a)由使用者开发的计算机软件应被制订成足够详细的文件,并对其适用性进行适当验证;b)建立并实施数据保护的程序。这些程序应包括(但不限于):数据输入或采集、数据存储、数据传输和数据处理的完整性和保密性;c)维护计算机和自动设备以确保其功能正常,并提供保护检测和校准数据完整性所必需的环境和运行条件。

11.[答案] ABC

[解析] 参考物质(标准物质):具有一种或多种足够均匀和很好地确定了的特性,用以校准测量装置、评价测量方法或给材料赋值的一种材料或物质。

注:参考物质可以是纯的或混合的气体、液体或固体。例如:校准黏度计用的水,量热计法中作为热容量校准用的蓝宝石,化学分析校准用的溶液。

12.[答案] AD

[解析] 用来表示统计数据分布及其某特性的特征量分为两类:一类表示数据的集中位置,如算术平均值、中位数等;另一类表示数据的离散程度,主要有极差、标准离差等。有时还需要把两类基本特征联合起来说明问题,如变异系数等。

13.[答案] ABC

[解析] **数据大体可以分为计量值和计数值二种**。所谓计数值数据,是指1,2,3,…,这种非连续性取值的数据,如一批产品的不合格品数、缺陷的个数以及工厂的事故发生件数等。把不合格数用全部产品所除得到的不合格率,仍是计数值。而计量值数据,是指一些可以连续取值的数据。**比如表示强度、长度、质量等的数据都属于计量值数据**。

14.[答案] AC

[解析] 系统误差:是由于测量仪器结构本身的问题、刻度不准确或测量环境改变等原因,在多次测量时所产生的,总是偏大或总是偏小的误差。**系统误差有规律性,经过校正和处理可以减少或消除**。

随机误差(偶然误差):在相同条件下多次重复测量同一量时,误差大小,时正时负,其大小和符号无规律变化的误差称为随机误差。随机误差不能用实验方法消除。

过失误差:由于测量不当而产生的误差。它一般较大,而且是偶然出现的,**过失误差可通过小心操作而免除**。

15.[答案] ABD

[解析] 在一组条件完全相同的重复试验中,个别的测量值可能会出现异常。如测量值过大或过小,这些过大或过小的测量数据是不正常的,或称为可疑的。对于这些可疑数据应该用数理统计的方法判别其真伪,并决定取舍。常用的方法有**拉依达法**(亦称3倍标准偏差法,**简称3*S*法)、肖维纳特(Chavenet)法、格拉布斯(Grubbs)法**等。

16.[答案] AC

[解析] 质量检验按检验数量分:**全数检验**和**抽样检验**;按数据性质分:计量值检验和计数值检验;按检验手段分:器具检验和感官检验;按检验后果的性质分:破坏性检验和非破坏性检验;按检验地点分:固定检验和流动检验;按检验性质分:验收检验和生产检验;按检验人员分:自检、互检和专检。

17.[答案] ABCD

[解析] 抽样检验按检验特性值的属性分：计数抽样检验和计量抽样检验；**按抽样方案制订的原理分：标准型抽样方案、挑选型抽样方案、连续生产型方案、调整型抽样方案**；按抽样次数分：一次抽样检验、二次抽样检验、多次抽样检验、序贯抽样检验。

18.[答案] ABD

[解析] 《检测和校准实验室能力的通用要求》第5.10.3.1条 当需对检测结果作出解释时，除5.10.2中所列的要求之外，检测报告中还应包括下列内容：

a)对检测方法的偏离、增添或删节，以及特殊检测条件的信息，如环境条件。

b)需要时，符合(或不符合)要求和(或)规范的声明。

c)适用时，评定测量不确定度的声明。**当不确定度与检测结果的有效性或应用有关**，或**客户的指令中有要求**，或**当不确定度影响到对规范限度的符合性时**，检测报告中还需要包括有关不确定度的信息。

d)适用且需要时，提出意见和解释。

e)特定方法、客户或客户群体要求的附加信息。

19.[答案] ABCD

[解析] 《检测和校准实验室能力的通用要求》第5.10.1条 总则：实验室应**准确**、**清晰**、**明确**和**客观**地报告每一项检测、校准，或一系列的检测或校准的结果，并符合检测或校准方法中规定的要求。

结果通常应以检测报告或校准证书的形式出具，并且应包括客户要求的、说明检测或校准结果所必需的和所用方法要求的全部信息。

在为内部客户进行检测和校准或与客户有书面协议的情况下，可用简化的方式报告结果。

20.[答案] ABC

[解析] 《检测和校准实验室能力的通用要求》第5.5.1条 实验室应配备正确进行检测和(或)校准(包括抽样、物品制备、数据处理与分析)所要求的所有**抽样**、**测量**和**检测**设备。当实验室需要使用固定控制之外的设备时，应确保满足本标准的要求。

《公共基础》模拟试题(三)

一、单项选择题(四个备选项中只有一个正确答案,总共30道题,每题1分,共计30分)

1. 进行监督抽查的产品质量不合格,逾期不予改正的,由省级以上人民政府产品质量监督部门予以公告,公告后经查仍不合格的(　　)。

A. 责令停业,限期整顿

B. 吊销营业执照

C. 责令停止生产

D. 向工商行政管理部门即有关部门申诉

2. (　　)以上产品质量监督部门在本行政区域内也可以组织监督抽查。

A. 省级　　B. 市级　　C. 县级　　D. 乡镇级

3. 试验报告应该由(　　)审核、签发。

A. 试验检测工程师　　B. 试验检测员

C. 检测机构负责人　　D. 检测机构项目负责人

4. 质监机构对检测机构进行(　　)的监督检查,及时纠正。

A. 定期　　B. 不定期

C. 定期或不定期　　D. 随机

5. 现场评审是为了对(　　)是否符合认可准则进行验证所做的一种访问。

A. 有资质的实验室　　B. 出现问题的实验室

C. 提出申请的实验室　　D. 有能力的实验室

6. (1)换证的申请,复核程序按照本方法规定的等级判定程序进行,并可以适当简化。(2)在申请等级评定时已经提交过并且没有发生变化的材料可以不再重复提交。这两种说法(　　)。

A. 都正确　　B. 都不正确

C. 1 正确 2 不正确　　D. 1 不正确 2 正确

7. 因为违反公路水运工程试验检测管理办法被注销考试合格证书的检测人员(　　)年内不得再次参加考试。

A. 1 年　　B. 2 年　　C. 3 年　　D. 5 年

8. 公路工程和水运工程试验检测工程师考试设(　　),试验检测员设(　　)。

A. 公共基础科目和专业科目,专业科目

B. 公共基础科目和专业科目 ,公共基础科目和专业科目

C. 任意两门专业课

D. 所有要求的专业课

9. 自 2013 年开始,考生取得的试验检测考试成绩(　　)。

A. 当年内有效　　B. 两年内有效　　C. 一直有效　　D. 当年当次有效

10. 检定的目的是全面评定被测计量器具的计量性能是否(　　)。

A. 准确　　B. 一致　　C. 合格　　D. 存在系统误差

11. 校准也称检校，是在规定的条件下，为确定仪器或测量系统所指示的量值，与对应标准复现的量值之间的关系操作，即被校的计量器具与高一级的计量标准相比较，以确定被校计量器具的示值(　　)的全部工作。

A. 合格与否　　B. 精密度　　C. 一致性　　D. 误差

12. 实验室为其应用而制定检测和校准方法的过程应是有计划的活动，并指定(　　)人员进行。

A. 具有足够资源的有资格的　　B. 有上岗证书的

C. 有能力的　　D. 有资格证书的

13. 用于检测校准和抽样的设备及其软件应达到要求的(　　)并符合检测和校准相应的规范要求。

A. 正确度　　B. 不确定度　　C. 精密度　　D. 准确度

14. 实验室应具有质量控制程序以监控和校准的有效性，所得数据的记录方式便于发现其(　　)如可行，应采用统计技术对结果进行审查。

A. 纪律规律　　B. 发展趋势　　C. 研究意义　　D. 是否科学

15. 法定计量单位是政府以(　　)的形式，明确规定要在全国范围内采用的计量单位。

A. 法令　　B. 文件　　C. 强制　　D. 通知

16. 校准实验室通过不间断的校准链与相应测量的 SI 单位基准相连接，以建立测量标准和测量仪器对(　　)的溯源性。

A. 国家测量标准　　B. 次级标准　　C. 计量标准　　D. SI

17. 观察结果、数据和计算工程记录属于(　　)记录。

A. 质量　　B. 技术　　C. 原始　　D. 档案

18. 引用误差是相对误差的简便实用形式，在多档或连续刻度的仪表中广泛使用，通常引用误差表示为(　　)。

A. 引用误差 = 绝对误差/仪表量程 ×100%

B. 引用误差 = 绝对误差/真值 ×100%

C. 引用误差 = 绝对误差/实测值 ×100%

D. 引用误差 = 绝对误差/(2/3 仪表量程) ×100%

19. 在 n 次重复试验中，事件 A 出现了 m 次，则 m/n 称为事件 A 的(　　)。

A. 频数　　B. 频率　　C. 概率　　D. 频度

20. 公路水运工程试验检测机构增项数量应不超过本等级检测项目数量的(　　)。

A. 30%　　B. 40%　　C. 50%　　D. 60%

21. 采用图示法绘制曲线时，应顾及绘制的曲线与实测值之间的(　　)最小。

A. 误差　　B. 相对误差　　C. 误差的平方和　　D. 误差的和

22. 理论分析和工程实践表明，(　　)确定的回归方程偏差最小。

A. 端值法　　B. 最小二乘法　　C. 平均法　　D. 线性回归法

23. 如指定修约间隔为 0.1，相当于将数值修约到(　　)位小数。

A. 一　　B. 二　　C. 三　　D. 四

24. 实测值为 16.520 3，报出值为 16.5（+），要求修约到个数位后进行判断，则修约值为（　）。

A. 16　　B. 17　　C. 16.0　　D. 17.0

25. 3 倍标准差法又称为（　）。

A. 狄克逊法　　B. 肖维纳特法　　C. 拉依达法　　D. 格拉布斯法

26. 根据格拉布斯统计量的分布，计算出标准化统计量 g，在指定显著性水平 β 下，确定判别可疑的临界值 $g_0(\beta,n)$，其可疑值舍弃的判别标准为（　　）。

A. $g \geqslant g_0(\beta,n)$　　B. $g > g_0(\beta,n)$

C. $g \leqslant g_0(\beta,n)$　　D. $g < g_0(\beta,n)$

27. 样本的定义是（　　）。

A. 用于检查的单位产品.　　B. 总的单位产品

C. 样本的单位全体　　D. 样本的单位数量

28. 合格判定数定义为作出批合格判定判断样本中所允许的（　　）。

A. 最大合格品数　　B. 最大不合格品数

C. 最小合格品数　　D. 最小不合格品数

29. 本来不合格的批，也有可能误判为可接受，将对（　　）产生不利，该概率称为第Ⅱ类风险。

A. 使用方　　B. 销售方　　C. 生产方　　D. 生产和使用方

30. 管理评审是实验室的执行管理层根据预定的日程和程序，定期的对实验室的质量体系检测和校准活动进行评审，以确保其持续适用和有效，并进行必要的改动或改进。典型的周期为（　　）。

A. 3 个月　　B. 5 个月　　C. 6 个月　　D. 12 个月

二、判断题（正确的事实在后面括号中打“✓”，错误的事实在后面括号中打“×”。总共 30 道题，每题 1 分，共计 30 分）

1. 省级以上政府标准化行政主管部门，可以根据需要设置检验机构，或者授权其他单位的检验机构，对产品是否符合标准化进行检验。（　　）

2. 如果计量器具准确度引起纠纷，以国家计量基准器具或社会公用计量基准器具检定的数据为准。（　　）

3. 国务院标准化行政主管部门组织或授权国务院有关行政主管部门建立行业认证机构、进行产品质量认证工作。（　　）

4. 经过校准的仪器设备，只要有校准报告，原则上可以直接使用。（　　）

5. 现场评审所抽查的试验检测项目，原则上应当覆盖申请人所申请的试验检测各大项目，抽取的具体参数应当通过抽签决定。（　　）

6. 基准本身正好等于一个计量单位。（　　）

7. 认证是权威机构对某一机构或个人有能力执行特定任务的正式承认。（　　）

8. 计量检定系统即量值传递系统。（　　）

9. 校准主要是测量仪器的示值误差，检定是对测量器具的计量特性及技术要求的全面评定，其结论是合格(或不合格)。 ( )

10. 校准的依据是校准规范，校准方法，可作统一规定也可以自行规定，检定的依据是检定规程，任何企业和其他实体是无权制定检定规程的。 ( )

11. 校准结果通常是发校准证书或校准报告，检定结果合格的发检定证书，不合格的发不合格通知。 ( )

12. 实验室由于某些原因需要将工作分包时，应就其所有分包方的工作对客户负责。 ( )

13.《公路水运工程安全生产监督管理办法》中所标从业单位，是指从事公路水运工程建设勘察设计、监理、施工、检验检测、安全评价等工作的单位。 ( )

14. 构成不确定度的来源包括的方面有：所用的参考标准和标准物质，方法和设备，环境条件，被检测或校准物品的性能和状态以及操作人员等： ( )

15. 实验室应具有检测和校准物品的标识系统。物品在实验室的整个期间应保留该标识。 ( )

16. 示值误差是相对误差的简便实用形式，在多档或连续刻度的仪表中广泛应用。 ( )

17. 随机现象的每一种表现或结果称为随机事件。 ( )

18. 绘制直方图的步骤为：收集数据→数据分析与整理→确定组数→确定组界值→统计频率→绘制直方图。 ( )

19. 只要是规范给定的经验公式，就能广泛地适用于任何实体工程而无需怀疑。 ( )

20. 根据测点绘制曲线时，应将测点用折线连接成较光滑的曲线。 ( )

21. 所有等级试验检测机构，在其业务范围内出具的试验检测报告，应在报告封面加盖“公路水运试验检测机构”专用标识。 ( )

22. 测量数据误差的来源有系统误差、随机误差、过失误差。 ( )

23. 系统误差可以消除，过失误差明显的歪曲实验结果，可以利用一定的准则从测得数据中剔除，因此，在误差分析中只考虑随机误差即可。 ( )

24. 人们通常采用的消除误差的方法是用来消除系统误差。 ( )

25. 将 830 修约到百位数 0.2 单位，得 820。 ( )

26.《公路工程标准体系》(JTG A01—2002)，括号中字母和数字组合表示的含义是：2002 年发布的交通部公路工程 A 类第 1 项标准。 ( )

27. 测量数据 0.005 020 的有效位数有 2 位。 ( )

28. 公路工程试验检测环境，桥梁隧道工程专项，试验检测用房使用面积≥800m^2(含办公面积)。 ( )

29. 如果测试数据的精密度和准确度均高，则其精确度高。这也是我们在检测工作中力求达到的目标。 ( )

30. 采用 3S 进行数据的取舍，当测量值与平均值之差大于 2S 时，则该测量值保留，但

需存疑,即使在生产、施工或试验中发现存疑数据变异时,仍不能舍弃。( )

三、多项选择题(每道题目所列出的备选项中,有两个或两个以上正确答案,选项全部正确得满分,选项部分正确按比例得分,出现错误选项该题不得分。总共20道题,每小题2分,共计40分)

1. 关于公路水运工程试验检测机构能力等级现场评审结果,以下说法正确的是( )。

A. 得分<80分,不予通过,评定结束满6个月后可重新申报

B. 80分≤得分<85分,不予通过,评定结束后满3个月方可申请现场整改复核评定

C. 得分≥85分,予以通过,需整改的方面,应报送书面整改

D. 得分≥90分,予以通过,不需整改

2. 产品质量检验机构,认证机构出具的检验结果证明不实,造成损失的,( )。

A. 应该承担相应的赔偿责任

B. 与产品的生产者销售商承担连带责任

C. 可以撤销其检验资格、认证资格

D. 吊销其营业执照

3. 监理工程师应该按照工程监理规范的要求,采取( )等形式对建设工程实施监理。

A. 旁站　B. 巡视　C. 不定期抽查　D. 平行检验

4. 现场总体考核中,评审组成员分别进行专项考核,分为( )。

A. 材料初审时发现的问题

B. 对环境安全防护,有特殊要求的项目

C. 可能存在的薄弱环节

D. 实验室总体布局,环境、设备管理状况

5. 根据计量基准的地位、性质和用途,通常分( )。

A. 主基准(一级)　B. 副基准(二级)

C. 工作基准(三级)　D. 评定基准(四级)

6. 标准不确定度的定义为:以标准偏差表示的测量不确定度。其评定分为两类( )。

A. A类　B. B类　C. C类　D. D类

7. 记录控制包括( )程序。

A. 质量记录　B. 技术记录　C. 评审记录　D. 数据记录

8. 关于同一检测机构申请多项等级的说法,正确的是( )。

A. 同一人所持的多个专业检测资格证书,可在不同的检测等级申报中使用,次数不限

B. 除行政、技术、质量负责人外,其他持单一专业检测资格证书的人员不得重复使用

C. 不同等级的专业重叠部分检测用房可共用,不重叠部分检测用房必须独立分别满足要求,以保证试验检测工作的正常开展

D. 不同等级专业重叠部分的仪器设备可交叉使用,但对用量大的仪器设备应有数量规模要求

9. 现场总体考察的目的是从宏观上评价检测机构总体状况,评审组可按试验检测工作流程,重点考察:( )

A. 试验室面积、总体布局、环境

B. 设备管理状况

C. 可能存在的薄弱环节

D. 对环境、安全防护等有特殊要求的项目

10. 确定质量方针、目标和职责,并在质量保证体系中通过诸如(　　)使其实施全部管理职能的所有活动,称为质量管理。

A. 质量策划　　B. 质量控制　　C. 质量保证　　D. 质量改进

11. 溯源性概念中,使测量结果或计量标准的值能够与规定的参考标准联系起来,参考标准通常是(　　)。

A. 国际计量基准　　B. 国家计量基准

C. 部门计量基准　　D. 工作计量基准

12. 当通过期间核查发现测量设备性能超出预期使用要求时,应(　　)。

A. 立即停止使用　　B. 进行维修

C. 重新检定或校准　　D. 对以前工作结果进行追溯

13. 质量检测工作中,绘制直方图的目的是通过观察图的形状(　　)。

A. 判断质量是否稳定　　B. 质量分布状态是否正常

C. 预测不合格率　　D. 统计数据出现的概率

14. 测量数据常用的表达方法有(　　)。

A. 表格法　　B. 图示法　　C. 经验公式法　　D. 数据分析法

15. 误差的来源有(　　)。

A. 装置误差　　B. 环境误差　　C. 人员误差　　D. 方法误差

16. 相对误差分为(　　)。

A. 相对真误差　　B. 示值误差　　C. 引用误差　　D. 实用误差

17. 按检验人员分,质量检验可分为(　　)。

A. 自检　　B. 互检　　C. 专检　　D. 督检

18. 按检验次数分类,抽样检验可分为(　　)。

A. 一次抽样方案　　B. 二次抽样方案

C. 多次抽样方案　　D. 检索抽样方案

19. 出现以下情况的设备应停止使用(　　)。

A. 曾经过载或处置不当　　B. 给出可疑结果

C. 已显示出缺陷　　D. 超出规定限度

20. 实验室控制下的需要校准的所有设备,只要可行,应该使用标签、编码或其他标识表明其校准状态,包括(　　)。

A. 上次校准的日期　　B. 再次校准的日期

C. 使用日期　　D. 失效日期

《公共基础》模拟试题(三)答案及解析

一、单项选择题(四个备选项中只有一个正确答案,总共30道题,每题1分,共计30分)

1.[答案] A

[解析] 《中华人民共和国产品质量法》第十七条 依照本法规定进行监督抽查的产品质量不合格的,由实施监督抽查的产品质量监督部门责令其生产者、销售者限期改正。逾期不改正的,由省级以上人民政府产品质量监督部门予以公告;公告后经复查仍不合格的,**责令停业,限期整顿**;整顿期满后经复查产品质量仍不合格的,吊销营业执照。

监督抽查的产品有严重质量问题的,依照本法第五章的有关规定处罚。

2.[答案] C

[解析] 《中华人民共和国产品质量法》第十五条 国家对产品质量实行以抽查为主要方式的监督检查制度,对可能危及人体健康和人身、财产安全的产品,影响国计民生的重要工业产品以及消费者、有关组织反映有质量问题的产品进行抽查。抽查的样品应当在市场上或者企业成品仓库内的待销产品中随机抽取。监督抽查工作由国务院产品质量监督部门规划和组织。**县级**以上地方产品质量监督部门在本行政区域内也可以组织监督抽查。法律对产品质量的监督检查另有规定的,依照有关法律的规定执行。……

3.[答案] A

[解析] 《公路水运工程试验检测管理办法》第四十条 检测人员分为试验检测工程师和试验检测员。检测机构的技术负责人应当由试验检测工程师担任。试验检测报告应当由**试验检测工程师**审核、签发。

4.[答案] C

[解析]《公路水运工程试验检测管理办法》第四十四条 质监机构应当建立健全公路水运工程试验检测活动监督检查制度,对检测机构进行**定期或不定期**的监督检查,及时纠正、查处违反本规定的行为。

5.[答案] C

[解析] 现场评审是为对**提出申请的实验室**是否符合认可准则进行现场验证所做的一种访问。

6.[答案] A

[解析] 《公路水运工程试验检测管理办法》第二十条 换证的申请、复核程序按照本办法规定的等级评定程序进行,并**可以适当简化**。在申请等级评定时已经提交过且未发生变化的材料**可以不再重复提交**。

7.[答案] B

[解析] 《公路水运工程试验检测管理办法》第五十条 质监机构在监督检查中发现检测人员违反本办法的规定,出具虚假试验检测数据或报告的,应当给予警告,情节严重的列入违规记录并予以公示,直至注销考试合格证书。因违反本办法规定被注销考试合格证书的检

测人员**2年**内不得再次参加考试。

8.［答案］ A

［解析］ 考试说明：公路工程和水运工程试验检测人员考试分为试验检测工程师和试验检测员两个等级。……

《公路水运工程试验检测人员考试办法》第六条 **公路工程和水运工程工程师考试科目分为公共基础科目和专业科目，检测员仅设置专业科目**。

9.［答案］ D

［解析］ 《公路水运工程试验检测人员考试办法》（质监综字［2013］1号）第八条：考试成绩当年当次有效。

10.［答案］ C

［解析］ 检定是对测量器具的计量特性及技术要求的全面评定，依据是检定规程，要对所检的测量器具作出**合格与否**的结论。

11.［答案］ D

［解析］ 校准的含义：

（1）在规定的条件下，用一个可参考的标准，对包括参考物质在内的测量器具的特性赋值，并确定其**示值误差**；

（2）将测量器具所指示或代表的量值，按照校准链，将其溯源到标准所复现的量值。

12.［答案］ A

［解析］ 《检测和校准实验室能力认可准则》第5.4.3条 实验室为其应用而制定检测和校准方法的过程应是有计划的活动，并应指定具有**足够资源的有资格的人员**进行。计划应随方法制定的进度加以更新，并确保所有有关人员之间的有效沟通。

13.［答案］ D

［解析］ 《检测和校准实验室能力认可准则》：用于检测、校准和抽样的设备及其软件应达到要求的**准确度**，并符合检测和/或校准相应的规范要求。对结果有重要影响的仪器的关键量或值，应制订校准计划。设备（包括用于抽样的设备）在投入服务前应进行校准或核查，以证实其能够满足实验室的规范要求和相应的标准规范。设备在使用前应进行核查和/或校准。

14.［答案］ B

［解析］ 《检测和校准实验室能力认可准则》：实验室应有质量控制程序以监控检测和校准的有效性。所得数据的记录方式应便于可发现其**发展趋势**，如可行，应采用统计技术对结果进行审查。

15.［答案］ A

［解析］ 《中华人民共和国法定计量单位》：由国家以**法令形式**规定允许使用的计量单位就是法定计量单位。从事这种立法的国际协调组织是国际法制计量组织。

16.［答案］ D

［解析］ 《检测和校准实验室能力认可准则》：校准实验室通过不间断的校准链或比较链与相应测量的SI单位基准相连接，以建立测量标准和测量仪器对SI的溯源性。

17.［答案］ B

［解析］ **技术记录**是进行检测和/或校准所得数据和信息的累积，它们表明检测和/或校

准是否达到了规定的质量或规定的过程参数。技术记录可包括表格、合同、工作单、工作手册、核查表、工作笔记、控制图、外部和内部的检测报告及校准证书、客户信函、文件和反馈。

18.［答案］ A

［解析］ 引用误差是绝对误差与量程之比,以百分数表示。即:引用误差＝绝对误差/量程×100%。

19.［答案］ B

［解析］ 在连续 n 次独立试验中,事件 A 发生了 m 次,m 称为事件的频数,m/n 则称为事件的**相对频数或频率**。

20.［答案］ C

［解析］ **关于公布《公路水运工程试验检测机构等级标准》及《公路水运试验检测机构等级评定程序》的通知:**

四、增项申请

(一)增项申请应填报《公路水运工程试验检测机构等级评定申请书》中增项相关内容。

(二)增项申请必须以检测项目为单位,不得申请单个或多个参数的增项。

(三)增项原则上应是试验检测机构等级标准范围内的检测项目,特殊情况下可对试验检测机构等级标准范围外但在现行交通行业标准、规范内规定的检测项目申请增项。

(四)**增项数量应不超过本等级检测项目数量的50%,增项检测项目对人员、环境等对应条件的要求应在申报材料中体现。**

21.［答案］ C

［解析］ 曲线平滑方法:决定曲线的走向应考虑曲线应尽可能通过或接近所有的点,但曲线不必强求通过所有的点,顾及所绘制的曲线与实测值之间的**误差的平方和最小**,此时曲线两边的点数接近于相等。

22.［答案］ B

［解析］ 若 x 和 y 存在一定的关系,从试验中又获得了 x 和 y 的一系列数据,用数学方法得出 x、y 间的关系式,就是回归分析,所得关系式为经验公式,或回归方程、拟合方程。直线拟合是找出 $y=a+bx$ 中的常数 a、b。通常粗略一点可用作图法、平均值法,准确的做法是采用最小二乘法计算或应用软件处理。**最小二乘法**是最准确的处理方法,其根据是偏差平方和最小。

23.［答案］ A

［解析］ 《数值修约规则》:如指定修约间隔为0.1,修约值即应在0.1的整数倍中选取,相当于将数值修约到**一位小数**。

24.［答案］ B

［解析］ 《数值修约规则》:如果判定报出值需要进行修约,当拟舍弃数字的最左一位数字为5而后面无数字或皆为零时,数值右上角有(+)号者进一,数值右上角有(−)号者舍去,其他按有关规则进行。

实测值	报出值	修约值
16.5203	$16.5^{(+)}$	17

25.［答案］ C

［解析］ 拉依达法:当试验次数较多时,可简单地用3倍标准偏差(3S)作为确定可疑数据取舍的标准。由于该方法是以3倍标准偏差作为判别标准,所以亦称3倍标准偏差法,简称

3S 法。拉依达法简单方便,不需查表,但要求较宽,当试验检测次数较多或要求不高时可以应用,当试验检测次数较少时(如 $n<10$)在一组测量值中即使混有异常值,也无法舍弃。

26.[答案] A

[解析] 根据格拉布斯统计量的分布,在指定的显著性水平 β(一般 $\beta=0.05$)下,求得判别可疑值的临界值 $g_0(\beta,n)$,格拉布斯法的判别标准为:$g \geq g_0(\beta,n)$ 。

利用格拉布斯法每次只能舍弃一个可疑值,若有两个以上的可疑数据,应该一个一个数据地舍弃。舍弃第一个数据后,试验次数由 n 变为 $n-1$,以此为基础再判别第二个可疑数据。

27.[答案] C

[解析] 样本又称"子样",是按照一定的抽样规则从总体中取出的一部分个体。**样本单位的全体称为样本**,样本中所包含的样本单位数,称为样本大小,通常用符号 n 表示。

28.[答案] B

[解析] 抽样方案的判定数组[A_c,R_e],其中 A_c——Accept(合格判定数);R_e——Reject(不合格判定数)。**合格判定个数:合格判定个数是样本中允许之最大缺点或不良数**,若超过合格判定个数,则该批判定为拒收;不合格判定个数:不合格判定个数是不合格样本中之最小缺点或不良数,若小于不合格判定个数,则该批判定为允收。

29.[答案] A

[解析] 而当检验批中实际存在的不合格品率或不合数大于规定的质量水平,甚至达到一定的数值时,也只能以较高或高概率评定为不合格,不能全部评定为不合格,其结果是不合格批被部分评定为合格,这就给**使用方**带来了风险,称为 II 类风险,也称为使用方风险。

30.[答案] D

[解析] 《校准和检验实验室能力的通用要求》:实验室的执行管理层应根据预定的日程和程序,定期地对实验室的质量体系和检测和(或)校准活动进行评审,以确保其持续适用和有效,并进行必要的改动或改进。

注:管理评审的典型周期为**12 个月**。

二、判断题(正确的事实在后面括号中打"✓",错误的事实在后面括号中打"×"。总共 30 道题,每题 1 分,共计 30 分)

1.[答案] ×

[解析] 《中华人民共和国标准化法》第十九条 县级以上政府标准化行政主管部门,可以根据需要设置检验机构,或者授权其他单位的检验机构,对产品是否符合标准进行检验。法律、行政法规对检验机构另有规定的,依照法律、行政法规的规定执行。处理有关产品是否符合标准的争议,以前款规定的检验机构的检验数据为准。

2.[答案] ✓

[解析] 《中华人民共和国计量法》第二十一条 处理因计量器具准确度所引起的纠纷,以国家计量基准器具或者社会公用计量标准器具检定的数据为准。

3.[答案] ✓

[解析] 《中华人民共和国标准化法》第六条 **国务院标准化行政主管部门**统一管理全国标准化工作,履行下列职责:

(一)组织贯彻国家有关标准化工作的法律、法规、方针、政策;

(二)组织制定全国标准化工作规划、计划;

(三)组织制定国家标准;

(四)指导国务院有关行政主管部门和省、自治区、直辖市人民政府标准化行政主管部门的标准化工作,协调和处理有关标准化工作问题;

(五)组织实施标准;

(六)对标准的实施情况进行监督检查;

(七)统一管理全国的产品质量认证工作;

(八)统一负责对有关国际标准化组织的业务联系。

4. **[答案]** ×

[解析] 设备的标准报告必须由专业人员对其内容进行确认,并对能否使用、使用中的修正值或注意事项提出意见和要求。

5. **[答案]** ✓

[解析] 《公路水运工程试验检测管理办法》第十四条 现场评审是通过对申请人完成试验检测项目的实际能力、检测机构申报材料与实际状况的符合性、质量保证体系和运转等情况的全面核查。

现场评审所抽查的试验检测项目,原则上应当覆盖申请人所申请的试验检测各大项目。抽取的具体参数应当通过抽签方式确定。

6. **[答案]** ×

[解析] 基准是在测量工作中用作起始尺度的标准,基准分为设计基准和工艺基准两大类。设计基准是设计工作图上所采用的基准;工艺基准是加工过程中所采用的基准,又分为有工序基准、定位基准和测量基准等。测量基准是测量时所采用的基准。此外还有装配过程中用于确定零、部件间相互位置的装配基准。测量仪器方面:长度基准——国际米原器,质量基准——国际公斤原器,时间基准有定义,无原器;**基准本身并不一定正好等于一个计量单位。**

7. **[答案]** ×

[解析] **认证**是指由认证机构证明产品、服务、管理体系符合相关技术规范、相关技术规范的强制性要求或者标准的合格评定活动。认可是权威机构对某一机构或个人有能力执行特定任务的正式承认。

8. **[答案]** ✓

[解析] 计量检定是指为评定计量器具的计量性能,确定其是否合格所进行的全部工作。将国家计量基准所复现的计量单位量值通过**检定**或其他传递方式传递给下一等级的计量标准并依次逐级传递到工作计量器具以保证被计量的对象的量值准确一致称为**量值传递**。检定的目的则是对测量装置进行强制性全面评定。这种全面评定属于量值统一的范畴,是自上而下的量值传递过程。

9. **[答案]** ✓

[解析] 校准和检定的主要区别:

(1)校准不具法制性,是企业的自愿溯源行为;检定具有法制性,属计量管理范畴的执法行为。

(2)校准主要确定测量器具的示值误差;检定是对测量器具的计量特性及技术要求的全

面评定。

(3)校准的依据是校准规范、校准方法，可做统一规定也可自行规定；检定的依据是检定规程。

(4)校准不判断测量器具合格与否，但当需要时，可确定测量器具的某一性能是否符合预期的要求；检定是对所检的测量器具做出合格与否的结论。

(5)校准结果通常是发校准证书或校准报告；检定结果合格的发检定证书，不合格的发不合格通知书。

10.［**答案**］ √

［**解析**］ 参照第9题解析。

11.［**答案**］ √

［**解析**］ 参照第9题解析。

12.［**答案**］ ×

［**解析**］ 实验室由于某些原因需要将工作分包时，应就其所有分包的工作对客户负责，由客户或法定管理机构制定的分包除外。

13.［**答案**］ √

［**解析**］ 水运《公路水运工程安全生产监督管理办法》第三条：本办法所称从业单位，是指从事公路水运工程、建设、勘察设计、监理、施工、检验检测、安全评价等工作单位。

14.［**答案**］ √

［**解析**］ 《检测和校准实验室能力认可准则》：在评定测量不确定度时，对给定条件下的所有重要不确定度分量，均应采用适当的分析方法加以考虑。

注：1. **构成不确定度的来源包括(但不限于)所用的参考标准和标准物质(参考物质)、方法和设备、环境条件、被检测或校准物品的性能和状态以及操作人员。**

2. 在评定测量不确定度时，通常不考虑被检测和(或)校准物品预计的长期性能。

15.［**答案**］ √

［**解析**］ 《检测和校准实验室能力认可准则》第5.8.2条 **实验室应具有检测和(或)校准物品的标识系统。物品在实验室的整个期间应保留该标识**。标识系统的设计和使用，应确保物品不会在实物上或在涉及的记录和其他文件中混淆。如果合适，标识系统应包含物品群组的细分和物品在实验室内外部的传递。

16.［**答案**］ ×

［**解析**］ 示值误差是计量器具指示出来的测量值与被测量值的实际数值之差。它是由于计量器具本身的各种误差所引起的。该误差的大小可通过计量器具的检定来得到。**引用误差**是相对误差的简便实用形式，在多档或连续刻度的仪表中广泛应用。

17.［**答案**］ √

［**解析**］ 随机现象：在一定条件下可能发生，也可能不发生的现象为随机现象(又称偶然现象或不确定性现象)。**随机事件：随机现象的每一个可能结果称为随机事件，简称事件**，常用A、B、C等表示。事件的概率：随机事件发生可能性的大小称为事件发生的概率，简称概率。

18.［**答案**］ ×

［**解析**］ 绘制直方图的步骤为：收集数据→数据分析与整理→确定组数和**组距**→确定组

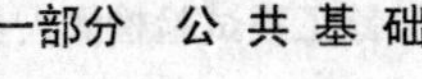

界值→统计频数→绘制直方图。

19.[答案] ×

[解析] 所谓经验公式,就是不是通过严格的数学推导,根据基本的物理理论得到的公式。一般来源于生产实践。在一定范围内,用经验公式可以计算得到近似实际测量的结果。但是,经验公式往往有其适用范围,**不能无怀疑地广泛适用**。

20.[答案] ×

[解析] 不能用折线连接测点,**应考虑曲线应尽可能地通过或接近所有的点**。当应用移动曲尺时,应顾及所绘制的曲线与实测值之间的误差平方和最小。

21.[答案] ×

[解析] **公路水运工程试验检测机构等级评定程序:**

第三章 等级评定

(六)为提高公路、水运等级检测机构出具试验检测报告的权威性,增强检测机构责任意识,所有等级试验检测机构,在其业务范围内出具的试验检测报告,**应在报告封面加盖"公路水运试验检测机构"专用标识**。

22.[答案] ×

[解析] **测量误差按性质和特点可分为系统误差、随机误差和疏失误差三大类**。误差的来源主要有:装置误差、环境误差、人员误差、方法误差。

23.[答案] ×

[解析] 系统误差是影响测量结果精确度的主要因素,然而它又常不明显的表现出来。当它被忽视时,有时会对实验结果带来严重的影响,因此**找出系统误差,算出它对结果的影响,设法修正或消除它的影响,是误差分析的一个重要内容**。

24.[答案] ✓

[解析] 系统误差的特点是测量结果向一个方向偏离,其数值按一定规律变化。我们应根据具体的实验条件,系统误差的特点,找出产生系统误差的主要原因,采取适当措施降低它的影响。**随机误差不能用修正或采取某种技术措施的办法来消除**,可以通过对测量数据的统计处理,能在理论上估计其对测量结果的影响。

25.[答案] ×

[解析] 0.2单位修约:将拟修约数值乘以5,按指定数位修约,所得数值再除以5。

拟修约数值	乘5	5A修约值	A修约(A)	(5A)
(修约间隔为100)	(修约间隔为20)	830	4 150	4 200	840

26.[答案] ✓

[解析] 关于发布《公路工程标准体系》的通知中附件(公路工程标准体系):体系编号定义。

27.[答案] ×

[解析] 0在数字中起的作用是不同的。有时是有效数字,有时不是,这与"0"在数字中的位置有关:

(1)**"0"在数字前,不是有效数字**,如0.027 5中,数字2前面的两个0都不是有效数字,这个数的有效数字只有3位。

(2)**“0”在数字中,是有效数字**。如2.006 5中的两个0都是有效数字,2.006 5有5位有效数字。

(3)**“0”在小数的数字后,也是有效数字**。如6.500 0中的3个0都是有效数字。0.003 0中数字3前面的3个0不是有效数字,3后面的0是有效数字。所以,6.500 0是5位有效数字,0.003 0是2位有效数字。

(4)**以“0”结尾的正整数,有效数字的位数不定**。如54 000,可能是2位,3位或4位甚至5位有效数字。这种数应根据有效数字的情况改写为指数形式。如为2位,则写成5.4×10^4;如为3位,则写成5.40×10^4,等等。

本题中有效数字为4位。

28.[答案] ×

[解析] **关于公布《公路水运工程试验检测机构等级标准》及《公路水运试验检测机构等级评定程序》的通知:**

公路工程试验检测环境

项　目	综合甲级	综合乙级	综合丙级	交通工程专项	桥梁隧道工程专项
试验检测用房使用面积(不含办公面积)(m^2)	≥1000	≥600	≥300	≥600	≥800
	检测试验环境应满足所开展的检测项目要求,且布局合理、干净整洁。				

注:此表为强制性要求。

29.[答案] ✓

[解析] 测量的精密度高,是指偶然误差较小,这时测量数据比较集中,但系统误差的大小并不明确。测量的准确度高,是指系统误差较小,这时测量数据的平均值偏离真值较少,但数据分散的情况,即偶然误差的大小不明确。**测量精确度(也常简称精度)高,是指偶然误差与系统误差都比较小,这时测量数据比较集中在真值附近。**

30.[答案] ×

[解析] 当试验次数较多时,可简单地用3倍标准偏差(3S)作为确定可疑数据取舍的标准。另外,当测量值与平均值之差大于2倍标准偏差(2S)时,则该测量值应保留,但需存疑。**如在生产、施工或试验中发现存疑数据变异时,该值应舍弃。**

三、多项选择题(每道题目所列出的备选项中,有两个或两个以上正确答案,选项全部正确得满分,选项部分正确按比例得分,出现错误选项该题不得分。总共20道题,每小题2分,共计40分)

1.[答案] ABC

[解析] **公路水运工程试验检测机构等级评定程序:**

第二章　现场评审

八、现场评审结果

(一)得分<80分,不予通过,评定结束满6个月后可重新申报。

(二)80分≤得分<85分,不予通过,评定结束后满3个月方可申请现场整改复核评定。

(三)得分≥85分,予以通过,需整改的方面,应报送书面整改。

2.［答案］ AC

［解析］《中华人民共和国产品质量法》第五十七条 产品质量检验机构、认证机构伪造检验结果或者出具虚假证明的，责令改正，对单位处五万元以上十万元以下的罚款，对直接负责的主管人员和其他直接责任人员处一万元以上五万元以下的罚款；有违法所得的，并处没收违法所得；情节严重的，取消其检验资格、认证资格；构成犯罪的，依法追究刑事责任。

产品质量检验机构、认证机构出具的检验结果或者证明不实，造成损失的，应当承担相应的赔偿责任；造成重大损失的，撤销其检验资格、认证资格。

3.［答案］ ABD

［解析］《建设工程质量管理条例》第三十八条 监理工程师应当按照工程监理规范的要求，采取**旁站**、**巡视**和**平行检验**等到形式，对建设工程实施监理。

4.［答案］ ABCD

［解析］ 公路水运工程试验检测机构等级评定程序：现场总体考察的目的是从宏观上评价试验室总体状况，为有针对性地开展专项考核做好准备。评审组可按试验检测工作流程，查看试验室。重点观察：在材料初审时发现的疑问；可能存在的薄弱环节；对环境、安全防护等有特殊要求的项目；试验室总体布局，环境、设备管理状况等情况。

5.［答案］ ABC

［解析］ 根据计量基准的地位、性质和用途，通常分为：**主基准**（一级）、**副基准**（二级）和**工作基准**（三级）。

6.［答案］ AB

［解析］ **标准不确定度**评定方法分为两类：

A 类——用统计方法评定的分量；

B 类——用非统计方法评定的分量。

7.［答案］ AB

［解析］《检测和校准实验室能力的通用要求》第 4.12.1.1 条 实验室应建立和维持识别、收集、索引、存取、存档、存放、维护和清理**质量记录**和**技术记录**的程序。

8.［答案］ BCD

［解析］ **公路水运工程试验检测机构等级评定程序：**

五、同一检测机构申请多项等级

（一）同一人所持的多个专业检测资格证书，可在不同的检测等级申报中使用，但不得超过 2 次。

（二）除行政、技术、质量负责人外，其他持单一专业检测资格证书的人员不得重复使用。

（三）不同等级的专业重叠部分检测用房可共用，不重叠部分检测用房必须独立分别满足要求，以保证试验检测工作的正常开展。

（四）不同等级专业重叠部分的仪器设备可交叉使用，但对用量大的仪器设备应有数量规模要求，省质监机构初审时可视具体情况掌握。

9.［答案］ ABCD

［解析］**《公路水运试验检测机构等级评定程序》**

现场总体考察的目的是从宏观上评价检测机构总体状况，评审组可按试验检测工作流程，重点考察：

(一)试验室面积、总体布局、环境、设备管理状况等情况。

(二)可能存在的薄弱环节。

(三)对环境、安全防护等有特殊要求的项目。

10. [答案]　ABCD

[解析]　质量管理是确定质量方针、目标和职责，并在管理体系中通过诸如**质量策划**、**质量控制**、**质量保证**和**质量改进**使其实施全部管理职能的所有活动。

注：1. 质量管理师各级管理者的职责，但必须由最高管理者领导。质量管理的实施涉及组织中的所有成员；

2. 在质量管理中要考虑到经济因素。

11. [答案]　AB

[解析]　溯源性：通过一条具有规定不确定度的不间断的比较链，使测量结果或测量标准的值能够与规定的参考标准，通常是与**国家测量标准**或**国际测量标准**联系起来的特性。

12. [答案]　ABCD

[解析]　当通过期间核查发现测量设备性能超出预期使用要求时，应立即停止使用并进行维修，在重新检定或校准表明其性能满足要求后，方可投入使用；应立即采取适当的方法措施，对上次核查后开展的检定、校准、检测工作进行追溯，以尽可能减少和降低由于设备失准造成的风险。

13. [答案]　ABC

[解析]　直方图的典型作用是，通过观察直方图形状，识别产品质量特性分布状况，判断生产过程是否正常；判断工序是否稳定，并找出产生异常的原因；计算工序能力；估算不合格品率。

14. [答案]　ABC

[解析]　测量数据常用的表达方法有：**表格法**、**图示法**和**经验公式法**。

15. [答案]　ABCD

[解析]　误差来源包括：测量程序、人员、环境和仪器等。

16. [答案]　ABC

[解析]　测量绝对误差除以被测量的(约定)真值称为相对误差。相对误差分为实际**相对误差**、**示值相对误差**和**引用**(或满度)**相对误差**。(1)实际相对误差是用绝对误差 ΔX 与被测量的实际值 A 的比值的百分数来表示的相对误差；(2)示值相对误差是用绝对误差 ΔX 与仪器给出值 X 的百分数来表示的相对误差；(3)引用(或满度)相对误差是用绝对误差 ΔX 与仪器的满刻度值 X_m 之比的百分数来表示的相对误差。

17. [答案]　ABC

[解析]　质量检验按检验数量分：全数检验和抽样检验；按数据性质分：计量值检验和计数值检验；按检验手段分：器具检验和感官检验；按检验后果的性质分：破坏性检验和非破坏性检验；按检验地点分：固定检验和流动检验；按检验性质分：验收检验和生产检验；按检验人员分：**自检**、**互检**和**专检**。

18. [答案]　ABC

[解析]　抽样检验按检验特性值的属性分为：计数抽样检验和计量抽样检验；按抽样方案制订的原理分为：标准型抽样方案、挑选型抽样方案、连续生产型方案、调整型抽样方案；按

抽样次数分为:一次抽样检验、二次抽样检验、多次抽样检验、序贯抽样检验。

19.[答案] ABCD

[解析] 《检测和校准实验室能力的通用要求》第5.5.7条 **曾经过载或处置不当、给出可疑结果,或已显示出缺陷、超出规定限度**的设备,均应停止使用。这些设备应予隔离以防误用,或加贴标签、标记以清晰表明该设备已停用,直至修复并通过校准或检测表明能正常工作为止。实验室应核查这些缺陷或偏离规定极限对先前的检测和(或)校准的影响,并执行"不符合工作控制"程序。

20.[答案] ABD

[解析] 《检测和校准实验室能力的通用要求》第5.5.8条 实验室控制下的需校准的所有设备,只要可行,应使用标签、编码或其他标识表明其校准状态,包括**上次校准的日期、再校准日期或失效日期**。

《公共基础》模拟试题(四)

一、单项选择题(四个备选项中只有一个正确答案,总共30道题,每题1分,共计30分)

1. 我国计量认证工作的法律依据是(　　)。

A.《产品质量法》　　B.《标准化法》

C.《计量法》　　D.《实验室资质认定评审准则》

2. 为社会提供公证数据的产品质量检验机构,必须经(　　)以上人民政府计量行政部门计量认证。

A. 国家级　　B. 省级　　C. 地市级　　D. 县级

3. "已取得计量认证合格证书的产品质量检验机构,需新增检验项目时,应按照有关规定,申请单项计量认证"是(　　)中对"扩项"的规定。

A.《产品质量法》　　B.《计量法》

C.《标准化法》　　D.《计量法实施细则》

4. 在检测机构等级划分时,公路工程分为综合类和(　　)类。

A. 专业　　B. 单项　　C. 特殊　　D. 专项

5. 公路水运工程试验检测机构的《等级证书》有效期为(　　)。

A. 3年　　B. 4年　　C. 5年　　D. 6年

6. 推荐性标准在一定条件下也可能转化为(　　)。

A. 行业标准　　B. 地方标准　　C. 强制性标准　　D. 国家标准

7. 与产品、过程、体系或人员有关的第三方证明称为(　　)。

A. 认证　　B. 认可　　C. 实验室认可　　D. 合格评定

8. 实现单位统一,量值准确可靠的活动称为(　　)。

A. 测量　　B. 计量　　C. 计量学　　D. 测量程序

9. 在相同测量条件下,对同一被测量进行连续多次测量所得结果之间的一致性称为(　　)。

A.(测量结果的)重复性　　B.(测量结果的)复现性

C.(测量结果的)正确性　　D.(测量结果的)准确性

10. 用对观测列进行统计分析的方法,来评定标准不确定度,称为(　　)。

A. 不确定度的A类评定　　B. 不确定度的B类评定

C. 合成标准不确定度　　D. 标准不确定度

11. 在重复性条件下对同一被测量进行无限多次测量所得结果的平均值与被测量的真值之差称为(　　)。

A. 偏差　　B. 相对误差　　C. 随机误差　　D. 系统误差

12. 下列单位中,(　　)是SI基本单位。

A. 伏特　　B. 牛顿　　C. 秒　　D. 欧姆

13. SI 单位词头"兆"所表示的因数为 10^6,其符号为"(   )"。

A. p　　B. ρ　　C. M　　D. m

14. 组合单位"牛顿米"符号的正确书写方式为"(   )"。

A. 牛米　　B. mN　　C. Nm　　D. N-m

15. 计量认证标志为(   )。

A. CMC　　B. CMA　　C. CAL　　D. CNAL

16. "向上抛一石子必然下落"属于(   )。

A. 必然事件　　B. 随机事件　　C. 不可能事件　　D. 可疑事件

17. 如果一个批的产品可按一定的顺序排列,并可将其分为数量相当的 n 个部分。此时,从每个部分按简单随机抽样方法确定的相同位置,各抽取一个单位产品构成一个样本,这个抽样方法即称为(   )。

A. 分层随机抽样　　B. 系统随机抽样

C. 分段随机抽样　　D. 整群随机抽样

18. 某长度测量值为 0.000 180mm,其有效数字位数为(   )位。

A. 2　　B. 3　　C. 6　　D. 7

19. 四位数字 12.8、3.25、2.153、0.028 4 相加,结果应为(   )。

A. 18.231 4　　B. 18.231　　C. 18.23　　D. 18.2

20. 将 1.015 1 修约至十分位的 0.2 个单位,修约数为(   )。

A. 1.00　　B. 1.01　　C. 1.02　　D. 1.015

21. 将 1.500 按 0.2 修约间隔修约,修约数为(   )。

A. 1.4　　B. 1.40　　C. 1.6　　D. 1.60

22. 实测值为 16.520 3,报出值为 16.5(+),要求修约到个数位后进行判定,则修约值为(   )。

A. 16　　B. 17　　C. 16.0　　D. 17.0

23. 合格判定数定义为做出批合格判断样本中所允许的(   )。

A. 最大合格品数　　B. 最大不合格品数

C. 最小合格品数　　D. 最小不合格品数

24. 由于抽样检验的随机性,将本来合格的批误判为拒收的概率,这对(   )是不利的,因此称为第 I 类风险。

A. 使用方　　B. 销售方

C. 生产方　　D. 生产和使用双方

25. 为实施抽样检查的需要而划分的基本单位称为(   )。

A. 单位产品　　B. 样本单位　　C. 样本　　D. 批

26. 在数轴上是连续分布的,用连续的量值来表示产品的质量特性,称为(   )。

A. 计量值　　B. 计数值　　C. 计点值　　D. 计件值

27. 测量结果 22.5mm 的末为(   )。

A. 1mm　　B. 0.1mm　　C. 5mm　　D. 0.5mm

28. 相对误差是指绝对误差与被测真值的比值,通常被测真值采用(   )代替。

A. 理论真值　　B. 相对真值　　C. 规定真值　　D. 实际值

29. 抽样程序指使用(　　)判断批合格与否的过程。

A. 抽样　　B. 抽样方案　　C. 合格判定数　　D. 不合格判定数

30. 在规定条件下,对相同准确度等级或指定不确定度范围的同种测量仪器复现的量值之间比较的过程,称为(　　)。

A. 比对　　B. 校准　　C. 计量　　D. 检定

二、判断题(正确的事实在后面括号中打"✓",错误的事实在后面括号中打"×"。每题1分,共30分。)

1. 在检测工作中,只要多加注意,误差是可以完全消除的。(　　)
2. 试验检测机构信用评价分为A、B、C、D四个等级。(　　)
3. 产品质量监督部门或者产品质量检验机构可以向社会推荐生产者的产品。(　　)
4. 部质监局负责公路工程综合类甲级、乙级,公路工程专项类及水运工程材料类及结构类甲级、乙级的等级评定工作。(　　)
5. 检验机构承担的公路水运工程试验检测业务,不得转包、分包。(　　)
6. 检测人员可以同时受聘于两家以上检测机构。(　　)
7. 国际单位制包括SI单位、SI词头和SI单位的十进倍数与整数单位三部分。(　　)
8. 真值按其本性是确定的。(　　)
9. 修正值等于正的系统误差。(　　)
10. 随机误差等于误差减去系统误差。(　　)
11. 准确性、一致性、溯源性及法制性是计量工作的重要特点。(　　)
12. 公路水运工程试验检测机构换证复核程序可参照等级评定程序,但不可以简化。(　　)
13. 在能力验证活动中出现不满意结果(离群)的实验室,应立即暂停对该实验室相关项目的认可。(　　)
14. 功能正常的用于检测的辅助设备,如空调、计算机等,应贴"准用"状态标志。(　　)
15. 实验室不能使用的报废仪器设备应使用"停用(红色)标志"。(　　)
16. 如果在修约间隔整数倍的一系列数中,有连续的两个数等同地接近拟修约数,则这两个数中,只有为修约间隔偶数倍的那个数才是修约数。(　　)
17. 若随机变量X可在坐标轴上某一区间内取任一数值,即取值布满区间或整个实数轴,则称X为离散型随机变量。(　　)
18. 有一个或一个以上不合格的单位产品,即为不合格品。不合格品也可分为A类、B类、C类。C类不合格品最为严重,B类不合格品次之,A类不合格品最为轻微。(　　)
19. 测量结果19.8mm和19.80mm的测量不确定度是一样的。(　　)
20. 绝对误差和相对误差的量纲与被测量的量纲相同。(　　)
21. 测量误差小,则测量不确定度也小,测量误差大,则测量不确定度也大。(　　)
22. 修约13.456,修约间隔为1。正确的做法是:13.456→13.46→13.5→14。(　　)
23. 原始观测项目,应包含获取试验结果所需的充分信息,以便该试验在尽可能接近原条

件的情况下能够复现。 ( )

24. 交竣工验收进行质量评定的报告可以加盖 CMA 称蝴蝶蓝色的“公路水运试验检测机构”J 标识中的任一种。 ( )

25. 按检验特性值的属性分类,抽样检验分为计数抽样方案和计量抽样方案。 ( )

26. 抽样方案中 N 为批量,n 为批量中随机抽取的样本数,d 为抽出样本中不合格品数,c 为合格判定数,若 $d \geqslant c$,则认为该批产品不合格,应拒绝接受。 ( )

27. 在一般工程测量中,真值也可以用测量值代替,这时,相对误差称为示值相对误差。 ( )

28. P_0 为接收上限,P_1 为拒绝下限。对 $P \leqslant P_0$ 的产品批以尽可能高的概率接收;对 $P \geqslant P_1$ 的产品批以尽可能高的概率拒收。P_0、P_1 可由供需双方协商。 ( )

29. 通常用 $s(\bar{x})$ 表征测量仪器的重复性,用 $S(x)$ 评价以此仪器进行 n 次测量所得结果的分散性。 ( )

30. 扩展不确定度有时也称为展伸不确定度或范围不确定度。 ( )

三、多项选择题(每道题目所列出的备选项中,有两个或两个以上正确答案,选项全部正确得满分,选项部分正确按比例得分,出现错误选项该题不得分。总共 20 道题,每小题 2 分,共 40 分。)

1. 审查认可(验收)的法律依据有( )。

A.《计量法》 B.《产品质量法》

C.《标准化法》 D.《标准化法实施条例》

E.《认证认可条例》

2.《计量法实施细则》规定的产品质量检验机构计量认证的内容有( )。

A. 是否具有稳定的检验业务

B. 计量检定、测试设备的性能

C. 计量检定、测试设备的工作环境和人员的操作技能

D. 保证量值统一、准确的措施及检测数据公证可靠的管理制度

3. 根据《公路水运工程试验检测管理办法》,检测机构等级分为( )专业。

A. 综合工程 B. 公路工程 C. 路面工程 D. 水运工程

4. 公路工程专项类分为( )等级。

A. 交通工程 B. 道路工程 C. 桥梁工程 D. 桥梁隧道工程

5. 质量手册通常至少应包括或涉及的方面有( )。

A. 质量方针

B. 影响质量的管理、执行、验证或评审工作的人员职责权限和相互关系

C. 质量体系程序和说明

D. 关于手册评审、修改和控制的规定

6. 重复性条件包括( )。

A. 相同的测量程序

B. 相同的观测者

C. 在相同条件下使用相同的测量仪器
D. 相同的地点
E. 在短时间内重复测量

7. 国家法定计量单位是(　　)和(　　)。
A. 国际单位制计量单位　　B. 国家选定的其他计量单位
C. 导出单位　　D. CGPM 确定暂时保留单位

8. 质量体系文件一般包括(　　)。
A. 质量手册　　B. 程序文件
C. 质量计划　　D. 作业指导书
E. 记录表格

9. 国家计量检定系统框图的三大部分是(　　)。
A. 通用计量器具　　B. 计量基准器具
C. 计量标准器具　　D. 工作计量器具

10. 常用的能力验证有(　　)等类型。
A. 实验室间量值比对　　B. 实验室间检测比对
C. 分割样品检测比对　　D. 定性比对
E. 已知值比对　　F. 部分过程比对
G. 人员比对

11. 检测报告中应包括(　　)等内容。
A. 实验室名称、地址　　B. 报告编号
C. 检验依据　　D. 样品的特性和状态

12. 抽样检查所研究的问题包括以下方面:(　　)。
A. 采用何种抽样方式　　B. 样品的检查方法
C. 取多大规模的样本大小　　D. 怎样预先确定判定规则

13. 随机误差的统计规律性,主要可归纳为(　　)。
A. 随机性　　B. 对称性　　C. 有界性　　D. 单峰性

14. 用于不确定度 B 类评定的信息来源一般有(　　)等。
A. 以前的观测数据
B. 对有关技术资料和测量仪器特性的了解和经验
C. 对观测列进行统计分析
D. 手册或某些资料给出的参考数据及其不确定度

15. 标准不确定度包括(　　)。
A. 扩展不确定度　　B. A 类不确定度
C. B 类不确定度　　D. 合成标准不确定度

16. 下列(　　)检测数据属于计量值数据。
A. 强度　　B. 长度　　C. 质量　　D. 不合格品率

17. 可疑数据的取舍方法可采用(　　)。
A. 3 倍标准差法　　B. 肖维纳特法

C. 格拉布斯法　　　　D. 狄克逊法

18. 概率分布曲线的形式很多，在公路工程质量检测和评价中，常用的分布有(　　)。

A. 正态分布　　B. 二项分布　　C. t 分布　　D. 泊松分布

19. 表示数据离散程度的特征量有(　　)。

A. 平均值　　B. 极差　　C. 标准偏差　　D. 中位数

20. 期间核查的测量设备有(　　)。

A. 使用频率较少的　　B. 经常携带到现场检测的

C. 在恶劣环境下使用的　　D. 曾经过载或怀疑有质量问题的

《公共基础》模拟试题(四)答案及解析

一、单项选择题(四个备选项中只有一个正确答案,总共30道题,每题1分,共计30分)

1.[**答案**] C

[**解析**] **我国的计量认证工作是依据《计量法》**,其立法原意,在于对为社会提供公证数据的产品质量检验机构实施计量监督,即要通过严格的技术考核,确认其是否真正具备同检验工作相适应的计量检定、测试的能力和可靠性。所以直接选C.《计量法》。另外,利用题干中的核心概念"计量认证"也可直接选出C为正确项。

2.[**答案**] B

[**解析**] 《计量法》及其实施细则规定:有关向社会出具公证数据的产品质量检验机构,必须经**省级**以上人民政府计量行政部门计量认证;《标准化法》规定:县级以上政府标准化行政主管部门,可以根据需要设置检验机构,或者授权其他单位的检验机构,对产品是否符合标准进行检验;《产品质量法》规定:产品质量检验机构必须具备相应的检测条件和能力,经省级以上人民政府产品质量监督部门或者其授权的部门考核合格后,方可承担产品质量检验工作。(区别以上对省级或县级的要求)故选B。

3.[**答案**] D

[**解析**] 首先根据题干主旨排除A、C项,又由于**《计量法实施细则》是对《计量法》实施过程的明确规定**,上述规定属于具体实施,故选D。

4.[**答案**] D

[**解析**] 直接选择题,本题考查检测机构等级划分(常考知识点)。公路工程专业分为综合类和**专项类**,所以选D(注意措辞的准确性,A选项"专业"具有高度迷惑性)。

5.[**答案**] C

[**解析**] 本题属于记忆性直接选择题,公路水运工程试验检测机构的《等级证书》**有效期为5年**,故选C。

6.[**答案**] C

[**解析**] 标准按适用范围分为:国家标准、行业标准、地方标准、企业标准;国家标准、行业标准分为强制性标准和推荐性标准。**行业标准可以上升为国家标准**,当行业范围足够大,影响范围很广时,可以经过相关部门审定上升为国家标准。当推荐性标准需要强制执行时,**推荐性标准也可以转化为强制性标准,故选C**。

7.[**答案**] A

[**解析**] 直接性选择题,本题是对计量认证有关术语的考查。**认证是与产品、过程、体系或人员有关的第三方证明**;认可是权威机构对某一机构或个人有能力执行特定任务的正式承认。实验室认可是对校准和检测实验室有能力进行指定类型的校准和检测所做的一种正式承认;合格评定是对与产品、过程、体系、人员或机构有关的规定要求得到满足的证明。本题干中的表述是对认证的定义,所以选A(认证与认可定义的区分是一个常考知识点)。

8.［答案］　B

［解析］　本题是对定义考查的直接性选择题，选项具有一定的迷惑性，如果考生对定义的掌握不是相当熟悉，很容易选择C选项。测量是以确定量值为目的的一组操作；**计量是实现单位统一、量值准确可靠的活动**；计量学是关于测量知识领域的一门科学；测量程序是进行特定测量时所用的，根据给定的测量方法具体叙述的一组操作。所以此题正确答案为选项B。

9.［答案］　A

［解析］　概念区分选择题，考查（测量结果的）重复性与（测量结果的）复现性以及两者的区分，选项C、D可以直接排除。**（测量结果的）重复性是指在相同的测量条件下，对同一被测量进行连续多次测量所得结果之间的一致性**；（测量结果的）复现性是在改变了的测量条件下，同一被测量的测量结果之间的一致性。两者的主要区别在于重复性以“相同测量条件”为前提，复现性则以“改变了的测量条件”为前提。两者极易混淆，也是常考知识点。故A为正确选项。

10.［答案］　A

［解析］　概念性选择题，考查不确定度这一知识点（常考知识点）。标准不确定度是指以标准（偏）差表示的测量不确定度。**用对观测列进行统计分析的方法来评定标准不确定度，称为不确定度的A类评定**；用不同于对观测列进行统计分析的方法来评定标准不确定度，称为不确定度的B类评定；当测量结果是由若干个其他量的值求得时，按其他各量的方差和协方差算得的标准不确定度，称为合成标准不确定度。所以选A。

11.［答案］　D

［解析］　直接性选择题，主要考查几类误差的不同定义。一个值减去其参考值是偏差；相对误差是指测量误差除以被测量的真值；测量结果与在重复条件下，对同一被测量进行无限多次测量所得结果的平均值之差称为随机误差；**在重复条件下，对同一被测量进行无限多次测量所得结果的平均值与被测量的真值之差称为系统误差**。故选D。

12.［答案］　C

［解析］　本题考查SI基本单位。SI基本单位有7个，它们分别是米、千克（公斤）、秒、安（培）、开（尔文）、摩（尔）、坎（德拉）。伏特、牛顿、欧姆等是SI导出单位，故选C。

13.［答案］　C

［解析］　本题可用直接法或排除法来做。如果熟悉掌握了**词头“兆”的词头符号为“M”**就直接可以选出C为正确答案。也可根据等于或大于因数10^6的词头符号必须用大写正体，排除A、B、D选项，选择大写字母选项C。

在标准10进制公制度量系统中，倍率关系如下所示：

kilo（k）* = 10^3 = 1 000　thousand　千

mega（M）= 10^6 = 1 000 000　million　百万

giga（G）= 10^9 = 1 000 000 000　billion　十亿

tera（T）= 10^{12} = 1 000 000 000 000　trillion　万亿

* 在公制系统中，“k”或者“kilo”前缀只使用小写字母

14.［答案］　C

［解析］　本题主要考查组合单位符号的书写。在组合单位的符号中，某单位符号同时又是词头符号，则应将它置于单位符号的右侧，并且在组合单位符号的字母中间不能用“-”连

接,可以用“·”连接。**“牛顿米”符号的正确写法是“N·m”或“Nm”**,故选C。

15.[答案] B

[解析] **中国计量认证标志为英文字母CMA组成的,C为外框的图形标志。**CMA是“中国计量认证”,英文“China Metrology Accreditation”的缩写,故选B。

16.[答案] A

[解析] 本题是一道间接性选择题,主要考查事件的分类及它们定义的含义。客观世界可能出现的事件有3类,分别是必然事件、不可能事件和随机事件。**必然事件是在一定条件下必然出现的事件**;在一定条件下不可能出现的事件是不可能事件;在一定条件下可能出现也可能不出现的事件是随机事件。所以“向上抛一石子必然下落”属于必然事件。故选A。

17.[答案] B

[解析] 概念性直接选择题,本题考查了系统随机抽样的定义。各个选项的定义分别如下:

分层随机抽样:如果一个批是由质量明显差异的几个部分所组成,则可将其分为若干层,使层内的质量较为均匀,而层间的差异较为明显。从各层中按一定的比例随机抽样,即称为分层随机抽样。

系统随机抽样:**如果一个批的产品可按一定的顺序排列,并可将其分为数量相当的n个部分。此时,从每个部分按简单随机抽样方法确定的相同位置,各抽取一个单位产品构成一个样本,这个抽样方法即称为系统随机抽样。**

分段随机抽样:如果先将一定数量的单位产品包装在一起,再将若干个包装单位组成批时,为了便于抽样,可以分段抽样:第一段抽样以包装单位作为基本单元,先随机抽取k个单位;第二段在从抽到的k个单位中分别抽取m个产品,集中在一起构成一个样本,而m的大小必须满足$k \times m = n$。这种抽样方法称为分段随机抽样。

整群随机抽样:如果在分段随机抽样的第一段,将抽到的k组产品中的所有产品都作为样本单位,此时即称为整群随机抽样。

所以本题正确答案为选项B。

18.[答案] B

[解析] 根据近似数有效数字的概念:当该近似数的绝对误差的模小于0.5(末)时,从左边的第一个非零数字算起,直到最末一位数字为止的所有数字。由于0.000 180小于0.5,所以**“1”“8”“0”是有效数字**,故选B。

19.[答案] D

[解析] 本题考察近似数运算。根据近似数加、减运算规则:如果参与运算的数不超过10个,运算时以各数中(末)最大的数为准,其余的数均比它多保留一位,多于位数应舍去。**计算结果的(末)应与参与运算的数中(末)最大的那个数相同。**若计算结果尚需参与下一步运算,则可多保留一位。本题中的数(末)最大的是“12.8”,且计算结果并没有说明要参与下一步运算,所以计算结果的(末)也应与“12.8”相同,故选D。

20.[答案] C

[解析] 本题考查数值修约规则。修约规则要求如果为修约间隔整数倍的一系列数中,**只有一个数最接近拟修约数,则该数就是修约数。**本题要求将1.015 1修约至十分为的0.2

个单位,此时,修约间隔为0.02,与1.0151邻近的为修约间隔整数倍的数有1.00和1.02,显然只有1.02最接近拟修约数,因此1.02就是修约数。所以选C。

21.[答案] C

[解析] 本题考查修约规则:如果在修约间隔(系确定修约保留位数的一种方式。修约间隔的数值一经确定,修约值即应为该数值的整数倍)整数倍的一系列数中,有连续的两个数同等的接近拟修约数,则这两个数中,只有**为修约间隔偶数倍**的那个数才是修约数。本题中按0.2修约间隔有两个连续的为修约间隔整数倍的数1.4和1.6,同等的接近拟修约数1.500,因为1.4是修约间隔0.2的奇数倍(7倍),所以不是修约数,**而只有1.6是修约间隔0.2的偶数倍(8倍)**,因而才是修约数。所以本题正确选项为C。

22.[答案] B

[解析] 排除法。由于题干要求修约到个位数后进行判定,首先排除C、D两项(不是个位数)。然后**根据报出值16.5(+)可知实际值大于16.5**,所以修约到个位的修约值应为17。故选B。

23.[答案] B

[解析] 概念性直接选择题。**合格判定数是指做出批合格判断样本中所允许的最大不合格品数**。故选B。

24.[答案] C

[解析] 本题考查第I类风险的概念。由于抽样检验的随机性,将本来合格的批误判为拒收的概率,这**对生产方是不利的,因此称为第I类风险或供方风险**;反之,将本来不合格的批误判为接收的概率,这对使用方是不利的,因此称为第II类风险或需方风险。所以本题选C。

25.[答案] A

[解析] 直接题,本题考查单位产品、样本单位、样本和批的定义。它们的定义分别是:**为实施抽样检查的需要而划分的基本单位称为单位产品**;为实施抽样检查汇集起来的单位产品,称为检查批或批;从批中抽取用于检查的单位产品,称为样本单位,有时也称为样品;样本单位的全体称为样本。上述题干是对单位产品的定义,故选A。

26.[答案] A

[解析] 直接题,本题考查计量值、计数值、计点值和计件值的定义。**在数轴上是连续分布的,用连续的量值来表示产品的质量特性,称为计量值**;单位产品的质量特性是用某类缺陷的个数值度量,称为计点值;某些质量特性不能定量地度量,而只能简单地分成合格和不合格,或者分成若干等级,这时就称为计件数表示方法;计点值和计件值统称为计数值,计数值在数轴上是离散分布的。上述是对计量值的定义,故选A。

27.[答案] B

[解析] 本题考查末的概念。**所谓末,指的是任何一个数最末一位数字所对应的单位量值**。22.5mm的最末一位的量值是0.5mm,即为最末一位数字5与其所对应的单位量值0.1mm的乘积,故22.5mm的(末)为0.1mm。所以选B。

28.[答案] B

[解析] 直接题。真值是一个变量本身所具有的真实值,它是一个理想的概念,一般是无法得到的。所以在计算误差时,一般用**约定真值或相对真值**来代替。约定真值是一个接近

真值的值，它与真值之差可忽略不计。实际测量中以在没有系统误差的情况下，足够多次的测量值之平均值作为约定真值。相对真值，是指当高一级标准器的误差仅为低一级的时，可认为高一级的标准器或仪表示值为低一级的相对真值。故选 B。

29.［答案］ B

［解析］ 直接题。抽样程序是指使用**抽样方案**判断批合格与否的过程。故选 B。

30.［答案］ A

［解析］《通用计量术语及定义》(JJF 1001—2011)中，“比对”的定义为：在规定条件下，对相同准确度等级或指定不确定度范围的同种测量仪器复现的量值之间比较的过程。

二、判断题（正确的事实在后面括号中打“✓”，错误的事实在后面括号中打“×”。每题 1 分，共 30 分。）

1.［答案］ ×

［解析］ **误差按性质分为三类：**

(1)系统误差，系统误差是由较确定的原因引起的，可校正和消除。

(2)随机误差，随机误差是由不确定原因引起的，不可避免和消除。

(3)过失误差，过失误差是指一种显然与事实不符的误差，必须避免和剔除。

2.［答案］ ×

［解析］《公路水运工程试验检测信用评价办法(试行)》

第八条 试验检测机构信用评价分为 AA、A、B、C、D 五个等级，评分对应的信用等级分别为：

AA 级：信用评分 >95 分，信用好；

A 级：85 <信用评分≤95 分，信用较好；

B 级：70 <信用评分≤85 分，信用一般；

C 级：60 <信用评分≤70 分，信用较差；

D 级：信用评分≤60 分，信用很差。

被评为 D 级的试验检测机构直接列入黑名单，并按 12 号令予以处罚。

3.［答案］ ×

［解析］《产品质量法》规定：产品质量监督部门或者其他国家机关以及产品质量**检验机构不得向社会推荐生产者的产品**；不得以对产品进行监制、监销等方式参与产品经营活动。

4.［答案］ ×

［解析］ **《公路水运工程试验检测管理办法》第七条**规定：部质监局负责公路工程**综合类甲级**、公路工程专项类及水运工程材料类及**结构类甲级**的等级评定工作。

注意：这里**不包含“乙级”**。

5.［答案］ ×

［解析］ 检验机构承担的公路水运工程试验检测业务，不得转包、**违规分包**。此时强调的是“违规分包”。

6.［答案］ ×

［解析］《公路水运工程试验检测管理办法》规定：检测人员**不得同时受聘于两家以上检**

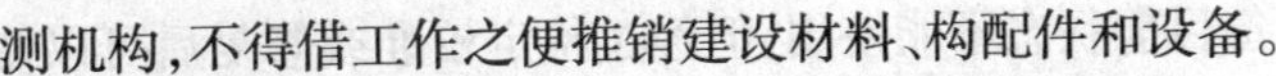

测机构，不得借工作之便推销建设材料、构配件和设备。

7.［答案］ ×

［解析］ 国际单位制单位是由 SI 单位（包括 SI 基本单位、SI 导出单位）、SI 词头和 SI 单位的十进倍数和**分数单位**三部分构成的。

8.［答案］ ×

［解析］ 从量子效应和测不准原理来看，**真值按其本性是不确定的**。真值是一个变量本身所具有的真实值，它是一个理想的概念，一般是无法得到的。所以在计算误差时，一般用约定真值或相对真值来代替。约定真值是一个接近真值的值，它与真值之差可忽略不计。实际测量中以在没有系统误差的情况下，足够多次的测量值之平均值作为约定真值。相对真值是指当高一级标准器的误差仅为低一级的时，可认为高一级的标准器或标准仪表示值为低一级的相对真值。

9.［答案］ ×

［解析］ 修正值是指用代数方法与未修正测量结果相加，以补偿其系统误差的值，修正值等于**负的**系统误差。

10.［答案］ ✓

［解析］ **随机误差**是指测量结果与同一待测量的大量重复测量的平均结果之差，即"同一待测量的大量重复测量的平均结果"指在重复条件下得到待测量的期望值或所有可能测得值的平均，**是排除了系统误差后的理想情况下仍然存在的误差**。所以随机误差等于误差减去系统误差。

11.［答案］ ✓

［解析］ 计量是为实现单位统一、量值准确可靠而进行的科技、法制和管理活动，**准确性、一致性、溯源性及法制性是计量工作的重要特点**。

12.［答案］ ×

［解析］ 《换证复核细则（试行）》第八条 换证复核程序和工作用表参照等级评定程序，可以适当简化。

13.［答案］ ×

［解析］ 《实验室能力验证实施办法》第十六条 对于能力验证的结果可疑或者**离群的实验室，能力验证的组织者应当要求其在规定期限内进行整改并验证整改效果**，也可视情况暂停或者撤销其相关项目的资质认定或者认可，暂停其承担政府授权、委托或者指定的检验检测任务的资格，直到完成纠正活动并经能力验证的组织者确认后，方可恢复或者重新获得认可以及承担政府授权、委托或者指定的检验检测任务的资格。该办法所称的离群（即结果离群），是指按照有关的技术统计方法确定的明显偏离标准值（或者中位值）的结果。

14.［答案］ ✓

［解析］ 实验室资质认定评审准则中 5.4.6 条款要求："所有仪器设备（包括标准物质）都应有明显的标志来表明其状态。"在实验室管理过程中，通常采用"绿、黄、红"等三色标志来表示"合格、准用、停用"等计量检定标志。**对计算机、空调、打印机等一般不必检定的设备，经检查功能正常者，以及虽无法检定，但经比对或鉴定适用者，均应使用黄色准用标志**。

15.［答案］ ×

［解析］ “停用”标志是指仪器设备目前状态不能使用，但经过检定校准或修复后可以使用的，不是实验室不需要的废品杂物。实验室**不能使用的报废仪器设备应予清理，以保持实验室的整洁**。

16.［答案］ ✓

17.［答案］ ×

［解析］ 若随机变量 X 可在坐标轴上某一区间内取任一数值，即取值布满区间或整个实数轴，则称 X 为**连续型随机变量**；若随机变量 X 的取值可离散的排列，而且 X 以各种确定的概率取这些不同的值，即只取有限个或可数个实数值，则称 X 为离散型随机变量。

18.［答案］ ×

［解析］ 有一个或一个以上质量特性不符合规定的单位产品，即为不合格品。不合格品也可分为 A 类、B 类、C 类。**A 类不合格品最为严重，B 类不合格品次之，C 类不合格品最为轻微**。

19.［答案］ ×

［解析］ **测量结果的有效位数反应结果的不确定度**，有效位数不同，测量不确定度也不同。显然 19.8mm 的有效位数是 3，19.80mm 的有效位数是 4，所以它们的测量不确定度是不一样的。所谓有效数字：具体地说，是指在分析工作中实际能够测量到的数字。所谓能够测量到的数字是包括最后一位估计的不确定的数字。我们把通过直读获得的准确数字叫做可靠数字，把通过估读得到的那部分数字叫做存疑数字。把测量结果中能够反映被测量大小的带有一位存疑数字的全部数字叫有效数字。

20.［答案］ ×

［解析］ 绝对误差的量纲与被测量的量纲相同，**相对误差是量纲为 1 的量**。将一个物理导出量用若干个基本量的乘方之积表示出来的表达式，称为该物理量的量纲式，简称量纲(dimension)。量纲又称为因次。它是在选定了单位制之后，由基本物理量单位表达的式子。在国际单位制(I)中，7 个基本物理量长度、质量、时间、电流、热力学温度、物质的量、发光强度的量纲符号分别是 L、M、T、I、Q、N 和 J。

21.［答案］ ×

［解析］ 测量误差是表明测量结果偏离真值的差值。测量不确定度表明赋予被测量之值的分散性，是通过分析评定得到的一个区间。**二者不存在相互影响关系**。

22.［答案］ ×

［解析］ 拟修约数字应在确定修约位数后一次修约获得结果，而不得多次连续修约。**正确的做法应该是：13.456→13**。

23.［答案］ ✓

［解析］ 《公路试验检测数据报告编制导则》(JT/T 828—2012)：原始观测项目，应包含获取试验结果所需的充分信息，以便该试验在尽可能接近原条件的情况下能够复现。

24.［答案］ ×

［解析］ 交通行业试验检测机构常用的印章有两种，计量认证章(CMA)和交通试验检测等级章(蝴蝶蓝色“丁”)。计量认证章“CMA”应盖在检测报告左上方；交通行业专用标识章(蝴蝶蓝色“丁”)应盖在试验检测报告的右上角。交竣工验收进行质量评定的报告应加盖这

两种印章。

25.[答案] ✓

26.[答案] ×

[解析] 抽样方案中 N 为批量，n 为批量中随机抽取的样本数，d 为抽出样本中不合格品数，c 为合格判定数，若 $d>c$，则认为该批产品不合格，应拒绝接受。

27.[答案] ✓

[解析] 测量仪器的示值误差是指“测量仪器示值与对应输入量的真值之差”。示值误差是对真值而言的。由于真值是不能确定的，实际上使用的是约定真值或实际值。为确定测量仪器的示值误差，当其接受高等级的测量标准器检定或校准时，则标准器复现的量值即为约定真值，通常称为实际值，即满足规定准确度的用来代替真值使用的量值。所以指示式测量仪器的示值误差＝示值－实际值；实物量具的示值误差＝标称值－实际值。例如：被检电流表的示值 I 为40A，用标准电流表检定，其电流实际值为 $I_0=41\text{A}$，则示值40A 的误差 Δ 为：

$$\Delta = I - I_0 = 40 - 41 = -1\text{A}$$

则该电流表的示值比其真值小1A。

如一工作玻璃量器的容量其标称值 V 为1 000mL，经标准玻璃量器检定，其容量实际值 V_0 为1 005mL，则量器的示值误差 Δ 为：

$$\Delta = V - V_0 = 1\,000 - 1\,005 = -5\text{mL}$$

即该工作量器的标称值比其真值小5mL。

28.[答案] ✓

[解析] 所谓的抽检方案就是关于从一批产品中应抽取的子样个数、各子样的容量以及根据子样检查结果对产品批作接收与否判定的规则。理想方案实际是不存在的，因为，只有进行全数检查且准确无误才能达到这种境界，但检查难以做到没有错检或漏检的，所以，理想方案只是理论上存在的。通常是首先规定两个参数 P_0 和 $P_1(P_0<P_1)$，P_0 是接收上限，即希望对 $P\leqslant P_0$ 的产品批以尽可能高的概率接收；P_1 是拒收下限，即希望对 $P\geqslant P_1$ 的产品批以尽可能高的概率拒收。

29.[答案] ×

[解析] 通常用 **$S(x)$ 表征测量仪器的重复性**，用 $s(\bar{x})$ 评价以此仪器进行 n 次测量所得结果的分散性。

30.[答案] ✓

[解析] 扩展不确定度是确定测量结果区间的量，合理赋予被测量之值分布的大部分可望含于此区间。扩展不确定度有时也称展伸不确定度或范围不确定度。它是将合成标准不确定度扩展了 k 倍得到的，k 值一般为2，有时为3，取决于被测量的重要性、效应和风险。

三、多项选择题(每道题目所列出的备选项中，有两个或两个以上正确答案，选项全部正确得满分，选项部分正确按比例得分，出现错误选项该题不得分。总共20道题，每小题2分，共40分。)

1.[答案] BC

[解析] 推断性选择题。审查认可(验收)是针对质量技术监督系统依法设置的质检机

构的验收和对有关行业部门建立、经质量技术监督部门授权的质检机构的评审考核。所以**审查认可(验收)的法律依据是《产品质量法》和《标准化法》**。(计量认证的法律依据则是《计量法》和《标准化法》,要加以区分)故本题正确选项是 BC。

2.[**答案**] BCD

[**解析**] 直接选择题。**《中华人民共和国计量法实施细则》**第 33 条明确产品质量检验机构计量认证的内容:**(一)计量检定、测试设备的性能;(二)计量检定、测试设备的工作环境和人员的操作技能;(三)保证量值统一、准确的措施及检测数据公证可靠的管理制度**。所以选 BCD。

3.[**答案**] BD

[**解析**] 直接选择题,考查检测机构等级的划分。根据《公路水运工程试验检测管理办法》,**检测机构等级分为公路工程和水运工程专业**。所以选 BD。

4.[**答案**] AD

[**解析**] 本题考查公路工程专项类的等级划分,属于记忆性选择题。(选项具有迷惑性,望考生能够准确记忆)**公路工程专项类分为交通工程和桥梁隧道工程**。所以选 AD。

5.[**答案**] ABCD

[**解析**] 推断性选择题,首先要知道质量手册是什么,才能推断那些选项属于质量手册应包括或涉及的方面。质量手册是阐明一个组织的质量方针并描述其质量体系(质量体系是指为实施质量管理所需的组织结构、程序、过程的资源)的文件。所以 ABCD 均属于质量手册至少应包括或涉及的方面。

6.[**答案**] ABCDE

[**解析**] 推理性选择题。重复性条件也就是相同的条件,所以相同的测量程序、相同的观测者、在相同条件下使用相同的测量仪器、相同的地点以及在短时间内重复测量都是重复性条件所包括的内容。故选 ABCDE。

7.[**答案**] AB

[**解析**] 本题是记忆性直接题。计量法规定:"国家采用国际单位制。国际单位制计量单位和国家选定的其他计量单位,为国家法定计量单位。"故选 AB。

8.[**答案**] ABCE

[**解析**] 直接题。质量体系文件一般包括:质量手册、程序文件、质量计划、质量记录。记录表格属于质量记录,作业指导书不属于质量体系文件。所以正确选项为 ABCE。

9.[**答案**] BCD

[**解析**] 直接题。国家计量检定系统框图分 3 大部分——计量基准器具、计量标准器具及工作计量器具。所以选 BCD。

10.[**答案**] ABCDEF

[**解析**] **利用实验室间比对的能力验证(GB/T 15483.1—1999):**

能力验证是指利用实验室间比对来确定实验室检测/校准能力的活动,实际上它是为确保实验室维持较高的校准和检测水平而对其能力进行考核、监督和确认的一种验证活动。常用的能力验证有 6 种类型:实验室间量值比对、实验室间检测比对、分割样品检测比对、定性比对、已知值比对及部分过程比对。故选 ABCDEF。

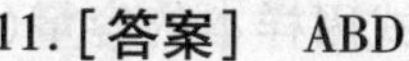

11.［答案］ ABD

［解析］ 实验室名称和地址、报告编号及样品的特性和状态是检测报告中必须包括的内容，检测报告中不包括检验依据。所以选 ABD。

12.［答案］ ACD

［解析］ 推理性选择题。抽样检查是对产品批做出判断，并做出相应的处理。抽样检查所研究的问题主要是抽样方式和抽样方案，而不研究检查方法问题。抽样方案包括样本大小和判定规则。所以选项 ACD 为抽样检查所研究的问题。

13.［答案］ BCD

［解析］ 随机误差的统计规律性，主要可归纳为对称性、有界性和单峰性 3 点。①对称性是指绝对值相等而符号相反的误差，出现的次数大致相等，即测得值是以它们的算术平均值为中心而对称分布的；②有界性是指测得值误差的绝对值不会超过一定的界限，即不会出现绝对值很大的误差；③单峰性是指绝对值小的误差比绝对值大的误差数目多，即测得的值是以它们的算术平均值为中心而相对集中地分布的。故选 BCD。

14.［答案］ ABD

［解析］ 推理性选择题。用不同于对观测列进行统计分析的方法来评定标准不确定度，称为不确定度的 B 类评定。根据不确定度 B 类评定的定义可排除选项 C。又因为不确定度 B 类评定是根据经验或资料及假设的概率分布估计的标准差为表征，也就是说其原始数据并非来自观测列的数据处理，而是基于实验或其他信息来估计，含有主观鉴别的成分。所以 ABD 可选。用于不确定度 B 类评定的信息来源一般有 5 项：①以前的观测数据；②对有关技术资料和测量仪器特性的了解和经验；③生产部门提供的技术说明文件；④校准证书、检定证书或其他文件提供的数据、准确度的等别或级别，包括目前暂在使用的极限误差等；⑤手册或某些资料给出的参考数据及其不确定度；故正确答案是 ABD。

15.［答案］ BCD

［解析］ 根据概念推理题。标准不确定度是以标准［偏］差表示的测量不确定度。用对观测列进行统计分析的方法来评定标准不确定度，所得到的相应的标准不确定度称为 A 类不确定度；用不同于对观测列进行统计分析的方法来评定标准不确定度，所得到的相应的标准不确定度称为 B 类不确定度；当测量结果是由若干个其他量的值求得时，按其他各量的方差和协方差算得的标准不确定度，称为合成标准不确定度；扩展不确定度是确定测量结果区间的量，合理赋予被测量之值分布的大部分可望含于此区间，它有时也称为展伸不确定度或范围不确定度。故选 BCD。

16.［答案］ ABC

［解析］ 推理题。计量值是用连续的量值来表示产品的质量特性。**强度、长度和质量都是计量值**。不合格品率表示每百单位产品不合格品数，它是计数值。故选 ABC。

17.［答案］ ABCD

［解析］ 可疑数据的取舍方法有拉依达法、肖维纳特法、格拉布斯法、狄克逊法等。拉依达法是以 3 倍标准偏差作为判别标准，所以亦称 3 倍标准偏差法，简称 3S 法。肖维纳特法判别可疑数据舍弃的标准为：$|x_i-\bar{x}|/S \geqslant K_n$（肖维纳特系数）。格拉布斯法假定测量结果服从正态分布，根据顺序统计量来确定可疑数据的取舍。狄克逊法适用于一组测量值的一致性

检验和剔除离群值,本法中对最小可疑值和最大可疑值进行检验的公式因样本的容量(n)不同而异。

18.[答案] AC

[解析] 正态分布是人们考察自然科学和工程技术中得到的一种连续分布,是大量实践经验的抽象结果。在公路工程质量检测和评价中,计量值是连续型随机变量,其分布是连续型分布。BD 选项都属于离散型分布。

19.[答案] BC

[解析] 平均值是指所有数据的和与数据个数之比;极差是所有数据中最大数据与最小数据之差;标准偏差是表征数据分散性的量;将一列数按从小到大的顺序排列,处于(奇数个数)最中间的数或(偶数个数)中间两个数的平均数的值,被称为中位数。平均数和中位数是表示数据集中程度的特征量;**极差和标准偏差是表示数据离散程度的特征量**。故选 BC。

20.[答案] BCD

[解析] 期间核查的重点测量设备有:①性能不稳定,漂移率大的;②使用非常频繁的;③经常携带到现场的;④在恶劣环境下使用的;⑤经常过载或怀疑有质量问题的。

《公共基础》模拟试题（五）

一、单项选择题（四个备选项中只有一个正确答案，总共30道题，每题1分，共计30分）

1. 用 n 表示检测次数，S 表示标准偏差，$\bar{x}$ 表示平均值，则变异系数 C_v 为（　　）。

A. $\frac{S}{n}$　　B. $\frac{n}{S}$　　C. $\frac{S}{\bar{X}}$　　D. $\frac{\bar{X}}{S}$

2. 不属于表示数据离散程度的统计特征量是（　　）。

A. 标准偏差　　B. 变异系数　　C. 中位数　　D. 极差

3. 正态分布函数的标准偏差越大，表示随机变量在（　　）附近出现的密度越小。

A. 总体平均数　　B. 样本平均数　　C. 总体中位数　　D. 样本中位数

4. 0.23 和 23.0 两个数的有效数字分别为（　　）个。

A. 2、2　　B. 3、3　　C. 3、2　　D. 2、3

5. 根据数字修约规则，当 23.5 和 24.5 修约至“个”数位时，分别为（　　）。

A. 24、24　　B. 23、24　　C. 23、25　　D. 24、25

6. 如果已知变异系数为 10%，平均值为 540.0，则标准偏差为（　　）。

A. 54.0　　B. 5 400.0　　C. 539.9　　D. 540.1

7. 将 15.45 修约成三位有效数字，其修约值为（　　）。

A. 16.0　　B. 15.4　　C. 15.0　　D. 15.5

8. 试验记录表唯一性标识编码示意结构如下，其中“参数编码”为（　　）。

×T	××	××	×
[1]段位	[2]段位	[3]段位	[4]段位

A. [1]段位　　B. [2]段位　　C. [3]段位　　D. [4]段位

9. 表示 10^9 的词头符号是（　　）。

A. M　　B. g　　C. m　　D. G

10. 修理后的仪器设备按检定结果贴上三种标签中没有（　　）。

A. 合格（绿）　　B. 准用（黄）　　C. 报废（黑）　　D. 停用（红）

11. 计量标准器具（简称计量标准）的使用，必须具备下列那些条件？（　　）

①计量检定合格；

②有正常工作所需要的环境条件；

③有称职的保存、维护、使用人员；

④有完善的管理制度。

A. ①②④　　B. ①②③　　C. ①②③④　　D. ①③④

12. 计量认证的评审内容包括以下哪几个方面（　　）。

①组织机构　②仪器设备　③检测工作　④人员　⑤环境　⑥工作制度

A. ①②④⑤⑥　　B. ①②③④⑤

C. ①②③④⑥　　D. ①②③④⑤⑥

13. 在国际量制中，基本量“质量”的量纲符号为(　　)。

A. L　　B. M　　C. I　　D. N

14. 测量结果精度高意味着(　　)小。

A. 随机误差　　B. 系统误差

C. 随机误差和系统误差　　D. 过失误差

15. 4 321.0 − 4 320.0 = (　　)。

A. 1.0　　B. 1.00　　C. 1.000　　D. 1.000 0

16. 将 483.25MPa 按 5 修约间隔进行修约后的正确结果是(　　)。

A. 485MPa　　B. 480MPa　　C. 483.0MPa　　D. 483.5MPa

17. 正态分布的数字特征是 μ 和 δ，它们分别决定了分布曲线的(　　)。

A. 位置和陡度　　B. 斜率和高度

C. 斜率和范围　　D. 位置和形态

18. 将 1.150 01 按 0.1 修约间隔进行修约后的正确结果是(　　)。

A. 1.15　　B. 1.1　　C. 1.2　　D. 1.0

19. 质检机构所使用的计量器具都必须进行(　　)。

A. 检定　　B. 强制检定

C. 自校　　D. 根据情况区别对待

20. 公路水运工程试验检测继续教育周期为(　　)年(从取得证书的次年起计算)。试验检测人员在每个周期内接受继续教育的时间累计不少于(　　)学时。

A. 1,24　　B. 2,42　　C. 1,42　　D. 2,24

21. 表示 10^6 的词头符号是(　　)。

A. M　　B. m　　C. g　　D. G

22. 以下不符合申请换证复核基本条件的是(　　)。

A. 等级证书有效期内信用等级全为 B 级

B. 所开展的试验检测参数为批准参数的 60%

C. 每年有一项高速公路现场检测项目

D. 人员、设备、环境满足相应要求

23. (　　)的基本原理为：当所有测量数据的偏差平方和最小时，所拟合的直线最优。

A. 平均法　　B. 端值法　　C. 最小二乘法　　D. 图解法

24. 抽样检定是指从一批相同的计量器具中，抽取(　　)数量的样品，作为代表该批计量器具所作的一种检定。

A. 有限　　B. 无限　　C. 不确定

25. 计量认证的专业类别代码中代表交通的是(　　)。

A. R　　B. N　　C. P　　D. Y

26. 下面关于相关系数的四句话中表达不正确的是(　　)。

A. 相关系数 r 是描述回归方程线性相关的密切程度的指标，其取值范围为[−1,1]

B. r 的绝对值越接近于 1，两变量之间的线性关系越好

C. 如果 r 趋近于0，则两变量没有线性关系，可能不相关，也可能曲线相关

D. 只要相关系数 r 的绝对值不等于0，就可用直线近似表示两变量之间的关系

27. 等级证书期满后，检测机构应该提前（　　）向原发证机构提出换证申请

A. 9 个月　　B. 3 个月　　C. 6 个月　　D. 12 个月

28. 对比检测试验需要使用（　　）台与原检测仪器准确度相同的仪器进行重复性试验。

A. 1　　B. 2　　C. 3　　D. 4

29. 假定大量的测量误差均服从正态分布，一般取（　　）为随机误差的极限误差。

A. σ　　B. 2σ　　C. 3σ　　D. 4σ

30. 大量经验表明，测量误差的分布服从（　　）。

A. 均匀分布　　B. 正态分布　　C. 二项分布　　D. 泊松分布

二、判断题（正确的事实在后面括号中打“✓”，错误的事实在后面括号中打“×”。总共30道题，每题1分，共计30分）

1. 我国的基本计量制度是米制，逐步采用国际单位制。（　　）

2. 任何单位和个人都必须使用检定合格的计量器具。（　　）

3. 国际单位制包括 SI 单位、SI 词头和 SI 单位的十进倍数与整数单位三部分。（　　）

4. 在我国只有县级以上的人民政府计量行政部门才有资格对本行政区域的强制检定工作统一实施监督管理，并按照经济合理、就地就近的原则，指定所属或者授权的计量检定机构执行强制检定任务。（　　）

5. 国家标准为强制性标准、行业标准为推荐性标准。（　　）

6. 工程建设的质量、安全、卫生标准及国家需要控制的其他工程建设标准并非全都为国家强制性标准。（　　）

7. 计量标准的准确度高于计量基准。（　　）

8. 建设工程不适用产品质量法。但是，建设工程使用的建筑材料、建筑构配件和设备，属于前款规定的产品范围，适用产品质量法规定。（　　）

9. 计量是指实现单位统一、量值准确可靠的测量。（　　）

10. 计量认证具有统一性、正确性、法制性但不具备社会性，是行业内部的行为。（　　）

11. 5.32m 表示的是一个数值。（　　）

12. SI 单位是指国际单位制中的基本单位，不包括导出单位。（　　）

13. 长度量值 3.56m，不能写成 3m56cm，更不能写成 3m56。（　　）

14. 量值传递是将计量基准所复现的单位量值，通过计量检定（或其他传递方式），传递给下一级的计量标准，并依次逐级传递到工作计量器具，以保证被测对象的量值准确可靠。（　　）

15. 量值溯源是测量结果通过具有适当准确度的中间比较环节逐级往上追溯至国家计量基准或国家计量标准的过程。（　　）

16. 示值误差值越小说明仪器的测量准确度越小。（　　）

17. 申请计量认证和申请审查认可的项目相同的，其评审、评价、考核应当合并实施。（　　）

18. 实验室应建立对拟检验样品的唯一识别系统，以保证在任何时候对样品的识别不发生混淆。 (　　)

19. 车速 120km/h 读作每小时 120 千米。 (　　)

20. 测量不确定度越小，说明测量结果越接近真值。 (　　)

21. 公路水运工程试验检测机构换证复核细则（试行）规定，现场核查得分≥70 分，则复核结果为合格。 (　　)

22. 计量认证是指国家认监委和地方质检部门依据有关法律、行政法规的规定，对承担产品是否符合标准的检验任务和承担其他标准实施监督检验任务的检验机构的检测能力以及质量体系进行的审查。 (　　)

23. 精度是测量正确度和精密度的综合反映，精度高意味着系统误差和随机误差都很小。 (　　)

24. 实验室新购置的仪器，凡带有出厂合格证或制造许可证的在一年内可以不必检定或校准。 (　　)

25. $2km^3$（体积）读作 2 千立方米。 (　　)

26. 校准的主要目的是确定计量器具示值误差，校准的依据是校准规范或校准方法，可作统一规定也可自行制订。 (　　)

27. 按照《中华人民共和国标准化法》规定，同一项标准由于行业要求不同，国家标准、行业标准、地方标准、企业标准可以同时存在。 (　　)

28. 频率和概率是同一个概念，只是叫法不同而已。 (　　)

29. 实验室授权签字人是指经过评审机构认可批准，能在被认可范围内的试验报告或校准证书上获准签字的人。 (　　)

30. 校准不具法制性，检定具有法制性，属计量管理范畴的执法行为。 (　　)

三、多项选择题（每道题目所列出的备选项中，有两个或两个以上正确答案，选项全部正确得满分，选项部分正确按比例得分，出现错误选项该题不得分。总共 20 道题，每小题 2 分，共计 40 分）

1. 实验室的最高管理者应根据预定的日程表和程序，(　　)。

A. 定期地对实验室的管理体系进行评审

B. 确保其持续适用和有效

C. 进行必要的变更或改进

D. 定期地对检测和/或校准活动进行评审

2. 超然性是指测量仪器本身从原理、结构及使用上是否存在着对被测量值影响的能力。下列哪些仪器被认为不具超然性(　　)。

A. 天平、红外温度计　　B. 电流表、电压表

C. 游标卡尺、百分表　　D. 热电偶、热电阻温度计

3. 按照《公路水运工程试验检测管理办法》（交通部令〔2005〕第 12 号）规定，检测人员应经考试合格，并具备以下(　　)等项条件。

A. 相应的公路水运工程试验检测知识和能力

B. 承担相应的公路水运工程试验检测业务

C. 专业技术人员

D. 本科以上学历

4. 按照《中华人民共和国计量法实施细则》规定，下列哪些条件是使用计量标准器具时必须具备的？（ ）

A. 经计量检定合格

B. 具有正常工作所需要的环境条件

C. 具有职称的保存、维护、使用人员

D. 具有完善的管理制度

5. 检验原始记录（ ）

A. 应在工作时记录　　B. 也可以事后补记，但要签字

C. 不能修改　　D. 可以修改，修改处应签名和日期

E. 不能涂改

6. 为了加强公路水运工程安全生产监督管理工作，保障人身及财产安全，根据（ ），制定了《公路水运工程安全生产监督管理办法》。

A.《中华人民共和国安全生产法》

B.《建设工程安全生产管理条例》

C.《安全生产许可证条件》

D.《危险化学品安全管理条例》

7. 检测和校准的分包规定，当实验室由于未预料的或程序性的原因需将工作分包时，应分包给合格的分包方。以下选项中，属于未预料的或程序性的原因是（ ）

A. 工作量　　B. 需要更多专业技术

C. 暂不具备能力　　D. 通过长期分包、代理或特殊协议

8. 符合《中华人民共和国质量法》立法宗旨的内容有（ ）

A. 提高产品质量水平　　B. 扩大产品出口创汇

C. 维护社会秩序　　D. 明确产品质量责任，保护消费者权益

9. 就误差的性质而言，误差可以分为哪几类？（ ）

A. 系统误差　　B. 随机误差　　C. 过失误差　　D. 方法误差

10. 适用于公路工程的随机取样的方法有（ ）

A. 分段抽样　　B. 分层抽样　　C. 单纯随机抽样　　D. 系统抽样

11. 质量检验按检验数量分类有（ ）

A. 全数检验　　B. 计量值检验　　C. 抽样检验　　D. 计数值检验

12. 样本的抽取方法有（ ）

A. 单纯性随机抽样　　B. 分层取样

C. 单一取样　　D. 系统取样

13. 回归分析就是确定变量与变量之间的关系，大致分为两类，是（ ）

A. 确定性　　B. 非确定性　　C. 线性　　D. 非线性

14. 凡作为管理体系组成部分发给实验室人员的所有文件，在发布之前应由授权人员审查

并批准使用。应(　　)

A. 建立识别管理体系中文件当前的修订状态

B. 分发的控制清单

C. 等效的文件控制程序

D. 防止使用无效和/或作废的文件

15. 下列关于随机事件的说法正确的是(　　)

A. 在一次随机试验中,可能出现也可能不出现

B. 随机事件是不可能事件

C. 随机事件是概率论的研究对象

D. 随机事件是必然事件

16. 下列说法正确的是(　　)

A. 频率就是频数　　B. 频率具有稳定性

C. 频率总是介于 0 和 1 之间　　D. 频率就是概率

17. 下列对相对误差描述正确的是(　　)

A. 无单位,通常用百分数表示　　B. 能表示误差的大小和方向

C. 能表示测量的精确程度　　D. 相对误差大时,绝对误差亦大

18. 下列哪些操作会引起方法误差(　　)。

A. 试验机的示值误差

B. 试验人员对准示值读数时,示值偏上或偏下

C. 强度试验时试块放置偏心

D. 加荷速度偏大

19. 公路水运工程试验检测机构出现以下(　　)行为的,其信用评价等级将直接确定为 D 级。

A. 出借或借用试验检测等级证书承揽试验检测业务的

B. 以弄虚作假或其他违法形式骗取等级证书或承接业务的

C. 出具虚假数据报告并造成质量标准降低的

D. 所设立的工地试验室及现场检测项目有得分为 0 的

20. 实验室应通过实施质量方针和质量目标,应用(　　)以及管理评审来持续改进管理体系的有效性。

A. 审核结果　　B. 数据分析　　C. 纠正措施　　D. 预防措施

《公共基础》模拟试题(五)答案及解析

一、单项选择题(四个备选项中只有一个正确答案,总共30道题,每题1分,共计30分)

1.[答案] C

[解析] 变异系数又称“标准差率”,是衡量资料中各观测值变异程度的另一个统计量。当进行两个或多个资料变异程度的比较时,如果度量单位与平均数相同,可以直接利用标准差来比较。如果单位和(或)平均数不同时,比较其变异程度就不能采用标准差,而需采用标准差与平均数的比值(相对值)来比较。

标准差与平均数的比值称为变异系数,记为 C_v。变异系数可以消除单位和(或)平均数不同对两个或多个资料变异程度比较的影响。**变异系数用 C_v 表示,是标准差与算术平均值的比值**。变异系数又称离散系数。

2.[答案] C

[解析] 实践证明,即使在原材料组成相同,工艺条件相同的条件下,生产出的材料,其性能测试结果并不完全一样,(如混凝土试件),而是表现出一定的波动性,数据虽然有波动,但并非杂乱无章,而是呈现出一定的规律性。为了便于研究实验数据的数字特征,一般把数字特征分成两类,一类是**表示数据的集中性质或集中程度,如平均数、中位数**等。另一类是表现数据的离散性质或离散程度,常用如均方、标准差(均方差)、极差、变异系数等。

3.[答案] A

[解析] 在相同平均值 μ 值下,**标准偏差 δ 值越大,曲线越平坦,即随机变量的分散性越大**;反之,标准偏差 δ 越小,曲线越尖锐,随机变量的分散性越小。如图所示:

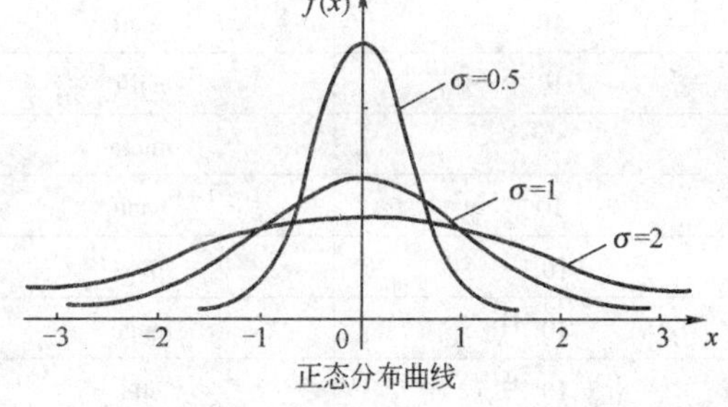

正态分布曲线

4.[答案] D

[解析] 对没有小数位且以若干个零结尾的数值,从非零数字最左一位向右数得到的位数减去无效零(即仅为定位用的零)的个数;对其他十进位数,**从非零数字最左一位向右数而得到的位数,就是有效位数**。

5.[答案] A

[解析] 拟舍弃数字的最左一位数字为5,而右面无数字或皆为0时,若所保留的末位数字为奇数(1,3,5,7,9)则进一,为偶数(2,4,6,8,0)则舍弃,即“**奇进偶舍法**”。

6.[答案] A

[解析] 变异系数用 C_v 表示,是标准差与算术平均值的比值。标准偏差 = 算术平均值 × 变异系数 = **540.0 × 10% = 54.0**。

7.[答案] B

[解析] 拟舍弃数字的最左一位数字为5,而右面无数字或皆为0时,若所保留的末位数字为奇数(1,3,5,7,9)则进一,为偶数(2,4,6,8,0)则舍弃,即**"奇进偶舍法"**。

8. **[答案]** C

[解析] 《公路试验检测数据报告编制导则》(JT/T 828—2012):试验记录表唯一性编码采用2+2+2+1四段位的编码形式,即用"专业编码"+"项目编码"+"参数编码"+"方法区分码"的形式表示,示意结构如下:

×T	××	××	×
[1]段位	[2]段位	[3]段位	[4]段位

9. **[答案]** D

[解析] 10^9 对应的**词头符号为G,中文名称为吉**。SI词头如下表:(注意字母大小写)

因　数	词头名称		符　号
	英文	中文	
10^{18}	exa	艾(可萨)	E
10^{15}	peta	拍(它)	P
10^{12}	tera	太(拉)	T
10^{9}	giga	吉(咖)	G
10^{6}	mega	兆	M
10^{3}	kilo	千	k
10^{2}	hecto	百	h
10^{1}	deca	十	da
10^{-1}	deci	分	d
10^{-2}	centi	厘	c
10^{-3}	milli	毫	m
10^{-6}	micro	微	μ
10^{-9}	nano	纳(诺)	n
10^{-12}	pico	皮(可)	p
10^{-15}	femto	飞(母托)	f
10^{-18}	atto	阿(托)	a

10. **[答案]** C

[解析] 修理后的仪器设备按检定结果分别贴上合格(绿)、准用(黄)、停用(红)三种标签。

11. **[答案]** C

[解析] 计量标准器具(简称计量标准,下同)的使用,必须具备下列条件:

(一)经计量检定合格;

(二)具有正常工作所需要的环境条件;

(三)具有称职的保存、维护、使用人员;

(四)具有完善的管理制度。

12.［答案］　D

［解析］　根据《中华人民共和国计量法》和《中华人民共和国计量法实施细则》规定："为社会提供公正数据的产品质量检验机构，必须经省级以上人民政府计量行政部门对其计量检定、测试能力和可靠性考核合格。"此考核称为"产品质量检验机构的计量认证"，简称"计量认证"。**计量认证的评审内容包括六个方面：①组织机构；②仪器设备；③检测工作；④人员；⑤环境；⑥工作制度。**

13.［答案］　B

［解析］　通用计量术语及定义（JJF 1001—2011）：在国际量制（　）中，基本量的量纲符号如下表：

基本量	长度	质量	时间	电流	热力学温度	物质的量	发光强度
量纲符号	L	M	T	I	Θ	N	J

14.［答案］　C

［解析］　测量精确度（也常简称精度）高，是指**随机误差与系统误差**都比较小，这时测量数据比较集中在真值附近。

15.［答案］　A

［解析］　两个或两个以上的数相加、减时，以左边第一个出现的估计数字为基准，其他各数中，在基准以后的数字可在运算前四舍五入，运算**结果的有效数字的末位是各数中估计数字位数最少的一位。**

16.［答案］　A

［解析］　修约间隔的数值一经确定，修约值即应为该数值的整数倍，因此 A、B 为备选。按照"最接近"法则，485 比 480 更接近 483.25，所以，本题应选 A。

17.［答案］　D

［解析］　正态分布是具有两个参数 μ 和 σ 的连续型随机变量的分布，第一参数 μ 是服从正态分布的随机变量的均值，第二个参数 σ 是此随机变量的方差，所以正态分布记作 $N(\mu,\sigma)$。服从正态分布的变量的频数分布由 μ 和 δ 完全决定。

（1）**μ 是正态分布的位置参数**，描述正态分布的集中趋势位置。正态分布以 μ 为对称轴，左右完全对称。正态分布的均数、中位数、众数相同，均等于 μ。

（2）**δ 是正态分布的形状参数**，描述正态分布资料数据分布的离散程度 δ 越大，曲线越扁平；反之，δ 越小，曲线越瘦高。

如图所示：

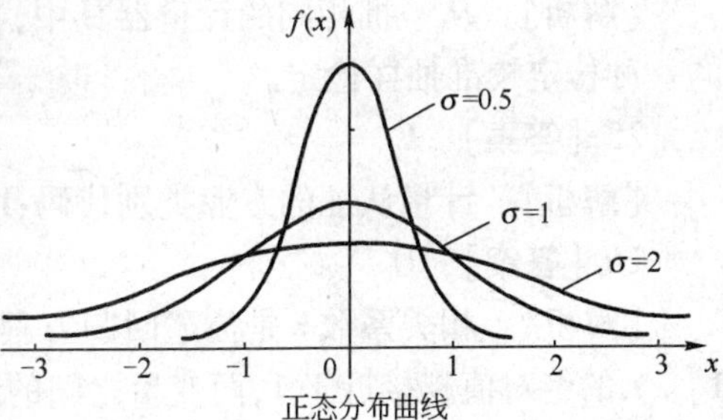

正态分布曲线

18.［答案］　C

［解析］　如指定修约间隔为 0.1，修约值即应在 0.1 的整数倍中选取，相当于将数值修约到一位小数。拟舍弃数字的最左一位数字大于 5，或者是 5，而其后跟有并非全部为 0 的数字时，则进一，即保留的末位数字加 1。也就是说，1.2 是最接近 1.150 01 的 0.1 的

整数倍。

19.［答案］ B

［解析］ 《中华人民共和国计量法》第九条规定：县级以上人民政府计量行政部门对社会公用计量标准器具，部门和企业、事业单位使用的最高计量标准器具，以及用于贸易结算、安全防护、医疗卫生、环境监测方面的列入强制检定目录的工作计量器具，**实行强制检定**。

20.［答案］ D

［解析］ 《关于印发公路水运工程试验检测人员继续教育（试行）的通知》第十五条 公路水运工程试验检测继续教育周期为 2 年（从取得证书的次年起计算）。试验检测人员在每个周期内接受继续教育的时间累计不应少于 24 学时。

21.［答案］ A

［解析］ 10^6 对应的**词头符号为 M，中文名称为兆**。

22.［答案］ B

［解析］ 《关于印发公路水运工程试验检测机构换证复核细则（试行）的通知》第六条 申请换证复核的试验检测机构应符合下列基本条件：（一）试验检测人员、设备、环境满足相应等级标准要求（换证复核以最新发布的等级标准为准）；（二）上年度信用等级为 B 级以上且等级证书有效期内信用等级为 C 级次数不超过 1 次；（三）等级证书有效期内所开展的试验检测参数应覆盖批准的所有试验检测项目且不少于批准参数的 70%；（四）甲级及专项类检测机构每年应有不少于一项高速公路或大型水运工程现场检测项目或设立工地试验室业绩，其他等级检测机构每年应有不少于一项公路水运工程现场检测项目或设立工地试验室业绩。

23.［答案］ C

［解析］ 回归分析，也就是工程上的所说的拟合问题，所得关系式称为经验公式，或称回归方程、拟合方程。理论和工程实践均表明：**最小二乘法确定的回归方程偏差最小，平均法次之，端值法偏差最大。最小二乘法的基本原理为：当所有测量数据的偏差平方和最小时，所拟合的直线最优。**

24.［答案］ A

［解析］ 从一批相同的计量器具中，抽取**有限数量**的样品，作为代表该批计量器具所作的一种检定校准抽样检定。

25.［答案］ C

［解析］ 计量认证的专业类别代码：P—交通；R—建设；N—铁路；Y—计量；Z—其他。

26.［答案］ D

［解析］ 相关系数 r 是描述回归方程线性相关的密切程度的指标，其取值范围为［-1，1］。r 的绝对值越接近于 1，两变量之间的线性关系越好。如果 r 趋近于 0，则两变量没有线性关系，可能不相关，也可能曲线相关。只有当相关系数 r 的绝对值大于临界值时，才可用直线近似表示两变量之间的关系。

27.［答案］ B

［解析］ 《公路水运工程试验检测管理办法》第十九条规定：《等级证书》有效期为 5 年。《等级证书》期满后拟继续开展公路水运工程试验检测业务的，检测机构应**提前 3 个月**向原发

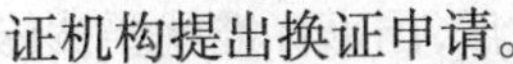
证机构提出换证申请。

28.［答案］ C

［解析］ 对比检测应使用**3 台**与原检测仪器准确度相同的仪器对检测项目进行重复性试验。若检测结果与原检测数据相符，则证明此异常值是由产品性能波动造成的；若不相符，则证明此值是因仪器造成的。

29.［答案］ C

［解析］ 在相同的观测条件下作一系列观测，若误差的大小及符号都表现出偶然性，这类误差称为偶然误差或随机误差。就单个偶然误差而言，其大小和符号都没有规律性，呈现出随机性，但就其总体而言却呈现出一定的统计规律性，并且是服从正态分布的随机变量。在一定的观测条件下，偶然误差的绝对值不会超过一定限值，这个限值就是极限误差。**常以三倍的标准偏差 3σ 作为偶然误差的容许值**。

30.［答案］ B

［解析］ 在相同的观测条件下作一系列观测，若误差的大小及符号都表现出偶然性，这类误差称为偶然误差或随机误差。就单个偶然误差而言，其大小和符号都没有规律性，呈现出随机性，但就其总体而言却呈现出一定的统计规律性，并且是服从**正态分布**的随机变量。

二、判断题（正确的事实在后面括号中打"✓"，错误的事实在后面括号中打"×"。总共 30 道题，每题 1 分，共计 30 分）

1.［答案］ ✓

［解析］ 1959 年国务院发布《关于统一计量制度的命令》，确定米制为我国的基本计量制度以来，全国推广米制、改革市制、限制英制和废除旧杂制的工作，**我国于 1977 年加入米制公约国际组织**。随着科学技术的发展，在米制的基础上先后形成了多种单位制，又出现混乱局面。1960 年，第 11 届国际计量大会（CGPM）总结了米制经验，将一种科学实用的单位制命名为"国际单位制"，并用符号 SI 表示。后经多次修订，现已形成了完整的体系。**国际单位制是我国法定计量单位的基础**。

2.［答案］ ×

［解析］ 《计量法实施细则》第二十五条　任何单位和个人不准在工作岗位上使用无检定合格印、证或超过检定周期以及经检定不合格的计量器具。在教学示范中使用计算器具不受此限。

3.［答案］ ×

［解析］ 国际单位制包括 SI 单位、SI 词头和 SI 单位的倍数和分数单位。

4.［答案］ ✓

［解析］ 《中华人民共和国计量法》第二十条规定：**县级以上人民政府**计量行政部门可以根据需要设置计量检定机构，或者授权其他单位的计量检定机构，执行强制检定和其他检定、测试任务。

5.［答案］ ×

［解析］ 我国标准分为国家标准、行业标准、地方标准和企业标准，并将**标准分为强制性标准和推荐性标准两类**。强制性国家标准代号 GB，推荐性国家标准代号 GB/T。国家标准是

在全国范围内统一的技术要求。国家标准的年限一般为5年，过了年限后，国家标准就要被修订或重新制定。强制性国标是保障人体健康、人身、财产安全的标准和法律及行政法规规定强制执行的国家标准；推荐性国标是指生产、交换、使用等方面，通过经济手段或市场调节而自愿采用的国家标准。

6.［答案］ ×

［解析］《中华人民共和国标准化法实施条例》规定：国家标准、行业标准分为强制性标准和推荐性标准。**下列标准属于强制性标准**：（一）药品标准，食品卫生标准，兽药标准；（二）产品及产品生产、储运和使用中的安全、卫生标准，劳动安全、卫生标准，运输安全标准；（三）**工程建设的质量、安全、卫生标准及国家需要控制的其他工程建设标准**；（四）环境保护的污染物排放标准和环境质量标准；（五）重要的通用技术术语、符号、代号和制图方法；（六）通用的试验、检验方法标准；（七）互换配合标准；（八）国家需要控制的重要产品质量标准。

国家需要控制的重要产品目录由国务院标准化行政主管部门会同国务院有关行政主管部门确定。强制性标准以外的标准是推荐性标准。省、自治区、直辖市人民政府标准化行政主管部门制定的工业产品的安全、卫生要求的地方标准，在本行政区域内是强制性标准。

7.［答案］ ×

［解析］ 按计量学用途分类，计量器具也可以分为以下三类：计量基准器具、计量标准器具、工作计量器具。计量基准就是在特定领域内，具有当代最高计量特性，其值不必参考相同量的其他标准，而被指定的或普通承认的测量标准。计量标准是指为了定义实现保存或复现量的单位或一个或多个量值用作参考的实物量具（测量仪器标准物质或测量系统）。我国习惯认为**基准高于标准，这是从计量特性来考虑的**，各级计量标准器具必须直接或间接地接受国家基准的量值传递而不能自行定度。

8.［答案］ ✓

［解析］《中华人民共和国产品质量法》第一章　总则　第二条　在中华人民共和国境内从事产品生产、销售活动，必须遵守本法。

本法所称产品是指经过加工、制作，用于销售的产品。建设工程不适用本法规定；但是，建设工程使用的建筑材料、建筑构配件和设备，属于前款规定的产品范围的，适用本法规定。

9.［答案］ ✓

［解析］ 计量是实现单位统一、量值准确可靠的活动，或者说是以**实现单位统一、量值准确可靠为目的的测量**。从广义上讲，计量是指实现单位统一、量值准确可靠的测量，即包含为达到测量单位统一、量值准确可靠测量的全部活动。从狭义上讲，计量属于测量的范畴。它是一种为使被测量的单位量值在允许误差范围内溯源到基本单位的测量。

10.［答案］ ×

［解析］ 计量认证是政府计量行政主管部门对向社会提供公正数据的技术机构的计量检定和测试的能力，可靠性和公正性所进行的考核和证明。“**为社会提供公正数据**的产品质量检验机构，必须经省级以上人民政府计量行政部门对其计量检定、测试能力和可靠性考核合格。”此考核称为“产品质量检验机构的计量认证”，简称“计量认证”。

11.［答案］ ×

［解析］ 如果没有单位m，5.32表示的是一个数值；**5.32m则表示的是长度**。

12.［答案］ ×

［解析］ SI 单位包括 SI 基本单位和 SI 导出单位。

13.［答案］ √

［解析］ **一个量值应该在末尾给出单位**。如：长度量值 3.56m，不能写成 3m56cm，更不能写成 3m56。但非十进制的非 SI 的单位，如平面角的单位(°)(′)(″)和时间单位 h，min，s 例外。例如：6°18′及 1h24min36s 都是正确的。当然，也可以用小数表示，如 6.10°，1.41h。

14.［答案］ √

［解析］ **量值传递是自上而下通过逐级检定而构成检定系统**。量值传递就是通过对计量器具的检定或校准，将国家基准(标准)所复现的计量单位量值，通过计量标准逐级传递到工作计量器具，以保证对被测对象所得量值的准确一致。传递一般是自上而下，由高等级向低等级传递，它体现了一种政府的意志，有强制性的特点。

15.［答案］ √

［解析］ **量值溯源是指自上而下通过不间断的校准而构成溯源体系**。通过一条具有规定不确定度的不间断的比较链，使测量结果或测量标准的值能够与规定的参考标准(通常是国家计量基准或国际计量基准)联系起来的特性，称为量值溯源。

16.［答案］ ×

［解析］ 计量器具指示出来的测量值与被测量值的实际数值之差，称为示值误差。示值误差的大小来表示量具精度的高低，**量具示值误差小则量具精度高，示值误差大则精度低**。

17.［答案］ √

［解析］ **实验室和检查机构资质认定管理办法：**

第二章 资质认定

第九条 **申请计量认证和申请审查认可的项目相同的，其评审、评价、考核应当合并实施。**符合相关规定要求的，可以取得相应的资质认定。

取得国家认监委确定的认可机构认可的实验室和检查机构，在申请资质认定时，**应当简化相应的资质认定程序，避免不必要的重复评审。**

18.［答案］ √

［解析］ **实验室应建立对拟检验样品的唯一识别系统，以保证在任何时候对样品的识别不发生混淆**。实验室设置的样品保管室内每个样品要有唯一的名称、来源、编号，在样品流转的过程中应有样品的状态标志，一直到完成报告为止，如：未检样、已检样、保留样等。

19.［答案］ ×

［解析］ 导出单位是用基本单位和(或)辅助单位以代数形式所表示的单位。这种单位符号中的乘和除使用数学符号。如速度的 SI 单位为米每秒(m/s)，角速度的 SI 单位为弧度每秒(rad/s)。属于这种形式的单位称为组合单位。组合单位的名称与其符号表示的顺序一致，符号中的乘号没有对应的名称，除号的对应名称为“每”字，无论分母中有几个单位，“每”字都只出现一次。所以 120km/h 读作 120 千米每小时。

20.［答案］ √

［解析］ 测量不确定度意味着对测量结果可信性、有效性的怀疑程度或不肯定程度，是定量说明测量结果质量的一个参数。实际上由于测量的不完善和人们认识的不足，所得的被

测量值具有分散性,即每次测得的结果不是同一值,而是以一定的概率分散在某个区域内的许多个值。虽然客观存在的系统误差是一个不变值,但由于我们不能完全认知或掌握,只能认为它是以某种概率分布存在于某个区域内,而这种概率分布本身也具有分散性。**测量不确定度就是说明被测量之值分散性的参数,它不说明测量结果是否接近真值**。

21.[答案] ×

[解析] 《公路水运工程试验检测换证复核细则(试行)》第九条 依据现场核查情况,专家组填写《公路水运工程试验检测机构现场核查评分表》及现场工作用表,根据核查得分,得出核查意见。核查得分≥85 分,复核结果为合格;核查得分 <85 分,复核结果为不合格。

22.[答案] ×

[解析] **实验室和检查机构资质认定管理办法:**

第二章 资质认定

第六条 资质认定的形式包括计量认证和审查认可。

计量认证是指国家认监委和地方质检部门依据有关法律、行政法规的规定,对为社会提供公证数据的产品质量检验机构的**计量检定、测试设备**的工作性能、**工作环境和人员**的操作技能和保证量值统一、准确的措施及检测数据公正可靠的**质量体系能力**进行的**考核**。

审查认可是指国家认监委和地方质检部门依据有关法律、行政法规的规定,对承担产品是否符合标准的检验任务和承担其他标准实施监督检验任务的**检验机构的检测能力以及质量体系进行的审查**。

23.[答案] √

[解析] 计量的正确度系指被测量的测得值与其"真值"的接近程度。从测量误差的角度来说,**正确度所反映的是测得值的系统误差**。计量的精密度系指在相同条件下,对被测量进行多次反复测量,测得值之间的一致(符合)程度。从测量误差的角度来说,**精密度所反映的是测得值的随机误差**。计量的精确度亦称准确度,系指被测量的测得值之间的一致程度以及与其"真值"的接近程度,即是精密度和正确度的综合概念。从测量误差的角度来说,**精确度(准确度)是测得值的随机误差和系统误差的综合反映**。

24.[答案] ×

[解析] 对仪器设备进行检定/校准可分以下三种情况:

(1)购买后首次检定/校准:是对新购买的计量器具进行的一种检定。**设备出厂合格证不具有法律效应,仅表示设备出厂检验时合格**,但设备经过仓储、中转等环节,其计量特性有可能已经发生了变化。

(2)周期性检定/校准:是按检定规程规定的时间间隔和检定程序,对计量器具定期进行的一种后续检定。检测设备在使用中随着时间的变化,计量性能会发生偏移,有可能超出允许的误差范围,对检测设备进行周期性检定/校准,避免由于不符合计量要求而带来的风险和后果。

(3)维修后的检定/校准:在周期检定/校准有效期内的检测设备,在使用过程中出现故障、失准或维修后,应重新进行检定/校准。经检定/校准合格后方可投入使用。

25.[答案] ×

[解析] 乘方形式的单位名称,其顺序应是指数名称在前,单位名称在后,指数名称由相应的数字加"次方"二字而成。

例如:断面惯性矩单位符号为 m^4,其名称为“四次方米”。

如果长度的二次和三次幂分别表示面积和体积,则相应的指数名称为“平方”和“立方”,否则应称为“二次方”和“三次方”。

例如:体积单位符号是 m^3,其名称为“立方米”,而断面系数单位符号是 m^3,其名称为“三次方米”。

词头用于构成 SI 单位的倍数单位,但不得单独使用。**词头与所紧接的单位应作为一个整体对待**,它们一起组成一个新单位(十进倍数单位),并具有相同的幂次。

因此,**2km³**(体积)**应读作 2 立方千米**。

26.[答案]　✓

[解析]　校准是指“在规定条件下,为确定测量仪器或测量系统所指示的量值,或实物量具或参考物质所代表的量值,与对应的由标准所复现的量值之间关系的一组操作。”

该定义的含义是:

(1)在规定的条件下,用一个可参考的标准,对包括参考物质在内的测量器具的特性赋值,并确定其示值误差;

(2)将测量器具所指示或代表的量值,按照校准链,将其溯源到标准所复现的量值。

校准的目的是:

(1)**确定示值误差**,并可确定是否在预期的允差范围之内;

(2)得出标称值偏差的报告值,可调整测量器具或对示值加以修正;

(3)给任何标尺标记赋值或确定其他特性值,给参考物质特性赋值;

(4)确保测量器给出的量值准确,实现溯源性。

校准的依据是校准规范或校准方法,可作统一规定也可自行制定。校准的结果记录在校准证书或校准报告中,也可用校准因数或校准曲线等形式表示校准结果。

27.[答案]　×

[解析]　按照《中华人民共和国标准化法》的规定,**我国标准分为国家标准、行业标准、地方标准、企业标准**。

国家标准:是指对需要在全国范围内统一的或国家需要控制的技术要求所制定的标准,由国务院标准化行政管理部门制定发布。国家标准是“通用的”,在全国范围内普遍通用,不受行业的限制。

行业标准:是指对没有国家标准,而又需要在全国某个行业范围内统一的技术要求所制定的标准,由国务院有关行政管理部门制定发布,并报国务院标准化行政管理部门备案。**行业标准是对国家标准的补充,行业标准在国家标准实施后,自行废止**。

地方标准:在某个省、自治区、直辖市范围内需要统一的标准。对没有国家标准、行业标准而又需要在省、自治区、直辖市范围内统一的技术要求,可以制定地方标准。地方标准由省、自治区、直辖市人民政府标准化行政管理部门制定发布,并报国务院标准化行政管理部门和国务院有关行政主管部门备案。地方标准不得与国家标准、行业标准的规定相抵触,在本行政辖区范围内适用,**在相应的国家标准和行业标准实施后,地方标准同时废止**。

企业标准:是指企业制定的产品标准和在企业内需要协调、统一的技术要求和管理、工作要求所制定的标准。**企业生产的产品在没有国家标准和行业标准时,应当制定企业标准,作为**

组织生产的依据;在有相应的国家标准、行业标准和地方标准时,国家鼓励企业在不违反强制性标准的前提下,制定严于国家标准、行业标准和地方标准的企业标准,在企业内部使用。企业标准由企业制定,由法人代表或法人代表授权的主管领导批准发布,一般报当地标准化行政管理部门和有关行政主管部门备案。

28. [答案] ×

[解析] 区分"频率"和"概率"这两个概念:

(1) 频率具有随机性,它反映的是某一随机事件出现的频繁程度和随机事件出现的可能性。

(2) 概率是一个客观常数,它反映了随机事件的属性。

频率是个试验值,或使用时的统计值,具有随机性,可能取多个数值。**概率是个理论值**,是由事件的本质所决定的,只能取唯一值。频率指随机事件发生的次数;概率是随机事件出现的可能性的量度。

29. [答案] ✓

[解析] **实验室授权签字人是指经过评审机构认可批准,能在被认可范围内的试验报告或校准证书上获准签字的人**。公共实验室的授权签字人还须经实验室认评机构派出的考评组考核合格,并到有关部门备案,负一定法律责任的人员。

30. [答案] ✓

[解析] 检定与校准的区别共有5点:①**校准不具法制性,检定具有法制性,属计量管理范畴的执法行为**。②校准主要确定测量器具的示值误差,检定是对测量器具的计量特性及技术要求的全面评定。③校准的依据是校准规范、校准方法,可作统一规定也可自行制定,检定的依据是检定规程。④校准不判断测量器具合格与否,但当需要时,可确定测量器具的某一性能是否符合预期的要求,检定要对所检的测量器具作出合格与否的结论。⑤校准结果通常是发校准证书或校准报告,检定结果合格的发检定证书,不合格的发不合格通知书。

三、多项选择题(每道题目所列出的备选项中,有两个或两个以上正确答案,选项全部正确得满分,选项部分正确按比例得分,出现错误选项该题不得分。总共20道题,每小题2分,共计40分)

1. [答案] ABCD

[解析] **检测和校准实验室能力的通用要求(ISO/IEC17025:2005)**:

4.15 管理评审 4.15.1 实验室的最高管理者应根据预定的日程表和程序,**定期地对实验室的管理体系和检测和/或校准活动进行评审,以确保其持续适用和有效,并进行必要的变更或改进**。

2. [答案] BCD

[解析] 超然性是指"测量仪器不改变被测量对象的能力"。这是测量仪器在设计和使用中应考虑的一个重要因素。最好是不影响或使其影响减小到最少。例如:**电流表、电压表在使用时会有电功率的消耗;千分尺、百分表在使用时存在着测量力作用于被测对象;电阻温度计会使其测试的介质加热,因此不是超然的**。天平不会改变被测的质量,红外温度计通过接收

被测体辐射的红外线而进行的非接触温度测量。因此是超然的。

3.［答案］　ABC

［解析］　《公路水运工程试验检测管理办法》规定：本办法所称公路水运工程试验检测人员（以下简称检测人员），是指经考试合格，**具备相应公路水运工程试验检测知识、能力，并承担相应公路水运工程试验检测业务的专业技术人员**。

4.［答案］　ABCD

［解析］　计量标准器具（简称计量标准，下同）的使用，必须具备下列条件：

（一）经计量检定合格；

（二）具有正常工作所需要的环境条件；

（三）具有称职的保存、维护、使用人员；

（四）具有完善的管理制度。

5.［答案］　ADE

［解析］　检验原始记录**应在工作时记录**，**不得事后补记**；原始记录的填写必须清晰，**不得涂改**，当笔误时应在错数上用笔划"＝＝"，在其上方写上正确的数字并应**签名和日期**。

6.［答案］　ABC

［解析］　《公路水运工程安全生产监督管理办法》第一条　为加强公路水运工程安全生产监督管理工作，保障人身及财产安全，根据《中华人民共和国安全生产法》《建设工程安全生产管理条例》《安全生产许可证条例》，制定本办法。

7.［答案］　ABCD

［解析］　《检测和校准实验室能力的通用要求》4.5.1 当实验室由于未预料的原因（如工作量、需要更多专业技术或暂时不具备能力）或持续性的原因（如通过长期分包、代理或特殊协议）需将工作分包时，应分包给合格的分包方，例如能够遵照本标准要求进行工作的分包方。

8.［答案］　ACD

［解析］　为了加强对产品质量的监督管理，提高产品质量水平，明确产品质量责任，保护消费者的合法权益，维护社会经济秩序，制定本法。

9.［答案］　ABC

［解析］　**误差按性质分为：系统误差、随机误差和过失误差**。其中，过失误差是一种与实际事实明显不符的误差，误差值可能很大，且无一定的规律。它主要是由于实验人员粗心大意、操作不当造成的，如读错数据，操作失误等。

10.［答案］　BCD

［解析］　抽样技术有单纯随机抽样、系统抽样、分层抽样、曲折抽样、区域抽样、分段抽样等；**适用于公路工程的随机取样的方法主要有单纯随机抽样、系统抽样、分层抽样**。

单纯随机抽样也称简单随机抽样，是最简单、最基本的抽样方法，它是其他各种抽样方法的基础。

分层抽样是先将总体的单位按某种特征分为若干次级总体（层），然后再从每一层内进行单纯随机抽样，组成一个样本。

系统抽样也称为等距抽样，它是根据样本容量要求确定抽选间隔，然后每隔一定的间隔抽取一个样品的一种抽样方式。

11.［答案］ AC

［解析］ 产品质量检验通常可分成**全数检验和抽样检验**两种方法。全数检验是对一批产品中的每一件产品逐一进行检验。抽样检验是从一批交验的产品（总体）中，随机抽取适量的产品样本进行质量检验，然后把检验结果与判定标准进行比较，从而确定该产品是否合格或需再进行抽检后裁决的一种质量检验方法。

12.［答案］ ABD

［解析］ 样本的抽取方法有：简单随机抽样、分层随机抽样、系统随机抽样、分段随机抽样和整群随机抽样。

13.［答案］ CD

［解析］ 所谓回归分析法，是在掌握大量观察数据的基础上，利用数理统计方法建立因变量与自变量之间的回归关系函数表达式（称回归方程式）。回归分析中，当研究的因果关系只涉及因变量和一个自变量时，叫做一元回归分析；当研究的因果关系涉及因变量和两个或两个以上自变量时，叫做多元回归分析。此外，回归分析中，又依据描述自变量与因变量之间因果关系的函数表达式是**线性的还是非线性**的，分为线性回归分析和非线性回归分析。通常线性回归分析法是最基本的分析方法，遇到非线性回归问题可以借助数学手段化为线性回归问题处理。

14.［答案］ ABCD

［解析］ **检测和校准实验室能力的通用要求（ISO/IEC17025:2005）：**

4.3.2 文件的批准和发布：凡作为管理体系组成部分发给实验室人员的所有文件，在发布之前应由授权人员审查并批准使用。应**建立识别管理体系中文件当前的修订状态和分发的控制清单或等效的文件控制程序并使之易于获得，以防止使用无效和/或作废的文件。**

15.［答案］ AC

［解析］ 一般地把随机试验中可能出现也可能不出现的结果称为随机事件，通过大量的试验和观测发现，随机事件呈现统计规律性。

必然事件指在一定条件下必然出现的事件。

不可能事件是在一定条件下不可能出现的事件。

16.［答案］ BC

［解析］ 在相同的条件下，进行了 n 次试验，在这 n 次试验中，事件 A 发生的次数 nA 称为事件 A 发生的频数。比值 nA/n 称为事件 A 发生的频率，并记为 $fn(A)$。当重复试验的次数 n 逐渐增大时，频率 $fn(A)$ 呈现出**稳定性**，逐渐稳定于某个常数，这个常数就是事件 A 的概率。这种“频率稳定性”也就是通常所说的统计规律性。随机事件 A 发生的概率 $p(A)$ 是该事件出现的可能性大小的度量，**其数值在 0 与 1 之间**。

17.［答案］ ABCD

［解析］ 相对误差是指测量的绝对误差与被测量的真实值之比。相对误差是一个比值，它能够客观地反映测量结果的准确度，通常是用百分比表示。

18.［答案］ CD

［解析］ 方法误差是由于测试方法本身不完善、使用近似的经验公式或试验条件不完全

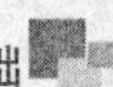

满足应用理论公式所要求的条件、基体或其他共存组分的干扰等引起的误差。示值就是由测量仪器所指示的被测量值。测量仪器的示值误差是测量仪器示值与对应的输入量的真值之差。

19.［答案］ ABCD

20.［答案］ ABCD

［解析］ **检测和校准实验室能力的通用要求（ISO/IEC17025:2005）:**

4.10 改进

实验室应通过实施质量方针和质量目标，应用**审核结果、数据分析、纠正措施和预防措施以及管理评审**来持续改进管理体系的有效性。

第二部分 公　　路

《公路》模拟试题(一)

一、单项选择题(四个备选项中只有一个正确答案,总共30道题,每题1分,共计30分)

1. 重型击实试验与轻型击实试验比较,试验结果(　　)。(注:ρ_0 为最大干密度,ω_0 为最佳含水率)

A. ρ_0 大,ω_0 大　B. ρ_0 小,ω_0 小　C. ρ_0 大,ω_0 小　D. ρ_0 小,ω_0 大

2. 分项工程质量检验内容中,具有质量否决权的是(　　)。

A. 基本要求　B. 外观检测　C. 几何尺寸　D. 压实度或强度

3. 对于水泥混凝土上加铺沥青面层的复合式路面,水泥混凝土路面结构不必检测(　　)。

A. 强度　B. 厚度　C. 平整度　D. 抗滑

4. 填隙碎石基层固体体积率用(　　)测定。

A. 灌砂法　B. 环刀法　C. 蜡封法　D. 核子密度仪法

5. 交工验收时,(　　)需检测弯沉、平整度、抗滑性能等。

A. 沥青混凝土面层　B. 水泥混凝土面层　C. 半刚性基层　D. 土方路基

6. 环刀法测定压实度时,环刀取样位置应位于压实层的(　　)。

A. 上部　B. 中部　C. 底部　D. 任意位置

7. 根据"评定标准"规定,某一级公路土基压实度标准为96%,当某测点的压实度为92.5%时,评定结果为(　　)。

A. 优良　B. 合格　C. 不合格　D. 不合格并返工

8. 无机结合料稳定材料的无侧限抗压强度试验试件的标准养生时间为(　　)。

A. 7天　B. 28天　C. 90天　D. 180天

9. 沥青混凝土标准密度,应由(　　)得到。

A. 马歇尔试验　B. 击实试验

C. 无侧限抗压强度试验　D. 钻芯取样试验

10. 某路段压实度检测结果为:平均值 $\bar{k}=96.3\%$,标准偏差 $S=2.2\%$,则压实度代表值 $K=$(　　)(%)。(注:$Z_\alpha=1.645$,$t_\alpha/\sqrt{n}=0.518$)

A. 92.7　B. 99.9　C. 95.2　D. 97.4

11. 水泥混凝土面层应按(　　)进行质量评定。

A. 分项工程　B. 分部工程　C. 单位工程　D. 单项工程

12. 无机结合料稳定类基层质量检验时,需检测(　　)。

A. 立方体抗压强度　B. 无侧限抗压强度

C. 抗折强度　D. 劈裂强度

13. 水泥混凝土路面是以(　　)龄期的强度为评定依据。

A. 7d　B. 14d　C. 28d　D. 90d

14. 水泥混凝土面层测定的强度主要指的是(　　)。

A. 弯拉强度　B. 抗压强度　C. 抗剪强度　D. 疲劳强度

15. 对土方路基质量评定影响最大的指标是(　　)。

A. 压实度　B. 平整度　C. 宽度　D. 纵断高程

16. 平整度主要反映了路面的(　　)性能。

A. 安全　B. 舒适　C. 抗滑　D. 经济

17. 涉及结构安全和使用功能的重要实测项目为关键项目,其合格率不得低于(　　)。

A. 85%　B. 90%　C. 95%　D. 100%

18. 贝克曼梁测定回弹弯沉,百分表初读数为51,终读数为26,那么回弹弯沉值为(　　)。

A. 25(0.01mm)　B. 25(mm)　C. 50(0.01mm)　D. 50(mm)

19. 半刚性基层的下列四个实测项目中,规定权值最大的是(　　)。

A. 压实度　B. 平整度　C. 宽度　D. 横坡

20. 沥青混合料施工生产抽样实验,矿料级配、沥青含量、马歇尔稳定度等结果的合格率不小于(　　)。

A. 85%　B. 90%　C. 95%　D. 100%

21. 可以测得动态弯沉盆的检测设备是(　　)。

A. 3.6m 贝克曼梁　B. 5.4m 贝克曼梁　C. 落锤式弯沉仪　D. 自动弯沉仪

22. 一般来说,测定沥青面层压实度的方法有(　　)。

A. 灌砂法　B. 环刀法　C. 水袋法　D. 钻芯取样法

23. 长杆贯入试验中,当贯入土中深度达到(　　)时,停止试验。

A. 10cm　B. 50cm　C. 80cm　D. 100cm

24. 用摆式仪测定沥青路面抗滑性能时,如果标定的橡胶片滑动长度小于126mm,则测得的沥青路面的BPN值比实际值(　　)。

A. 小　B. 大　C. 一样　D. 不能确定

25. 国际平整度指数(IRI)的标准测定速度为(　　)。

A. 40km/h　B. 60km/h　C. 80km/h　D. 100km/h

26. 不能采用核子密度仪直接透射法测定压实密度的是(　　)。

A. 土基　B. 石灰稳定土　C. 沥青面层　D. 水泥稳定砂砾

27. 室内CBR试验中,贯入杆预压在CBR试件上的力是(　　)。

A. 20N　B. 30N　C. 45N　D. 60N

28. 贝克曼梁测试的路面弯沉值,在进行计算之前,应舍弃超出(　　)的特异值。

A. l 均值 ±(1~2)S　B. l 均值 ±(2~3)S

C. l 均值 ±1.645S　D. l 均值 ±1.5S

29. 用核子密湿度仪测定压实度,当仪器工作时,所有人员应退至距离仪器(　　)以外的地方。

A. 1米　B. 2米　C. 5米　D. 10米

30. 灌砂法试验结果为:量砂密度1.15g/cm^3,试坑中全部材料质量4 428.8g,填满试坑的砂的质量2 214.4g,代表性试样含水率5.0%,则试坑材料的干密度为(　　)。

A. $1.90g/cm^3$ B. $2.00g/cm^3$

C. $2.19g/cm^3$ D. $2.30g/cm^3$

二、判断题(正确的事实在后面括号中打"✓",错误的事实在后面括号中打"×"。总共30道题,每题1分,共计30分)

1. 合同段和建设项目质量等级评定是根据单位工程的优良率评定的。( )

2. 路基除压实度指标需分层检测外,其他检查项目均在路基完成后对路基顶面进行检查测定。( )

3. 水泥混凝土路面抗滑性能既可用摩擦系数表示,也可用构造深度表示。( )

4. 灌砂试验时,每换用一次量砂,都必须测定松方密度。( )

5. 石灰稳定土基层交工验收时,含水率作为实测项目之一,需进行检测和评定。( )

6. 土基CBR值测试,标准压强(当贯入量为5.0mm时)为10.5MPa。( )

7. 分层铺筑的高速公路沥青面层,应分别检查沥青面层总厚度和上面层厚度。( )

8. 沥青路面弯沉验收应在施工结束后立即检测。( )

9. 分部工程通常都具有独立施工条件。( )

10. 弯沉测试中的自动弯沉仪法属于动态测试方法。( )

11. 高速公路沥青混凝土路面压实度检验中以最大理论密度为标准密度时,压实度规定值为92%。( )

12. 小桥、涵洞工程属于路基单位工程中的主要分部工程。( )

13. 路面结构层厚度检测,一般应与压实度灌砂法或钻芯取样法一起进行。( )

14. 手工铺砂法是测定路面构造深度目前常用的方法。( )

15. 用摆式仪测定路面的抗滑性能时,滑动长度越大,摆值就越小。( )

16. 对于含有粒料的稳定土及松散性材料不能用环刀法测定现场密度。( )

17. 水泥混凝土上加铺沥青面层的复合式路面,沥青面层应检测路表弯沉。( )

18. 沥青混合料马歇尔稳定度试验,标准马歇尔试件应在60℃ ±1℃的恒温水中恒温30 ~40min。( )

19. 核子密度仪采用直接透射法测定路面结构层压实度时,孔深应略小于结构层厚度。( )

20. 土方路基工程属于路基单位工程中的主要分部工程。( )

21. 用干燥的磨细消石灰或生石灰粉作为矿料的一部分,可以增大沥青混合料的抗剥离性能。( )

22. 试件尺寸为(150×150×150)mm的混凝土试件,当坍落度大于70mm时,可用人工成型,分厚度大致相等的2层装模,每层插捣次数为$100cm^2$截面积内不得少于12次。( )

23. 粗集料压碎值试验:石料应在105℃ ±5℃烘箱中烘干至恒重,试验前试样应冷却至室温。( )

24. 在水泥混凝土中,粗集料是指粒径大于4.75mm的碎石、砾石和破碎砾石。( )

25. 沥青路面施工时,若混合料的加热温度过高或过低时,易造成沥青路面的泛油。( )

26. 路基的所有检查项目均在路基顶面进行检查测定。( )

27. 马歇尔稳定度试验时的温度越高,则稳定度愈大,流值愈小。( )

28. 沥青混合料用集料筛分应用“干筛分”。 ( )

29. 沥青混合料的试验配合比设计可分为矿质混合料组成设计和沥青最佳用量确定两部分。 ( )

30. 对混凝土拌和物流动性大小起决定作用的是用水量的大小。 ( )

三、多项选择题(每道题目所列出的备选项中,有两个或两个以上正确答案,选项全部正确得满分,选项部分正确按比例得分,出现错误选项该题不得分。总共20道题,每小题2分,共计40分)

1. 水泥混凝土试配强度计算涉及哪些因素( )。

A. 混凝土设计强度等级　　B. 水泥强度等级

C. 施工水平　　D. 强度保证率

2. 属于数理统计方法评定计分的检查项目有( )。

A. 压实度　　B. 弯沉　　C. 平整度　　D. 结构层厚度

3. 土方路基交工验收时,需检测的项目包括( )等。

A. 压实度　　B. 弯沉　　C. 横坡　　D. 中线偏位

4. 级配碎石基层交工验收时,需检测的项目包括( )等。

A. 压实度　　B. 弯沉　　C. 平整度　　D. 中线偏位

5. 有关标准密度(最大干密度)确定的下列说法,正确的有( )。

A. 路基土标准密度的确定采用击实试验方法

B. 击实试验根据击实功的不同,可分为轻型和重型

C. 沥青混合料标准密度以马歇尔击实法确定

D. 无黏聚性自由排水土采用振动台法和表面振动压实仪法测定的结果基本一致

6. 路基单位工程包含( )等分部工程。

A. 路基土石方工程　　B. 小桥工程

C. 大型挡土墙　　D. 砌筑工程

7. 关于连续式平整度仪测定路面平整度的说法中,正确的有( )。

A. 一般连续平整度仪的标准长度为3m

B. 自动采集数据时,测定间距为10cm

C. 不适用于已有较多坑槽、破损严重的路面测定

D. 得到标准差越大,表明路面平整性越好

8. 下列有关路面抗滑性能的说法中,正确的是( )。

A. 摆值 F_B 越大,抗滑性能越好

B. 构造深度TD越大,抗滑性能越好

C. 横向力系数SFC越大,抗滑性能越好

D. 制动距离越长,抗滑性能越好

9. 关于环刀法测定压实度,下列说法正确的是( )。

A. 环刀法可用于测定水泥稳定砂砾基层的压实度

B. 环刀法适用于细粒土

C. 环刀法检测比较方便

D. 环刀法检测结果比灌砂法的精确

10. 可以改善水泥混凝土工作性的方法有(　　)。

A. 调整砂率　　B. 强化搅拌程度

C. 使用外加剂　　D. 提高粗集料的棱角性

11. 在水泥混凝土路面检验评定中,对评分值影响最大的是(　　)。

A. 压实度　　B. 弯拉强度　　C. 板厚　　D. 抗滑

12. 关于石灰稳定土劈裂强度试验有以下说法,正确的有(　　)。

A. 粗粒土试模直径为 15cm

B. 南方地区试件养生温度为 25℃ ±2℃

C. 试验前试件浸水 1 昼夜

D. 用于应力检验时,试件保湿保温养生 6 个月进行强度试验

13. 热拌沥青混合料应检查的项目有(　　)。

A. 拌和温度　　B. 矿料级配　　C. 沥青用量　　D. 针入度

14.《公路工程质量检验评定标准》(JTG F80—2004)适用于公路工程施工单位(　　)对公路工程质量的管理、监控和检验评定。

A. 工程监理单位　　B. 工程建设单位

C. 工程质量检测机构　　D. 工程质量监督部门

15. 级配碎石基层上的沥青混合料面层用贝克曼梁测定的回弹弯沉检测结果可能需要进行(　　)。

A. 支座修正　　B. 温度修正　　C. 季节修正　　D. 基层类型修正

16. 沥青混合料按其组成结构可分为(　　)。

A. 悬浮—密实结构　　B. 骨架—空隙结构

C. 悬浮—骨架结构　　D. 密实—骨架结构(嵌挤结构)

17. 热拌沥青混合料马歇尔技术指标有(　　)等。

A. 稳定度、流值　　B. 空隙率　　C. 沥青饱和度　　D. 矿料间隙率

18. 在沥青混合料配合比设计马歇尔试验后,还应进行(　　)。

A. 水稳定性检验　　B. 高温稳定性检验

C. 抗剪切检验　　D. 必要时钢渣活性检验

19. 平整度测试设备有两类,其中(　　)为断面类测试设备。

A. 3m 直尺　　B. 颠簸累积仪

C. 连续式平整度仪　　D. 激光路面平整度测定仪

20. 目前,测定回弹模量的方法主要有(　　)。

A. 承载板法　　B. CBR 法　　C. 贝克曼梁法　　D. 贯入仪法

四、问答题(共 5 道题,每题 10 分,共计 50 分)

1. 请简述灌砂法测定压实度的主要过程。

2. 请简述水泥混凝土拌和物的坍落度试验步骤。

3. 根据“评定标准”规定，可以用于沥青混凝土面层抗滑性能测试的方法有哪些？并简述各方法的测试原理。

4. 某高速公路二灰稳定砂砾基层设计厚度为18cm，代表值允许偏差为－8mm，极值允许偏差为－15mm。评定路段厚度检测结果（12个测点）分别为17.5cm、17.7cm、18.2cm、18.6cm、18.1cm、18.8cm、17.6cm、17.8cm、19.1cm、19.3cm、17.4cm、17.9cm，试按保证率99%评定该路段的厚度是否合格？并计算实际得分（注：规定分为18分）。

保证率(%)	$t_\alpha/\sqrt{n}$			保证率系数 Z_α
	$n=10$	$n=11$	$n=12$	
99	0.892	0.833	0.785	2.327
95	0.580	0.546	0.518	1.645
90	0.437	0.414	0.393	1.282
97.72	0.814	0.761	0.718	2.00
93.32	0.537	0.506	0.481	1.50

5. 新建高速公路路基施工中，对其中某一路段上路床压实质量进行检查，压实度检测结果分别为98.6、95.4、93.0、99.2、96.2、92.8、95.9、96.8、96.3、95.9、92.6、95.6、99.2、95.8、94.6、99.5（单位%）。请按保证率95%计算该路段的代表压实度，并进行分析评定。［已知 $t_{0.95}(n-1)/4=0.438$，$t_{0.975}(n-1)/4=0.533$］

综合题：根据所列资料，以选择题的形式（单选或多选）选出正确的选项❶

某新建高速公路路基施工中，对其中某一路段上路床压实质量进行检查，压实度检测结果分别为98.6、95.4、93.0、99.2、96.2、92.8、95.9、96.8、96.3、95.9、92.6、95.6、99.2、95.8、94.6、99.5（单位：%）。已知 $t_{0.95}(n-1)/4=0.438$，$t_{0.975}(n-1)/4=0.533$。回答下列有关路基压实度检测和压实质量评定的问题。

1. 现行公路工程质量检验评定标准中土方路基压实度按（　　）设定。

A. 一档　　B. 两档　　C. 三档　　D. 四档

❶综合题为2013年版考试大纲中确定的考试新题型，替换原来的问答题，因本次修订时间有限，故此处只出了一道，供考生熟悉题型使用。

2. 土方路基实测项目中的关键项目(权值为3的)是(　　)。

A. 压实度　　B. 弯沉　　C. 宽度　　D. 平整度

3. 路基压实度,用密度法进行检测,每200m每压实层测(　　)处。

A. 2　　B. 3　　C. 4　　D. 5

4. 以下说法正确的是(　　)。

A. 路基压实度以轻型击实标准为准

B. 标准密度应作平行试验,求其平均值作为现场检验的标准值

C. 细粒土现场压实度检查可以灌砂法、水袋法或钻孔取样蜡封法

D. 应用核子密度仪时,须经对比试验检验,确认其可靠性

5. 根据题中数据,选出正确选项(　　)。

A. 压实度代表值为95.1%

B. 该路段压实质量不合格

C. 压实度代表值为96.2%

D. 该路段压实质量合格

《公路》模拟试题(一)答案及解析

一、单项选择题(四个备选项中只有一个正确答案,总共30道题,每题1分,共计30分)

1.**[答案]** C

[解析] 此题考击实功对最佳含水率和最大干密度的影响。对同一种土用不同的击实功进行击实试验后表明:击实功愈大,土的最大干密度也愈大,而土的最佳含水率则愈小。但是这种增大击实功是有一定限度的,超过这一限度,即使增加击实功,土的干密度的增加也不明显。故选C项。

2.**[答案]** A

[解析] 分项工程质量检验内容包括基本要求、实测项目、外观鉴定和质量保证资料四个部分。基本要求具有质量否决权,只有在其使用的原材料、半成品、成品及施工工艺符合基本要求的规定,且无严重外观缺陷和质量保证资料真实并基本齐全时,才能对分项工程质量进行检验评定。故选A项。

3.**[答案]** D

[解析] 水泥混凝土上加铺沥青面层的复合式路面,两种结构均需进行检查评定。其中,水泥混凝土路面结构不检查抗滑构造,平整度可按相应等级公路的标准;沥青面层不检查弯沉。故选D项。

4.**[答案]** A

[解析] 参考《公路工程质量检验评定标准》(JTG F80/1—2004)(以下简称《公路检评标准》)表7.13.2或下表。故选A项。

填隙碎石(矿渣)基层和底基层实测项目

项次	检查项目		规定值或允许偏差				检查方法和频率	权值
			基层		底基层			
			高速公路一级公路	其他公路	高速公路一级公路	其他公路		
1Δ	固体体积率(%)	代表值	—	85	85	83	灌砂法:每200m每车道2处	3
		极值	—	82	82	80		
2	弯沉值(0.01mm)		符合设计要求		符合设计要求		按附录I检查	2
3	平整度(mm)		—	12	12	15	3m直尺:每200m测2处×10尺	2
4	纵断高程(mm)		—	+5,-15	+5,-15	+5,-20	水准仪:每200m测4个断面	1
5	宽度(mm)		符合设计要求		符合设计要求		尺量:每200m测4处	1
6Δ	厚度(mm)	代表值	—	-10	-10	-12	按附录H检查,每200m每车道1点	2
		合格值	—	-20	-25	-30		
7	横坡(%)		—	±0.5	±0.3	±0.5	水准仪:每200m测4个断面	1

5. [答案] A

[解析] 此题考察各种路面材料的交工验收检测项目。参考《公路工程质量检验评定标准》相应实测项目,故选A项。交工验收时,各种面层需检测项目如下:

沥青混凝土面层和沥青碎(砾)石面层实测项目

项次	检查项目		规定值或允许偏差		检查方法和频率	权值
			高速公路、一级公路	其他公路		
1Δ	压实度(%)		试验室标准密度的96%(*98%) 最大理论密度的92%(*94%) 试验段密度的98%(*99%)		按附录B检查,每200m测1处	3
2	平整度	σ(mm)	1.2	2.5	平整度仪:全线每车道连续按每100m计算IRI或σ	2
		IRI(m/km)	2.0	4.2		
		最大间隙h(mm)	—	5	3m直尺:每200m测2处×10尺	
3	弯沉值		符合设计要求		按附录I检查	2
4	渗水系数		SMA路面200mL/min;其他沥青混凝土路面300mL/min	—	渗水试验仪:每200m测1处	2
5	抗滑	摩擦系数	符合设计要求	—	摆式仪:每200m测1处 横向力系数测定车:全线连续,按附录K评定	2
		构造深度			铺砂法:每200m测1处	
6Δ	厚度(mm)	代表值	总厚度:设计值的-5% 上面层:设计值的-10%	-8%H	按附录H检查,双车道每200m测1处	3
		合格值	总厚度:设计值的-10% 上面层:设计值的-20%	-15%H		
7	中线平面偏位(mm)		20	30	经纬仪:每200m测4点	1
8	纵断高程(mm)		±15	±20	水准仪:每200m测4断面	1
9	宽度(mm)	有侧石	±20	±30	尺量:每200m测4断面	1
		无侧石	不小于设计值			
10	横坡(%)		±0.3	±0.5	水准仪:每200m测4处	1

水泥土基层和底基层实测项目

项次	检查项目		规定值或允许偏差				检查方法和频率	权值
			基层		底基层			
			高速公路、一级公路	其他公路	高速公路、一级公路	其他公路		
1Δ	压实度(%)	代表值	—	95	95	93	按有关方法检查,每200m每车道2处	3
		极值	—	91	91	89		
2	平整度(mm)		—	12	12	15	3m直尺:每200m测2处×10尺	2

续上表

项次	检查项目		规定值或允许偏差				检查方法和频率	权值
			基层		底基层			
			高速公路、一级公路	其他公路	高速公路、一级公路	其他公路		
3	纵断高程(mm)		—	+5，-15	+5，-15	+5，-20	水准仪：每200m测4个断面	1
4	宽度(mm)		符合设计要求		符合设计要求		尺量：每200m测4个断面	1
5Δ	厚度(mm)	代表值	—	-10	-10	-12	按有关方法检查，每200m每车道1点	2
		合格值	—	-20	-25	-30		
6	横坡(%)		—	±0.5	±0.3	±0.5	水准仪：每200m测4断面	1
7Δ	强度(MPa)		符合设计要求		符合设计要求		按有关方法检查	3

土方路基实测项目

项次	检查项目			规定值或允许偏差			检查方法和频率	权值
				高速公路一级公路	其他公路			
					二级公路	三、四级公路		
1Δ	压实度(%)	零填及挖方(m)	0~0.30	—	—	94	按附录B检查。密度法：每200m每压实层测4处	3
			0~0.80	≥96	≥95	—		
		填方(m)	0~0.80	≥96	≥95	≥94		
			0.80~1.50	≥94	≥94	≥93		
			>1.50	≥93	≥92	≥90		
2Δ	弯沉(0.01mm)			不大于设计要求值			按附录I检查	3
3	纵断高程(mm)			+10，-15	+10，-20		水准仪：每200m测4断面	2
4	中线偏位(mm)			50	100		经纬仪：每200m测4点，弯道加HY、YH两点	2
5	宽度(mm)			符合设计要求			米尺：每200m测4处	2
6	平整度(mm)			15	20		3m直尺：每200m测2处×10尺	2
7	横坡(%)			±0.3	±0.5		水准仪：每200m测4个断面	1
8	边坡			符合设计要求			尺量：每200m测4处	1

水泥混凝土面层实测项目

项次	检查项目		规定值或允许偏差		检查方法和频率	权值
			高速公路、一级公路	其他公路		
1Δ	弯拉强度(MPa)		在合格标准之内		按附录C检查	3
2Δ	板厚度(mm)	代表值	-5		按附录H检查 每200m每车道2处	3
		合格值	-10			
3	平整度	σ(mm)	1.2	2.0	平整度仪;全线每车道连续检测,每100m计算σ、IRI	2
		IRI(m/km)	2.0	3.2		
		最大间隙h(mm)	—	5	3m直尺:半幅车道板带每200m测2处×10尺	
4	抗滑构造深度(mm)		一般路段不小于0.7且不大于1.1;特殊路段不小于0.8且不大于1.2	一般路段不小于0.5且不大于1.0;特殊路段不小于0.6且不大于1.1	铺砂法:每200m测1处	2
5	相邻板高差(mm)		2	3	抽量:每条胀缝2点;每200m抽纵、横缝各2条,每条2点	2
6	纵、横缝顺直度(mm)		10		纵缝20m拉线,每200m4处;横缝沿板宽拉线,每200m4条	1
7	中线平面偏位(mm)		20		经纬仪:每200m测4点	1
8	路面宽度(mm)		±20		抽量:每200m测4处	1
9	纵断高程(mm)		±10	±15	水准仪:每200m测4断面	1
10	横坡(%)		±0.15	±0.25	水准仪:每200m测4断面	1

6.[答案] B

[解析] 用环刀法测得的密度是环刀内土样所在深度范围内的平均密度。它不能代表整个碾压层的平均密度。由于碾压土层的密度一般是从上到下减小的,若环刀取在碾压层的上部,则得到的数值往往偏大,若环刀取的是碾压层的底部,则所得的数值将明显偏小。就检查路基土和路面结构层的压实度而言,我们需要的是整个碾压层的平均压实度,而不是碾压层中某一部分的压实度,因此,在用环刀法测定土的密度时,应使所得密度能代表整个碾压层的平均密度。然而,这在实际检测中是比较困难的,只有使环刀所取的土恰好是碾压层中间的,环刀法所得的结果才可能与灌砂法的结果大致相同。故选B项。

7.[答案] C

［解析］ 此题考察压实度的评定。K_0——压实度标准值。路基、基层和底基层：$K \geqslant K_0$，且单点压实度 K_i 全部大于等于规定值减 2 个百分点时，评定路段的压实度合格率为 100%；当 $K \geqslant K_0$，且单点压实度全部大于等于规定极值时，按测定值不低于规定值减 2 个百分点的测点数计算合格率。$K < K_0$ 或某一单点压实度 K_i 小于规定极值时，该评定路段压实度为不合格，相应分项工程评为不合格。故选 C 项。

8.［答案］ A

［解析］ 《公路工程无机结合料稳定材料试验规程》(JTG E51—2009) P93：

3.1 标准养生方法

3.1.1 试件从试模内脱出并量高称质量后，中试件和大试件应装入塑料袋内。试件装入塑料袋后，将袋内的空气排除干净，扎紧袋口，将包好的试件放入养护室。

3.1.2 标准养生的温度为 20℃ ±2℃，标准养生的湿度为≥95%。试件宜放在铁架或木架上，间距至少 10 ~20mm。试件表面应保持一层水膜，并避免用水直接冲淋。

3.1.3 对无侧限抗压强度试验，标准养生龄期是 7d，最后一天浸水。对弯拉强度、间接抗拉强度，水泥稳定材料类的标准养生龄期是 90d，石灰稳定材料类的标准养生龄期是 180d。

3.1.4 在养生期的最后一天，将试件取出，观察试件的边角有无磨损和缺块，并量高称质量，然后将试件浸泡于 20℃ ±2℃ 水中，应使水面在试件顶上约 2.5cm。

9.［答案］ A

［解析］ 沥青面层混合料标准密度试验方法与沥青稳定碎石基层相同，我国仍以马歇尔击实法为主，有 3 个标准密度可供选择。具体密度测定，根据混合料本身的特点，可采用下列方法之一：

(1)水中重法：本法仅适用于测定吸水率小于 0.5% 的密实沥青混凝土试件的表观相对密度或表观密度。

(2)表干法：本法适用于测定吸水率不大于 2% 的各种沥青混合料试件。

(3)蜡封法：本法适用于吸水率大于 2% 的沥青混凝土试件以及沥青碎石混合料试件。

(4)体积法：本法适用于空隙率较大的沥青碎石混合料及大空隙透水性开级配沥青混合料试件。

具体的试验方法见《公路工程沥青及沥青混合料试验规程》(JTG E20—2011)。故选 A 项。

10.［答案］ C

［解析］ 压实度代表值 K(算术平均值的下置信界限)为：

$$K = \bar{k} - t_\alpha S/\sqrt{n} \geqslant K_0$$

式中：$\bar{k}$——检验评定段内各测点压实度的平均值；

t_α——分布表中随测点数和保证率(或置信度 α)而变的系数：高速、一级公路：基层、底基层为 99 %，路基、路面面层为 95 %；其他公路：基层、底基层为 95 %，路基、路面面层为 90 %；S 为检测值的均方差；n 为检测点数。故选 C 项。

11.［答案］ A

［解析］ 参照《公路工程质量检验评定标准》附表 A-1，摘录如下表。

路基、路面单位工程中分部工程及分项工程的划分

单位工程	分部工程	分项工程
路基工程(每10km或每标段)	路基土石方工程*①(1~3km路段)②	土方路基*,石方路基*,软土地基*,土工合成材料处治层*等
	排水工程(1~3km路段)	管节预制,管道基础及管节安装*,检查(雨水)井砌筑*,土沟,浆砌排水沟*,盲沟,跌水,急流槽*,水簸箕,排水泵站等
	小桥及符合小桥标准的通道*、人行天桥、渡槽(每座)	基础及下部构造*,上部构造预制、安装或浇筑*,桥面*,栏杆,人行道等
	涵洞、通道(1~3km路段)	基础及下部构造*,主要构件预制、安装或浇筑*,填土,总体等
	砌筑防护工程(1~3km路段)	挡土墙*、墙背填土,抗滑桩*,锚喷防护*,锥、护坡,导流工程,石笼防护等
	大型挡土墙*,组合式挡土墙*(每处)	基础*、墙身*,墙背填土,构件预制*,构件安装*,筋带,锚杆、拉杆,总体*等
路面工程(每10km或每标段)	路面工程(1~3km路段)*	底基层、基层*、面层*、垫层,联结层,路缘石,人行道,路肩,路面边缘排水系统等

12. [答案]　B

[解析]　参见《公路工程质量检验评定标准》表7.7.2或下表。故选B项。

水泥稳定粒料基层和底基层实测项目

项次	检查项目		规定值或允许偏差				检查方法和频率	权值
			基层		底基层			
			高速公路、一级公路	其他公路	高速公路、一级公路	其他公路		
1Δ	压实度(%)	代表值	98	97	96	95	按有关方法检查,每200m每车道2处	3
		极值	94	93	92	91		
2	平整度(mm)		8	12	12	15	3m直尺:每200m测2处×10尺	2
3	纵断高程(mm)		+5,−10	+5,−15	+5,−15	+5,−20	水准仪:每200m测4个断面	1
4	宽度(mm)		符合设计要求		符合设计要求		尺量:每200m测4处	1
5Δ	厚度(mm)	代表值	−8	−10	−10	−12	按有关方法检查,每200m每车道1点	3
		合格值	−15	−20	−25	−30		
6	横坡(%)		±0.3	±0.5	±0.3	±0.5	水准仪:每200m测4断面	1
7Δ	强度(MPa)		符合设计要求		符合设计要求		按有关方法检查	3

13. [答案]　C

[解析]　水泥混凝土路面是以28d龄期的强度为评定依据。路面水泥混凝土的强度以28d龄期的弯拉强度控制,当混凝土浇筑90d内不开放交通时,可采用90d龄期的弯拉强度。参考《公路工程质量检验评定标准》P147页。故选C项。

14.[答案] A

[解析] 水泥混凝土路面设计是以水泥混凝土的抗弯拉强度为依据的。水泥混凝土的弯拉强度是质量检验评定时实测项目中的关键项目。水泥混凝土的抗弯拉强度不符合要求时,水泥混凝土路面易发生断板。

15.[答案] A

[解析]

$$分项工程得分=\frac{\sum(检查项目得分\times权值)}{\sum检查项目权值}$$

而由单选题5答案解析中“土方路基实测项目”表可知,压实度的权值最大。故选A项。

16.[答案] B

[解析] 平整度是路面施工质量与服务水平的重要指标之一。它是指以规定的标准量规,间断地或连续地量测路表面的凹凸情况,即不平整度的指标。路面的平整度与路面各结构层次的平整状况有着一定的联系,即各层次的平整效果将累积反映到路面表面上,路面面层由于直接与车辆接触,不平整的表面将会增大行车阻力,将使车辆产生附加振动作用。这种振动作用会造成行车颠簸,影响行车的速度和安全及驾驶的平稳和乘客的舒适。故选B项。

17.[答案] B

[解析] 涉及结构安全和使用功能的重要实测项目为关键项目,其合格率不得低于90%(属于工厂加工制造的交通工程安全设施及桥梁金属构件不低于95%,机电工程为100%),且检测值不得超过规定极值,否则必须进行返工处理。故选B项。

18.[答案] C

[解析] 弯沉是指在规定的标准轴载作用下,路基路面表面轮隙位置产生的总垂直变形(总弯沉)或垂直回弹变形值(回弹弯沉),以0.01mm为单位。百分表初读数为51,终读数为26,回弹弯沉值$L_T=(L_1-L_2)\times2=(51-26)\times2=50$。测点的回弹弯沉值按下式计算:

$$L_T=(L_1-L_2)\times2$$

式中:L_T——在路面温度为T时的回弹值;

L_1——车轮中心临近弯沉仪测头时百分表的最大读数即初读数;

L_2——汽车驶出弯沉影响半径后百分表的最大读数即终读数。

故选C项。

19.[答案] A

[解析] 参见《公路工程质量检验评定标准》或本套模拟题单选题5答案解析中“水泥土基层和底基层实测项目”表,知压实度的权值最大。故选A项。

20.[答案] B

[解析] 《公路工程质量检验评定标准》(JTG F80/1—2004):沥青混凝土面层和沥青碎(砾)石面层基本要求规定,沥青混合料的生产,每日应做抽提试样、马歇尔稳定度试验。矿料级配、沥青含量、马歇尔稳定度等结果的合格率应不小于90%。故选B项。

21.[答案] C

[解析] 落锤式弯沉仪法利用重锤自由落下的瞬间产生的冲击荷载测定弯沉,属于动态

弯沉。工作原理:将测定车开到测定地点,通过计算机控制下的液压系统,启动落锤装置,使一定质量的落锤从一定高度自由落下,冲击力作用于承载板上并传递到路面,导致路面产生弯沉,分布于距测点不同距离的传感器检测结构层表面的变形,记录系统将信号输入计算机,得到路面测点弯沉及弯沉盆。故选 C 项。

22.[答案] D

[解析] 一般来说,测定沥青面层压实度的方法有钻芯取样法,参考《路基路面试验检测技术》相关内容或下表。故选 D 项。

现场密度检测方法及适用范围比较

试验方法	适用范围
灌砂法	适用于在现场测定基层(或底基层)、砂石路面及路基土的各种材料压实层的密度和压实度,也适用于沥青表面处治、沥青贯入式面层的密度和压实度检测,但不适用于填石路堤等有大孔洞或大孔隙材料的压实度检测
环刀法	适用于细粒土及无机结合料稳定细粒土的密度测试。但对无机结合料稳定细粒土,其龄期不宜超过 2d,且宜用于施工过程中的压实度检验
核子法	适用于现场用核子密度仪以散射法或直接透射法测定路基或路面材料的密度和含水率,并计算施工压实度。适用于施工质量的现场快速评定,不宜用作仲裁试验或评定验收试验
钻芯法	适用于检验从压实的沥青路面上钻取的沥青混合料芯样试件的密度,以评定沥青面层的施工压实度,同时适用于龄期较长的无机结合料稳定类基层和底基层的密度检测

23.[答案] C

[解析] 土基回弹模量可用长杆贯入综合次数和 CBR 间接推算法来求算。长杆贯入综合次数法是利用长杆贯入仪,试验时记录测头击入土中每 10cm 所需的锤击次数,直至贯入土中 80cm 为止。综合贯入次数是按布辛公式以距路基表面深度为 5cm、15cm、25cm、35cm、45cm、55cm、65cm 和 75cm 时压应力略加调整作为各层的权数。参考《路基路面试验检测技术》相关内容。

24.[答案] A

[解析] 用摆式仪测定沥青路面抗滑性能时,如果标定的橡胶片滑动长度小于 126mm,则测得的沥青路面的 BPN 值比实际值要小。摆式仪测定原理如下表。故选 A 项。

测试方法	测试指标	原理	特点及适用范围
制动距离法	摩擦系数 f	以一定速度在潮湿路面上行驶的 4 轮小客车或货车,当 4 个车轮被制动时,测试出从车辆减速滑移到停止的距离,运用动力学原理,算出摩擦系数	测试速度快,必须中断交通
摆式仪法	摩擦摆值 BPN	摆式仪的摆锤底面装一橡胶滑块,当摆锤从一定高度自由下摆时,滑块面同试验表面接触。由于两者间的摩擦而损耗部分能量,使摆锤只能回摆到一定高度。表面摩擦阻力越大,回摆高度越小(即摆值越大)	定点测量,原理简单,不仅可以用于室内,而且可用于野外测试沥青路面及水泥混凝土路面的抗滑值

25.［答案］ C

［解析］ 国际平整度指数(IRI)是一项标准化的平整度指标。它同反应类平整度测定系统类似,但是采用的是数学模型模拟1/4车轮(即单轮,类似于拖车)以规定速度行驶在路面断面上,分析行驶距离内动态反应悬挂系的累积竖向位移量。标准的测定速度规定为80km/h。故选C项。

26.［答案］ C

［解析］ 不能采用核子密度仪直接透射法测定压实密度的是沥青面层,只能用钻芯法。核子密度湿度仪法是利用放射性元素(通常是γ射线和中子射线)测量土或路面材料的密度和含水率。这类仪器的特点是测量速度快,需要人员少。该类方法适用于测量各种土或路面材料的密度和含水率,有些进口仪器可储存打印测试结果。它的缺点是,放射性物质对人体有害,另外需要打洞的仪器,在打洞过程中使洞壁附近的结构遭到破坏,影响测定的准确性。压实的沥青面层比较坚硬,沥青的黏性较好,打洞过程中使洞壁附近的结构遭到破坏。对于核子密度湿度仪法,可作施工控制使用,但需与常规方法比较,以验证其可靠性。参考《路基路面试验检测技术》相关内容。故选C项。

27.［答案］ C

［解析］ 室内CBR试验中,贯入杆预压在CBR试件上的力是45N。CBR又称加州承载比,是California Bearing Ratio的缩写。所谓CBR值,就是试料贯入量达2.5 iTlrn时的单位压力与标准碎石压入相同贯入量时标准荷载强度的比值,用百分数表示。CBR是路基土和路面材料的强度指标,是柔性路面设计的主要参数之一。本试验方法采用风干试样,只适用于室内扰动土的试验。试验时,按重型击实的最佳含水率及压实度要求在试筒内制备试件,模拟材料在使用过程中的最不利状态,加载前泡水4昼夜,在浸水膨胀及贯入试验时,试样表面需要加荷载板,使试样面上的压力等于该材料层路面的压力;材料的承载能力越高,则达到相同的贯入量所施加的荷载越大。

28.［答案］ B

［解析］ 当路基和柔性基层、底基层的弯沉代表值不符合要求时,可将超出$\bar{l}\pm(2\sim3)S$的弯沉特异值舍弃,重新计算平均值和标准差。对舍弃的弯沉值大于$\bar{l}+(2\sim3)S$的点,应找出其周围界限,进行局部处理。参考《路基、柔性基层、沥青路面弯沉值评定》(JTG F80/1—2004 附录I)。

29.［答案］ B

［解析］ T 0922—2008核子密湿度仪器测定压实度试验方法,使用安全注意事项:仪器工作时,所有人员均应退至距离仪器2m以外的地方。

30.［答案］ C

［解析］ 参考《路基路面试验检测技术》灌砂法计算。按下式计算试坑材料的湿密度$\rho_w=(m_w\times\gamma_s)\div m_b$ 式中:m_w——试坑中取出的全部材料的质量,γ_s——量砂的单位质量,m_b——填满试坑砂的质量。$\rho_w=(4\,428.8\times1.15)\div2\,214.4=2.3$。按下式计算试坑材料的干密度$\rho_d=\rho_w\div(1+0.01\times\omega)$。式中:$\omega$——试坑材料的含水率,%。$\rho_d=2.3\div(1+0.01\times5)=2.19$。故选C项。

二、判断题(正确的事实在后面括号中打"✓",错误的事实在后面括号中打"×"。总共30道题,每题1分,共计30分)

1.[答案] ×

[解析] 合同段和建设项目所含单位工程全部合格,其工程质量等级为合格:所属任一单位工程不合格,则合同段和建设项目为不合格。

2.[答案] ✓

[解析] 路基压实度须分层检测,并符合相应的要求。压实度指标计分时可只按上路床的检查数据计分,也可视情况按层合并计分。路基其他检查项目均在路基顶面进行检查测定。

3.[答案] ×

[解析] 水泥混凝土路面抗滑性能用构造深度表示。

4.[答案] ✓

[解析] 灌砂试验时,每换用一次量砂,都必须测定松方密度。量砂如果重复使用,试坑有含水率,砂是干的,肯定要吸水,如果下次使用不测定,其密度肯定有变化,所以一定要注意晾干,处理一致,否则影响量砂的松方密度。每换一次量砂,都必须测定松方密度,漏斗中砂的数量也应该每次重做。

5.[答案] ×

[解析] 含水率不作为实测项目之一,不需进行检测和评定。参考《公路检评标准》表7.8.2或下表。

石灰土基层和底基层实测项目

项次	检查项目		规定值或允许偏差				检查方法和频率	权值
			基层		底基层			
			高速公路、一级公路	其他公路	高速公路、一级公路	其他公路		
1	压实度(%)	代表值	—	95	95	93	按有关方法检查,每200m每车道2处	3
		极值	—	91	91	89		
2	平整度(mm)		—	12	12	15	3m直尺;每200m测2处×10尺	2
3	纵断高程(mm)		—	+5,-15	+5,-15	+15,-20	水准仪;每200m测4断面	1
4	宽度(mm)		符合设计要求		符合设计要求		尺量:每200m测4处	1
5Δ	厚度(mm)	代表值	—	-10	-10	-12	按有关方法检查,每200m每车道1点	2
		合格值	—	-20	-25	-30		
6	横坡(%)		—	±0.5	±0.3	±0.5	水准仪:每200m测4断面	1
7Δ	强度(MPa)		符合设计要求		符合设计要求		按有关方法检查	3

6. [答案]　✓

[解析]　土基 CBR 值测试,标准压强(当贯入量为 5.0mm 时)为 10.5MPa。

7. [答案]　✓

[解析]　参照单选题第 5 题的答案解析。

8. [答案]　×

[解析]　沥青路面弯沉验收应在施工结束后第一个不利季节进行检测。

9. [答案]　×

[解析]　在建设项目中,根据签订的合同,具有独立施工条件的工程可划分为单位工程。在单位工程中,应按结构部位、路段长度及施工特点或施工任务划分为若干个分部工程。在分部工程中,应按不同的施工方法、材料、工序及路段长度等划分为若干个分项工程。

10. [答案]　×

[解析]　属于静态测试方法。参考《路基路面试验检测技术》相关内容或下表。

几种弯沉测试方法比较

方　法	特　点
贝克曼梁法	传统方法,速度慢,静态测试,比较成熟,目前属于标准方法
自动弯沉仪法	利用贝克曼梁原理快速连续测试,属于静态测试范畴,但测定的是总弯沉,因此使用时应用贝克曼梁进行标定换算
落锤式弯沉仪法	利用重锤自由落下的瞬间产生的冲击荷载测定弯沉,属于动态弯沉,并能反算路面的回弹模量,快速连续,使用时应用贝克曼梁法进行标定换算

11. [答案]　✓

[解析]　《公路工程质量检验评定标准》(JTG F80/1—2004):

沥青混凝土面层和沥青碎(砾)石面层实测项目

项次	检查项目	规定值或允许偏差		检查方法和频率	权值
		高速公路、一级公路	其他公路		
1	压实度(%)	试验室标准密度的 96%(*98%); 最大理论密度的 92%(*94%); 试验段密度的 98%(*99%)		按附录 B 检查,每 200m 测 1 处	3

12. [答案]　×

[解析]　小桥属于路基单位工程中的主要分部工程。参见单选 11 题解析。

13. [答案]　✓

[解析]　路面各结构层厚度的检测一般与压实度同时进行,当用灌砂法进行压实度检查时,可量取挖坑灌砂深度即为结构层厚度。当用钻芯取样法检查压实度时,可直接量取芯样高度。

14. [答案]　✓

[解析]　《公路路基路面现场测试规程》(JTG E60—2008):

路面表面的构造深度(TD)以前称纹理深度,是路面粗糙度的重要指标,它与路表抗滑性

能、排水、噪声等都有一定关系。手工铺砂法与 T 0962 电动铺砂法都是将细砂铺在路面上，计算嵌入凹凸不平的表面空隙中的砂的体积与覆盖面积之比，从而求得构造深度。这是目前工程上最为基本也是最为常用的方法。

15. [答案] ×

[解析] 用摆式仪测定路面的抗滑性能时，滑动长度越大，摆值就越大。摆式仪测定原理见单选 24 题解析。

16. [答案] ✓

[解析] 对于含有粒料的稳定土及松散性材料不能用环刀法测定现场密度，环刀法适用范围见单选题 22 答案解析。

17. [答案] ×

[解析] 水泥混凝土上加铺沥青面层的复合式路面，两种结构均需进行检查评定。其中，水泥混凝土路面结构不检查抗滑构造，平整度可按相应等级公路的标准；沥青面层不检查弯沉。

18. [答案] ✓

[解析] 将恒温水槽调节至要求的试验温度，对黏稠石油沥青或烘箱养生过的乳化沥青混合料为 60 ℃ ±1 ℃，将试件置于已达规定温度的恒温水槽中保温，保温时间对标准马歇尔试件需 30 ~40min，对大型马歇尔试件需 45 ~60min。

19. [答案] ×

[解析] 当使用直接透射法测定时，应在表面上用钻杆打孔，孔深略深于要求测定的深度，孔应竖直圆滑并稍大于射线源探头。

20. [答案] ×

[解析] 参照《公路工程质量检验评定标准》附表 A-1。答案详解参照单选题第 11 题。

21. [答案] ✓

[解析] 为改善沥青混合料水稳性，可以采用干燥的磨细生石灰粉、消石灰粉或水泥作为填料，但其用量不宜超过矿料总量的 1% ~2%。常用填料大多是用石灰岩或岩浆岩中的强基性岩石等憎水性石料经磨细得到的矿粉，在沥青混合料中起着很重要的作用，通过沥青和填料之间相互作用形成的结构沥青和组成的沥青胶浆，使混合料中的矿料结合成为一体。因为只有碱性石料加工成的矿粉与沥青才能够形成较发达的结构沥青，所以用于沥青混合料的填料只能采用石灰岩一类的憎水性碱性石料加工磨细制成，且要求必须达到一定的细度。

22. [答案] ✓

[解析] 《公路工程水泥及水泥混凝土试验规程》(JTG E30—2005) T 0551—2005：对于坍落度不大于 70mm 的混凝土宜采用振动台振实，但要避免振动过度；对于坍落度大于 70mm 的宜用捣棒人工捣实，沿螺旋线方向由外向中心均匀插捣 25 次，然后用橡皮锤轻击试模侧面，以排除在捣实过程中留下的空洞。

23. [答案] ×

[解析] 如果石料过于潮湿，应将石料在不超过 100℃烘箱中烘干至恒重。一般采用风干试样，用 13.2 ~9.5mm 标准筛过筛，取三组试样待用。每次试验时，按大致相同的数量将试样分三层装入金属量筒中，整平。

24. [答案] ✓

[解析] 在水泥混凝土中,粗集料是指粒径大于4.75mm的碎石、砾石和破碎砾石。在沥青混凝土中,粗集料是指粒径大于2.36mm的碎石、砾石和破碎砾石。

25.[答案] ×

[解析] 沥青路面施工时,若混合料的加热温度过高或过低时,易造成沥青混合料的老化和拌和不均匀,造成路面的早期病害。

26.[答案] ×

[解析] 路基的所有检查项目(除压实度外)均在路基顶面进行检查测定。

27.[答案] ×

[解析] 马歇尔稳定度试验时的温度越高,则稳定度愈小,流值愈大。

28.[答案] ×

[解析] 沥青混合料用集料筛分应用"水筛分"。

29.[答案] √

[解析] 沥青混合料的试验配合比设计可分为矿质混合料组成设计和沥青最佳用量确定两个关键部分。

30.[答案] ×

[解析] 对混凝土拌和物流动性大小起决定作用的是用水量、水灰比和砂率。

三、多项选择题(每道题目所列出的备选项中,有两个或两个以上正确答案,选项全部正确得满分,选项部分正确按比例得分,出现错误选项该题不得分。总共20道题,每小题2分,共计40分)

1.[答案] ACD

[解析] 参见《路基路面试验检测技术》相关内容:

为了使所配制的混凝土在工程使用时具备必要的强度保证率,配合比设计时的混凝土配制强度应大于设计要求的强度等级,即配制强度和设计强度应满足下式:

$$f_{cu,o} \geqslant f_{cu,k} + 1.645\sigma$$

式中:$f_{cu,o}$——混凝土配制强度,MPa;

$f_{cu,k}$——混凝土设计强度,MPa;

1.645——混凝土强度达到95%保证率时的保证率系数;

σ——混凝土强度标准差,MPa;可根据施工单位同类混凝土统计资料确定。

故选A、C、D项。

2.[答案] ABD

[解析] 属于数理统计方法评定计分的检查项目有压实度、弯沉、结构层厚度。平整度不属于数理统计方法评定计分的检查项目。

3.[答案] ABCD

[解析] 土方路基交工验收时,需检测的项目包括压实度、弯沉、横坡、中线偏位等。参考《公路检评标准》表4.2.2土方路基检测的项目表或本套模拟题单选题5答案解析。

4.[答案] AC

[解析] 参考《公路工程质量检验评定标准》表7.12.2或下表。

级配碎(砾)石基层和底基层实测项目

项次	检查项目		规定值或允许偏差				检查方法和频率	权值
			基层		底基层			
			高速公路、一级公路	其他公路	高速公路,一级公路	其他公路		
1Δ	压实度(%)	代表值	98	98	96	96	按有关方法检查,每200m 每车道 2 处	3
		极值	94	94	92	92		
2	弯沉值(0.01mm)		符合设计要求		符合设计要求		按有关方法检查	3
3	平整度(mm)		8	12	12	15	3m 直尺;每 200m 测 2 处 ×10 尺	2
4	纵断高程(mm)		+5,-10	+5,-15	+5,-15	+5,-20	水准仪:每 200m 测 4 断面	1
5	宽度(mm)		符合设计要求		符合设计要求		尺量:每 200m 测 4 处	1
6Δ	厚度(mm)	代表值	-8	-10	-10	-12	按有关方法检查,每200m 每车道 1 点	3
		合格值	-15	-20	-25	-30		
7	横坡(%)		±0.3	±0.5	±0.3	±0.5	水准仪:每 300m 测 4 断面	1

故选 A、C 项。

5.[答案] BCD

[解析] 路基土标准密度的确定采用重型击实试验方法。击实试验根据击实功的不同,可分为轻型和重型,对同一种土用不同的击实功进行击实试验后表明:击实功愈大,土的最大干密度也愈大,而土的最佳含水率则愈小。沥青混合料标准密度以马歇尔击实法确定。对无黏聚性自由排水土采用振动台法和表面振动压实仪法测定的结果基本一致。故选 B、C、D 项。

6.[答案] ABCD

[解析] 参照《公路工程质量检验评定标准》附表 A-1,或见单选 11 题答案解析。

故选 A、B、C、D 项。

7.[答案] ABC

[解析] 连续式平整度仪法用于测定路表面的平整度,评定路面的施工质量和使用质量,但不适用于在已有较多坑槽、破损严重的路面上测定。除特殊情况外,连续式平整度仪的标准长度为 3m ,其质量应符合仪器标准的要求。测定轮上装有位移传感器,自动采集位移数据时,测定间距为 10cm 。

8.[答案] ABC

[解析] 摆式仪的摆锤底面装一橡胶滑块,当摆锤从一定高度自由下摆时,滑块面同试验表面接触。由于两者间的摩擦而损耗部分能量,使摆锤只能回摆到一定高度。表面摩擦阻力越大,回摆高度越小(即摆值越大)路表面细构造是指集料表面的粗糙度,它随车轮的反复磨耗而逐渐被磨光。通常采用石料磨光值(PSV)表征抗磨光的性能。细构造在低速

(30～50km/h 以下)时对路表抗滑性能起决定作用。而高速时主要起作用的是粗构造,它是由路表外露集料形成的构造,功能是使车轮下的路表水迅速排除,以避免形成水膜。粗构造由构造深度表征。故选 A、B、C 项。

9.[答案] BC

[解析] 环刀法可用于测定水泥稳定细粒土基层的压实度;灌砂法检测结果比环刀法的精确。故选 B、C 项。

10.[答案] AC

[解析] 水泥混凝土的工作性,也叫和易性,是指混凝土拌和物易于施工操作,并获得质量均匀、成型密实的混凝土的性能。工作性实际上是一项综合技术性质,包括流动性、黏聚性、保水性三方面含义。提高粗集料的棱角性是为了增强水泥混凝土的强度,强化拌和程度并不能改善水泥混凝土的工作性,使用外加剂和调整砂率都可以改善水泥混凝土的工作性。故选 A、C 项。

11.[答案] BC

[解析] 在水泥混凝土路面检验评定中,对评分值影响最大的是板厚、弯拉强度。得分计算公式如下,水泥混凝土面层实测项目见单选题 5 解析中相应的表。

$$分项工程得分 = \frac{\sum[检查项目得分 \times 权值]}{\sum 检查项目权值}$$

水泥混凝土面层实测项目

<table>
<tr><th rowspan="2">项次</th><th rowspan="2" colspan="2">检查项目</th><th colspan="2">规定值或允许偏差</th><th rowspan="2">检查方法和频率</th><th rowspan="2">权值</th></tr>
<tr><th>高速公路、一级公路</th><th>其他公路</th></tr>
<tr><td>1△</td><td colspan="2">弯拉强度(MPa)</td><td colspan="2">在合格标准之内</td><td>按附录 C 检查</td><td>3</td></tr>
<tr><td rowspan="2">2△</td><td rowspan="2">板厚度(mm)</td><td>代表值</td><td colspan="2">-5</td><td rowspan="2">按附录 H 检查
每 200m 每车道 2 处</td><td rowspan="2">3</td></tr>
<tr><td>合格值</td><td colspan="2">-10</td></tr>
<tr><td rowspan="3">3</td><td rowspan="3">平整度</td><td>σ(mm)</td><td>1.2</td><td>2.0</td><td rowspan="2">平整度仪;全线每车道连续检测,每 100m 计算 σ、IRI</td><td rowspan="3">2</td></tr>
<tr><td>IRI(m/km)</td><td>2.0</td><td>3.2</td></tr>
<tr><td>最大间隙 h(mm)</td><td>—</td><td>5</td><td>3m 直尺:半幅车道板带每 200m 测 2 处 x10 尺</td></tr>
<tr><td>4</td><td colspan="2">抗滑构造深度(mm)</td><td>一般路段不小于 0.7 且不大于 1.1;特殊路段不小于 0.8 且不大于 1.2</td><td>一般路段不小于 0.5 且不大于 1.0;特殊路段不小于 0.6 且不大于 1.1</td><td>铺砂法:每 200m 测 1 处</td><td>2</td></tr>
<tr><td>5</td><td colspan="2">相邻板高差(mm)</td><td>2</td><td>3</td><td>抽量:每条胀缝 2 点;每 200m 抽纵、横缝各 2 条,每条 2 点</td><td>2</td></tr>
<tr><td>6</td><td colspan="2">纵、横缝顺直度(mm)</td><td colspan="2">10</td><td>纵缝 20m 拉线,每 200m4 处;横缝沿板宽拉线,每 200m 4 条</td><td>1</td></tr>
<tr><td>7</td><td colspan="2">中线平面偏位(mm)</td><td colspan="2">20</td><td>经纬仪:每 200m 测 4 点</td><td>1</td></tr>
<tr><td>8</td><td colspan="2">路面宽度(mm)</td><td colspan="2">±20</td><td>抽量:每 200m 测 4 处</td><td>1</td></tr>
<tr><td>9</td><td colspan="2">纵断高程(mm)</td><td>±10</td><td>±15</td><td>水准仪:每 200m 测 4 断面</td><td>1</td></tr>
<tr><td>10</td><td colspan="2">横坡(%)</td><td>±0.15</td><td>±0.25</td><td>水准仪:每 200m 测 4 断面</td><td>1</td></tr>
</table>

故选 B、C 项。

12.［答案］ ABCD

［解析］ 粗粒土试模直径为 15cm，作为应力检验用时，水泥稳定土、水泥粉煤灰稳定土的养生时间应是 9 个月，石灰稳定土和石灰粉煤灰稳定土的养生时间应是 6 个月。整个养生期间的温度，南方地区应该保持在 25 ℃ ±2 ℃ 。养生期的最后一天，应该将试件浸泡在水中，水的深度应使水面在试件顶上约 2.5cm。故选 A. B. C. D 项。

13.［答案］ ABC

［解析］ 《公路沥青路面施工技术规范》（JTG F40—2004）：热拌沥青混合料的频度和质量要求中规定热拌沥青混合料应检查的项目有：混合料外观、拌和温度、矿料级配（筛孔）、沥青用量（油石比）、马歇尔试验（空隙率、稳定度、流值）、浸水马歇尔试验、车辙试验。

14.［答案］ ABCD

［解析］ 原交通部制定的《公路工程质量检验评定标准》适用于公路工程施工单位、工程监理单位、建设单位、质量检测机构和质量监督部门对公路工程质量的管理、监控和检验评定。故选 A、B、C、D 项。

15.［答案］ ABC

［解析］ 级配碎石基层上的沥青混合料面层用贝克曼梁测定的回弹弯沉检测结果可能需要进行支座修正、温度修正、季节修正，与基层类型没有关系。其测定原理和方法是一致的。故选 A、B、C 项。

16.［答案］ ABD

［解析］ 沥青混合料按其组成结构可分为：①悬浮密实结构。工程中常用的 AC 型密级配沥青混凝土就是这种结构的典型代表。②骨架空隙结构。工程实践中使用的沥青碎石混合料（AM）和排水沥青混合料（OGFC）是典型的骨架空隙型结构。③骨架密实结构。沥青碎石玛蹄脂混合料（SMA ）是一种典型的骨架密实型结构。故选 A、B、D 项。

17.［答案］ ABCD

［解析］ 通过试验测定沥青混合料试件的最大理论密度和密度，并计算试件的空隙率、沥青饱和度、矿料间隙率等参数。随后，在马歇尔试验仪上，按照标准方法测定沥青混合料试件的马歇尔稳定度和流值。

18.［答案］ ABD

［解析］ 通过马歇尔试验和结果分析，得到的最佳沥青用量 OAC 还需要进一步的试验检验，以验证沥青混合料的关键性能是否满足路用技术要求。如①沥青混合料的水稳定性检验。检验试件的残留稳定度或冻融劈裂强度比是否满足要求。②沥青混合料的高温稳定性检验。采用规定的方法进行车辙试验，检验设计沥青混合料的高温抗车辙能力，是否达到规定的动稳定度指标。③对使用钢渣的沥青混合料尚应进行钢渣活性检验。

19.［答案］ ACD

［解析］ 路面平整度可定义为路面表面诱使行使车辆出现振动的高程变化，它是路面使用性能的一项重要指标。因此平整度的检测是路面施工和养护的一个非常重要的环节。平整度的测试设备分为断面类和反应类两大类。断面类测定路表凹凸情况，反应类测定路表不平整程度。目前，断面类设备包括 3m 直尺、连续式平整度仪和激光路面平整度测定仪等，反应

类设备包括车载式颠簸累积仪等。

20.[答案] AC

[解析] 测定回弹模量的方法,目前国内常用的主要有:承载板法、贝克曼梁法和其他间接测试方法(如贯入仪测定法和 CBR 测定法)。土基的回弹模量是公路设计中一个必不可少的参数,我国现有规范已给出了不同的自然区划和土质的回弹模量值的推荐值,具体参见《公路沥青路面设计规范》(JTG D50—2006)中附录 F“土基回弹模量参考值”表。但由于土基回弹模量的改变将会影响路面设计的厚度,所以建议有条件时最好直接测定,而且随着施工质量的提高,回弹模量值的检验将会作为控制施工质量的一个重要指标。测定回弹模量的方法,目前国内常用的主要有:承载板法、贝克曼梁法和其他间接测试方法(如贯入仪测定法和 CBR 测定法)。承载板法的目的和适用范围:①本方法适用于在现场土基表面,通过承载板对土基逐级加载、卸载的方法,测出每级荷载下相应的土基回弹变形值,经过计算求得土基回弹模量。②本方法测定的土基回弹模量可作为路面设计参数使用。贝克曼梁法的目的和适用范围:本方法适用于在土基、厚度不小于 1m 的粒料整层表面,用弯沉仪测试各测点的回弹弯沉值,通过计算求得该材料的回弹模量值的试验;也适用于在旧路表面测定路基路面的综合回弹模量。其他间接测试方法,土基回弹模量也可用长杆贯入综合次数法和 CBR 间接推算法来求算。长杆贯入综合次数法是利用长杆贯入仪,试验时记录测头击入土中每 10cm 所需的锤击次数,直至贯入土中 80cm 为止。综合贯入次数是按布辛公式以距路基表面深度为 5cm、15cm、25cm、35cm、45cm、55cm、66cm 和 75cm 时压应力略加调整作为各层的权数。CBR 值间接推算法是利用 CBR 测试结果关系式求算 E 值。

四、问答题(共 5 道题,每题 10 分,共计 50 分)

1. 答:(1)选择适宜的灌砂筒。

(2)标定灌砂筒下部圆锥体内砂的质量。

(3)标定量砂的单位质量。

(4)在试验地点选择平坦表面,打扫干净。

(5)将基板放在干净的表面上,沿中心凿洞,凿出的材料放入塑料袋,该层材料全部取出后,称总质量。

(6)从材料中取样,放入铝盒,测定其含水率。

(7)将基板放在试坑上,将灌砂筒安放在基板中央(筒内砂质量已知),打开开关,让砂流入试坑内,不再流时,关闭开关,小心取走灌砂筒,称剩余砂的质量。

(8)计算压实度。

2. 答:《水泥及水泥混凝土试验规程》(JTG E30—2005)T 0522—2005:

①试验前将坍落筒内外洗净,放在经水润湿过的钢板上,踏紧踏脚板。②将代表样分三层装入筒内,每层装入高度稍大于筒高约 1/3,用捣棒在每一层的横截面上均匀插捣 25 次,插捣在全部面积上进行,沿螺旋线由边缘至中心,插捣底层时插至底部,插捣其他两层时,应插透本层并插入下层约 20 ~ 30mm,插捣须垂直压下(边缘部分除外),不得冲击。③在插捣顶层时,装入的混凝土应高出坍落筒,随插捣过程随时添加拌和物,当顶层插捣完毕后,将捣棒用锯和滚的动作,以清除掉多余的混凝土,用馒刀抹平筒口,刮净筒底周围的拌和物,而后立即垂直地提起坍落筒,提筒在 5 ~ 10s 内完成,并使混凝土不受横向及扭力作用,从开始装筒至提起坍落

筒的全过程，不应超过 2.5min。④将坍落筒放在锥体混凝土试样一旁，筒顶平放木尺，用小钢尺量出木尺底面至试样坍落后的最高点之间的垂直距离，即为该混凝土拌和物的坍落度。⑤同一次拌和的混凝土拌和物，必要时，宜测坍落度两次，取其平均值作为测定值。每次需换一次新的拌和物，如两次结果相差 20mm 以上，须做第三次试验，如第三次结果与前两次结果均相差 20mm 以上时，则整个试验重做。⑥混凝土拌和物坍落度以 mm 计，结果精确至 5mm。

3. **答**：测定方法有：铺砂法、摆式仪法、横向力系数测定车法。

铺砂法原理：将已知体积的砂，摊铺在所要测试路表的测点上，量取摊平覆盖的面积。砂的体积与所覆盖平均面积的比值，即为构造深度。

摆式仪法原理：摆式仪的摆锤底面装一橡胶滑块，当摆锤从一定高度自由下摆时，滑块面同试验表面接触。由于两者间的摩擦而损耗部分能量，使摆锤只能回摆到一定高度。表面摩擦阻力越大，回摆高度越小（摆值越大）。

横向力系数测定车法原理：测试车上有两个试验轮胎，它们对车辆行驶方向偏转一定的角度。汽车以一定速度在潮湿路面上行驶时，试验轮胎受到侧向摩阻作用。此摩阻力除以试验轮上的载重，即为横向力系数。

4. **答**：厚度平均值（用科学计算器上的统计功能直接计算）$\overline{X}=18.17\text{cm}$，标准偏差 $S=0.64\text{cm}$，$t_\alpha/\sqrt{n}=0.785$，则厚度代表值 X_1：$X_1=\overline{X}-St_\alpha/\sqrt{n}=18.17-0.64\times0.785=17.67\text{cm}$

$\because X_1=17.67\text{cm}>18-0.8=17.2\text{cm}$

所以，该路段厚度代表值符合要求。

由于各检测值 $X_i>18-1.5=16.5\text{cm}$

故合格率为 100%，实际得分为 18 分。

5. **答**：计算得：$\overline{k}=96.09\%$　　$S=2.21\%$

$$K_{代}=\overline{k}-t_{0.95}/\sqrt{16}\times S=96.09-0.438\times2.21=95.1\%$$

高速公路路基上路床压实度规定值为 96%。

因：$K_{代}<96\%$

所以该段路基压实度不合格。

综合题

［答案］

1. C　　2. AB　　3. C　　4. BD　　5. AB

［解析］

公路工程质量检验评定标准（JTG F80/1—2004）：

4.1.1　土方路基和石方路基的实测项目技术指标的规定值或允许偏差按高速公路、一级公路和其他公路（指二级及以下公路）两档设定，其中土方路基压实度按高速公路和一级公路、二级公路、三四级公路三档设定。

4.2.2　实测项目：压实度权值为 3（密度法，每 200m 每压实层测 4 处），弯沉权值 3，宽度权值 2，平整度权值 2。

B.0.1　路基和路面基层、底基层的压实度以重型击实标准为准。

B.0.2 标准密度应作平行试验,求其平均值作为现场检验的标准值。

B.0.3 细粒土现场压实度检查可以采用灌砂法或环刀法;粗粒土及路面结构层压实度检查可以采用灌砂法、水袋法或钻孔取样蜡封法。应用核子密度仪时,须经对比试验检验,确认其可靠性。

按题中数据计算得: $\bar{k}=96.09(\%)$, $S=2.21(\%)$

$$k_{代}=\bar{k}-t_{0.95}/\sqrt{16}\times S=96.09-0.438\times 2.21=95.1(\%)$$

高速公路路基上路床压实度规定值为96%。

因: $k_{代}<96\%$

所以该段路基压实度不合格。

《公路》模拟试题（二）

一、单项选择题（四个备选项中只有一个正确答案，总共30道题，每题1分，共计30分）

1. 连续式平整度仪测定平整度时，其技术指标是（　　）。

A. 最大间隙　B. 标准偏差　C. 单向累计值　D. 国际平整度指标

2. 路面表面构造深度的标准值为0.8mm，那么测试值应（　　）为合格。

A. ≥0.8mm　B. ≤0.8mm　C. >0.8mm　D. <0.8mm

3. 软土地基应按（　　）进行质量评定

A. 分项工程　B. 分部工程　C. 单位工程　D. 单项工程

4. 公路工程质量检验评定的依据为（　　）。

A. 设计规范　B. 施工规范

C. 质量检验评定标准　D. 试验规程

5. 对于涉及结构安全和使用功能的重要实测项目，属于工厂加工制造的交通工程安全设施及桥梁金属构件，其合格率不得低于（　　）。

A. 85%　B. 90%　C. 95%　D. 100%

6. 工程质量等级评定工作包括：①单位工程质量等级评定；②合同段和建设项目质量等级评定；③分项工程质量等级评定；④分部工程质量等级评定；正确顺序为（　　）。

A. ③④①②　B. ④③①②　C. ①③④②　D. ③④②①

7. 混凝土坍落度试验，要求混凝土拌和物分三层装入坍落度筒，每次插捣（　　）次。

A. 15　B. 20　C. 25　D. 50

8. 回弹弯沉测定时，左轮百分表初读数61、终读数47，右轮初读数94、终读数81，则弯沉处理方法和计算结果正确的是（　　）。

A. 左、右轮弯沉分别考虑，其值为14、13（0.01mm）

B. 左、右轮弯沉分别考虑，其值为28、26（0.01mm）

C. 取左、右轮弯沉平均值，其值为13.5（0.01mm）

D. 取左、右轮弯沉平均值，其值为27（0.01mm）

9. 分项工程评分值与（　　）无关。

A. 实测项目数量　B. 实测项目的合格率和规定值

C. 外观缺陷数数量和程度　D. 质量保证资料的完整性和真实性

10. 塑性混凝土的坍落度范围为（　　）。

A. 小于10mm　B. 大于160mm　C. 100～150mm　D. 10～90mm

11. 半刚性基层透层油渗透深度的测试步骤为（　　）。①用水和毛刷（或棉布等）轻轻地将芯样表面黏附的粉尘除净。②将芯样晾干，使其能分辨出芯样侧立面透层油的下渗情况。③用钢板尺或量角器将芯样顶面圆周随机分成约8等份，分别量测圆周上各等分点处透层油渗透的深度（mm），估读至0.5mm，分别以d_i（i=1，2，…，8）表示。

A. ②③①　B. ③①②　C. ①②③　D. ②①③

12. 当弯沉代表值小于设计弯沉值(或竣工验收弯沉值)时,其得分为(　　)。

A. 100 分　B. 规定的满分

C. 合格率×规定分　D. 零分

13. 测定二灰稳定碎石基层压实度,应优先采用(　　)。

A. 环刀法　B. 灌砂法　C. 蜡封法　D. 核子密度仪法

14. 半刚性基层沥青面层弯沉测试中,当(　　)时应进行温度修正。

A. 路面温度 15℃,沥青面层厚度 10cm

B. 路面温度 15℃,沥青面层厚度 4cm

C. 路面温度 20℃,沥青面层厚度 10cm

D. 路面温度 20℃,沥青面层厚度 4cm

15. 对于塑性指数大于(　　)的细粒土,不宜采用水泥单独稳定,可以与石灰综合稳定。

A. 10　B. 17　C. 27　D. 20

16. 贝克曼梁的杠杆比一般为(　　)。

A. 1:1　B. 1:2　C. 1:3　D. 1:4

17. 若检测弯沉的平均值为 35.2(0.01mm),标准偏差为 9.7(0.01mm),已知保证率系数为 1.645,t 分布系数 $t_d/\sqrt{n}=0.580$,则弯沉代表值为(　　)(0.01mm)。

A. 19.2　B. 51.2　C. 29.6　D. 40.8

18. 某半刚性基层设计厚度为 20cm,允许偏差为 -8mm,则结构层厚度合格标准为(　　)cm。

A. ≥19.2　B. ≥20.8　C. ≤19.2　D. ≤20.8

19.《公路工程质量检验评定标准》(JTG F80/1—2004)中规定,根据建设任务、施工管理和质量检验评定的需要,应在施工准备阶段将建设项目进行划分,共划分为三级,其中没有(　　)。

A. 单位工程　B. 分部工程　C. 单项工程　D. 分项工程

20. 一般来说,用5.4m的贝克曼梁测得的回弹弯沉比用3.6m的贝克曼梁测得的(　　)。

A. 大　B. 小　C. 一样　D. 不一定

21. 沥青混合料用粗集料与细集料的分界粒径尺寸为(　　)。

A. 1.18mm　B. 2.36mm　C. 4.75mm　D. 5mm

22. SMA 的主要优点有(　　)。

A. 抗滑耐磨　B. 空隙率小　C. 抗疲劳　D. 高温抗车辙

23. 无机结合料稳定材料无侧限抗压强度试验中,对试件施压速度是(　　)。

A. 50mm/min　B. 10mm/min　C. 1mm/min　D. 0.5mm/min

24. 在无机结合料稳定土无侧限抗压强度试验中,当偏差系数 C_v = (10% ~15%) 时为(　　)试件。

A. 6 个　B. 9 个　C. 13 个　D. 15 个

25. 灌砂法测定基层现场密度的工作有:①筒内砂不再下流时,取走灌砂筒并称量筒内剩余砂的质量;②选取挖出材料代表性样品,测定含水率;③称取所有挖出材料质量;④沿基板中孔凿试洞,并收集挖出材料;⑤标定筒下部圆锥体内砂的质量;⑥选择试验地点,并清扫干净;

⑦放置灌砂筒，打开开关让砂流入试坑；⑧标定量砂的单位质量；⑨称取一定质量标准砂，并装入灌砂筒；正确的测定步骤为（　　）。

A. ⑥⑨⑤⑧④②③⑦①　　B. ⑤⑧⑥⑨④③②⑦①

C. ⑥⑤⑧⑨④③②⑦①　　D. ⑤⑧⑥⑨④②③⑦①

26. 压力机合适的加载量程，一般要求达到的最大破坏荷载应在所选量程的（　　）之间。

A. 50%左右　B. 30% ~70%　C. 20% ~80%　D. 90%以上

27. 贝克曼梁测定路面弯沉时，测定应布置在（　　）位置。

A. 路面中心线　B. 行车道中心线　C. 行车道标线　D. 行车道轮迹带

28. 配制混凝土用砂的要求是尽量采用（　　）的砂。

A. 空隙率小　　B. 总表面积小

C. 总表面积大　　D. 空隙率小和总表面积均较小

29. 车载式颠簸累积仪测试速度一般不宜超过（　　）。

A. 30km/h　B. 40km/h　C. 50km/h　D. 60km/h

30. 一般，坍落度小于（　　）的新拌混凝土，采用维勃稠度仪测定其工作性。

A. 20mm　B. 15mm　C. 10mm　D. 5mm

二、判断题（正确的事实在后面括号中打“✓”，错误的事实在后面括号中打“×”。总共30道题，每题1分，共计30分）

1. 路基土最佳含水率是指击实曲线上最大干密度所对应的含水率。（　　）

2. 石灰稳定土可以应用于各级公路的基层或底基层。（　　）

3. 半刚性基层沥青面层弯沉测试时，可采用5.4m的贝克曼梁，但应进行支点修正。（　　）

4. 某灰土层7d强度标准为0.80MPa，抽样检测时得到的强度平均值为0.85MPa，尽管如此，强度也可能不合格。（　　）

5. 水泥混凝土流动性大说明其和易性好。（　　）

6. 公路工程质量检验以分项工程为评定单元，采用100分制评分方法进行评分；分项工程最终得分就是实测项目中各检查项目得分之和。（　　）

7. 配备沥青混合料试件时，应先将各种矿料置于拌和机中拌和均匀后再加入沥青。（　　）

8. 核子密度仪法测定路基路面压实度，结果比较可靠，可作为仲裁试验。（　　）

9. 我国现行国标规定，采用马歇尔稳定度试验来评价沥青混合料的高温稳定性。（　　）

10. 一级公路沥青混凝土面层的平整度常用3m直尺法测定。（　　）

11. 对于水泥混凝土路面，应测定其抗压强度。（　　）

12. 不合格的分项工程，经加固、补强、返工或整修后，当重新评定的评分值大于85分时，该分项工程可评为优良工程。（　　）

13. 路面结构层厚度评定中，保证率的取值与公路等级有关。（　　）

14. 沥青混凝土面层与沥青碎石面层的检测项目完全相同。（　　）

15. 击实马歇尔试件，应先按四分法从四个方向用小铲将混合料铲入已备好的试模中，再用插刀沿周边插捣10次，中间15次。插捣后将沥青混合料表面整平成凸圆弧面。（　　）

16. 由于水中重法测试精确，沥青混合料的密度必须用此法测定。（　　）

17. 沥青混合料试件的高度变化不影响所测流值，仅对稳定度的试验结果有影响。（　）

18. 无机结合料稳定材料击实试验时，首先将风干试样用铁锤捣碎。（　）

19. 根据“评定标准”规定，当土方路基施工路段较短时，分层压实度必须点点符合要求，且实际样本数不小于6个。（　）

20. 击实试验的原理与压缩实验的原理一样都是土体受到压密。（　）

21. 分项工程质量评定时，经检查不符合某些基本要求时，应给予扣分。（　）

22. 采用EDTA滴定法可以快速测定水泥稳定土中的水泥剂量，但应严格控制首次确定的标准曲线，以后每次测定时只需配制EDTA溶液和代表性混合料滴定，达到快速测定目的。（　）

23. 为节约水泥，采用高强度等级水泥配制低强度等级混凝土，强度和耐久性都能满足要求。（　）

24. 沥青路面的渗水系数越大，说明沥青路面的质量越差。（　）

25. 计算代表弯沉值时，所有测得结果全部列入计算。（　）

26. 半刚性基层材料配合比设计中，强度试验所需试样是在击实试验得出的最大含水率和最大干密度下静压成型。（　）

27.《公路工程质量检验评定标准》仅适用于质量监督部门对公路工程质量的管理、监控和检验评定。（　）

28. 落锤式弯沉仪测定的是静态回弹弯沉，可以直接用于路基路面评定。（　）

29. 承载板法测定回弹模量一般采用加载、卸载的办法进行试验，由于测试车对测定点处的路面会产生影响，故要进行总影响量测定，并在各分级回弹变形中加上该影响量值。（　）

30. 有机质含量超过2%的细粒土，用石灰处理后才能用水泥稳定。（　）

三、多项选择题（每道题目所列出的备选项中，有两个或两个以上正确答案，选项全部正确得满分，选项部分正确按比例得分，出现错误选项该题不得分。总共20道题，每小题2分，共计40分）

1. 无机结合料稳定材料的以下试验需要制作梁式试件（　）。

A. 抗弯拉强度　　B. 疲劳试验

C. 无侧限抗压强度　　D. 间接抗拉强度

2. 下列关于工程建设项目质量评定的说法中，正确的是（　）。

A. 工程建设项目质量等级分为三级

B. 只要有一个单位工程不合格，建设项目工程质量为不合格

C. 所有单位工程全部合格，建设项目工程质量等级为合格

D. 只有所有的单位工程全部优良，工程建设项目才能评为优良

3. 关于土基压实度评定的下列说法中，正确的是（　）。

A. 用压实度代表值控制路段的总体压实水平

B. 单点压实度不得小于极值标准

C. 根据合格率，计算评分值

D. 分层检测压实度,但只按上路床的检测值进行评定计分

4. 工程质量评定等级分为(　　)。

A. 优良　　B. 中等　　C. 合格　　D. 不合格

5. 水泥混凝土面层、沥青混凝土面层、二灰稳定碎石基层实测项目中,都需检测的项目有(　　)。

A. 弯沉　　B. 压实度　　C. 平整度　　D. 厚度

6. 实验室检验混凝土拌和物的工作性,主要通过检验(　　)方面来综合评价。

A. 流动性　　B. 可塑性　　C. 黏聚性　　D. 保水性

7. 关于工程质量评定的下列说法中,正确的是(　　)。

A. 工程质量评分以分项工程为评定单元

B. 分项工程中各实测项目规定分值之和为 100

C. 分项工程实际评分值为各实测项目得分之和

D. 按分项工程、分部工程、单位工程、工程建设项目逐级评定

8. 弯沉测试车的主要技术参数为(　　)。

A. 后轴轴载　　B. 后轴一侧双轮组

C. 前轴轴载　　D. 前轴一侧双轮组

9. 属于分项工程质量检验评定内容的有(　　)。

A. 经检查不符合基本要求规定时,不予检验与评定

B. 缺乏最基本资料,不予检验与评定

C. 外观有严重的缺陷,不予检验与评定

D. 检查项目合格率小于 70%,不予检验与评定

10. 关于平整度的下列说法中,正确的是(　　)。

A. 平整度反映了行车的舒适性　　B. 最大间隙 h 越小,平整性越好

C. 标准偏差 σ 越小,平整性越好　　D. 国际平整度指标 IRI 越小,平整性越好

11. (　　)为级配碎石基层交工验收时需检测的项目。

A. 固体体积率　　B. 弯沉　　C. 平整度　　D. 中线偏位

12. 可以测定路面与轮胎之间摩阻系数的方法是(　　)。

A. 铺砂法　　B. 制动距离法

C. 摩擦系数测试车　　D. 摆式仪

13. 关于摆式仪测试的说法中,正确的有(　　)。

A. 评定路面在潮湿状态下的抗滑能力

B. 橡胶片的有效使用期为 1 年

C. 新橡胶片应先在干燥路面上测试 10 次后再用于测试

D. 校核滑动长度时,应以橡胶片长边刚刚接触路面为准

14. 沥青碎石基层属于(　　)基层。

A. 粒料类　　B. 无机结合料稳定

C. 有机结合料稳定　　D. 柔性

15. 灌砂法适用于(　　)的压实度现场检测。

A. 填石路堤　　B. 级配碎石过渡层

C. 石灰稳定土　　D. 水泥稳定土

16. 公路工程中应用的粉煤灰要求控制的指标有(　　)。

A. 氧化硅、氧化铝、三氧化二铁总含量

B. 烧失量

C. 比表面积

D. 有效氧化钙、氧化镁含量

17. 无机结合料稳定材料梁式试件的试模尺寸有以下规格(　　)

A. 50mm×50mm×50mm　　B. 100mm×100mm×400mm

C. 150mm×150mm×60mm　　D. 150mm×150mm×550mm

18. 分项工程质量检查内容有(　　)。

A. 实测项目评分　　B. 资料不全扣分

C. 外观缺陷扣分　　D. 基本要求检查

19. 用连续式平整度仪测定时,应注意的问题有(　　)。

A. 测试速度不能过快,以5km/h 为宜

B. 不能测定水泥混凝土路面

C. 测试时应保持匀速,并不得左右摆动

D. 不能用于路面有较多坑槽、破坏的情况

20. 关于压实度的评定,下列说法正确的是(　　)。

A. 若压实度代表值 K 小于规定值 K_0,则压实度不合格

B. 若任一压实度 K_i 小于规定极值,则压实度不合格

C. 若压实度代表值 K 不小于规定值 K_0,则压实度合格

D. 若任一压实度 K_i 不小于规定值 K_0,则压实度合格

四、问答题(共5道题,每题10分,共计50分)

1. 试述现场测试沥青路面渗水试验方法。

2. 请简述烘干法测定无机结合料稳定细粒土含水率试验步骤。

3. 简述用贝克曼梁进行路基路面回弹弯沉试验的现场测试步骤。

4. 试述路面厚度的检测方法和评定方法。

5. 挖坑法和钻芯法测定路面厚度的试验步骤。

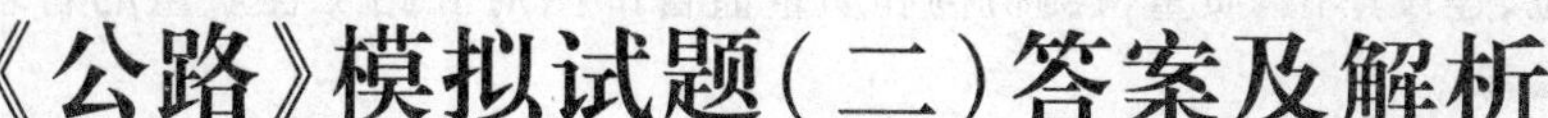

《公路》模拟试题(二)答案及解析

一、单项选择题(四个备选项中只有一个正确答案,总共30道题,每题1分,共计30分)

1.**[答案]** B

[解析] 连续式平整度测定仪测定以每一计算区间的路面测定结果的标准差表示。参见《路基路面试验检测技术》相关内容或下表。故选B项。

平整度测试方法比较

方 法	特 点	技术指标
3m直尺法	设备简单,结果直观,间断测试,工作效率低,反映凹凸程度	最大间隙h(mm)
连续式平整度仪法	设备较复杂,连续测试,工作效率高,反映凹凸程度	标准差σ(mm)
颠簸累积仪	设备复杂,工作效率高,连续测试,反映舒适性	单向累计值VBI(cm/km)

2.**[答案]** A

[解析] 路面表面构造深度的标准值为0.8mm,那么测试值应≥0.8mm为合格。参考《公路路基路面现场测试规程》(JTG E60—2008)手工铺砂法测定路面构造深度试验方法(JTG E60—2008 T 0961—1995)。

3.**[答案]** A

[解析] 软土地基应按分项工程进行质量评定。参考《公路工程质量检验评定标准》附表。

路基、路面单位工程中分部工程及分项工程的划分

单位工程	分部工程	分项工程
路基工程(每10km或每标段)	路基土石方工程[①](1~3km路段)[②]	土方路基,石方路基,软土地基,土工合成材料处治层等
	排水工程(1~3km)	管节预制,管道基础及管节安装,检查(雨水)井砌筑,土沟,浆砌排水沟,盲沟,跌水,急流槽,水簸箕,排水泵站等
	小桥及符合小桥标准的通道,人行天桥,渡槽(每座)	基础及下部构造,上部构造预制、安装或浇筑,桥面,栏杆,人行道等
	涵洞、通道(1~3km路段)	基础及下部构造,主要构件预制、安装或浇筑,填土,总体等
	砌筑防护工程(1~3km路段)	挡土墙,墙背填土,抗滑桩,锚喷防护,锥,护坡,导流工程,石笼防护等
	大型挡土墙,组合式挡土墙(每处)	基础,墙身,墙背填土,构件预制,构件安装,筋带,锚杆,拉杆,总体等
路面工程(每10km或每标段)	路面工程(1~3km路段)	底基层,基层,面层,垫层,联结层,路缘石,人行道,路肩,路面边缘排水系统等

4.**[答案]** C

[解析] 为了加强公路工程质量管理,统一公路工程质量检验标准和评定标准,保证工

程质量，原交通部制定了《公路工程质量检验评定标准》。该标准适用于公路工程施工单位、工程监理单位、建设单位、质量检测机构和质量监督部门对公路工程质量的管理、监控和检验评定。故选 C 项。

5.［答案］ C

［解析］ 涉及结构安全和使用功能的重要实测项目为关键项目，其合格率不得低于 90%（属于工厂加工制造的交通工程安全设施及桥梁金属构件不低于 95%，机电工程为 100%），且检测值不得超过规定极值，否则必须进行返工处理。故选 C 项。

6.［答案］ A

［解析］ 根据设计任务、施工管理和质量检验评定的需要，应在施工准备阶段将建设项目划分为单位工程、分部工程和分项工程。工程质量等级评定工作顺序为：③分项工程质量等级评定；④分部工程质量等级评定；①单位工程质量等级评定；②合同段和建设项目质量等级评定。

7.［答案］ C

［解析］ 将漏斗放在坍落筒上，脚踩踏板，拌和物分三层装入筒内，每层装填的高度稍大于筒高的 1/3。每层用捣棒沿螺旋线由边缘至中心插捣 25 次，要求最底层插捣至底部，其他两层插捣至下层约 20 ~ 30mm。故选 C 项。

8.［答案］ B

［解析］ 左、右轮弯沉分别考虑，测点的回弹弯沉值按下式计算：$L_T=(L_1-L_2)\times 2$，式中：L_T——在路面温度为 T 时的回弹值；L_1——车轮中心临近弯沉仪测头时百分表的最大读数即初读数；L_2——汽车驶出弯沉影响半径后百分表的最大读数即终读数。故选 B 项。

9.［答案］ A

［解析］ 施工单位应对各分项工程按《公路工程质量检验评定标准》所列基本要求、实测项目和外观鉴定进行自检，按“分项工程质量检验评定表”及相关施工技术规范提交真实、完整的自检资料，对工程质量进行自我评定。评分值与实测项目数量无关。故选 A 项。

10.［答案］ D

［解析］ 塑性混凝土的坍落度范围为 10 ~ 90mm，采用坍落度筒检测坍落度。干硬性混凝土的坍落度范围小于 10mm，采用维勃稠度试验方法检测坍落度。

11.［答案］ C

［解析］ 《公路路基路面现场测试规程》（JTG E60—2008）：测试步骤：①用水和毛刷（或棉布等）轻轻地将芯样表面黏附的粉尘除净。②将芯样晾干，使其能分辨出芯样侧立面透层油的下渗情况。③用钢板尺或量角器将芯样顶面圆周随机分成约 8 等份，分别量测圆周上各等分点处透层油渗透的深度（mm），估读至 0.5mm，分别以 di（i = 1，2，…，8）表示。故选 C 项。

12.［答案］ B

［解析］ 设计弯沉值即路面设计控制弯沉值，是路面竣工后第一年不利季节，路面在标准轴载作用下，所测得的最大回弹弯沉值，理论上是路面使用周期中的最小弯沉值，也是路面验收检测控制的指标之一。路面工程竣工后，需要在不利季节测定路面在 BZZ-100 的标准轴载作用下的路段路表弯沉代表值，并以设计弯沉值作为控制指标，来验收路面的工程质量。当路面厚度计算以设计弯沉值为控制指标时，则验收弯沉值应小于或等于设计弯沉值；当厚度计

算以层底拉应力为控制指标时,应根据拉应力计算所得的结构厚度,重新计算路面弯沉值,该弯沉值即为竣工验收弯沉值。故选 B 项。

13. [答案] B

[解析] 测定二灰稳定碎石基层压实度,应优先采用灌砂法。参考《路基路面试验检测技术》相关内容或《公路》模拟试题(一)判断题 16 题答案解析。

14. [答案] A

[解析] 沥青路面的弯沉以标准温度 20℃时为准,在其他温度(超过 20℃ ±2℃范围)测试时,对厚度大于 5cm 的沥青路面,弯沉值应予温度修正。故选 A 项。

15. [答案] B

[解析] 《公路路面基层施工技术规范》(JTJ034—2000):水泥稳定土用做底基层时,细粒土的液限不应超过 40%,塑性指数不应超过 17。塑性指数大于 17 的土,宜采用石灰稳定,或用水泥和石灰综合稳定。

16. [答案] B

[解析] 路面弯沉仪:由贝克曼梁、百分表及表架组成,贝克曼梁由铝合金制成,上有水准泡,其前臂(接触路面)与后臂(装百分表)长度比为 2:1。弯沉仪长度有两种:一种长 3.6m,前后臂分别为 2.4m 和 1.2m;另一种加长的弯沉仪长 5.4m,前后臂分别为 3.6m 和1.8m。故选 B 项。

17. [答案] B

[解析] 按下式计算每一个评定路段的代表弯沉。$L_r = L + Z_\alpha \times S$ 式中:L_r:一个评定路段的代表弯沉;L:一个评定路段内经各项修正后的各测点弯沉的平均值;S:一个评定路段内经各项修正后的全部测点弯沉的标准差。故选 B 项。

18. [答案] A

[解析] 设计厚度减允许偏差。故选 A 项。

19. [答案] C

[解析]《公路工程质量检验评定标准》(JTG F80/1—2004)3.1.1 规定:根据建设任务、施工管理和质量检验评定的需要,应在施工准备阶段将建设项目,划分为单位工程、分部工程和分项工程。施工单位、工程监理单位和建设单位应按相同的工程项目划分进行工程质量的监控和管理。故选 C 项。

20. [答案] A

[解析] 一般来说,用 5.4m 的贝克曼梁测得的回弹弯沉比用 3.6m 的贝克曼梁测得的大。

21. [答案] B

[解析] 沥青混合料用粗集料与细集料的分界粒径尺寸为 2.36mm。

22. [答案] D

[解析] 沥青碎石玛蹄脂混合料(SMA)是一种典型的骨架密实型结构。采用间断密级配矿料形成的骨架密实结构时,在沥青混合料中既有足够数量的粗集料形成骨架,对夏季高温防止沥青混合料变形,减缓车辙的形成起到积极的作用;同时又因具有数量合适的细集料以及沥青胶浆填充骨架空隙,形成高密实度的内部结构,不仅很好地提高了沥青混合料的抗老化性,而且在一定程度上还能减缓沥青混合料在冬季低温时的开裂现象。因而这种结构兼具了

上述两种结构优点，是一种优良的路用结构类型。

23.[答案] C

[解析] 无机结合料稳定材料无侧限抗压强度试验中，对试件施压速度是1mm/min。《公路工程无机结合料稳定材料试验规程》(JTG E51—2009)P97：

4.4 将试件放在路面材料强度试验仪或压力机上，并在升降台上先放一扁球座，进行抗压试验，试验过程中，应保持加载速度为1 min/min。记录试件破坏时的最大压力 P(N)。

24.[答案] B

[解析] 在现场按规定频率取样，按工地预定达到的压实度制备试件。试件数量：无论稳定细粒土、中粒土和粗粒土，当多次试验结果的偏差系数 $C_v=10\% \sim 15\%$ 时，可为9个试件；$C_v>15\%$ 时，则需13个试件。故选B项。

25.[答案] B

[解析] 灌砂法测定基层现场密度的测定步骤为：标定筒下部圆锥体内砂的质量；标定量砂的单位质量；选择试验地点，并清扫干净；称取一定质量标准砂，并装入灌砂筒；沿基板中孔凿试洞，并收集挖出材料；称取所有挖出材料质量；选取挖出材料代表性样品，测定含水率；放置灌砂筒，打开开关让砂流入试坑；筒内砂不再下流时，取走灌砂筒并称量筒内剩余砂的质量。参考挖坑灌砂法测定压实度试验方法(JTG E60—2008 T 0921—2008)，故选B项。

26.[答案] C

[解析] 压力机通常有若干加载量程，试验时应选择合适的压力机加载量程，一般要求达到的最大破坏荷载是在所选量程的20% ~80%之间，否则可能引起较大的误差。选择的思路是根据混凝土设计强度(或判断可能达到的强度)，通过强度计算公式反算出在此强度状况下达到的最大荷载，而能够使该荷载进入某量程的20%以上、80%以下的，则是合适的加载量程。故选C项。

27.[答案] D

[解析] 在测试路段布置测点，其距离随测试需要而定。测点应在路面行车道的轮迹带上，并用白油漆或粉笔画上标记。故选D项。

28.[答案] D

[解析] 在混凝土中砂粒之间的空隙由水泥浆来填充，为了节约水泥和提高混凝土强度，就应尽量减少砂粒之间的空隙。在质量相同的条件下，粗砂的总表面积比细砂小，需要包裹其表面积的水泥浆也比细砂少，因此粗砂能节约水泥。混凝土用砂颗粒级配和粗细程度应同时兼得，即砂中应含有比较多的粗颗粒，并有适当的中颗粒和细颗粒逐级填充其空隙，以获得空隙率和总表面积较小的理想砂。故选D项。

29.[答案] B

[解析] 测试速度以32km/h为宜，一般不宜超过40km/h。

30.[答案] C

[解析] 新拌混凝土的工作性是混凝土的一项重要指标，常用坍落度试验进行测定。适用于坍落度值为10~90mm，集料公称最大粒径不大于31.5mm的混凝土。采用维勃稠度试验方法检测坍落度小于10mm、集料公称最大粒径大于31.5mm的干稠性混凝土的工作性。

二、判断题(正确的事实在后面括号中打"✓",错误的事实在后面括号中打"×"。总共30道题,每题1分,共计30分)

1.[答案] ✓

[解析] 击实曲线有个峰点,这说明在一定击实功作用下,只有当土的含水率为某一定值(称为最佳含水率)时,土才能被击实至最大干密度。

2.[答案] ×

[解析] 《公路路面基层施工技术规范》(JTJ 034—2000):石灰稳定土适用于各级公路的底基层,以及二级和二级以下公路的基层,但石灰土不得用做二级公路的基层和二级以下公路高级路面的基层。

3.[答案] ×

[解析] 半刚性基层沥青面层弯沉测试时,可采用3.6m的贝克曼梁,但应进行支点修正。

4.[答案] ✓

[解析] 评定路段试样的平均强度应满足下式的要求:$\overline{R} \geqslant R_d/(l - Z_\alpha \times C_v)$,式中:$R_d$——设计抗压强度(MPa);$C_v$——试验结果的偏差系数(以小数计);$Z_\alpha$——标准正态分布表中随保证率而变的系数,高速公路、一级公路,保证率95%,$Z_\alpha = 1.645$;其他公路,保证率90%,$Z_\alpha = 1.282$。路段内无机结合料稳定材料强度的评定:评为合格时得满分,不合格时得零分。

5.[答案] ×

[解析] 混凝土的和易性应通过流动性、黏聚性和保水性三个方面综合反映。流动性符合实际要求,同时黏聚性和保水性良好,才能说明和易性好。

6.[答案] ×

[解析] 工程质量检验评分以分项工程为单元,采用100分制进行。在分项工程评分的基础上,逐级计算各相应分部工程、单位工程、合同段和建设项目评分值。分项工程质量检验内容包括基本要求、实测项目、外观鉴定和质量保证资料四个部分。分项工程的评分值满分为100分,按实测项目采用加权平均法计算。存在外观缺陷或资料不全时,须予减分。分项工程评分值=分项工程得分-外观缺陷减分-资料不全减分。

7.[答案] ×

[解析] 《公路工程沥青及沥青混合料试验规程》(JTG E20—2011):应将预热的粗细集料置于拌和机中适当拌和,加入定量的沥青拌和,最后再加入矿粉拌和。

8.[答案] ×

[解析] 核子密度仪法测定路基路面压实度,结果不一定可靠,不可作为仲裁试验。

9.[答案] ×

[解析] 混合料车辙试验用于测定沥青混合料的高温抗车辙能力,供沥青混合料配合比设计的高温稳定性检验使用。试验基本要求是在规定温度条件下(通常为60℃),用一块碾压成型的板块试件以轮压0.7MPa的实心橡胶轮胎在其上往复碾压行走,测定试件在变形稳定期时,每增加1mm变形需要碾压行走的次数,以此作为沥青混合料车辙试验结果,称为动稳定度。

10.[答案] ×

［解析］ 一级公路沥青混凝土面层的平整度常用连续式平整度仪法测定。

11.［答案］ ×

［解析］ 水泥混凝土路面结构设计以行车荷载和温度梯度综合作用产生的疲劳断裂作为设计的极限状态，对于水泥混凝土路面以弯拉强度作为设计的依据，所以应测定其弯拉强度。

12.［答案］ ×

［解析］ 评定为不合格的分项工程，经加固、补强或返工、调测，满足设计要求后，可以重新评定其质量等级，但计算分部工程评分值时，按其复评分值的90%计算。

13.［答案］ √

［解析］ 高速公路、一级公路：基层、底基层为99%，面层为95%；其他公路：基层、底层为95%，面层为90%。

14.［答案］ √

［解析］ 沥青混凝土面层与沥青碎石面层的检测项目见《公路检评标准》表7.3.2或《公路》模拟试题(一)单选题5答案解析。

15.［答案］ ×

［解析］ 用插刀沿周边插捣15次，中间10次。

16.［答案］ ×

［解析］ 压实沥青混合料密度试验。试验方法一：表干法—沥青混合料毛体积密度测定用于测定吸水率不大于2 %的各种沥青混合料试件的毛体积相对密度或毛体积密度，并以此为基础计算沥青混合料试件的空隙率、饱和度和矿料间隙率等各项体积指标。试验方法二：水中重法—沥青混合料表观密度的测定。用于测定几乎不吸水的密级配沥青混合料试件的表观相对密度或表观密度。试验方法三：蜡封法—沥青混合料毛体积密度的测定。用于测定吸水率大于2%的沥青混凝土或沥青碎石混合料试件的毛体积相对密度或毛体积密度。

17.［答案］ ×

［解析］ 沥青混合料试件的高度变化影响所测流值，对稳定度的试验结果有影响。对于现场钻取试件的高度不同的要进行高度修正，对于试验室制作试件的高度要控制好，高度不符合要求的试件要废弃。《公路工程沥青及沥青混合料试验规程》(JTG E20—2011)。

18.［答案］ ×

［解析］ 《公路工程无机结合料稳定材料试验规程》(JTG E51—2009)P70：

3 试验准备

3.1 将具有代表性的风干试料(必要时，也可以在50℃烘箱内烘干)用木锤捣碎或用木碾碾碎。土团均应破碎到能通过4.75mm的筛孔。但应注意不使粒料的单个颗粒破碎或不使其破碎程度超过施工中拌和机械的破碎率。

19.［答案］ √

［解析］ 根据“评定标准”规定，压实度评分方法如下：路基、基层和底基层：$K \geq K_0$且单点压实度全部大于或等于规定值减2个百分点时，评定路段的压实度可得规定满分；当$K \geq K_0$，且单点压实度全部大于或等于规定极值时，对于测定值低于规定值减2个百分点的测点，按其占总检查点数的百分率计算扣分值。$K < K_0$或某一单点压实度K_i小于规定极值时，该评

定路段压实度为不合格,评为零分。路堤施工段落短时,分层压实度要每点都符合要求,且实际样本数不小于6个。

20. [答案]　×

[解析]　击实试验的原理与压缩试验的原理不一样,压缩试验是地基土在外荷载作用下,水和空气逐渐被挤出,土的颗粒之间相互挤紧,封闭气体体积减小,从而引起土的压缩变形,土的压缩变形是孔隙体积的减小。击实试验在一定击实功作用下,土颗粒重新排列以达到最大的密实。

21. [答案]　×

[解析]　分项工程所列基本要求,对施工质量优劣具有关键作用,应按基本要求对工程进行认真检查。经检查不符合基本规定要求时,不得进行工程质量的检验和评定。

22. [答案]　×

[解析]　采用EDTA滴定法可以快速测定水泥稳定土中的水泥剂量,但应严格控制首次确定的标准曲线,以后每次用测定的EDTA溶液耗量和标准曲线EDTA溶液耗量结果对比,以达到快速测定目的。

23. [答案]　×

[解析]　为节约水泥,采用高强度等级水泥配制低强度等级混凝土,可以使强度设计能够正好保证满足要求,由于水泥用量少,混凝土空隙多,耐久性得不到保证。

24. [答案]　×

[解析]　沥青路面的渗水系数越大,说明沥青路面的抗渗性能越差。

25. [答案]　×

[解析]　计算代表弯沉值时,应将超出的$\bar{l}\pm(2\sim3)S$的弯沉特异值舍弃。

26. [答案]　×

[解析]　半刚性基层材料配合比设计中,强度试验所需试样是在击实试验得出的最佳含水率和最大干密度下静压成型。

27. [答案]　×

[解析]　为了加强公路工程质量管理,统一公路工程质量检验标准和评定标准,保证工程质量,原交通部制定了《公路工程质量检验评定标准》。该标准适用于公路工程施工单位、工程监理单位、建设单位、质量检测机构和质量监督部门对公路工程质量的管理、监控和检验评定。

28. [答案]　×

[解析]　利用重锤自由落下的瞬间产生的冲击荷载测定弯沉,属于动态弯沉,并能反算路面的回弹模量。

29. [答案]　✓

[解析]　承载板法测定回弹模量一般采用加载、卸载的办法进行试验,由于测试车对测定点处的路面会产生影响,故要进行总影响量测定,并在各分级回弹变形中加上该级影响量值。

30. [答案]　✓

[解析]　有机质含量超过2%的细粒土,用石灰处理后才能用水泥稳定。

三、多项选择题(每道题目所列出的备选项中,有两个或两个以上正确答案,选项全部正确得满分,选项部分正确按比例得分,出现错误选项该题不得分。总共 20 道题,每小题 2 分,共计 40 分)

1.[**答案**] AB

[**解析**] T 0844—2009 无机结合料稳定材料试件制作方法(梁式)适用范围:适用于无机结合料稳定材料的抗弯拉强度,干缩试验,温缩试验,疲劳试验,弯拉模量等试验的梁式试件的成型。

2.[**答案**] BC

[**解析**] 工程建设项目质量等级分为二级;只有所有的单位工程全部合格,工程建设项目才能评为合格。故选 B、C 项。

3.[**答案**] ABCD

[**解析**] 压实度评分方法如下:路基、基层和底基层:$K \geqslant K_0$ 且单点压实度全部大于或等于规定值减 2 个百分点时,评定路段的压实度可得规定满分;当 $K \geqslant K_0$,且单点压实度全部大于或等于规定极值时,对于测定值低于规定值减 2 个百分点的测点,按其占总检查点数的百分率计算扣分值。$K < K_0$ 或某一单点压实度 K_i 小于规定极值时,该评定路段压实度为不合格,评为零分。故选 A、B、C、D 项。

4.[**答案**] CD

[**解析**] 工程质量评定等级分为合格、不合格。

5.[**答案**] CD

[**解析**] 水泥混凝土面层、沥青混凝土面层、二灰稳定碎石基层实测项目中,都需检测的项目有平整度、厚度。参考《公路》模拟试题(一)单选第 5 题答案解析(水泥混凝土面层、沥青混凝土面层、二灰稳定碎石基层实测项目)。故选 C、D 项。

6.[**答案**] ACD

[**解析**] 要求混凝土有一定的流动性,然后对坍落的拌和物做进一步的观察,用捣棒轻轻敲击拌和物,如在敲击过程中坍落的混凝土体渐渐下沉,表示黏聚性较好;如敲击时混凝土体突然折断,或崩解、石子散落,则说明混凝土黏聚性差。观察根据整个试验过程中是否有水从拌和物中析出,如混凝土体的底部少有水分析出,混凝土拌和物表面也无泌水现象,则说明混凝土的保水性较好;否则如果底部明显有水分流出,或混凝土表面出现泌水状况,则表示混凝土的保水性不好。故选 A、C、D 项。

7.[**答案**] ABD

[**解析**] 工程质量检验评分以分项工程为单元,采用 100 分制进行。在分项工程评分的基础上,逐级计算各相应分部工程、单位工程、合同段和建设项目评分值。分项工程质量检验内容包括基本要求、实测项目、外观鉴定和质量保证资料四个部分。故选 A、B、D 项。

8.[**答案**] AB

[**解析**] 通常所说的回弹弯沉值是指标准后轴载双轮组轮隙中心处的最大回弹弯沉值。测试车:双轴、后轴双侧 4 轮的载重车,其标准轴荷载、轮胎尺寸、轮胎间隙及轮胎气压等主要参数应符合标准轴载等级后轴标准轴载(100 ± 1)kN,轮胎充气压力(0.70 ± 0.05)MPa,轮隙宽度应满足能自由插入弯沉仪测头的测试要求。故选 A、B 项。

9.［答案］　ABC

［解析］　分项工程质量检验内容包括基本要求、实测项目、外观鉴定和质量保证资料四个部分。基本要求具有质量否决权，只有在其使用的原材料、半成品、成品及施工工艺符合基本要求的规定，且无严重外观缺陷和质量保证资料真实并基本齐全时，才能对分项工程质量进行检验评定。故选A、B、C项。

10.［答案］　ABCD

［解析］　平整度是路面施工质量与服务水平的重要指标之一。它是指以规定的标准量规，间断地或连续地量测路表面的凹凸情况，即不平整度的指标。平整度不好的道路将造成行车颠簸，影响行车的速度和安全及驾驶的平稳和乘客的舒适。国际平整度指数（IRI）的概念是以四分之一车在速度为80km/h时的值为IRI值，单位用m/km。IRI其实是一个无量纲的指数，因为它来自于1/4车模拟统计值，但习惯上用m/km表示。我国《公路路基路面现场测试规程》规定要求采用连续式平整度仪量测路面的不平整度的标准差（σ），以表示路面的平整度，以mm计。国际平整度指数（IRI）作为道路平整度测量的标准尺度已被广泛采用。而我国公路平整度计算值是以标准差（σ）表示的。标准偏差σ越小平整性越好，国际平整度指标IRI越小，平整性越好。故选A、B、C、D项。

11.［答案］　BC

［解析］　参考《公路检评标准》表7.12.2或《公路》模拟试题多选题4答案解析。

12.［答案］　BCD

［解析］　参考《路基路面试验检测技术》相关内容或下表。故选B、C、D项。

路面抗滑性能测试方法比较

测试方法	测试指标	原　理	特点及适用范围
制动距离法	摩擦系数f	以一定速度在潮湿路面上行驶的4轮小客车或货车，当4个车轮被制动时，测试出从车辆减速滑移到停止的距离，运用动力学原理，算出摩擦系数	测试速度快，必须中断交通
摆式仪法	摩擦摆值BPN	摆式仪的摆锤底面装一橡胶滑块，当摆锤从一定高度自由下摆时，滑块面同试验表面接触。由于两者间的摩擦而损耗部分能量，使摆锤只能回摆到一定高度。表面摩擦阻力越大，回摆高度越小（即摆值越大）	定点测量、原理简单，不仅可以用于室内，而且可用于野外测试沥青路面及水泥混凝土路面的抗滑值
手工铺砂法 电动铺砂法	构造深度TD（mm）	将已知体积的砂，摊铺在所要测试路表的测点上，量取摊平覆盖的面积。砂的体积与所覆盖平均面积的比值，即为构造深度	定点测量，原理简单、便于携带，结果直观。适用于测定沥青路面及水泥混凝土路面表面构造深度，用于评定路面表面的宏观粗糙度、排水性能及抗滑性
激光构造深度测试法	构造深度TD（mm）	中子源发射的许多束光线、照射到路表面的不同深度处，用200多个二极管接收返向的光束，利用二极管被点亮的时间差算出所测路面的构造深度	测试速度快，适用于测定沥青路面干燥表面的构造深度，用于评价路面抗滑及排水能力，但不适用于坑槽较多、显著不平整或裂缝过多的路段
摩擦系数测定车测定路面横向力系数	横向力系数SFC	测试车上安装有两只标准试验轮胎，它们对车辆行驶方向偏转一定的角度。汽车以一定速度在潮湿路面上行驶时，试验轮胎受到侧向摩阻作用。此摩阻力除以试验轮上的载重，即为横向力系数	测试速度快，用于以标准的摩擦系数测试车测定沥青或水泥混凝土路面的横向力系数，结果可作为竣工验收或使用期评定路面抗滑能力使用

13.［答案］　ABCD

［解析］　本方法适用于以摆式摩擦系数测定仪（摆式仪）测定沥青路面及水泥混凝土路

面的抗滑值,用以评定路面在潮湿状态下的抗滑能力。新橡胶片应先在干燥路面上测10次后再用于测试。橡胶片的有效使用期为1年。校核滑动长度时应以橡胶片长边刚刚接触路面为准,不可借摆力向前滑动,以免标定的滑动长度过长。故选A、B、C、D项。

14.[答案] CD

[解析] 沥青碎石基层属于有机结合料稳定、柔性基层。

15.[答案] CD

[解析] 灌砂法适用于石灰稳定土、水泥稳定土的压实度现场检测。

16.[答案] ABC

[解析] 公路工程中应用的粉煤灰要求控制的指标有氧化硅,氧化铝,三氧化二铁总含量、烧失量、比表面积。故选A、B、C项。

17.[答案] BD

[解析] 《无机结合料稳定材料试件制作方法(梁式)》T 0844—2009:根据材料粒径的大小,使用下列尺寸的试模:小梁,50mm×50mm×200mm;中梁,100mm×100mm×400mm;大梁,150mm×150mm×550mm。

18.[答案] ABCD

[解析] 分项工程质量检验内容包括基本要求、实测项目、外观鉴定和质量保证资料四个部分。

19.[答案] ACD

[解析] 测试速度不能过快,以5km/h为宜;测试时应保持匀速,并不得左右摆动;不能用于路面有较多坑槽、破坏的情况。

20.[答案] ABD

[解析] 压实度评分方法如下:①路基、基层和底基层:$K \nless K_0$ 且单点压实度全部大于或等于规定值减2个百分点时,评定路段的压实度可得规定满分;当 $K \nless K_0$,且单点压实度全部大于或等于规定极值时,对于测定值低于规定值减2个百分点的测点,按其占总检查点数的百分率计算扣分值。$K<K_0$ 或某一单点压实度 K_i 小于规定极值时,该评定路段压实度为不合格,评为零分。路堤施工段落短时,分层压实度要每点都符合要求,且实际样本数不小于6个。②沥青面层:当 $K \nless K_0$ 且全部测点大于或等于规定值减1个百分点时,评定路段的压实度可得规定的满分;当 $K>K_0$ 时,对于测定值低于规定值减1个百分点的测点,按其占总检查点数的百分率计算扣分值。$K<K_0$ 时,评定路段的压实度为不合格,评为零分。故选A、B、D项。

四、问答题(共5道题,每题10分,共计50分)

1.答:(1)准备工作:①在测试路段的行车道面上,按随机取样方法选择测试位置,每一个检测路段应测定5个测点,用扫帚清洁表面,并用粉笔画上测试标记。②在洁净的水桶内滴入几点红墨水,使水成淡红色。③装妥路面渗水仪。

(2)试验步骤:①将清扫后的路面用粉笔按测试仪器底座大小画好圆圈记号。②在路面上沿底座圆圈抹一薄层密封材料,边涂边用手压紧,使密封材料嵌满缝隙且牢固地黏结在路面上,密封料圈的内径与底座内径相同,约150mm,将组合好的渗水仪底座用力压在路面密封材料圈上,再加上压重铁圈压住仪器底座,以防止水从底座与路面间流出。③关闭细管下方的开关,向仪器的上方量筒中注入淡红色的水至满,总量为600mL。④迅速将开关全部打开,水开

始从细管下部流出，待水面下降100mL时，立即开动秒表，每间隔60s，读记仪器管的刻度一次，至水面下降500mL时为止。测试过程中，如水从底座与密封材料间渗出，说明底座与路面密封不好，应移至附近干燥路面处重新操作。如水面下降速度很慢，从水面下降至100mL开始，测得3min的渗水量即可停止。若试验时水面下降至一定程度后基本保持不动，说明路面基本不透水或根本不透水，则在报告中注明。⑤按以上步骤在同1个检测路段选择5个测点测定渗水系数，取其平均值，作为检测结果。

2. **答：**《公路工程无机结合料稳定材料试验规程》(JTG E51—2009)P6：

3 试验步骤

3.1 水泥、粉煤灰、生石灰粉、消石灰和消石灰粉、稳定细粒土

3.1.1 取清洁干燥的铝盒，称其质量 m_1，并精确至0.01g；取约50g试样(对生石灰粉、消石灰和消石灰粉取100g)，经手工木锤粉碎后放在铝盒中，应尽快盖上盒盖，尽量避免水分散失，称其质量 m_2，并精确至0.01g。

3.1.2 对于水泥稳定材料，将烘箱温度调到110℃；对于其他材料①，将烘箱调到105℃。待烘箱达到设定的温度后，取下盒盖，并将盛有试样的铝盒放在盒盖上，然后一起放入烘箱中进行烘干，需要的烘干时间随试样种类和试样数量而改变。当冷却试样连续两次称量的差(每次间隔4h)不超过原试样质量的0.1%②时，即认为样品已烘干。

3.1.3 烘干后，从烘箱中取出盛有试样的铝盒，并将盒盖盖紧。

3.1.4 将盛有烘干试样的铝盒放入干燥器内冷却③。然后称铝盒和烘干试样的质量 m_3，并精确至0.01g。

3. **答：**①在测试路段布置测点，测点应在路面行车道的轮迹带上，并将白油漆或粉笔划上标记。

②将试验车后轮轮隙对准测点后约3~5cm位置上。

③将弯沉仪插入汽车后轮之间的缝隙处，与汽车方向一致，梁臂不得碰到轮胎，弯沉仪测头置于测点上，安装百分表于弯沉仪的测定杆上。

④测定者吹哨发令指挥汽车缓缓前行，百分表随路面变形的增加而持续向前转动。当表针转动到最大值时迅速读取初读数 L_1。汽车继续前行，表针反向回转，待汽车驶出弯沉影响半径后，指挥汽车停止。读取稳定后的表针的读数 L_2。初读数 L_1 与终读数 L_2 之差的2倍即为该点的弯沉值。

4. **答：**(1)检测方法

路面厚度的检测方法有挖坑法和钻孔取样法。往往与灌砂法(水袋法)、钻芯法测定压实度同步进行。

(2)评定方法

计算厚度代表值 $x_1=\bar{x}-\frac{t_\alpha S}{\sqrt{n}}$

当厚度代表值大于等于设计厚度减去代表值允许偏差时，则按单个检查值的偏差是否超过极值来评定合格率并计算相应得分数，当厚度代表值小于设计厚度减去代表值允许偏差时，则厚度指标评为零分。

5. **答：**《公路路基路面现场测试规程》(JTG E60—2008)：挖坑法厚度测试步骤：①根据现

行相关规定的要求，按附录 A 的方法，随机取样决定挖坑检查的位置，如为旧路，该点有坑洞等显著缺陷或接缝时，可在其旁边检测。②在选择试验地点，选一块约 40cm × 40cm 的平坦表面，用毛刷将其清扫干净。③根据材料坚硬程度，选择镐、铲、凿子等适当的工具，开挖这一层材料，直到层位底面。在便于开挖的前提下，开挖面积应尽量缩小，坑洞大体呈圆形，边开挖边将材料铲出，置于搪瓷盘中。④用毛刷将坑底清扫，确认为下一层的顶面。⑤将钢板尺平放横跨于坑的两边，用另一把钢尺或卡尺等量具在坑的中部位置垂直伸至坑底，测量坑底至钢板尺的距离，即为检查层的厚度，以 mm 计，准确至 1mm。

钻孔取芯样法厚度测试步骤：①根据现行相关规范的要求，按附录 A 的方法，随机取样决定钻孔检查的位置，如为旧路，该点有坑洞等显著缺陷或接缝时，可在其旁边检测。②按本规程 T 0901 的方法用路面取芯钻机钻孔，芯样的直径应符合本方法第 2 条的要求，钻孔深度必须达到层厚。③仔细取出芯样，清除底面灰土，找出与下层的分界面。④用钢板尺或卡尺沿圆周对称的十字方向四处量取表面至上下层界面的高度，取其平均值，即为该层的厚度，准确至 1mm。

《公路》模拟试题(三)

一、单项选择题(四个备选项中只有一个正确答案,总共30道题,每题1分,共计30分)

1. 无机结合料稳定细粒土无侧限抗压强度至少应制备(　　)试件。

A. 3个　　B. 6个　　C. 9个　　D. 13个

2. 交工验收时测定水泥稳定碎石基层的压实度,应采用(　　)。

A. 环刀法　　B. 灌砂法　　C. 钻芯法　　D. 核子密度仪法

3. 高等级公路沥青路面的弯沉值应在通车后的(　　)验收。

A. 第一个最不利季节　　B. 第一个夏季

C. 第一个冬季　　D. 第一个雨季

4. 测试回弹弯沉时,弯沉仪的测头应放置在(　　)位置。

A. 轮隙中心　　B. 轮隙中心稍偏前

C. 轮隙中心稍偏后　　D. 轮隙中任意位置

5. 回弹弯沉测试中,应对测试值进行修正,但不包括(　　)修正。

A. 温度　　B. 支点　　C. 季节　　D. 原点

6. 涉及结构安全和使用功能的重要实测项目为关键项目,其合格率不得低于(　　)。

A. 85%　　B. 90%　　C. 95%　　D. 100%

7. 水泥混凝土路面是以(　　)为控制指标。

A. 抗压强度　　B. 抗弯拉强度　　C. 抗拉强度　　D. 抗剪强度

8. 沥青与矿料黏附性试验是用于评定集料的(　　)。

A. 抗压能力　　B. 抗拉能力　　C. 抗水剥离能力　　D. 吸附性

9. 在交工验收时,(　　)应进行回弹弯沉检测。

A. 沥青混凝土面层　　B. 水泥混凝土面层

C. 半刚性基层　　D. 粒料类基层

10. 用来检测沥青混合料水稳定性的试验是(　　)。

A. 冻融劈裂试验　　B. 车辙试验

C. 马歇尔稳定度试验　　D. 饱水率试验

11. 当已知沥青混合料的密度时,可根据马歇尔试件的标准尺寸计算,并乘以(　　)作为制备一个马歇尔试件所需要的沥青混合料的数量。

A. 1.03　　B. 1.05　　C. 1.13　　D. 1.15

12. 填隙碎石基层压实质量用(　　)表示。

A. 压实度　　B. 压实系数　　C. 固体体积率　　D. 密度

13. 对沥青与粗集料的黏附性试验,下列说明不正确的是(　　)。

A. 对于最大粒径小于13.2mm的集料应用水浸法

B. 对于最大粒径大于13.2mm的集料应用水煮法

C. 对于最大粒径小于或等于 13.2mm 的集料应用水煮法

D. 对于相同料源既有大于又有小于 13.2mm 的集料应取大于 13.2mm 的集料，以水煮法试验为准

14. 厚度代表值 h 按(　　)公式计算。

A. $h=\bar{h}-Z_{\alpha}\cdot S$　　B. $h=\bar{h}+Z_{\alpha}\cdot S$

C. $h=\bar{h}-t_{\alpha}/\sqrt{n\cdot S}$　　D. $h=\bar{h}+t_{\alpha}/\sqrt{n\cdot S}$

15. 在 $E_0=\frac{\pi D}{4}\cdot\frac{\sum p_i}{\sum l_i}(1-\mu_0^2)$ 中，$\sum l_i$ 的含义是(　　)。

A. 各级计算回弹变形值

B. 最后一级计算回弹变形值

C. 变形小于或等于 1mm 的各级计算回弹变形值

D. 变形小于或等于 2mm 的各级回弹变形值

16. 公路工程验收时，路面工程的弯沉，平整度检测，高速公路以(　　)为评定单元。

A. 每公里　　B. 每合同段

C. 每半幅　　D. 每半幅每公里

17. 目前，回弹弯沉最常用的测试方法是(　　)。

A. 承载板法　　B. 贝克曼梁法

C. 自动弯沉仪法　　D. 落锤式弯沉仪法

18. 水泥混凝土路面在低温条件下测得的构造深度(　　)高温条件下测得的构造深度。

A. 大于　　B. 等于　　C. 小于　　D. 两者无关系

19. 制备一组马歇尔试件的个数一般为(　　)。

A. 3 个左右　　B. 4 个左右　　C. 3 ~6 个　　D. 4 ~6 个

20. 采用集中厂拌法施工时，水泥稳定细粒土中水泥的最小剂量为(　　)。

A. 3%　　B. 4%　　C. 5%　　D. 6%

21. 含水率为 20%，配比为石灰:粉煤灰:土 = 10:20:70 的二灰土 1 000g，其中含有干石灰(　　)g。

A. 81　　B. 82　　C. 83　　D. 84

22. AC-13 型细粒式沥青混合料，经过马歇尔试验确定的最佳油石比为 5.1%，换算后最佳沥青含量为(　　)。

A. 4.8%　　B. 4.9%　　C. 5.1%　　D. 5.4%

23. 沥青混合料马歇尔稳定度试验，标准试件高度应符合(　　)要求。

A. 63.5mm ±1.0mm　　B. 60.5mm ±1.0mm

C. 63.5mm ±1.3mm　　D. 60.5mm ±2.5mm

24. 使用摆式仪测某点抗滑值，5 次读数分别为 57、58、59、57、58，则该点抗滑值为(　　)摆值。

A. 57　　B. 57.8　　C. 58　　D. 59

25. 一组三个标准混凝土梁形试件，经抗折试验，测得的极限破坏荷载分别是 35.52kN、37.65kN、43.53kN，则最后的试验结果是(　　)MPa。

A. 5.19　　B. 4.74　　C. 5.02　　D. 5.80

26. 路用 C40 的混凝土，经设计配合比为水泥：水：砂：碎石 = 380:175:610:1 300，采用相对用量可表示为(　　)。

A. 1:1.61:3.42；$W/C=0.46$　　B. 1:0.46:1.61:3.42

C. 1:1.6:3.4；$W/C=0.46$　　D. 1:0.5:1.6:3.4

27. 压实沥青混合料密实度试验，吸水率大于 2% 的沥青混凝土应使用(　　)。

A. 表干法　　B. 蜡封法　　C. 水中重法　　D. 体积法

28. 下列有关承载能力和强度的说法中，正确的是(　　)。

A. 回弹模量越大，表示承载能力越小

B. 回弹弯沉值越大，表示承载能力越小

C. CBR 值越大，表示强度越小

D. 压强值越大，表示强度越大

29. 沥青面层压实度评定时，当 $K \geqslant K_0$ 且全部测点 ≥ 规定值减 1 个百分点，评定路段的压实度可得(　　)。

A. 满分

B. 合格

C. 扣除测点中低于规定值的测点分数

D. 低于规定值的测点按其占总检查点数的百分率计算扣分值

30. 黏性土击实试验，试样浸润时间一般为(　　)。

A. 12 ~ 24h　　B. 6 ~ 12h　　C. 24 ~ 36h　　D. 6 ~ 24h

二、判断题(正确的事实在后面括号中打"✓"，错误的事实在后面括号中打"×"。总共 30 道题，每题 1 分，共计 30 分)

1. 土基回弹模量测试，可以不进行预压，直接进行加载测试。(　　)

2. 用环刀法测无机结合料稳定细粒土密度时，其龄期不宜超过两天。(　　)

3. 路面的摩擦摆值应换算为温度为 25℃ 时的摩擦摆值。(　　)

4. 路基各施工层的压实度保证了技术指标的要求，则认为该路基的内在施工质量可满足设计文件的要求。(　　)

5. 在用 5.4m 的贝克曼梁对半刚性基层沥青路面的回弹弯沉测试时，应进行支点变形的修正。(　　)

6. 对路面面层应检验平整度，路基由于不影响路面的平整度，所以不需检验。(　　)

7. 摩擦系数反映了路表干燥状态下的抗滑能力。(　　)

8. 路面的回弹弯沉越小，表示路基路面的整体承载能力越大。(　　)

9. 沥青混合料车辙试验，测定温度应控制在 40℃ ± 1℃。(　　)

10. 影响击实效果的主要因素只有土的含水率 。(　　)

11. 弯沉是反映路基或路面压实程度的指标。(　　)

12. 沥青混合料马歇尔稳定度试验，标准马歇尔试件应在 60℃ ± 1℃ 的恒温水中恒温 30 ~ 40min。(　　)

13. 自动弯沉仪测定的弯沉值可以直接用于路基、路面强度评定。（　　）

14. 经检查不符合基本要求规定时，不得进行分项工程质量检验与评定。（　　）

15. 路面雷达测试系统是一种接触性、破坏性路面厚度测试技术。（　　）

16. 实测项目的规定极值是指任一单个检测值均不能突破的极限值，不符合要求时扣分。（　　）

17. 用干燥的磨细消石灰或生石灰粉作为矿料的一部分，可以增大沥青混合料的抗剥离性能。（　　）

18. 对于分项工程和分部工程来说，只有在其符合基本要求的规定时，才能进行工程质量检验与评定。（　　）

19. 在山体滑坡、塌方、泥石流等路段测试沥青路面车辙时，应设专人观察险情。（　　）

20. 无机结合料稳定土的间接抗拉强度试验的试件制备方法与无侧限抗压强度的试件制备方法不同。（　　）

21. 无机结合料稳定土无侧限抗压强度试验，试件养生时间应为28d。（　　）

22. 采用核子密度湿度仪测定沥青混合料面层的压实密度时采用透射法。（　　）

23. 沥青混合料残留稳定度指标是指试件浸水7h后的稳定度。（　　）

24. 灌砂筒中倒圆锥体内砂的数量不随砂的改变而变化，原有标定数据可以使用。（　　）

25. 回弹仪检定有效年为2年。（　　）

26. 路基和路面基层、底基层的压实度以重、轻型击实标准为准。（　　）

27. 水泥稳定粒料基层验收实测项目有压密度、平整度、强度、厚度、弯沉等指标。（　　）

28. 沥青混合料马歇尔稳定度试验，一组试件的数量最少不得少于4个。（　　）

29. 无机结合料稳定材料击实试验要做两次平行试验，取两次试验的平均值作为最大干密度和最佳含水率。（　　）

30. 无机结合料稳定材料劈裂试验所用试件的高径比为1:1。（　　）

三、多项选择题（每道题目所列出的备选项中，有两个或两个以上正确答案，选项全部正确得满分，选项部分正确按比例得分，出现错误选项该题不得分。总共20道题，每小题2分，共计40分）

1. 测定沥青混合料试件密度的方法有（　　）等。

A. 水中重法　　B. 表干法　　C. 蜡封法　　D. 灌砂法

2. 水泥稳定粒料基层交工验收时，应检测（　　）等。

A. 压实度　　B. 弯沉　　C. 强度　　D. 抗滑

3. 目前，测定混凝土拌和物和易性的现行方法主要有（　　）。

A. 坍落度法　　B. 贯入阻力法　　C. 维勃稠度法　　D. 目测法

4. 普通混凝土配合比设计中，计算单位砂石用量通常采用（　　）法。

A. 质量　　B. 经验　　C. 体积　　D. 查表

5. 确定混凝土配合比的三个基本参数是（　　）。

A. 水灰比　　B. 砂率　　C. 单位用水量　　D. 单位水泥用量

6. 应用核子密度仪测定压实度,下列说法正确的是(　　)。

A. 核子密度仪法可以作为仲裁试验

B. 核子密度仪法可以测定粗粒料土的压实度

C. 核子密度仪使用前应进行标定

D. 核子密度仪法适用于施工质量的现场快速评定

7. 水泥混凝土的配合比设计步骤包括(　　)。

A. 计算初步配合比　　B. 提出基准配合比

C. 确定试验室配合比　　D. 换算工地配合比

8. 有关沥青混凝土面层弯沉测试评定中,下列情况正确的是(　　)。

A. 弯沉代表值应大于等于设计弯沉

B. 当路面温度为20℃ ±2℃或沥青面层厚度小于等于5cm时,不必进行温度修正

C. 评定结果只有两种情况,即评分值要么得规定的满分,要么得零分

D. 弯沉应在最不利季节测定,否则应进行季节修正

9. 按细粒式沥青混合料定义,矿料公称最大粒径应为(　　)mm。

A. 16　　B. 13.2　　C. 9.5　　D. 4.75

10. 沥青路面所用沥青标号的选用与(　　)因素有关。

A 气候条件　　B. 道路等级

C. 沥青混合料类型　　D. 路面类型

11. 反映平整度的技术指标有(　　)。

A. 最大间隙　　B. 标准差

C. 国际平整度指数 IRI　　D. 横向力系数

12. 沥青混合料中沥青含量试验,一般为(　　)。

A. 射线法　　B. 离心分离法

C. 燃烧炉法　　D. 阿布森法

13. 沥青混合料上面层碎石应进行(　　)等指标试验。

A. 压碎值　　B. 洛杉矶磨耗损失

C. 磨光值　　D. 对沥青的黏附性

14. 在用承载板法测定土基回弹模量试验中,下列说法不正确的有(　　)。

A. 测点位置根据需要而不是按随机取样的方法确定

B. 采用逐级加载、卸载的方法,测出每级荷载下相应的土基回弹变形

C. 计算回弹模量时以实测回弹变形代入公式

D. 当两台弯沉仪百分表读数之差小于平均值的30%时取平均值

15. 沥青混合料可按(　　)予以分类。

A. 结合料　　B. 施工温度　　C. 级配类型　　D. 最大粒径

16. 石灰工业废渣稳定土施工前,应取有代表性的样品进行下列试验(　　)。

A. 石料压碎值试验　　B. 土的颗粒分析

C. 集料级配试验　　D. 碎石含泥量试验

17. 沥青混合料施工检测项目主要有(　　)。

A. 沥青含量　B. 矿料级配　C. 稳定度　D. 流值

18. 灌砂法现场测定路基或路面材料密度，当(　)时宜采用 ϕ100mm 的小型灌砂筒。

A. 集料最大粒径小于 15mm　B. 集料最大粒径小于 10mm

C. 测定层厚度不超过 100mm　D. 测定层厚度不超过 150mm

19. 当挡土墙平均墙高 H、墙身面积 A 符合(　)时为一般挡土墙，应作为分项工程进行评定。

A. $H<6$m　B. $A<1\,200\text{m}^2$　C. $H<8$m　D. $A<1\,500\text{m}^2$

20. 土基现场 CBR 值测试时所用试样的最大集料粒径(　)。

A. 宜小于 19.0mm　B. 宜小于 25mm

C. 最大不超过 31.5mm　D. 最大不超过 40mm

四、问答题(共 5 道题，每题 10 分，共计 50 分)

1. 简述无机结合料稳定材料标准养生方法。

2. 简述手工铺砂法测定抗滑性能的过程。

3. 简要写出普通沥青混合料配合比设计流程。

4. 简要写出基层水泥稳定土混合料配合比设计步骤。

5. 某二级公路路基压实质量检验，经检测各点(共 12 个测点)的干密度分别为 1.72、1.69、1.71、1.76、1.78、1.76、1.68、1.75、1.74、1.73、1.73、1.70(g/cm^3)，最大干密度为 1.82g/cm^3，试按 95% 的保证率评定该路段的压实质量是否满足要求(压实度标准为 94%)。

附　表

保证率(%)	$t_\alpha\sqrt{n}$			保证率系数 Z_α
	$n=10$	$n=11$	$n=12$	
99	0.892	0.833	0.785	2.327
95	0.580	0.546	0.518	1.645
90	0.437	0.414	0.393	1.282
97.72	0.814	0.761	0.718	2.00
93.32	0.537	0.506	0.481	1.50

《公路》模拟试题(三)答案及解析

一、单项选择题(四个备选项中只有一个正确答案,总共30道题,每题1分,共计30分)

1.[答案] B

[解析] 《公路工程无机结合料稳定材料试验规程》(JTG E51—2009)P84:

4.2 对于无机结合料稳定细粒土,至少应该制备6个试件;对于无机结合料稳定中粒土和粗粒土,至少应该分别制备9个和13个计划体制。

2.[答案] B

[解析] 交工验收时测定水泥稳定碎石基层的压实度,应采用灌砂法测定。

3.[答案] A

[解析] 高等级公路沥青路面的弯沉值应在通车后的第一个最不利季节验收。

4.[答案] B

[解析] 测试回弹弯沉时,弯沉仪的测头应放置在轮隙中心稍偏前3~5cm位置。

5.[答案] D

[解析] 当采用长度为3.6m的弯沉仪对半刚性基层沥青路面、水泥混凝土路面等进行弯沉测定时,有可能引起弯沉仪支座处变形,因此测定时应检验支点有无变形。当采用长5.4m的弯沉仪测定时,可不进行支点变形修正。沥青面层厚度大于5cm且路面温度超过20℃±2℃范围时,回弹弯沉值应进行温度修正。

6.[答案] B

[解析] 涉及结构安全和使用功能的重要实测项目为关键项目,其合格率不得低于90%(属于工厂加工制造的交通工程安全设施及桥梁金属构件不低于95%,机电工程为100%),且检测值不得超过规定极值;否则必须进行返工处理。

7.[答案] B

[解析] 水泥混凝土路面结构设计以行车荷载和温度梯度综合作用产生的疲劳断裂作为设计的极限状态,路面水泥混凝土设计弯拉强度标准值以28d龄期的弯拉强度控制。故选B项。参见《公路水泥混凝土路面设计规范》(JTG D40—2003)。

8.[答案] C

[解析] 《公路工程沥青及沥青混合料试验规程》(JTG E20—2011)P158:乳化沥青与粗集料的黏附性试验是为了检验各类乳化沥青与粗集料表面的黏附性,以评定粗集料的抗水剥离能力。

9.[答案] A

[解析] 在交工验收时,沥青混凝土面层应进行回弹弯沉检测,见《公路检评标准》表7.3.2或《公路》模拟试题(一)单选题5答案解析中相应表格。

10.[答案] A

[解析] 用冻融劈裂试验来检测沥青混合料水稳定性。《公路工程沥青及沥青混合料试

验规程》(JTG E20—2011)P294：

T 0729—2000 沥青混合料冻融劈裂试验

1 目的与适用范围

1.1 本方法适用于在规定条件下对沥青混合料进行冻融循环,测定混合料试件在受到水损害前后劈裂破坏的强度比,以评价沥青混合料水稳定性。非经注明,试验温度为25℃,加载速度为50mm/min。

11.[答案] A

[解析] 拌好的沥青混合料,均匀称取一个试件所需的用量(标准马歇尔试件约1 200g)。当已知沥青混合料的密度时,可根据试件的标准尺寸计算并乘以1.03得到要求的混合料数量。当一次拌和几个试件时,宜将其倒入经预热的金属盘中,用小铲适当拌和均匀分成几份,分别取用。

12.[答案] C

[解析] 填隙碎石基层压实质量用固体体积率表示,见《公路》模拟试题(一)单选题4答案解析中相应表格。

13.[答案] C

[解析] 《公路工程沥青及沥青混合料试验规程》(JTG E20—2011)P65:本方法适用于检验沥青与粗集料表面的黏附性及评定粗集料的抗水剥离能力。对于最大粒径大于13.2mm的集料应用水煮法,对最大粒径小于或等于13.2mm的集料应用水浸法进行试验。当同一种料源集料最大粒径既有大于又有小于13.2mm的集料时,取大于13.2mm水煮法试验为标准,对细粒式沥青混合料应以水浸法试验为标准。

14.[答案] C

[解析] $h=\bar{h}-t_{\alpha}/\sqrt{n}\times S$

式中:h——厚度代表值;

$\bar{h}$——厚度平均值;

S——标准差;

n——检测数量。

15.[答案] C

[解析] $\sum l_i$ 的含义是变形≤1mm的各级计算回弹变形值。

16.[答案] D

[解析] 参考《公路工程质量鉴定办法》工程实体检测抽查频率:路面工程的弯沉平整度检测。高速、一级公路以每半幅每公里为评定单元,其他等级公路以每公里为评定单元。

17.[答案] B

[解析] 目前,回弹弯沉最常用的测试方法是贝克曼梁法。

18.[答案] B

[解析] 水泥混凝土路面在低温条件下测得的构造深度等于高温条件下测得的构造深度。水泥混凝土路面测得的构造深度与温度影响的关系不大。

19.[答案] D

[解析] 《公路工程沥青及沥青混合料试验规程》(JTG E20—2011):T 0709—2000 沥青

混合料马歇尔稳定度试验 P224：

标准马歇尔试件尺寸应符合直径 101.60 ±0.2mm、高 63.50 ±1.3mm 的要求；大型马歇尔试件尺寸应符合直径 152.40 ±0.2mm、高 95.30 ±2.5mm 的要求；一组试件的数量最少不得少于 4 个。

20.［答案］ B

［解析］《公路路面基层施工技术规范》(JTJ 034—2000)：水泥的最小剂量应符合下表规定。

水泥的最小剂量

土类＼拌和方法	路 拌 法	集中厂拌法
中粒土和粗粒土	4%	3%
细粒土	5%	4%

21.［答案］ C

［解析］ 含水率的定义为水的质量比干土的质量。20% = 水/(1 000 - 水)，解得水为 167g，石灰:粉煤灰:土 = 10:20:70 的质量为 833g，根据三者的比例关系得干石灰为 83g。

22.［答案］ B

［解析］ 油石比的含义是沥青与矿料的比值；沥青含量的定义是沥青与沥青混合料的比值。油石比为 5.1%，则沥青含量的值肯定小于 5.1%。计算方法如下：沥青比矿料等于 5.1%，则沥青等于 5.1% 矿料，沥青含量 = 5.1% 矿料/(矿料 × 5.1% + 100% 矿料) ≈4.9%，故选 B 项。

23.［答案］ C

［解析］ 公路工程沥青及沥青混合料试验规程(JTG E20—2011)P291：标准马歇尔试件尺寸应符合直径 101.6 ±0.2mm、高 63.5 ±1.3mm 的要求；大型马歇尔试件尺寸应符合直径 152.4 ±0.2mm、高 95.3 ±2.5mm 的要求；一组试件的数量最少不得少于 4 个。

24.［答案］ C

［解析］ 5 次数值中最大值与最小值的差值不得大于 3BPN 。如差数大于 3BPN，应检查产生的原因，并再次重复上述各项操作，至符合规定为止。取 5 次测定的平均值作为每个测点路面的抗滑值(即摆值 FB)，取整数，以 BPN 表示。参见《公路路基路面现场测试规程》(JTG E60—2008)：T 0964—2008

25.［答案］ C

［解析］ 水泥混凝土抗折强度是以 150mm × 150mm × 550mm 的梁形试件在标准养护条件下达到规定龄期后，净跨径 450mm，双支点荷载作用下的弯拉破坏，并按规定的计算方法得到强度值。$1\text{N/mm}^2 = 1\text{MPa}$。

每个试样的抗折强度计算公式为：

$$R = (P \cdot l)/(b \cdot e^2)$$

式中：R——抗折强度，MPa；

P——破坏载荷，N；

l——支距，mm；

b——试样宽度；mm；

e——试样厚度;mm 。

无论是抗压强度还是抗折强度,试验结果均以 3 个试件的算术平均值作为测定值。如任一个测定值与中值的差超过中值的 15%,取中值为测定结果;如两个测定值与中值的差都超过 15% 时,该组试验结果作废。经计算最后的实验结果是 5.02MPa。故选 C 项。

26.[答案] A

[解析] 混凝土配合比是指混凝土各组成材料数量间的关系。这种关系常用两种方法表示:

(1)单位用量表示法:以每 $1m^3$ 混凝土种各种材料的用量表示(例如水泥:水:砂:石子 = 330kg:150kg:706kg:1 264kg)。

(2)相对用量表示:以水泥的质量为 1,并按"水泥:砂:石子;水灰比(水)"的顺序排列表示(例如 1:2.14:3.83;$W/C=0.45$)。

确定这种数量比例关系的工作叫混凝土配合比设计。本题经计算应选 A。

27.[答案] B

[解析] 此题是 2007 年陕西省检测师考试中的简答题。题干是:"吸水率大于 2 % 的沥青混凝土用表干法测定其密度,对吗? 为什么?"。

蜡封法:沥青混合料毛体积密度的测定用于测定吸水率大于 2 % 的沥青混凝土或沥青碎石混合料试件的毛体积相对密度或毛体积密度。水中重法:沥青混合料表观密度的测定用于测定几乎不吸水的密级配沥青混合料试件的表观相对密度或表观密度。表干法:沥青混合料毛体积密度测定用于测定吸水率不大于 2 % 的各种沥青混合料试件的毛体积相对密度或毛体积密度,并以此为基础计算沥青混合料试件的空隙率、饱和度和矿料间隙率等各项体积指标。

28.[答案] B

[解析] 回弹模量是指路基、路面及筑路材料在荷载作用下产生的应力与其相应的回弹应变的比值。土基回弹模量表示土基在弹性变形阶段内,在垂直荷载作用下,抵抗竖向变形的能力。如果垂直荷载为定值,土基回弹模量值愈大,则产生的垂直位移就愈小;如果竖向位移是定值,回弹模量值愈大,则土基承受外荷载作用的能力就愈大,即回弹模量越大,表示承载能力越大。回弹弯沉指的是路基或路面在规定荷载作用下产生垂直变形,卸载后能恢复的那一部分变形。路面回弹弯沉量,不仅反映了路基路面结构的整体刚度和强度,而且还与路面的使用状态存在一定的内在联系。通常回弹弯沉值越大,路面结构的塑性变形也越大(刚度差),同时抗疲劳性能也差,难以承受重交通量;反之,则路面结构的抗疲劳性能好,并能承受较重的交通量。CBR 值是路基土或路面材料的强度指标,它是指试料贯入量达到 2.5mm 时的单位压力对标准碎石压入相同贯入量时标准荷载强度的比值。CBR 值越大,土基强度越高。

29.[答案] A

[解析] 沥青面层压实度评定时,当 $K \geqslant K_0$ 且全部测点 ≥ 规定值减 1 个百分点,评定路段的压实度可得满分。

30.[答案] A

[解析] 按确定含水率制备试样。将称好质量的土平铺于不吸水的平板上,用喷水设备往土样上均匀喷洒预定的水量拌匀后,静置一段时间,装入塑料袋内静置备用。不同试料浸润时间:黏性土 12 ~ 24h,粉性土 6 ~ 8h,砂性土、砂砾土、红土砂砾、级配砂砾等 4h 左右,含土很

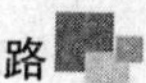

少的未筛分碎石、砂砾和砂等2h。

二、判断题(正确的事实在后面括号中打"✓",错误的事实在后面括号中打"×"。总共30道题,每题1分,共计30分)

1.[答案] ×

[解析] 用千斤顶开始加载,注视测力环或压力表,至预压0.5MPa,稳压1min,使承载板与土基紧密接触,同时检查百分表的工作情况是否正常,然后放松千斤顶油门卸载。

2.[答案] √

[解析] 《公路路基路面现场测试规程》(JTG E60—2008):用环刀法测定无机结合料稳定细粒土,其龄期不宜超过两天,且宜用于施工过程中的压实度检验。

3.[答案] ×

[解析] 路面的摩擦摆值应换算为温度为20℃时的摩擦摆值。

4.[答案] ×

[解析] 路基各施工层的压实度保证了压实指标的要求,则认为该路基的内在压实质量可满足设计文件的要求。

5.[答案] ×

[解析] 在用3.6m的贝克曼梁对半刚性基层沥青路面的回弹弯沉测试时,应进行支点变形的修正。

6.[答案] ×

[解析] 对路面面层应检验平整度,路基的平整度也需检验。

7.[答案] ×

[解析] 摩擦系数反映了路表潮湿状态下的抗滑能力。

8.[答案] ✓

[解析] 路面的回弹弯沉是指路面在车轮垂直竖向方向的位移,路面的回弹弯沉越小,表示路基路面的整体承载能力越大。

9.[答案] ×

[解析] 《公路工程沥青及沥青混合料试验规程》(JTG E20—2011):沥青混合料车辙试验,测定温度应控制在60℃ ±1℃。

10.[答案] ×

[解析] 影响击实效果的主要因素不仅是土的含水率,还与击实功、土的级配等因素有关。

11.[答案] ×

[解析] 压实度是反映路基或路面压实程度的指标。

12.[答案] ✓

[解析] 《公路工程沥青及沥青混合料试验规程》(JTG E20—2011):沥青混合料马歇尔稳定度试验,标准马歇尔试件应在60℃ ±1℃的恒温水中恒温30~40min。

13.[答案] ×

[解析] 自动弯沉仪测定的是总弯沉值,需要与贝克曼梁试验进行对比,换算成回弹弯沉再用于路基、路面强度评定。

14. [答案] √

[解析] 经检查不符合基本要求规定时,不得进行分项工程质量检验与评定。

15. [答案] ×

[解析] 路面雷达测试系统是一种非接触性、非破坏性路面厚度测试技术。

16. [答案] ×

[解析] 《公路工程质量检验评定标准》(JTG F80/1—2004):实测项目的规定极值是指任一单个检测值都不能突破的极限值,不符合要求时该实测项目为不合格。

17. [答案] √

[解析] 常用填料大多是用石灰岩或岩浆岩中的强基性岩石等憎水性石料经磨细得到的矿粉,在沥青混合料中起着很重要的作用,通过沥青和填料之间相互作用形成的结构沥青和组成的沥青胶浆,使混合料中的矿料结合成为一体。因为只有碱性石料加工成的矿粉与沥青才能够形成较发达的结构沥青,所以用于沥青混合料的填料只能采用石灰岩一类的憎水性碱性石料加工磨细制成,且要求必须达到一定的细度。为改善沥青混合料水稳性,可以采用干燥的磨细生石灰粉、消石灰粉或水泥作为填料,但其用量不易超过矿料总量的1 % ~2 %。

18. [答案] ×

[解析] 分项工程质量检验内容包括基本要求、实测项目、外观鉴定和质量保证资料四个部分。基本要求具有质量否决权,只有在其使用的原材料、半成品、成品及施工工艺符合基本要求的规定,且无严重外观缺陷和质量保证资料真实并基本齐全时,才能对分项工程质量进行检验评定。

19. [答案] √

[解析] 《公路养护安全作业规程》(JTG H30—2004)规定:在山体滑坡、塌方、泥石流等路段养护,维修作业时,应设专人观察险情。

20. [答案] ×

[解析] 两种试验的制件方法一样。《公路工程无机结合料稳定材料试验规程》(JTG E51—2009)P82:无机结合料稳定材料试件制作方法(圆柱形)适用于无机结合料稳定材料的无侧限抗压强度、间接抗拉强度、室内抗压回弹模量、动态模量、劈裂模量等试验。

21. [答案] ×

[解析] 无机结合料稳定土无侧限抗压强度试验,试件养生时间应为7d。

22. [答案] ×

[解析] 采用核子密度湿度仪测定沥青混合料面层的压实密度时采用散射法。

23. [答案] ×

[解析] 沥青混合料残留稳定度指标是指试件浸水48h后的稳定度。

24. [答案] ×

[解析] 量砂的多少会影响流出砂的流速和流量,因此必然影响灌砂筒中倒圆锥体内砂的数量。

25. [答案] ×

[解析] 回弹仪检定有效年为1年。

26. [答案] ×

［解析］ 路基和路面基层、底基层的压实度用重型击实标准为准。

27.［答案］ ×

［解析］ 水泥稳定粒料基层验收实测项目有压密度、平整度、强度、厚度等指标。

28.［答案］ ✓

［解析］ 沥青混合料马歇尔稳定度试验，一组试件的数量最少不得少于4个，必要时应增至5～6个。

29.［答案］ ×

［解析］ 《公路工程无机结合料稳定材料试验规程》（JTG E51—2009）P74：

应做两次平行试验，取两次试验的平均值作为最大干密度和最佳含水率。两次重复性试验最大干密度的差不应超过0.05g/cm^3（稳定细粒土）和0.08g/cm^3（稳定中粒土和粗粒土），最佳含水率的差不应超过0.5%（最佳含水率小于10%）和1.0%（最佳含水率大于10%）。超过上述规定值，应重做试验，直到满足精度要求。

30.［答案］ √

［解析］ 《公路工程无机结合料稳定材料试验规程》（JTG E51—2009）P102：

3 试件的制备和养护

3.1 试件采用高径比为1:1的圆柱体。细粒土试膜的直径×高＝ϕ50mm×50mm；中粒土试模的直径×高＝ϕ100mm×100mm；粗粒土试模的直径×高＝ϕ50mm×50mm。本试验应采用静力压实法制备等干密度的试件。

三、多项选择题（每道题目所列出的备选项中，有两个或两个以上正确答案，选项全部正确得满分，选项部分正确按比例得分，出现错误选项该题不得分。总共20道题，每小题2分，共计40分）

1.［答案］ ABC

［解析］ 压实沥青混合料密度试验方法一：表干法（沥青混合料毛体积密度的测定）；试验方法二：水中重法（沥青混合料表观密度的测定）；试验方法三：蜡封法（沥青混合料毛体积密度的测定）；试验方法四：真空法（沥青混合料理论最大密度的测定）。

2.［答案］ AC

［解析］ 水泥稳定粒料基层交工验收时，应检测压实度、强度参见《公路检评标准》表7.6.2或《公路》模拟试题（一）单选题5答案解析中相应表格。

3.［答案］ AC

［解析］ 测定混凝土拌和物和易性的现行方法主要有坍落度法、维勃稠度法。

4.［答案］ AC

［解析］ 粗细集料的用量可以通过质量法或体积法两种手段计算获得。

5.［答案］ ABC

［解析］ 确定混凝土配合比的三个基本参数是水灰比、砂率、单位用水量。根据单位用水量和水灰比可以求出水泥用量。

6.［答案］ BCD

［解析］ 利用放射性元素（通常是 y 射线和中子射线）可测量土或路面材料的密度和含

水率。这类仪器的特点是测量速度快,需要人员少。该类方法适用于测量各种土或路面材料的密度和含水率。有些进口仪器可储存打印测试结果。它的缺点是,放射性物质对人体有害;另外需要打洞的仪器;在打洞过程中,使洞壁附近的结构遭到破坏,影响测定的准确性。对于核子密度湿度仪法,可作施工控制使用,但需与常规方法比较,以验证其可靠性。

7.[答案] ABCD

[解析] 水泥混凝土的配合比设计步骤为:计算初步配合比→提出基准配合比→确定试验室配合比→换算工地配合比。

8.[答案] BCD

[解析] 弯沉代表值应小于等于设计弯沉。

9.[答案] BC

[解析] 按矿料的最大粒径分类:

(1)特粗式沥青混合料:矿料的公称最大粒径为37.5mm。

(2)粗粒式沥青混合料:矿料公称最大粒径分别为26.5mm和31.5mm。

(3)中粒式沥青混合料:矿料公称最大粒径为16mm和19mm。

(4)细粒式沥青混合料:矿料公称最大粒径为9.5mm和13.2mm。

(5)砂粒式沥青混合料:矿料公称最大粒径为4.75mm。

10.[答案] ABCD

[解析] 沥青路面所用沥青标号的选用应结合气候条件、道路等级、沥青混合料类型、路面类型、施工方法以及当地使用经验等,经技术论证后确定。

11.[答案] ABC

[解析] 参考下表。

平整度测试方法比较

方　法	特　点	技术指标
3m直尺法	设备简单,结果直观、间断测试、工作效率低、反映凹凸程度	最大间隙 h(cm)
连续式平整度仪法	设备较复杂,连续测试、工作效率高、反映凹凸程度	标准差 σ(mm)
颠簸累积仪	设备复杂,工作效率高、连续测试,反映舒适性	单向累计值 VBI(cm/km)

国际通用的路面平整度指标IRI和我国规范采用的平整度检测指标之间有一定的换算关系。

12.[答案] ABC

[解析] ①射线法:测定用黏稠石油沥青拌制的热拌沥青混合料中沥青用量,适用于沥青路面施工时沥青用量检测,以快速评定拌和厂工作质量。②离心分离法:适用于热拌热铺沥青路面施工时的沥青用量检测,以评定拌和厂产品质量,也适用于旧路调查时检测沥青混合料的沥青用量。③燃烧炉法:测定沥青混合料中沥青含量,适用于热拌沥青混合料以及从路面取样的沥青混合料在生产施工工程中的质量控制。④阿布森法是从沥青混合料中回收沥青的方法。

13.[答案] ABCD

[解析]　沥青混合料上面层碎石应进行压碎值、洛杉矶磨耗损失、磨光值、对沥青的黏附性等指标试验。

14.[答案]　ACD

[解析]　在用承载板法测定土基回弹模量试验中,测点位置根据需要而不是按随机取样的方法确定;计算回弹模量时,以实测回弹变形代入公式;当两台弯沉仪百分表读数之差小于平均值的30%时取平均值。

15.[答案]　ABCD

[解析]　沥青混合料的分类:从不同的角度看,沥青混合料有数种不同的分类方法。

(1)按沥青类型分类:①石油沥青混合料:以石油沥青为结合料的沥青混合料;②焦油沥青混合料:以煤焦油为结合料的沥青混合料。

(2)按施工温度分类:①热拌热铺沥青混合料:沥青与矿料经加热后拌和,并在一定的温度下完成摊铺和碾压施工过程的混合料。②常温沥青混合料:以乳化沥青或液态沥青在常温下与矿料拌和,并在常温下完成摊铺碾压过程的混合料。

(3)按空隙率大小分类:①密级配沥青混合料:空隙率大致在3%~6%之间,这类混合料主要有沥青混凝土(以AC表示)、沥青稳定碎石(以ATB表示)和沥青玛蹄脂碎石(以SMA表示);②开级配沥青混合料:空隙率往往在18%以上,常见的种类有排水式沥青磨耗层(OGFC)和排水式沥青碎石基层(ATPB);③半开级配沥青混合料:空隙率介于6%~12%之间,通常的沥青碎石是这类混合料的代表(AM)。

(4)按矿质集料级配类型分类:①连续级配沥青混合料:沥青混合料中的矿料是按级配原则,从大到小各级粒径都有,按比例互相搭配组成的连续级配混合料,典型代表是粒径偏细一些的密级配沥青混凝土(AC)和粒径偏粗的沥青稳定碎石(ATB)等;②间断级配混合料:矿料级配中缺少若干粒级所形成的沥青混合料,典型代表是沥青玛蹄脂碎石混合料(SMA)。

(5)按矿料的最大粒径分类:①特粗式沥青混合料:矿料的公称最大粒径为37.5mm;②粗粒式沥青混合料:矿料公称最大粒径分别为26.5mm和31.5mm;③中粒式沥青混合料:矿料公称最大粒径为16mm和19mm;④细粒式沥青混合料:矿料公称最大粒径为9.5mm和13.2mm;⑤砂粒式沥青混合料:矿料公称最大粒径为4.75mm。

16.[答案]　ABC

[解析]　在石灰稳定类土层施工前,应取所定料中有代表性的土样进行下列试验:颗粒分析、液限和塑性指数、击实试验、碎石或砾石的压碎值、有机质含量和硫酸盐含量(必要时做)。检验石灰的试验有效氧化钙和氧化镁含量。

17.[答案]　ABCD

[解析]　沥青混合料施工检测项目有沥青含量、矿料级配、稳定度、流值等。

18.[答案]　AD

[解析]　①当集料的最大粒径小于15mm、测定层的厚度不超过150mm时,宜采用ϕ100mm的小型灌砂筒测试。②当集料的粒径等于或大于15mm,但不大于40mm,测定层的厚度超过150mm,应用ϕ150mm的大型灌砂筒测试。

19.[答案]　AB

[解析]　对砌体挡土墙,当平均墙高小于6m或墙身面积小于1 200m^2时,每处可作为分

项工程进行评定；当平均墙高达到或超过 6m 且墙身面积不小于 1 200m^2 时，为大型挡土墙，每处应作为分部工程进行评定。

20.［答案］ BD

［解析］ 土基现场 CBR 值测试时所用试样的最大集料粒径宜小于 19.0mm，最大不超过 31.5mm。见《T 0941—2008 土基现场 CBR 值测试方法》

四、问答题（总共 5 道题，每题 10 分，共计 50 分）

1. 答：标准养生是指无机结合料稳定材料在规定的标准温度和湿度环境下强度增长的过程。

3.1 标准养生方法

3.1.1 试件从试模内脱出并量高称质量后，中试件和大试件应装入塑料袋内。试件装入塑料袋后，将袋内的空气排除干净，扎紧袋口，将包好的试件放入养护室。

3.1.2 标准养生的温度为 20℃ ±2℃，标准养生的湿度为≥95%。试件宜放在铁架或木架上，间距至少 10 ~ 20mm。试件表面应保持一层水膜，并避免用水直接冲淋。

3.1.3 对无侧限抗压强度试验，标准养生龄期是 7d，最后一天浸水。对弯拉强度、间接抗拉强度，水泥稳定材料类的标准养生龄期是 90d，石灰稳定材料类的标准养生龄期是 180d。

3.1.4 在养生期的最后一天，将试件取出，观察试件的边角有无磨损和缺块，并量高称质量，然后将试件浸泡于 20℃ ±2℃ 水中，应使水面在试件顶上约 2.5cm。

2. 答：用手工铺砂法测的是路面的构造深度，过程为：

（1）准备工作

①量砂准备：取洁净的细砂晾干、过筛，取 0.15 ~ 0.3mm 的砂置适当的容器中备用；

②用随机取样的方法选点，决定测点所在的横断面位置。

（2）试验步骤

①用扫帚或毛刷将测点附近的路面清扫干净；

②用小铲装砂沿筒向圆筒中注满砂，手提圆筒上方，在硬质路面上轻轻叩打 3 次，使砂密实，补足砂面用钢尺一次刮平；

③将砂倒在路面上，用摊平板由里向外做摊铺运动，使砂填入凹凸不平的路表面的空隙中，尽可能摊成圆形，表面不得有浮动余砂；

④用钢板量所构成的圆的两个垂直方向的直径，取平均值；

⑤计算构造深度，结果用 mm 表示。

3. 答：（1）根据沥青混合料类型选择规范规定的矿料级配范围。

（2）确定工程设计级配范围。

（3）材料选择取样、试验。

（4）在工程设计级配范围优选 1 ~ 3 组不同的矿料级配。

（5）对设计级配，初选 5 组沥青用量，拌和混合料，制作马歇尔试件。

（6）确定理论最大相对密度，测定试件毛体积相对密度，进行马歇尔试验。

（7）技术经济分析确定 1 组设计级配及最佳沥青用量。

（8）进行车辙试验、浸水马歇尔试验、冻融劈裂试验、矿渣膨胀试验等。

(9)完成配合比设计,提交材料品种、配比、矿料级配、最佳沥青用量。

4. **答**:(1)材料试验。

(2)按 5 种水泥剂量配制同一种样品不同水泥剂量混合料,分别为 3%、4%、5%、6%、7%。

(3)确定各种混合料的最佳含水率和最大干密度,至少进行 3 个不同剂量混合料的击实试验,即最小、中间、最大剂量。

(4)按规定压实度分别计算不同剂量试件应有的干密度。

(5)按最佳含水率和计算得的干密度制备试件。

(6)在规定温度下保湿养生 6d,浸水 24h 后,进行无侧限抗压强度试验。

(7)计算平均值和偏差系数。

(8)选定合适的水泥剂量,此剂量 $R \geqslant R_d(1 - Z_\alpha C_v)$。

(9)工地实际采用水泥剂量应比室内试验确定剂量多 0.5% ~1.0%。

(10)选定水泥剂量。

5. **答**:(1)计算各测点的压实度 K_i(%):

94.5　92.9　94.0　96.7　97.8　96.7　92.3　96.2　95.6　95.1　95.1　93.4

(2)计算平均值 $\overline{K}$ 和标准偏差 S:

$\overline{K} = 95.0\%$　$S = 1.68\%$

(3)计算代表值:

当 95% 保证率、$n = 12$ 时,查表得 $t_\alpha/\sqrt{n} = 0.518$,则:

$$K = \overline{K} - t_\alpha/\sqrt{n} \cdot S$$

$$= 95.0 - 0.518 \times 1.68 = 94.1\%$$

(4)评定:

因 $K > K_0 = 94\%$

且 $K_{min} = 92.3\% > 89\% = 94\% - 5\%$(极值标准)

所以该评定路段的压实质量满足要求。

《公路》模拟试题(四)

一、单项选择题(四个备选项中只有一个正确答案,总共30道题,每题1分,共计30分)

1. 公路工程质量检验评分以(　　)为评定单元。

A. 分部工程　　B. 分项工程　　C. 单位工程　　D. 单项工程

2. 硬化后的水泥混凝土路面强度测试方法是(　　)。

A. 无侧限抗压强度试验　　B. 立方体抗压强度试验

C. 小梁抗弯拉强度试验　　D. 劈裂抗拉强度试验

3. 对于涉及结构安全的使用功能的重要实测项目,对于机电工程其合格率要求为(　　)。

A. 85%　　B. 90%　　C. 95%　　D. 100%

4. 下列检测项目中不属于级配碎(砾)石基层和底基层的检测项目是(　　)。

A. 压实度　　B. 弯沉　　C. 平整度　　D. 强度

5. 某一评定为不合格的分项工程,经加固、补强、满足设计要求后,评分为90分,计算分部工程评分值时应按(　　)分计算。

A. 63　　B. 72　　C. 81　　D. 90

6. 对于天然砂砾,室内确定其最大干密度较适宜方法为(　　)。

A. 重型击实法　　B. 轻型击实法

C. 灌砂法　　D. 表面振动压实仪法

7. 在竣工验收时,对于沥青混凝土面层压实度合适的检测方法为(　　)。

A. 灌砂法　　B. 核子密度仪法　　C. 环刀法　　D. 钻芯法

8. 用环刀法检测压实度时,如环刀打入深度较浅,则检测结果会(　　)。

A. 偏大　　B. 准确

C. 偏小　　D. 偏大偏小无规律

9. 用核子密度仪测定二灰碎石压实度时,应用(　　)检测结果进行标定。

A. 环刀法　　B. 灌砂法　　C. 水袋法　　D. 钻芯法

10. 土方路基施工段落较短时,压实度要点点符合要求,此要求为(　　)。

A. 规定值　　B. 规定极值

C. 规定值 -2 个百分点　　D. 规定值 -1 个百分点

11. 高速公路弯沉检测中测试车的标准轴载为(　　)。

A. 60kN　　B. 80kN　　C. 100kN　　D. 120kN

12. 水泥稳定粒料基层和底基层,按现行《公路工程质量检验评定标准》,实测项目中不含(　　)。

A. 压实度　　B. 平整度　　C. 强度　　D. 弯沉

13. 下列因素中,不会影响设计弯沉值大小的因素是(　　)。

A. 累计当量轴次　　B. 公路等级
C. 面层和基层类型　　D. 气温
14. 下列设备中属于动态弯沉测定设备的是(　　)。
A. 3.6m 贝克曼梁　　B. 5.4m 贝克曼梁
C. FWD 仪　　D. 自动弯沉仪
15. 为保证路面的抗滑性能，沥青混凝土应选用(　　)。
A. PSV 值较小的石料　　B. 构造深度较大的混合料
C. 沥青用量较高的混合料　　D. 粒径较小的混合料
16. 弯沉测试中，当弯沉仪置于规定位置，调整百分表读数为 300，指挥汽车缓缓前进，迅速读取最大读数为 360。当汽车开出影响半径以外百分表读数稳定后，读取终读数为 270，那么该测点处回弹弯沉为(　　)(0.01mm)。
A. 180　　B. 120　　C. 60　　D. 90
17. 横向力系数 SFC 表征的含义为(　　)。
A. 测试车制动时轮胎与路面的摩阻系数
B. 测试轮侧面测得的横向力与轮荷载大小之比
C. 测试轮在制动时横向力的大小
D. 测试轮侧面测得的横向力与测试车重量的比值
18. 压实度评定时，用(　　)来反映路段的总体压实质量。
A. 平均值　　B. 标准偏差　　C. 代表值　　D. 合格率
19. 对于结构层厚度评定，下列说法中正确的是(　　)。
A. 厚度代表值应大于或等于设计厚度
B. 厚度代表值应小于或等于设计厚度
C. 厚度代表值应大于或等于设计厚度减代表值允许偏差
D. 厚度代表值应小于或等于设计厚度减代表值允许偏差
20. 用铺砂法测定路面表面构造深度，若细砂没有摊铺好，表面留有浮动余砂，则试验结果(　　)；若用的砂过粗，则试验结果(　　)。
A. 偏大，偏大　　B. 偏小，偏小　　C. 偏大，偏小　　D. 偏小，偏大
21. 设 m_a、m_f、m_w 分别表示沥青混合料试件的空中干质量、表干质量和水中质量，下列说法正确的是(　　)。
A. $m_f - m_a$ 为毛体积；$m_a - m_w$ 为表观体积
B. $m_f - m_a$ 为表观体积；$m_a - m_w$ 为毛体积
C. $m_f - m_w$ 为表观体积；$m_a - m_w$ 为毛体积
D. $m_f - m_w$ 为毛体积；$m_a - m_w$ 为表观体积
22. 沥青混合料填料宜采用(　　)中的强基性岩石经磨细得到的矿料。
A. 石灰岩或岩浆岩　　B. 石灰岩或玄武岩
C. 石灰岩或无风化岩　　D. 石灰岩或花岗岩
23. 通过加载条加静载于圆柱形试件的轴向，按一定的变形速率加载，通过施加的压荷载与垂直、水平向变形的测量，计算试件中心点的最大拉应力为(　　)。

A. 直接抗拉强度　　B. 动态模量
C. 无侧向抗压强度　　D. 劈裂强度

24. 水泥混凝土路面采用的集料中有害杂质主要指(　　)的含量。
A. 硫化物和氯化物　　B. 硫化物和硫酸盐
C. 硫化物和云母　　D. 泥块和云母

25. 一组混凝土试块的强度数据分别为48.0MPa、40.2MPa、52.4MPa,则该组试块强度值应为(　　)MPa。
A. 46.7　　B. 48.0　　C. 46.9　　D. 46.8

26. 沥青面层压实度计算式 $K=\rho_S/\rho_o\times100(\%)$ 中,ρ_S 表示(　　)。
A. 标准密度　　B. 试件视密度或毛体积密度
C. 马歇尔密度　　D. 钻孔取样密度

27. 石灰工业废渣稳定土宜采用塑性指数(　　)的黏性土。
A. 10~20　　B. 12~20　　C. 8~20　　D. 12~22

28. 挖坑灌砂法测定压实度试验方法不适用于(　　)。
A. 路基土　　B. 基层　　C. 砂石路面　　D. 填石路堤

29. 用30cm直径承载板测定土基回弹模量值,测得各级承载板压力值总和为3.5MPa,相应回弹变形值总和为1.875cm,土基泊松比为0.30,则土基回弹模量为(　　)。
A. 25MPa　　B. 30MPa　　C. 35MPa　　D. 40MPa

30. 手动法测定路面表面构造深度,测得推平砂的平均直径为21cm,由此测得路面表面构造深度为(　　)。
A. 0.70　　B. 0.72　　C. 0.74　　D. 0.76

二、判断题(正确的事实在后面括号中打"✓",错误的事实在后面括号中打"×"。总共30道题,每题1分,共计30分)

1. 沥青混合料标准试件制作,当集料公称最大粒径大于31.5mm时,也可利用直接法,但一组试件的数量应增加至6个。(　　)

2. 混凝土拌和物的维勃稠度值越大,其坍落度也越大。(　　)

3. 做击实试验,击实筒可以放在任何地面上。(　　)

4. 半刚性基层交工验收时需进行弯沉测定。(　　)

5. 用贝克曼梁测定弯沉时,测得的结果必须进行温度修正。(　　)

6. 核子密度仪一般用于路基路面压实度快速测定,但不宜作为仲裁试验。(　　)

7. 对于填石路堤应采用灌砂法来检测压实度。(　　)

8. 对于沥青混合料试件,若能用水中重法测定其表观密度,则也可用表干法测定其毛体积密度,而且两种方法的测试结果会比较接近。(　　)

9. 按照《公路工程质量鉴定办法》(2010),单位工程质量等级分为合格,不合格两个等级。(　　)

10. 用环刀法测得的密度是环刀内土样所在深度范围内的平均密度,它可以代表整个碾压层平均密度。(　　)

11. 核子仪用散射法测定密度时，应在表面用钻杆打孔。（　）

12. 对于吸水率较大的沥青碎石混合料试件，应用表干法测定其密度。（　）

13. 对于沥青碎石稳定基层，密度可采用蜡封法、体积法、表干法和水中重法测定。（　）

14. 在进行沥青混合料试件的密度测定时，一般地说，蜡封法测定的毛体积密度比表干法测得的准确。（　）

15. 用3m直尺测定平整度时，应将3m直尺垂直于行车方向摆放，量测最大间隙。（　）

16. 沥青混合料内矿料及沥青以外的空隙（包括矿料自身内部已被沥青封闭的孔隙）的体积占试件总体积的百分率称为沥青混合料试件的空隙率。（　）

17. 弯沉测定中，当某点的测试值超出 $\bar{L}\pm(2\sim3)S$ 时，应将其舍弃；并对舍弃的弯沉值过大的点，应找出其周围界限，进行局部处理。（　）

18. 在弯沉测试时，只需根据情况进行支点变形修正和温度修正，不再进行其他修正。（　）

19. 用摆式仪测定路面抗滑性能时，重复5次测定的差值应不大于5BPN。（　）

20. 工程建设项目的质量等级是根据单位工程的优良率评定的。（　）

21. 当基层厚度的代表值偏差满足要求但存在超过极值偏差的测点时，厚度这项指标评为0分。（　）

22. 灌砂试验时地表面处理平整与否不影响试验结果。（　）

23. 表干法适用于测定吸水率大于2%的各种沥青混合料密度。（　）

24. 混凝土的最佳砂率是指在水泥浆用量一定的条件下，能够使新拌混凝土的流动性最大的砂率。（　）

25. 制作无机结合料强度试件时，试料质量值是最大干密度、最佳含水率与试模体积的乘积。（　）

26. 沥青混合料车辙试验在规定条件下，测量试件每增加1mm变形碾压行走的次数。（　）

27. 沥青混合料拌和过程中，如发现某热料仓溢料或待料，说明冷热料仓供料比不匹配，应适当调整相应冷料仓的流量。（　）

28. 车载式颠簸累积仪测量车辆在路面通行时，后轴与车厢之间的单向位移累积值表示路面平整度。（　）

29. 无黏聚性自由排水土的最大干密度的适宜的测定方法是振动方法。（　）

30. 当混凝土拌和物的坍落度小于220mm时，需要测量坍落扩展值表示其和易性。（　）

三、多项选择题（每道题目所列出的备选项中，有两个或两个以上正确答案，选项全部正确得满分，选项部分正确按比例得分，出现错误选项该题不得分。总共20道题，每小题2分，共计40分）

1. 下列属于单位工程的有（　　）。

A. 路基土石方工程　　B. 路面工程

C. 互通立交工程　　D. 交通安全设施

2. 实测项目检测评分常采用如下(　　)方法。

A. 数理统计法　　B. 合格率法

C. 专家评分法　　D. 监理人员评分法

3. 属于沥青表处面层检测项目的有(　　)。

A. 压实度　　B. 弯沉　　C. 沥青总用量　　D. 抗滑

4. 以下检查项目中,要求采用有关数理统计方法进行评定计分的是(　　)。

A. 压实度　　B. 弯沉值　　C. 路面厚度　　D. 混凝土强度

5. 路表面细构造是指集料表面的(　　),通常采用(　　)来表征。

A. 石料磨光值(PSV)　　B. 石料的抗冲击值

C. 粗糙度　　D. 石料的磨耗值

6. 以下关于路面渗透性检测方法论述正确的有(　　)。

A. 路面渗透性能可以用渗水系数表征

B. 路面渗水系数与空隙率有很大关系

C. 控制好空隙率和压实度就能完全保证路面渗水性能

D. 渗水系数法可以用于公称最大粒径大于 26.5mm 的下面层或基层混合料

7. 沥青混合料标准密度的确定方法有(　　)。

A. 试验路段法　　B. 马歇尔试验法

C. 实测最大理论密度法　　D. 环刀法

8. 进行分部工程划分时,按 1 ~3km 路段划分的是(　　)。

A. 路基土石方工程　　B. 涵洞、通道

C. 大型挡土墙　　D. 路面工程

9. 沥青路面的渗水系数计算时,一般以水面从(　　)下降至(　　)所需的时间为准。

A. 100ml　　B. 500ml　　C. 300ml　　D. 700ml

10. 用钻孔取样法测定路面各结构层厚度时,用钢板尺或卡尺沿圆周对称的十字方向(　　)量取表面至上下层界面的高度,取其平均值作为该层的厚度,精确至(　　)。

A. 2 处　　B. 4 处　　C. 0.1cm　　D. 0.5cm

11. 平整度测试方法有(　　)。

A. 3m 直尺法　　B. 连续平整度仪法

C. 摆式仪法　　D. 车载颠簸累积仪法

12. 灌砂法现场测定路基或路面材料密度,当(　　)时宜采用 ϕ150mm 的大型灌砂筒。

A. 集料最大粒径≥15mm,≤40mm　　B. 集料最大粒径≥20mm,≤40mm

C. 测定层厚度≥150mm　　D. 测定层厚度≤200mm

13. 水泥稳定土一般采用(　　)水泥。

A. 普通硅酸盐　　B. 矿渣硅酸盐

C. 火山灰硅酸盐　　D. 粉煤灰硅酸盐

14. 路面弯沉测量时应先检查(　　)。

A. 承载板接地情况　　B. 轮胎充气压力

C. 百分表灵敏度　　D. 制动性能

15. 对手工铺砂法要求说法正确的是( )。

A. 量砂应干燥、洁净、匀质,粒径为0.15 ~0.30mm

B. 测点应选在行车道的轮迹带上,距路面边缘不应小于2m

C. 同一处平行测定不少于3次,3个测点间距3 ~5m

D. 为了避免浪费,回收砂可直接使用

16. 摆式仪应符合( )的要求。

A. 摆及摆的连接部分总质量为1 500g ±30g

B. 摆动中心至摆的重心距离为410mm ±5mm

C. 测定时摆在路面上滑动长度为126mm ±1mm

D. 摆上橡胶片端部距摆动中心的距离为508mm

17. 水泥混凝土路面芯样检查内容包括( )。

A. 外观检查 B. 测量芯样的尺寸

C. 测定表观密度 D. 配合比

18. 无机混合料稳定土击实试验方法有甲法、乙法和丙法。以下关于甲和乙法说法正确的是( )。

A. 锤击层数一样 B. 每层击实次数不同

C. 平均单位击实功相同 D. 容许最大粒径不同

19. 当摆式仪使用的橡胶片出现( )时,应更换新橡胶片。

A. 端部在长度方向上磨损超过1.6mm

B. 边缘在宽度方向上磨耗超过3.2mm

C. 橡胶片被油污染

D. 使用时间超过1年

20. 为安全起见,测定沥青路面的车辙时,必须( )。

A. 设置交通标志

B. 穿着带有反光标志的桔色衣帽

C. 设置交通渠化装置

D. 指派专人维持交通

四、问答题(总共5道题,每题10分,共计50分)

1. 试述无侧限抗压强度试验方法。

2. 试述沥青混合料车辙试验方法。

3. 简述顶面法测定室内抗压回弹模量的试验步骤。

4. 在灌砂法测定中，测定层表面较粗糙，而操作中没有在测点放置基板测定 m_6（对基板与粗糙面间空隙灌砂后，灌砂筒内砂的质量），而直接凿挖试坑并灌砂测定 m_4（对试坑灌砂后，灌砂筒内剩余砂的质量），试分析这样做对测定结果会产生怎样的影响？为什么？

5. 某二级公路路基压实施工中，用灌砂法测定压实度，测得灌砂筒内量砂质量为 5 820g，填满标定罐所需砂的质量为 3 885g，测定砂锥的质量为 615g，标定罐的体积 3 035cm^3。灌砂后称灌砂筒内剩余砂质量为 1 314g。试坑挖出湿土重为 5 867g，烘干土重为 5 036g，室内击实试验得最大干密度为 1.68g/cm^3，试求该测点压实度和含水率。

《公路》模拟试题(四)答案及解析

一、单项选择题(四个备选项中只有一个正确答案,总共30道题,每题1分,共计30分)

1.[答案]　B

[解析]　工程质量检验评分以分项工程为单元,采用100分制进行。在分项工程评分的基础上,逐级计算各相应分部工程、单位工程、合同段和建设项目评分值。

2.[答案]　D

[解析]　硬化后的水泥混凝土路面强度测试方法是劈裂抗拉强度试验。

3.[答案]　D

[解析]　涉及结构安全和使用功能的重要实测项目为关键项目,其合格率不得低于90%,属于工厂加工制造的交通工程安全设施及桥梁金属构件不低于95%,机电工程为100%,且检测值不得超过规定极值,否则必须进行返工处理。

4.[答案]　D

[解析]　可参考《公路检评标准》表7.12.2或《公路》模拟试题(一)多选题4答案解析中表格。

5.[答案]　C

[解析]　评定为不合格的分项工程,经加固、补强或返工、调测,满足设计要求后,可以重新评定其质量等级,但计算分部工程评分值时按其复评分值的90%计算。

6.[答案]　D

[解析]　对于天然砂砾,室内确定其最大干密度较适宜方法为重型击实法。

7.[答案]　D

[解析]　在竣工验收时,对于沥青混凝土面层压实度合适的检测方法为钻芯法。

8.[答案]　A

[解析]　用环刀法测得的密度是环刀内土样所在深度范围内的平均密度。它不能代表整个碾压层的平均密度。由于碾压土层的密度一般是从上到下减小的,若环刀取在碾压层的上部,则得到的数值往往偏大;若环刀取的是碾压层的底部,则所得的数值将明显偏小。就检查路基土和路面结构层的压实度而言,我们需要的是整个碾压层的平均压实度,而不是碾压层中某一部分的压实度。因此,在用环刀法测定土的密度时,应使所得密度能代表整个碾压层的平均密度。然而,这在实际检测中是比较困难的,只有使环刀所取的土恰好是碾压层中间的砂,环刀法所得的结果才可能与灌砂法的结果大致相同。

9.[答案]　B

[解析]　用核子密度仪测定二灰碎石压实度时,应用灌砂法检测结果进行标定。

10.[答案]　A

[解析]　土方路基施工段落较短时,压实度要点点符合要求,此要求为规定值。

11.[答案]　C

［解析］ 测试车可根据需要按公路等级选择，高速公路、一级及二级公路应采用后轴100kN的BZZ—100；其他等级公路也可采用后轴60kN的BZZ—60，可参考下表。

标准轴载等级	BZZ—100	BZZ—60
后轴标准轴载 P(kN)	100 ±1	60 ±1
一侧双轮荷载(kN)	50 ±0.5	30 ±0.5
轮胎充气压力(MPa)	0.20 ±0.05	0.50 ±0.05
单轮传压面当量圆直径(cm)	21.30 ±0.5	19.50 ±0.5
轮隙宽度	应满足能自由插入弯沉仪测头的测试要求	

12.［答案］ D

［解析］ 水泥稳定粒料基层和底基层的实测项目中不含弯沉，可参考《公路检评标准》表7.6.2或《公路》模拟试题（一）单选题5答案解析中相应表格内容。

13.［答案］ D

［解析］ 不会影响设计弯沉值大小的因素是气温。

14.［答案］ C

［解析］ FWD仪属于动态弯沉测定设备。

15.［答案］ B

［解析］ 为保证路面的抗滑性能，沥青混凝土应选用构造深度较大的混合料。

16.［答案］ A

［解析］ 测点的回弹弯沉值按下式计算：

$$L_T = (L_1 - L_2) \times 2$$

式中：L_T——在路面温度为T时的回弹值；

L_1——车轮中心临近弯沉仪测头时百分表的最大读数，即初读数；

L_2——汽车驶出弯沉影响半径后百分表的最大读数，即终读数。

17.［答案］ B

［解析］ 横向力系数SFC表征为测试轮侧面测得的横向力与轮荷载大小之比。

18.［答案］ C

［解析］ 压实度评定时，用代表值来反映路段的总体压实质量。

19.［答案］ C

［解析］ 厚度代表值应大于或等于设计厚度减代表值允许偏差。

20.［答案］ C

［解析］ 用铺砂法测定路面表面构造深度，若细砂没有摊铺好，表面留有浮动余砂，则试验结果偏大；若用的砂过粗，则试验结果偏小。因为表面留有浮动余砂，说明砂子没有完全摊铺平，则摊铺半径小。计算的原理就是：面积乘高等于体积，砂子的体积已知，摊铺半径已知，可求得高（即深度）。

21.［答案］ D

［解析］ $m_f - m_w$为毛体积；$m_a - m_w$为表观体积。

22.［答案］ A

［解析］ 常用填料大多是用石灰岩或岩浆岩中的强基性岩石等憎水性石料经磨细得到

的矿粉，在沥青混合料中起着很重要的作用，通过沥青和填料之间相互作用形成的结构沥青和组成的沥青胶浆，使混合料中的矿料结合成为一体。因为只有碱性石料加工成的矿粉与沥青才能够形成较发达的结构沥青，所以用于沥青混合料的填料只能采用石灰岩一类的憎水性碱性石料加工磨细制成，且要求必须达到一定的细度。

23.［答案］ A

［解析］ 《公路工程无机结合料稳定材料试验规程》(JTG E51—2009)P3：

2.1.15 劈裂强度 splitting strength

通过加载条加静载于圆柱形试件的轴向，试件按一定的变形速率加载，通过施加的压荷载与垂直、水平向变形的测量，计算的试件中心点的最大拉应力即不劈裂强度，也称间接拉伸强度(indirect tension strength)。

24.［答案］ B

［解析］ 水泥混凝土路面采用的集料中有害杂质主要指硫化物和氯化物的含量。

25.［答案］ B

［解析］ 试验结果的数据处理：无论是抗压强度还是抗折强度，试验结果均以3个试件的算术平均值作为测定值。如任一个测定值与中值的差超过中值的15%，取中值为测定结果；如两个测定值与中值的差都超过15%时，该组试验结果作废。

26.［答案］ B

［解析］ 试件视密度或毛体积密度。

27.［答案］ D

［解析］ 石灰工业废渣稳定土宜采用塑性指数为12～22的黏性土、亚黏土。

28.［答案］ D

［解析］ 《公路路基路面现场测试规程》(JTG E60—2008)P18，挖坛灌砂法测定压实度试验方法适用于在现场测定基层(底基层)、砂石路面及路基土的各种材料压实层的密度和压实度检测。但不适用于填石路堤等有大孔洞或大孔隙的材料压实层的压实度检测。

29.［答案］ D

［解析］

把已知量代入以下公式计算：

$$E_i = \frac{\pi D}{4} \cdot \frac{P_i}{L_i}(1 - \mu_0^2)$$

式中：E_i——相应于各级荷载下的土基回弹模量，MPa；

μ_0——土的泊松比，根据部颁路面设计规范规定选用；

D——承载板直径，$D = 30$cm；

P_i——承载板压力，MPa；

L_i——相对于荷载时的回弹变形，cm。

30.［答案］ B

［解析］ 参考《路基路面试验检测技术》有关计算方法。

二、判断题(正确的事实在后面括号中打“✓”，错误的事实在后面括号中打“×”。总共30道题，每题1分，共计30分)

1.［答案］ ×

［解析］ 试验室制作沥青混合料试件时的矿料规格及试件数量应符合如下规定：试件尺寸应符合试件直径不小于集料公称最大粒径的4倍，厚度不小于集料公称最大粒径的1～1.5倍的规定。对直径 ϕ101.6mm 的试件，集料公称最大粒径应不大于26.5mm。对粒径大于26.5mm的粗粒式沥青混合料，其大于26.5mm的集料应用等量的13.2～26.5mm集料代替（替代法），也可采用直径 ϕ152.4mm 的大型圆柱体试件。大型圆柱体试件适用于集料公称最大粒径不大于37.5mm的情况。试验室成型的一组试件的数量不得少于4个，必要时宜增加至5～6个。

《公路工程沥青及沥青混合料试验规程》（JTG E20—2011）。

2.［答案］ ×

［解析］ 混凝土拌和物的维勃稠值越大，其坍落度越小。

3.［答案］ ×

［解析］ 应放在坚实地面上，否则会影响击实效果。

4.［答案］ ×

［解析］ 半刚性基层交工验收时不需进行弯沉测定，可参见半刚性基层交工验收时检测项目。

5.［答案］ ×

［解析］ 沥青面层厚度大于5cm且路面温度超过20℃ ±2℃范围时，回弹弯沉值应进行温度修正。

6.［答案］ ✓

［解析］ 核子密度仪一般用于路基路面压实度快速测定，但不宜作为仲裁试验。

7.［答案］ ×

［解析］ 灌砂法不适用于填石路堤。

8.［答案］ ×

［解析］ 表干法用于测定吸水率不大于2%的各种沥青混合料试件的毛体积相对密度或毛体积密度，并以此为基础计算沥青混合料试件的空隙率、饱和度和矿料间隙率等各项体积指标。水中重法用于测定几乎不吸水的密级配沥青混合料试件的表观相对密度或表观密度。

9.［答案］ ×

［解析］ 《公路工程质量鉴定办法》（2010）关于工程质量等级划分：工程质量等级应按分部工程、单位工程、合同段、建设项目逐级进行评定，分部工程质量等级分为合理、不合理两种；单位工程、合同段、建设项目工程质量等级分为优、良、合格、不合格三种。

10.［答案］ ×

［解析］ 用环刀法测得的密度是环刀内土样所在深度范围内的平均密度，它不能代表整个碾压层平均密度。

11.［答案］ ×

［解析］ 当用散射法测定时，不需要打孔，应用细砂填平测试位置路表结构凹凸不平的空隙，使路表面平整，能与仪器紧密接触。

12.［答案］ ×

［解析］ 对于吸水率较大的沥青碎石混合料试件应用蜡封法测定其密度。《公路工程沥青及沥青混合料试验规程》(JTG E20—2011)：

1.1 表干法适用于测定吸水率小于 0.5% 的密实沥青混合料试件的表观相对密度或表观密度。

《公路工程沥青及沥青混合料试验规程》(JTG E20—2011)：

1.1 蜡封法适用于测定吸水率大于 2% 的沥青混凝土或沥青碎石混合料试件的毛体积相对密度或毛体积密度。

13.［答案］ ×

［解析］ 由于沥青碎石混合料的吸水率较大，不宜采用表干法、水中重法。

14.［答案］ ×

［解析］ 因为影响测定结果的因素很多，因次无法比较两种方法的测定结果。采用哪种方法应根据试件吸水率的大小确定。

15.［答案］ ×

［解析］ 用 3m 直尺测定平整度时，应将 3m 直尺平行于行车方向摆放，量测最大间隙。

16.［答案］ ×

［解析］《公路工程沥青及沥青混合料试验规程》(JTG E20—2011)：不包括矿料自身内部已被沥青封闭的孔隙。

2.1.21 沥青混合料试件的空隙率 percent air voids in bituminous mixtures

沥青混合料内矿料及沥青以外的空隙（不包括矿料自身内部已被沥青封闭的孔隙）的体积占试件体积的百分率，以 *VV* 表示。

17.［答案］ ✓

［解析］ 弯沉测定中，当某点的测试值超出 $\bar{L} \pm (2 \sim 3)S$ 时，应将其舍弃；并对舍弃的弯沉值过大的点，应找出其周围界限，进行局部处理。

18.［答案］ ×

［解析］ 在弯沉测试时只需根据情况进行支点变形修正、温度修正和季节修正。

19.［答案］ ×

［解析］ 用摆式仪测定路面抗滑性能时，重复 5 次测定的差值应不大于 3BPN。

20.［答案］ ×

［解析］ 工程建设项目的质量等级是根据单位工程是否全部评定合格来确定的。

21.［答案］ ×

［解析］ 当厚度代表值大于或等于设计厚度减去代表值允许偏差时，则按单个检查值的偏差不超过单点合格值来计算合格率；当厚度代表值小于设计厚度减去代表值允许偏差时，相应分项工程评为不合格。

22.［答案］ ×

［解析］ 地表面不平整会使灌砂体积增大，影响试验结果。

23.［答案］ ×

［解析］ 表干法适用于测定吸水率小于2%的各种沥青混合料密度。

24.［答案］ ×

［解析］ 混凝土的最佳砂率是指在水泥浆用量一定的条件下，能够使新拌混凝土的流动性最大，且能保持良好的黏聚性和保水性的砂率。

25.［答案］ ×

［解析］ 制作无机结合料强度试件时，试料质量值是最大干密度、最佳含水率、压实度与试模体积的乘积。

26.［答案］ √

［解析］ 沥青混合料车辙试验在规定条件下，测量试件每增加1mm变形需要碾压行走的次数。

27.［答案］ √

［解析］ 沥青混合料拌和过程中，如发现某热料仓溢料或待料，说明冷热料仓供料比不匹配，应适当调整相应冷料仓的流量。

28.［答案］ √

［解析］ 车载式颠簸累积仪测量平整度的原理为：车载式颠簸累积仪测量车辆在路面通行时后轴与车厢之间的单向位移累积值表示路面平整度。

29.［答案］ √

［解析］ 几种最大干密度试验方法比较见下表。

路基土最大干密度确定方法比较

试验方法	适用范围	土的粒组
轻型、重型击实法	小试筒适用于粒径不大于25mm的土 大试筒适用于粒径不大于38mm的土	细粒土 粗粒土
振动台法	①本试验规定采用振动台法测定无黏性自由排水粗粒土和巨粒土（包括堆石料）的最大干密度。②本试验方法适用于通过0.074mm标准筛的土颗粒质量百分数不大于15%的无黏性自由排水粗粒土和巨粒土。③对于最大颗粒大于60mm的巨粒土，因受试筒允许最大粒径的限制，宜按相似级配法的规定处理	粗粒土 巨粒土
表面振动压实仪法	①本试验规定采用振动台法测定无黏性自由排水粗粒土和巨粒土（包括堆石料）的最大干密度。②本试验方法适用于通过0.074mm标准筛的土颗粒质量百分数不大于15%的无黏性自由排水粗粒土和巨粒土。③对于最大颗粒大于60mm的巨粒土，因受试筒允许最大粒径的限制，宜按相似级配法的规定处理	粗粒土 巨粒土

30.［答案］ ×

［解析］ 当坍落度大于220mm时，需要测量坍落扩展值表示其和易性。《公路工程水泥及水泥混凝土试验规程》（JTG E30—2005）：

3.5 当混凝土拌和物的坍落度大于220mm时，用钢尺测量混凝土扩展后最终的最大直径和最小直径，在这两个直径之差小于50mm的条件下，用其算术平均值作为坍落扩展度值；

否则,此次试验无效。

三、多项选择题(每道题目所列出的备选项中,有两个或两个以上正确答案,选项全部正确得满分,选项部分正确按比例得分,出现错误选项该题不得分。总共20道题,每小题2分,共计40分)

1.[答案] BCD

[解析] 单位工程是在建设项目中,根据签订的合同,具有独立施工条件的工程。一般建设项目的单位工程有路基工程(每10km或每标段)、路面工程(每10km或每标段)、桥梁工程(特大、大中桥)、互通立交工程、隧道工程、环保工程、交通安全设施(每20km或每路段)标段、机电工程、房屋建筑工程。

2.[答案] AB

[解析] 对规定检查项目采用现场抽样方法,按照规定频率和计分方法对分项工程的施工质量直接进行检测计分。检查项目除按数理统计方法评定的项目以外,均应按单点(组)测定值是否符合标准要求进行评定,并按合格率计分。

3.[答案] BC

[解析] 可参考下表。

沥青表面处治面层实测项目

项次	检查项目		规定值或允许偏差	检查方法和频率	权值
1	平整度	σ(mm)	4.5	平整度仪:全线每车道连续按每100m计算IRI或σ	2
		IRI(m/km)	7.5		
		最大间隙h(mm)	10	3m直尺:每200m测2处×10尺	
2	弯沉值(0.01mm)		符合设计要求	按有关方法检查	2
3Δ	厚度(mm)	代表值	-5	按有关方法检查,每200m每车道1点	3
		合格值	-10		
4	沥青总用量(kg/m^2)		±0.5%	每工作日每层洒布查1次	2
5	中线平面偏位(mm)		30	经纬仪:每200m测4点	1
6	纵断高程(mm)		±20	水准仪:每200m测4断面	1
7	宽度(mm)	有侧石	±30	尺量:每200m测4处	2
		无侧石	不小于设计		
8	横坡(%)		±0.5	水准仪:每200m测4断面	1

4.[答案] ABCD

[解析] 对于路基路面的压实度、弯沉值、路面结构层厚度、水泥混凝土抗压和抗弯拉强度、半刚性材料强度及路面横向力系数等检查项目,应按要求采用有关数理统计方法进行评定计分。

5.[答案] CA

[解析] 路面抗滑性能是指车辆轮胎受到制动时沿表面滑移所产生的力。通常,抗滑性能被看作是路面的表面特性,并用轮胎与路面间的摩阻系数来表示。表面特性包括路表面细

构造和粗构造。影响抗滑性能的因素有路面表面特性、路面潮湿程度和行车速度。路表面细构造是指集料表面的粗糙度，它随车轮的反复磨耗而逐渐被磨光。通常采用石料磨光值(PSV)表征抗磨光的性能。细构造在低速(30～50km/h以下)时对路表抗滑性能起决定作用；而高速时主要起作用的是粗构造，它是由路表外露集料形成的构造，功能是使车轮下的路表水迅速排除，以避免形成水膜。粗构造由构造深度表征。

6.[答案] AB

[解析] 沥青路面铺筑的其中一个基本点是沥青层能够基本上封闭雨水的下渗，即路面必须具有良好的防渗水性。如果路面渗水严重，则沥青混合料和路面的耐久性将大幅降低。路面渗水性能成为反映沥青混合料级配组成的一个间接指标。沥青路面渗水性能通常用渗水系数表征。渗水系数是指在规定的水头压力下，水在单位时间内通过一定面积的路面渗入下层的数量。研究与实践表明，路面渗水系数与空隙率有很大关系，通常剩余空隙率越大，路面渗水系数越大，路面渗水越严重。但同样的空隙率，路面的渗水情况却不同。因为空隙率包括了开空隙和闭空隙，而只有开空隙才能够透水。由此可见，渗水系数与空隙率又是性质不同的两项指标，控制好空隙率和压实度，并不能完全保证渗水性能。同时，渗水系数非常直观，所以很多国家越来越重视直接检查渗水系数。由于路面在使用过程中，灰尘极易堵塞空隙，使渗水试验无法做好，因此，渗水系数测试应在路面施工结束后进行测试。

7.[答案] ABC

[解析] 沥青混合料标准密度的确定方法有试验路段法、马歇尔试验法、实测最大理论密度法。

8.[答案] ABD

[解析] 详见《公路》模拟试题(一)单选题11答案解析。

9.[答案] AB

[解析] 关闭细管下方的开关，向仪器的上方量筒中注入淡红色的水至满。迅速将开关全部打开，水开始从细管下部流出，待水面下降100ml时，立即开动秒表，每间隔60s，读记仪器管的刻度一次，至水面下降500ml时为止。

10.[答案] BC

[解析] 用钢板尺或卡尺沿周围对称的十字方向四处量取表面至上下层界面的高度，取其平均值，即为该层的厚度，精确至0.1cm。

11.[答案] ABD

[解析] 平整度测试方法比较见《公路》模拟题(三)11题解析中相应内容表。

12.[答案] ACD

[解析] 灌砂法现场测定路基或路面材料密度，当集料最大粒径≥15mm，≤40mm，测定层厚度≥150mm，测定层厚度≤200mm时宜采用ϕ150mm的大型灌砂筒。

13.[答案] ABC

[解析] 水泥稳定土一般采用普通硅酸盐、矿渣硅酸盐、火山灰硅酸盐水泥。

14.[答案] BCD

[解析] 试验前准备工作：①检查并保持测定用标准车的车况及制动性能良好，轮胎内胎符合规定充气压力。②向汽车车槽中装载(铁块或集料)，并用地中衡称量后轴总质量，应

符合轴重规定。汽车行驶及测定过程中,轴重不得变化。③测定轮胎接地面积:在平整光滑的硬质路面上用千斤顶将汽车后轴顶起,在轮胎下方铺一张新的复写纸,轻轻落下千斤顶,即在方格纸上印上轮胎印痕,用求积仪或数方格的方法测算轮胎接地面积。④检查弯沉仪百分表测量灵敏情况。

15.[答案]　AC

[解析]　量砂准备:取洁净的细砂晾干、过筛,取 0.15 ~ 0.3mm 的砂置适当的容器中备用。量砂只能在路面上使用一次,不宜重复使用。对测试路段按随机取样选点的方法,决定测点所在横断面位置。测点应选在行车道的轮迹带上,距路面边缘不应小于 1m。用钢板尺测量所构成圆的两个垂直方向的直径,取其平均值,准确至 5mm。按以上方法,同一处平行测定不少于 3 次,3 个测点均位于轮迹带上,测点间距 3 ~ 5m。该处的测定位置以中间测点的位置表示。

16.[答案]　ABCD

[解析]　摆式仪摆及摆的连接部分总质量为 1 500g ± 30g,摆动中心至摆的重心距离为 410mm ± 5mm。测定时,摆在路面上滑动长度为 126mm ± 1mm,摆上橡胶片端部距摆动中心的距离为 508mm,橡胶片对路面的正向静压力为 22.2N ± 0.5N。橡胶片使用后,端部在长度方向上磨损超过 1.6mm 或边缘在宽度方向上磨耗超过 3.2mm,或有油污染时,即应更换新橡胶片。新橡胶片应先在干燥路面上测 10 次后再用于测试,橡胶片的有效使用期为 1 年。

17.[答案]　ABC

[解析]　水泥混凝土路面芯样检查内容包括外观检查、测量芯样的尺寸、测定表观密度。

18.[答案]　ABC

[解析]　无机混合料稳定土击实试验甲法、乙法和丙法比较见下表。

试验方法类别

类别	锤的质量(kg)	锤击面直径(cm)	落高(cm)	试筒尺寸			锤击层数	每层锤击次数	平均单位击实功(J)	容许最大粒径(mm)
				内径(cm)	高(cm)	容积(cm)				
甲	4.5	5.0	45	10	12.7	997	5	27	2.687	25
乙	4.5	5.0	45	15.2	12.0	2 177	5	59	2.687	25
丙	4.5	5.0	45	15.2	12.0	2 177	5	98	2.687	40

19.[答案]　ABCD

[解析]　当摆式仪使用的橡胶片出现端部在长度方向上磨损超过 1.6mm、边缘在宽度方向上磨耗超过 3.2mm、橡胶片被油污染、使用时间超过 1 年时,应更换新橡胶片。

20.[答案]　ABCD

[解析]　《公路养护安全作业规程》(JTG H30—2004)规定:凡在公路上进行养护维修作业的人员必须穿带有反光标志的工作装,必须设置相关的梁化装置和标志,并指派专人负责维持交通。

四、问答题(总共 5 道题,每题 10 分,共计 50 分)

1.答:《公路工程无机结合料稳定材料试验规程》(JTG E51—2009)P97:

(1)制备高径比为1:1的试件,每组试件:小试件不少于6个,中试件不少于9个,大试件不少于13个。

(2)把试件按标准养生方法进行7d养生。

(3)选择合适量程的测力计和拉力机。

(4)将已浸水一昼夜的试件从水中取出,用软的旧布吸试件表面的可见自由水,并称试件的质量m。

(5)用游标卡尺量试件的高度h1,准确到0.1mm。

(6)将试件放到路面材料强度试验仪的升降台上(台上先放一扁球座),进行抗压试验。试验过程中,应使试件的形变等速增加,并保持速率约为1mm/min记录试件破坏时的最大压力P(N)。

(7)从试件内部取有代表性的样品(经过打破)测定其含水率w。

(8)计算试件的无侧限抗压强度Rc。$Rc0.95$($=Rc-1.645S$)。同一组试验的偏差系数Cv(%)应符合下列规定:小试件不大于6%,中试件不大于10%,大试件不大于15%。

2. 答:《公路工程沥青及沥青混合料试验规程》(JTG E20—2011)P265:沥青混合料车辙试验是用一块碾压成型的板块试件(通常尺寸为300mm × 300mm ×50 ~100mm)在规定温度条件(通常为60℃)下,以一个轮压为0.7MPa的实心橡胶轮胎在其上行走,测量试件在变形稳定期时,每增加1mm变形需要行走的次数,即称为"动稳定度",以次/mm表示。

试验仪具:1)车辙试验机;2)恒温室:能保持恒温室温度(60 ±1)℃;3)台秤:称量15kg,感量不大于5g。

试验方法:(1)测定试验轮压强[应符合(0.7 ±0.05)MPa],将试件装于原试模中。(2)将试件连同试模一起,置于达到试验温度(60 ±1)℃的恒温室中,保温不少于5h,也不得多于12h。在试件的试验轮不行走的部位上;粘贴一个热电偶温度计,控制试件温度稳定在(60 ±0.5)℃。(3)将试件连同试模置于车辙试验机的试件台上;试验轮在试件的中央部位,其行走方向须与试件碾压方向一致。开动车辙变形自动记录仪,然后启动试验机,使试验轮往返行走,时间约1h最大变形达到25mm为止。试验时,记录仪自动记录变形曲线及试件温度。(4)结果计算:①从曲线上读取45min(t_1)及60min(t_2)时的车辙变形d_1及d_2,精确至0.01mm。如变形过大,在未到60min变形已达25mm时,则以达到25mm(d_2)时的时间为t_2,将其前15min为t_1,此时的变形量为d_1。②计算沥青混合料试件的动稳定度。(5)报告:同一沥青混合料或同一路段的路面,至少平行试验3个试件。变异系数小于20%时,取其平均值作为试验结果。变异系数大于20%时应分析原因,并追加试验。

3. 答:《公路工程无机结合料稳定材料试验规程》(JTG E51—2009):

①选择合适量程的测力计和试验机;

②加载板上的计算单位压力的选定值;实际加载的最大单位压力应略大于选定值。

③将试件浸水24h后从水中取出并用布擦干后放在加载底板上,在试件顶面稀撒少量0.25 ~0.5mm的细砂,并手压加载顶板在试件顶面边加压边旋转,使细砂填补表面微观的不平整,并使多余的砂流出,以增加顶板与试件的接触面积。

④安置千分表,使千分表的脚支在加载顶板直径线的两侧并离试件中心距离大致相等。

⑤将带有试件的测形变装置放到路面材料强度试验仪的升降台上,调整升降台的高度,使加载顶板与测力环下端的压头中心与加载顶板的中心接触。

⑥预压:先用拟施加的最大载荷的一半进行两次加荷卸荷预压试验,使加载顶板与试件表

面紧密接触。第 2 次卸载后等待 1min，然后将千分表的短指针约调到中间位置，并将长指针调到 0，记录千分表的原始读数。

⑦回弹形变测量：将预定的单位压力分成 5 ~ 6 个等分，作为每次施加的压力值。实际施加的荷载应较预定级数增加一级。施加第 1 级荷载（如为预定最大荷载的 1/5），待荷载作用达 1min 时，记录千分表的读数，同时卸去荷载，让试件的弹性形变恢复到 0.5min 时记录千分表的读数。施加第 2 级荷载（为预定最大荷载的 2/5），同前待荷载作用 1min，记录千分表的读数，卸去荷载，卸荷后达 0.5min 时，再记录千分表的读数，并施加第 3 级荷载。如此逐级进行，直至记录下最后一级荷载下的回弹形变。

4. **答**：这样做的结果会导致所测压实度偏小。

因为如测定层表面较粗糙，而操作中未放置基板测定 m_6，直接凿挖试坑并灌砂测定 m_4，则由于测定层表面的不平整，在测定层表面与基板之间会有一定的空隙。填满试坑的砂质量 m_b 就包含了填充这一空隙的一部分砂的质量，而试坑的体积 $V=\dfrac{m_b}{\gamma_s}$，当 m_b 增大时，V 也增大；

而 $\rho_d=\dfrac{m_d}{V}$，故 ρ_d 变小，压实度结果也偏小。

5. **答**：砂的密度：$\gamma_s=\dfrac{3\,885}{3\,035}=1.28(\mathrm{g/cm^3})$；

填满试坑砂的质量：$m_b=m_1-m_4-m_2=5\,820-1\,314-615=3\,891(\mathrm{g})$；

土体湿密度：$\rho_w=\dfrac{m_w}{m_b}\cdot\gamma_s=\dfrac{5\,867}{3\,891}\times1.28=1.93(\mathrm{g/cm^3})$；

土体含水率：$w=\dfrac{m_w-m_d}{m_d}=\dfrac{5\,867-5\,036}{5\,036}=16.5(\%)$；

土体干密度：$\rho_d=\dfrac{\rho_w}{1+0.1w}=1.657(\mathrm{g/cm^3})$；

压实度：$K=\dfrac{\rho_w}{\rho_0}=\dfrac{1.657}{1.68}=98.6(\%)$。

《公路》模拟试题(五)

一、单项选择题(四个备选项中只有一个正确答案,总共30道题,每题1分,共计30分)

1. 使用核子密度湿度仪测定密度前应与灌砂法的结果进行标定,对同一种路面厚度及材料类型,使用前至少测定(　　)处,求取两种方法测定密度的相关关系。

A. 15　　B. 20　　C. 25　　D. 30

2. (　　)法适用于现场土基表面,通过逐级加载、卸载的方法测出每级荷载下相应的土基回弹变形,经计算求得土基回弹模量。

A. 贝克曼梁法　　B. 承载板法　　C. CBR 法　　D. 贯入仪法

3. 公路工程质量检验评定的依据为(　　)。

A. 设计规范　　B. 施工规范

C. 质量检验评定标准　　D. 试验规程

4. 摆式仪测某点抗滑值,若5次读数分别为57、58、59、57、57,则该点抗滑值为(　　)摆值。

A. 57　　B. 57.8　　C. 58　　D. 59

5. 一个合同段的路基土石方工程在建设项目中作为一个(　　)

A. 单项工程　　B. 主体工程　　C. 分部工程　　D. 分项工程

6. 填隙碎石基层其密实程度用(　　)表示。

A. 干密度　　B. 压实度　　C. 固体体积率　　D. 压实系数

7. 测定半刚性材料7d无侧限抗压强度时,试件应饱水(　　)。

A. 1d　　B. 2d　　C. 3d　　D. 7d

8. 高速、一级公路沥青表面层的摩擦系数宜在竣工后的(　　)采用摩擦系数测定车测定。

A. 第1个夏季　　B. 第1个冬季

C. 第1个雨季　　D. 第1个最不利季节

9. 土方路基平整度常用(　　)测定。

A. 3m 直尺法　　B. 连续平整度仪法

C. 颠簸累积仪法　　D. 水准仪法

10. 土基回弹模量 E_0 的单位是(　　)。

A. MN　　B. kN　　C. kg　　D. MPa

11. 坍落度仪试验法适用于公称最大粒径不大于31.5mm,坍落度不小于(　　)mm的混凝土。

A. 5　　B. 10　　C. 15　　D. 20

12. 巨粒土的标准密度适宜采用(　　)来测定。

A. 轻型击实法　　B. 重型击实法

C. 振动台法　　D. 压实法

13. 公路路基土方压实度按(　　)设定。

A. 两档　　B. 三档　　C. 四档　　D. 五档

14. 水泥石灰综合稳定土当水泥用量占结合料总质量的(　　)%时,应按水泥稳定类进行设计。

A. 20　　B. 30　　C. 40　　D. 50

15. 按照《公路工程质量鉴定办法》(2010),工程实体检测时,每个合同段路基压实度检查点数不少于(　　)个。

A. 10　　B. 5　　C. 15　　D. 20

16. 分项工程评分值与(　　)无关。

A. 实测项目的数量　　B. 实测项目的合格率和规定分值

C. 外观缺陷数量和程度　　D. 质量保证资料的完整性和真实性

17. 将混凝土试件的成型侧面作为受压面置于压力机中心并对中,施加荷载时,对于强度等级为 C30 ~ C60 的混凝土,加载速度取(　　)MPa/s。

A. 0.3 ~ 0.5　　B. 0.5 ~ 0.8　　C. 0.8 ~ 1.0　　D. 1.0

18. 压实度评定时,用(　　)来反映路段的总体压实质量。

A. 平均值　　B. 标准偏差　　C. 代表值　　D. 合格率

19. 承载板法测定的土基回弹模量可作为(　　)。

A. 路面质量评定用　　B. 路面设计参数使用

C. 路基设计参数用　　D. 路基质量评定用

20. 水泥稳定土基层采用厂拌法施工时延迟时间不应超过(　　)h。

A. 2　　B. 3　　C. 4　　D. 5

21. 当弯沉代表值小于设计弯沉值(或竣工验收弯沉值)时,其得分为(　　)。

A. 100 分　　B. 规定的满分　　C. 合格率 × 规定分　　D. 零分

22. 沥青混合料马歇尔稳定度试验中加荷速度为(　　)mm/min。

A. 10 ± 5　　B. 25 ± 5　　C. 50 ± 5　　D. 75 ± 5

23. 3m 直尺测定路面平整度的叙述有:①3m 直尺测定法有单尺测定最大间隙和等距离连续测定两种;②单尺测定最大间隙常用于施工质量检查验收;③等距离连续测定计算标准差,用于施工质量控制;④路基路面质量检查验收或路况评定需要时,应首尾相接连续测量 10 尺;⑤一般以行车道一侧车轮轮迹带作为连续测定的标准位置;⑥已形成车辙的旧路面,应取车辙中间位置为测定位置。正确叙述有(　　)。

A. ①②③④　　B. ①④⑤⑥　　C. ①②③⑤⑥　　D. ①②③④⑤⑥

24. 关于石灰稳定土劈裂强度试验有以下说法:①试件是高径比为 1∶1 的圆柱体;②试件以最佳含水率和最大干密度静压成型;③粗粒土试模直径为 15cm;④南方地区试件养生温度为 25℃ ±2℃;⑤用于应力检验时试件保湿保温养生 90d 进行强度试验。正确的说法有(　　)。

A. ①②③　　B. ③④⑤　　C. ①③④　　D. ①②③④⑤

25. 水泥稳定土击实试验有以下说法:①试料采用四分法取样;②预定含水率依次相差1% ~2%,且其中至少有2个大于和2个小于最佳含水率;③试料加入计算用水量和水泥后装入塑料袋浸湿备用;④最后一层试样超出试筒顶的高度不得大于6mm。正确说法是(　　)。

A. ①②④　　B. ②④　　C. ②③　　D. ①②③④

26. 关于水泥稳定碎石回弹模量试件养生的说法:①养生温度为南方25℃ ±2℃,北方20℃ ±2℃;②养生龄期6个月;③养生期间试件的质量损失不超过10g;④养生期的最后一天,应将试件浸泡在水中。正确的是(　　)。

A. ①②③　　B. ①②④　　C. ①③④　　D. ①②③④

27. 有关平整度测试的说法有:①反应类平整度测试设备测定路面表面凹凸引起车辆振动的颠簸情况;②连续式平整度仪属于反应类测试设备;③VBI与国际平整度指数有良好的相关关系;④反应类平整度指标实际上是舒适性指标。描述正确的是(　　)。

A. ①③④　　B. ①②③　　C. ②③④　　D. ①②③④

28. 水泥稳定细粒土基层集中厂拌法施工时,水泥最小剂量为(　　)%。

A. 3　　B. 4　　C. 5　　D. 6

29. 路面钻芯取样法采取芯样的直径宜不小于最大集料粒径的(　　)。

A. 3倍　　B. 4倍　　C. 5倍　　D. 6倍

30. 分部工程和单位工程采用(　　)评分方法。

A. 合格率评分法　　B. 数理统计评分方法　　C. 加权平均值　　D. 算术平均值

二、判断题(正确的事实在后面括号中打"√",错误的事实在后面括号中打"×"。总共30道题,每题1分,共计30分)

1. 分项工程检查不合格,经过加固、补强、返工或整修后,可以复评为优良。(　　)

2. 对于水泥混凝土路面,必须检测回弹弯沉。(　　)

3. 水泥混凝土强度试验中,应始终缓慢均匀加荷,直至试件破坏,记录破坏时的极限荷载。(　　)

4. 在一定范围内,普通混凝土的抗压强度与其水灰比呈线性关系。(　　)

5. 在结构尺寸和施工条件允许的前提下,粗集料的粒径尽可能选择的大一些,可以节约水泥。(　　)

6. 用3.6m弯沉仪测定土方路基的回弹弯沉时,必须进行支点修正。(　　)

7. 流动性大的混凝土比流动性小的混凝土得到的强度低。(　　)

8. 现场配置混凝土时,如果不考虑集料的含水率,会降低混凝土的强度。(　　)

9. 采用质量法计算混凝土的砂石用量时,必须考虑混凝土的含气率。(　　)

10. 影响沥青混合料施工和易性的首要因素是施工条件的控制。(　　)

11. 构造深度越小,说明路面的抗滑性能越好。(　　)

12. 无机结合料稳定类基层无侧限抗压强度试验时,应按最大干密度成型试件。(　　)

13. 当压实度代表值大于压实度标准时,则路段的压实度指标可得规定的满分。(　　)

14. 水泥混凝土路面抗滑性能常用摩擦系数来表示。 ( )

15. 在沥青拌和厂取样时，应将专用容器装在拌和机卸料斗下方，每放一次料取一次样，连续取几次，混合即可。 ( )

16. 平整度是重要的检测项目，故应采用数理统计的方法进行评定。 ( )

17. 当缺乏运动黏度测定条件时，制备沥青混合料试件的拌和与压实温度可按现行规范提供的参考表选用。针入度小、稠度大的沥青取低限；针入度大、稠度小的沥青取高限；一般取中值。 ( )

18. 水泥混凝土配合比有单位用量和相对用量两种表示方法。 ( )

19. 在制作 EDTA 标准曲线时，应准备 5 种不同水泥（石灰）剂量的试样，每种 1 个样品。 ( )

20. 对于平均增高小于 6m 的浆砌挡土墙，每处作为分项工程进行评定。 ( )

21. 当所配置的 EDTA 溶液用完后，应按照同样的浓度配置 EDTA 溶液，但不需要重作标准曲线。 ( )

22. 无机结合料稳定土击实试验，根据击实功的不同，可分为轻型和重型两种试验方法。 ( )

23. EDTA 滴定法主要用来在工地快速测定水泥和石灰稳定材料中水泥和石灰的剂量，但不可以用来测定水泥和石灰综合稳定材料中结合料的剂量。 ( )

24. 采用摆式仪测定同一路面的抗滑值 BPN 时，如果路面温度越高，其测定的 BPN 值就越大。 ( )

25. 路基和路面基层、底基层的现场密度检测采用重、轻型击实试验为准。 ( )

26 用挖坑法测量路面结构厚度时，开挖面积应尽量得大。 ( )

27. 当沥青混凝土面层平整度检测值的合格率为 96% 时，若规定分为 15 分，则平整度的评分值为 0.96 分。 ( )

28. 路基工程作为单独合同段进行交工验收时，应邀请路面施工单位参加。 ( )

29. 质量检验评定中的实测项目是指涉及结构安全和使用功能的重要检测项目。 ( )

30. 若外观鉴定检查发现取土坑和弃土堆位置不符合要求，可以进行评定，但须按处减分。 ( )

三、多项选择题（每道题目所列出的备选项中，有两个或两个以上正确答案，选项全部正确得满分，选项部分正确按比例得分，出现错误选项该题不得分。总共 20 道题，每小题 2 分，共计 40 分）

1. 以下（ ）是工地快速测定无机结合料稳定土含水率的方法。

A. 烘干法 B. 砂浴法 C. 酒精法 D. 核子密度仪法

2. 沥青混合料中沥青用量可以采用（ ）来表示。

A. 沥青含量 B. 粉胶比 C. 油石比 D. 沥青膜厚度

3. 沥青混合料组成设计包括（ ）设计阶段。

A. 目标配合比设计 B. 生产配合比设计

C. 生产配合比折算 D. 生产配合比验证

4. 水泥稳定基层材料的集料最大粒径不大于(　　),底基层材料的集料最大粒径不大于(　　)。

A. 31.5mm　　B. 16.5mm　　C. 37.5mm　　D. 19.5mm

5. 目前,测定回弹模量的方法有(　　)。

A. 承载板法　　B. 贝克曼梁法

C. CBR 间接推算法　　D. 贯入仪间接推算法

6. 在建设项目中,根据业主下达的任务和签订的合同,必须具备(　　)条件才可成为单位工程。

A. 规模较大　　B. 独立施工

C. 独立成本计算　　D. 一定量的人员

7. 测定马歇尔稳定度,指在规定(　　)条件下,标准试件在马歇尔仪中最大的破坏荷载。

A. 温度　　B. 湿度　　C. 变形　　D. 加荷速度

8. 水泥稳定碎石基层交工验收时,需检测的项目包括(　　)等。

A. 弯沉　　B. 强度　　C. 压实度　　D. 厚度

9. 可以测定路面与轮胎之间摩阻系数的方法是(　　)。

A. 铺砂法　　B. 制动距离法

C. 摩擦系数测试车　　D. 摆式仪

10. 采用核子仪测定土基压实度时,核子仪的标定包括(　　)标定。

A. 与仪器附带标准块

B. 与施工现场环刀法

C. 与施工现场灌砂法

D. 施工现场取样采用烘干法测定的含水率

11. 不能采用挖坑法测定厚度的结构层有(　　)。

A. 级配碎石过渡层

B. 水泥稳定碎石基层

C. 水泥混凝土路面板

D. 沥青混凝土面层

12. 沥青混合料标准配合比设计时,应控制(　　)筛孔通过率

A. 0.075mm　　B. 2.36mm　　C. 4.75mm　　D. 9.5mm

13. 水混凝土用砂中的有害杂质包括泥或泥块及(　　)。

A. 有机质　　B. 云母　　C. 轻物质　　D. 三氧化硫

14. 水泥混凝土配合比设计中,耐久性是通过(　　)控制的。

A. 最大水灰比　　B. 最小砂率　　C. 最小水泥用量　　D. 最大用水量

15. 关于石灰中有效氧化钙和氧化镁合量简易测试方法的说法,正确的有(　　)。

A. 迅速称取石灰试样 0.8~1.0g(准确至 0.0001g),放入 300mL 三角瓶中加入 150mL 新煮沸并已冷却的蒸馏水和 10 颗玻璃珠。

B. 瓶口上插一短颈漏斗,加热 5min,但勿使沸腾,放入冷水中迅速冷却。

C. 滴入酚酞指示剂 2 滴,在不断摇动下以盐酸标准液滴定,控制速度为每秒 2~3 滴,

至粉红色完全消失，稍停，又出现红色，继续滴入盐酸.如此重复几次，直至5min内不出现红色为止。如滴定过程持续半小时以上，则结果只能作参考。

D. 按公式计算有效钙镁含量。对同一石灰样品至少应做两个试样和进行两次测定，并取两次测定结果 的平均值代表最终结果。

16. 一般来说，测定沥青面层压实度的方法有(　　)。

A. 灌砂法　　B. 环刀法　　C. 水袋法　　D. 钻芯取样法

17. 沥青混合料标准密度可用(　　)表示。

A. 马歇尔密度

B. 表干密度

C. 试验路密度

D 重型击实试验密度

18. 在制备石灰稳定土无侧限抗压强度试件时，要向土中加水拌和湿润，加水量应满足(　　)要求。

A. 对于细粒土，含水率较最佳含水率小3%

B. 对于中、粗粒土，含水率为最佳含水率

C. 对于细粒土，含水率为最佳含水率

D. 对于细、中、粗粒土，含水率均为最佳含水率

19. 水泥混凝土的技术性质包括(　　)。

A. 工作性　　B. 强度　　C. 耐久性质　　D. 力学性质

20. 分项工程的扣分包括(　　)。

A. 外观缺陷扣分　　B. 资料不全扣分

C. 基本要求不符扣分　　D. 使用材料不合要求扣分

四、问答题(共5道题，每题10分，共计50分)

1. 按照公路工程质量检验评定标准(JTG F80/1－2004)，分项工程质量等级如何评定?

2. 简要叙述沥青混合料中沥青含量有哪些测定方法，各适用于什么条件。

3. 试述马歇尔稳定度试验操作步骤。

4. 简述路面水泥混凝土配合比设计步骤。

5. 某一级公路水泥稳定碎石基层，已知 $R_d = 3.2$MPa，现测得某段的无侧限抗压强度数值如下(MPa)，请对该段的强度结果进行评定并计算其得分值。(规定分为20分，保证率为95%)3.86、4.06、3.52、3.92、3.52、3.92、3.84、3.56、3.72、3.53、3.68、4.00。

附　表

保证率	$t_{\alpha}/\sqrt{n}$			保证率系数 Z_{α}
	$n=10$	$n=11$	$n=12$	
99%	0.892	0.833	0.785	2.327
95%	0.580	0.546	0.518	1.645
90%	0.437	0.414	0.393	1.282
97.72%	0.814	0.761	0.718	2.00
93.32%	0.537	0.506	0.481	1.50

《公路》模拟试题(五)答案及解析

一、单项选择题(四个备选项中只有一个正确答案,总共30道题,每题1分,共计30分)

1.[答案] A

[解析] 使用核子密度湿度仪测定密度前应与灌砂法的结果进行标定,对同一种路面厚度及材料类型,使用前至少测定15处。故选A项。

《公路路基路面现场测试规程》(JTG E60—2008):

在进行沥青混合料压实层密度测定前,应用核子密湿度仪与钻孔取样的试件进行标定;测定其他材料密度时,宜与挖坑灌砂法的结果进行标定。标定的步骤如下:

①选择压实的路表面,与试验段测定时的条件一致,对纹理较大的路面必须用细砂填平,然后将仪器放置在测试点上转动几下,或者在测试点上用刮平板平刮几下,以达到测试条件。按要求的测定步骤用核子密湿度仪测定密度,读数。

②在测定的同一位置用钻机钻孔法或挖抗灌砂法取样,量测厚度,按相关规范规定的标准方法测定材料的密度。

③对同一种路面厚度及材料类型,在使用前至少测定15处,求取两种不同方法规定的密度的相关关系,其相关系数 R 应不小于0.95。

2.[答案] B

[解析] 承载板法法适用于现场土基表面,通过逐级加载、卸载的方法,测出每级荷载下相应的土基回弹变形,经计算求得土基回弹模量。

3.[答案] C

[解析] 保证工程质量,原交通部制定了《公路工程质量检验评定标准》。该标准适用于公路工程施工单位、工程监理单位、建设单位、质量检测机构和质量监督部门对公路工程质量的管理、监控和检验评定。

4.[答案] C

[解析] 操作测定5次,并读记每次测定的摆值,即BPN。5次数值中最大值与最小值的差值不得大于3BPN。如差数大于3BPN,应检查产生的原因,并再次重复上述各项操作,至符合规定为止。取5次测定的平均值作为每个测点路面的抗滑值(即摆值FB),取整数,以BPN表示。

5.[答案] C

[解析] 《公路工程质量检验评定标准》(JTG F80/1—2004):附录A单位、分部及分项工程的划分。

单位工程	分部工程	分项工程
路基工程(每10km或标段)	路基土石方工程*[①](1~3km路段)[②]	土方路基*,石方路基*,软土地基*,土工合成材料处治层*等
	排水工程(1~3km路段)	管节预制,管道基础及管节安装*,检查(雨水)进砌筑*,土沟,浆砌排水沟*,盲沟,跌水,急流槽*,水簸箕,捧水泵站等

续上表

单位工程	分部工程	分项工程
路基工程（每10km或标段）	水桥及符合小桥标准的通道＊，人行天桥，渡槽（每座）	基础及下部构造＊，上部构造预制、安装或浇筑＊，桥面＊，栏杆，人行道等
	涵洞、通道（1～3km路段）	基础及下部构造＊，主要构件预制、安装或浇筑＊，填土，总体等
	砌筑防护工程（1～3km路段）	挡土墙＊，墙背填土，抗滑桩＊，锚喷防护＊，锥、护坡，导流工程，石笼防护等
	大型挡土墙＊，组合式挡土墙＊（每处）	基础＊，墙身＊，墙背填土，构件预制＊，构件安装＊，筋带，锚杆、拉杆，总体＊等

6.［答案］　C

［解析］　填隙碎石基层其密实程度用固体体积率表示，可参见《公路》模拟试题（一）单选题4答案解析内容。

7.［答案］　A

［解析］　测定半刚性材料7d无侧限抗压强度时，试件应饱水1d。

8.［答案］　A

［解析］　高速、一级公路沥青表面层的摩擦系数宜在竣工后的第1个夏季采用摩擦系数测定车测定。

9.［答案］　A

［解析］　土方路基平整度常用3m直尺法测定。

10.［答案］　D

［解析］　土基回弹模量E_0的单位是MPa。

11.［答案］　B

［解析］　坍落度仪试验法适用于公称最大粒径不大于31.5mm，坍落度不小于10mm的混凝土。

12.［答案］　C

［解析］　巨粒土的标准密度适宜采用振动台法来测定。

试验方法	适用范围	土的粒组
轻型、重型击实法	小试筒适用于粒径不大于25mm的土 大试筒适用于粒径不大于38mm的土	细粒土 粗粒土
振动台法	①本试验规定采用振动台法测定无黏性自由排水粗粒土和巨粒土（包括堆石料）的最大干密度。②本试验方法适用于通过0.074mm标准筛的土颗粒质量百分数不大于15%的无黏性自由排水粗粒土和巨粒土。③对于最大颗粒大于60mm的巨粒土，因受试筒允许最大粒径的限制，宜按相似配法的规定处理	粗粒土 巨粒土
表面振动压实仪法	同上	粗粒土 巨粒土

13.[答案] B

[解析] 公路路基土方压实度按三档设定,即高速公路、一级公路,二级公路,三级、四级公路。

14.[答案] B

[解析] 水泥石灰综合稳定土当水泥用量占结合料总质量的30%时,应按水泥稳定类进行设计。

15.[答案] A

[解析] 参考《公路工程质量鉴定办法》(2010),工程实体检测中,路基工程压实度、边坡每公里抽查不少于一处,每个合同段路基压实度检查总数不少于10个。

16.[答案] A

[解析] 分项工程评分值与实测项目的合格率和规定分值,质量保证资料的完整性和真实性,外观缺陷数量和程度有关;与实测项目的数量无关。

17.[答案] B

[解析] 混凝土抗压强度试验以成型时的侧面作为受压面,将混凝土置于压力机中心并位置对中。施加荷载时,对于强度等级小于C30的混凝土,加载速度为0.3~0.5MPa/s;强度等级大于C30且小于C60时,取0.5~0.8MPa/s的加载速度;强度等级大于C60的混凝土,取0.8~1.0MPa/s的加载速度。

18.[答案] C

[解析] 压实度评定时,用代表值来反映路段的总体压实质量。

19.[答案] B

[解析] 承载 板法检测回弹模量试验目的和适用范围:①本方法适用于在现场土基表面,通过承载板对土基逐渐加载、卸载的方法,测出每级荷载下相应的土基回弹变形值,经过计算求得土基回弹模量。②本方法测定的土基回弹模量可作为路面设计参数使用。

20.[答案] A

[解析] 《公路路面基层施工技术规范》(JTJ 034—2000):水泥稳定土结构层路拌法施工时,必须严密组织,采用流水作业法施工,尽可能缩短从加水拌和到碾压终了的延迟时间,此时间不应超过3~4h,并应短于水泥的终凝时间。采用集中厂拌法施工时,延迟时间不应超过2h。故选A项。

21.[答案] B

[解析] 弯沉代表值不大于设计要求的弯沉值时得满分,大于时得零分。

22.[答案] C

[解析] 沥青混合料马歇尔稳定度试验中加荷速度为50±5mm/min。《公路沥青及沥青混合料试验规程》(JTG E20—2011):

2.1 沥青混合料马歇尔试验仪:分为自动式和手动式。自动马歇尔试验仪应具备控制装置、记录荷载—位移曲线、自动测定荷载与试件的垂直变形,能自动显示和存储或打倒试验结果等功能。手动式由人工操作,试验数据通过操作者目测后读取数据。

对用于高速公路和一级公路的沥青混合料宜采用自动马歇尔试验仪。

2.1.1 当集料公称最大粒径小于或等于26.5mm时,宜采用ϕ101.6mm×63.5mm的标准马歇尔试件,试验仪最大荷载不得小于25kN,读数准确至0.1kN,加载速率应能保持50mm/min

±5mm/min。钢球直径 16mm ±0.05mm,上下压头曲率半径为 50.8mm ±0.08mm。

2.1.2 当集料公称最大粒径大于 26.5mm 时,宜采用 ϕ152.4mm ×95.3mm 大型马歇尔试件,试验仪最大荷载不得小于 50kN,读数准确至 0.1kN。上下压头的曲率内径为 ϕ152.4mm ±0.2mm,上下压头间距 19.05mm ±0.1mm。

23.[答案] D

[解析] 3m 直尺测定法有单尺测定最大间隙及等距离(1.5m)连续测定两种。两种方法测定的路面平整度有较好的相关关系。前者常用于施工质量控制与检查验收,单尺测定时要计算出测定段的合格率;等距离连续测试也可用于施工质量检查验收,要算出标准差,用标准差来表示平整程度。当为施工过程中质量检测需要时,测试地点根据需要确定,可以单杆检测;当为路基、路面工程质量检查验收或进行路况评定需要时,应首尾相接连续测量 10 尺。除特殊需要外,应以行车道一侧车轮轮迹(距车道线 80 ~100cm)带作为连续测定的标准位置。对已形成车辙的旧路面,应取车辙中间位置为测定位置,用粉笔在路面上做好标记。

24.[答案] C

[解析] ②试件以最佳含水率、最大干密度和要求达到的压实度静压成型;⑤用于应力检验时试件保湿保温养生 6 个月进行强度试验。

25.[答案] A

[解析] ③试料加入计算用水量后装入塑料袋浸湿备用,不能加水泥。

《公路工程无机结合料稳定材料试验规程》(JTG E51—2009):

4.2.4 将需要的稳定剂水泥加到浸润后的试样中,并用小铲、泥刀或其他工具充分拌和到均匀状态。水泥应在土样击实前逐个加入。加有水泥的试样拌和后,应在 1h 内完成下述击实试验。拌和后超过 1h 的试样,应予作废(石灰稳定材料和石灰粉煤灰稳定材料除外)。

26.[答案] C

[解析] ②养生龄期为 7d。

27.[答案] A

[解析] ②连续式平整度仪属于断面类测试设备。

28.[答案] B

[解析] 水泥稳定细粒土基层集中厂拌法施工时,水泥最小剂量为 4%。详见《公路路面基层施工技术规范》(JTJ 034—2000)。

29.[答案] A

[解析] 《公路路基路面现场测试规程》(JTG E60—2008):路面钻芯取样法采取芯样的直径宜不小于最大集料粒径的 3 倍。

30.[答案] C

[解析] 《公路工程质量检验评定标准》(JTG F80/1—2004):分部工程和单位工程采用加权平均计算法评分方法。

二、判断题(正确的事实在后面括号中打“√”,错误的事实在后面括号中打“×”。总共 30 道题,每题 1 分,共计 30 分)

1.[答案] ×

[解析] 分项工程检查不合格,经过加固、补强、返工或整修后,可以重新评定其质量等级,但计算分部工程分值时按其复评分值的90%计算。

2. [答案] ×

[解析] 对于水泥混凝土路面,不必检测回弹弯沉。

3. [答案] ×

[解析] 当试件接近破坏而开始迅速变化时,应停止调整试验机的油门,直至试件破坏。

4. [答案] ✓

[解析] 在一定范围内,混凝土抗压强度与其水灰比呈线性关系。

5. [答案] ✓

[解析] 配制混凝土希望矿料具有高的密度和小的比表面积,在结构尺寸和施工条件允许的前提下,粗集料的粒径尽可能选择大一些,降低了矿料比表面积,可以节约水泥。

6. [答案] ×

[解析] 当采用长度为3.6m的弯沉仪对半刚性基层沥青路面、水泥混凝土路面等进行弯沉测定时,有可能引起弯沉仪支座处变形,因此测定时应检验支点有无变形。此时应用另一台检验用的弯沉仪安装在测定用的弯沉仪的后方,其测点架于测定用弯沉仪的支点旁。当汽车开出时,同时测定两台弯沉仪的弯沉读数,如检验用弯沉仪百分表有读数,即应该记录并进行支点变形修正。当在同一结构层上测定时,可在不同的位置测定5次,求平均值,以后每次测定时以此作为修正值。

7. [答案] ×

[解析] 水灰比影响混凝土的流变性能、水泥浆凝聚结构以及其硬化后的密实度,因而在组成材料给定的情况下,水灰比是决定混凝土强度、耐久性和其他一系列物理力学性能的主要参数。对某种水泥就有一个最适宜的比值,过大或过小都会使强度等性能受到影响。在一定范围内且其他条件不变的情况下,水泥混凝土的强度与水灰比的大小呈反比。增大混凝土的流动性不仅仅可以通过提高水灰比来实现,还可以采用掺加外加剂,或者保持水灰比不变、增加水泥浆量等措施来实现。

8. [答案] ✓

[解析] 如果不考虑集料的含水率,实际上减少了砂石用量,增加了水的用量。这样,水灰比增大了,就会降低混凝土的强度。

9. [答案] ×

[解析] 采用体积法计算混凝土的砂石用量时,必须考虑混凝土的含气率。

10. [答案] ×

[解析] 影响沥青混合料施工和易性的首要因素是材料组成。

11. [答案] ×

[解析] 构造深度越小,说明路面的抗滑性能越差。

12. [答案] ×

[解析] 无机结合料稳定类基层无侧限抗压强度试验时,试件以最佳含水率、最大干密度和要求达到的压实度静压成型。

13. [答案] ×

[解析] ①路基、基层和底基层：$K>K_0$且单点压实度全部大于或等于规定值减2个百分点时，评定路段的压实度可得规定满分；当$K>K_0$，且单点压实度全部大于或等于规定极值时，对于测定值低于规定值减2个百分点的测点，按其占总检查点数的百分率计算扣分值。$K<K_0$或某一单点压实度K_0小于规定极值时，该评定路段压实度为不合格，评为零分。路堤施工段落短时，分层压实度要每点都符合要求，且实际样本数不小于6个。②沥青面层：当$K>K_0$且全部测点大于或等于规定值减1个百分点时，评定路段的压实度可得规定的满分；当$K>K_0$时，对于测定值低于规定值减1个百分点的测点，按其占总检查点数的百分率计算扣分值。$K<K_0$时，评定路段的压实度为不合格，评为零分。

14.[答案] ×

[解析] 水泥混凝土路面抗滑性能常用构造深度来表示。

15.[答案] ×

[解析] 混合后，还应按四分法取样至足够数量。

《公路工程沥青及沥青混合料试验规程》(JTG E20—2011)：

3.2.1 在沥青混合料拌和厂取样

在拌和厂取样时，宜用专用的容器(一次可装5～8kg)装在拌和机卸料斗下方，每放一次料取一次样，顺次装入试样容器中，每次倒在清扫干净的平板上，连续几次取样，混合均匀，按四分法取样至足够数量。

16.[答案] ×

[解析] 对于路基路路面的压实度、弯沉值、路面结构层厚度、水泥混凝土抗压和抗弯拉强度、半刚性材料强度及路面横向力系数等检查项目，则应按要求采用有关数理统计方法进行评定计分。

17.[答案] ×

[解析] 针入度小、稠度大的沥青取高限；针入度大、稠度小的沥青取低限，一般取中值。

18.[答案] ✓

[解析] 水泥混凝土配合比有单位用量和相对用量两种表示方法。

19.[答案] ×

[解析] 每种剂量应该2个样品。

20.[答案] ✓

[解析] 《公路工程质量检验评定标准》(JTG F80/1—2004)：对砌体挡土墙，当平均墙高小于6m或墙身面积小于1200m^{2}时，每处可作为分项工程进行评定：当平均墙高达到或超过6m且墙身面积不小于1200m^{2}时，为大型挡土墙，每处应作为分部工程进行评定。

21.[答案] ×

[解析] 虽然是按照同样的浓度进行配置，但由于操作时会存在一定的误差，不可能配置出完全一样浓度的试剂，所以必须重作标准曲线。

22.[答案] ×

[解析] 无机结合料稳定土击实试验分为甲法、乙法和丙法三种试验方法，均为重型击实试验。

23.[答案] ×

[解析]　《公路工程无机结合料稳定材料试验规程》(JTG E51—2009)P14：

1　适用范围

1.1　本方法适用于在工地快速测定水泥和石灰稳定材料中水泥和石灰的剂量,并可用于检查现场拌和和摊铺的均匀性。

1.2　本办法适用于在水泥终凝之前的水泥含量测定,现场土样的石灰剂量应在路拌后尽快测试,否则需要用相应龄期的 EDTA 二钠标准溶液消耗量的标准曲线确定。

1.3　本方法也可以用来测定水泥和石灰综合稳定材料中结合料的剂量。

24. [答案]　×

[解析]　采用摆式仪测定同一路面的抗滑值 BPN 时,如果路面温度越高,其测定的 BPN 值就越小。

25. [答案]　×

[解析]　路基和路面基层、底基层的现场密度检测应采用灌砂法,击实试验不能用于现场检测。

26. [答案]　×

[解析]　开挖面积应尽量小,尽量减小对路面的破坏。

27. [答案]　×

[解析]　当沥青混凝土面层平整度检测值的合格率为 96% 时,若规定分为 15 分,则平整度的评分值为 14.4 分(96% ×15)。

28. [答案]　✓

[解析]　参见《公路工程竣(交)工验收办法实施细则》(交公路发[2010]65 号)第七条。

29. [答案]　×

[解析]　质量检验评定中的关键项目是指涉及结构安全和使用功能的重要实测检测项目。

30. [答案]　✓

[解析]　若外观鉴定检查发现取土坑和弃土堆位置不符合要求,可以进行评定,但须按处减分。

三、多项选择题(每道题目所列出的备选项中,有两个或两个以上正确答案,选项全部正确得满分,选项部分正确按比例得分,出现错误选项该题不得分。总共 20 道题,每小题 2 分,共计 40 分)

1. [答案]　BC

[解析]　烘干法是测定无机结合料稳定土含水率的标准方法。在 105 ~ 110℃ 的条件下烘干至恒重的稳定土称为干稳定土。湿稳定土和干稳定土质量之差与干稳定土质量之比的百分率称为稳定土的含水率。砂浴法、酒精法快速测试含水率,适合在工地测试,设备简单。

2. [答案]　AC

[解析]　沥青混合料中沥青用量可以采用沥青含量、油石比表示。《公路工程沥青及沥青混合料试验规程》(JTG E20—2011):

2.1.31 沥青含量 asphalt content

沥青混合料中沥青结合料质量与沥青混合料总质量的比值,以百分率表示。

2.1.32 油石比 asphalt aggregate ratio

沥青混合料中沥青结合料质量与矿料总质量的比值,以百分率表示。

3.[答案] ABD

[解析] 沥青混合料的配合比设计结果与沥青路面的使用性能、材料用量及工程造价关系密切。全过程的沥青混合料配合比设计包括三个阶段:目标配合比设计阶段、生产配合比设计阶段和生产配合比验证(即试验路试铺)阶段。只有通过三个阶段的配合比设计,才能真正提出工程上实际使用的沥青混合料组成配合比。由于后两个设计阶段是在目标配合比的基础上进行的,需借助于施工单位的拌和、摊铺和碾压设备来完成。

4.[答案] AC

[解析] 水泥稳定基层材料的集料最大粒径不大于31.5mm,底基层材料的集料最大粒径不大于37.5mm。

5.[答案] ABCD

[解析] 测定回弹模量的方法,目前国内常用的主要有承载板法、贝克曼梁法和其他间接测试方法(如贯入仪测定法和CBR测定法)。

6.[答案] BC

[解析] 在建设项目中,根据业主下达的任务和签订的合同,必须具备独立施工、独立成本计算条件才可成为单位工程。

7.[答案] AD

[解析] 测定马歇尔稳定度,指在规定温度、加荷速度条件下,标准试件在马歇尔仪中最大的破坏荷载。

8.[答案] BCD

[解析] 水泥稳定碎石基层交工验收时,需检测的项目包括强度、压实度、厚度等。

9.[答案] BCD

[解析] 可以测定路面与轮胎之间摩阻系数的方法是制动距离法、摩擦系数测试车、摆式仪。

10.[答案] ACD

[解析] 采用核子仪测定土基压实度时,核子仪的标定包括与仪器附带标准块、与施工现场灌砂法、与施工现场取样采用烘干法测定的含水率标定。

11.[答案] BCD

[解析] 不能采用挖坑法测定厚度的结构层有水泥稳定碎石基层、水泥混凝土路面板、沥青混凝土面层。

12.[答案] ABC

[解析] 沥青混合料标准配合比设计时,应控制0.075mm、2.36mm、4.75mm筛孔通过率。

13.[答案] ABCD

[解析] 水泥混凝土用砂技术要求见下表。

细集料技术要求

项目					技术要求		
					Ⅰ级	Ⅱ级	Ⅲ级
人工砂	压碎指标(%)			<	20	25	30
	亚甲蓝试验	MB 值<1.4 或合格	石粉含量(%)	<	3.0	5.0	7.0
			泥块含量(%)	<	0	1.0	2.0
		MB 值≥1.4 或不合格	石粉含量(%)	<	1.0	3.0	5.0
			泥块含量(%)	<	0	1.0	2.0
天然砂	含泥量(%)			<	1.0	2.0	5.0
	泥块含量(%)			<	0	1.0	2.0
有害杂质含量(%)	氯化物含量(按氯离子质量计)			<	0.01	0.02	0.06
	云母含量			<	1.0	2.0	2.0
	有机物含量(比色法)				合格	合格	合格
	硫化物及硫酸盐含量(按 SO_2 质量计)			<	0.5	0.5	0.5
	轻物质含量 0.5				1.0	1.0	1.0

14.［答案］ AC

［解析］ 水泥混凝土配合比设计中,耐久性是通过控制最大水灰比和最小水泥用量来体现。

15.［答案］ ABCD

［解析］ 《公路工程无机结合料稳定材料试验规程》(JTG E51—2009)P38:迅速称取石灰试样 0.8 ~1.0g(准确至 0.0001g),放人 300mL 三角瓶中加人 150mL 新煮沸并已冷却的蒸馏水和 10 颗玻璃珠。瓶口上插一短颈漏斗,加热 5min,但勿使沸腾,放入冷水中迅速冷却。滴入酚酞指示剂 2 滴,在不断摇动下以盐酸标准液滴定,控制速度为每秒 2 ~3 滴,至粉红色完全消失,稍停,又出现红色,继续滴入盐酸。如此重复几次,直至 5min 内不出现红色为止。如滴定过程持续半小时以上,则结果只能作参考。按公式计算有效钙镁含量。对同一石灰样品至少应做两个试样和进行两次测定,并取两次测定结果 的平均值代表最终结果。

16.［答案］ ACD

［解析］ 一般来说,测定沥青面层压实度的方法有钻芯取样法、灌砂法、水袋法。

17.［答案］ AC

［解析］ 沥青混合料标准密度可用马歇尔密度和试验路密度表示。

18.［答案］ AB

［解析］ 《公路工程无机结合料稳定材料试验规程》(JTG E51—2009)P84:

4.4 将称好的土放在长方盘(约 400mm ×600mm ×70mm)内。向土中加水拌料、闷料。石灰稳定材料、水泥和石灰综合稳定材料、石灰粉煤灰综合稳定材料、水泥粉煤灰综合稳定材料，可将石灰或粉煤灰和土一想拌和，将拌和均匀后的试料放在密闭容器或塑料袋（封口）内浸润备用。

对于细粒土（特别是黏性土），浸润时的含水率应比最佳含水率小3%；对于中粒土和粗粒土，可按最佳含水率加水；对于水泥稳定类材料，加水率应比最佳含水率小1%～2%。

19.［答案］ ABD

［解析］ 水泥混凝土的技术性质包括工作性、力学性质（强度指标）。

20.［答案］ AB

［解析］ 分项工程的评分值满分为100分，按实测项目采用加权平均法计算。存在外观缺陷或资料不全时，须予减分。①基本要求检查：分项工程所列基本要求，对施工质量优劣具有关键作用，应按基本要求对工程进行认真检查。经检查不符合基本规定要求时，不得进行工程质量的检验和评定。②实测项目计分：对规定检查项目采用现场抽样方法，按照规定频率和下列计分方法对分项工程的施工质量直接进行检测计分。检查项目除按数理统计方法评定的项目以外，均应按单点（组）测定值是否符合标准要求进行评定，并按合格率计分。③外观缺陷减分：对工程外表状况应逐项进行全面检查，如发现外观缺陷，应进行减分。对于较严重的外观缺陷，施工单位须采取措施进行整修处理。④资料不全减分：分项工程的施工资料和图表残缺，缺乏最基本的数据，或有伪造涂改者，不予检验和评定。资料不全者应予减分，减分幅度可按《公路工程质量检验评定标准》（JTG F80/1—2004）3.3.4条所列各款逐款检查，视资料不全情况，每款减1～3分。

四、问答题（共5道题，每题10分，共计50分）

1. **答**：分项工程评分值不小于75分者为合格；小于75分者为不合格；机电工程、属于工厂加工制造的桥梁金属构件不小于90分者为合格，小于90分者为不合格。评定为不合格的分项工程，经加固、补强或返工、调测，满足设计要求后，可以重新评定其质量等级，但计算分部工程评分值时按其复评分值的90%计算。

2. **答**：《公路工程沥青及沥青混合料试验规程》（JTG E20—2011）：

（1）射线法：测定用黏稠石油沥青拌制的热拌沥青混合料中沥青用量，适用于沥青路面施工时沥青用量检测，以快速评定拌和厂工作质量。

（2）离心分离法：适用于热拌热铺沥青路面施工时的沥青用量检测，以评定拌和厂产品质量，也适用于旧路调查时检测沥青混合料的沥青用量。

（3）燃烧炉法：适用于热拌沥青混合料以及从路面取拌的沥青混合料在生产、施工过程中的质量控制。

3. **答**：《公路工程沥青及沥青混合料试验规程》（JTG E20—2011）：

试验步骤：

①将试件置于已达到规定温度的恒温水槽中保湿，保温时间对标准马歇尔试件需30～40min，对大型马歇尔试件需45～60min。试件之间应有间隔，底下应垫起，离容器底部不小于5cm。

②将马歇尔试验仪的上下压头放入水槽或烘箱中达到同样温度。将上下压头从水槽或烘箱中取出擦拭干净内面。为使上下压头滑动自如，可在下压头的导棒上涂少量黄油。再将试

件取出置于下压头上，盖上上压头，然后装在加载设备上。

③在上压头的球座上放妥钢球，并对准荷载测定装置的压头。

④当采用自动马歇尔试验仪时，将自动马歇尔试验仪的压力传感器、位移传感器与计算机或 X－Y 记录仪正确连接，调整好适宜的放大比例。调整好计算机程序或将 X－Y 记录仪的记录笔对准原点。

⑤当采用压力环和流值计时，将流值计安装在导棒上，使导向套管轻轻地压住上压头，同时将流值计读数调零。调整压力环中百分表，对零。

⑥启动加载设备，使试件承受荷载，加载速度为 50±5mm/min。计算机或 X－Y 记录仪自动记录传感器压力和试件变形曲线并将数据自动存入计算机。

⑦当试验荷载达到最大值的瞬间，取下流值计，同时读取压力环中百分表读数及流值计的流值读数。

⑧从恒温水槽中取出试件至测出最大荷载值的时间，不得超过 30s。

4. 答：依据《公路水泥混凝土路面施工技术规范》(JTG F30—2003)：普通混凝土路面配合比设计：

普通混凝土路面配合比设计应在兼顾经济性的同时应满足下列三项基本要求：①弯拉强度、②工作性、③耐久性。其中水泥混凝土的强度以 28d 龄期的弯拉强度控制。当混凝土浇筑后 90d 内不开放交通时，可采用 90d 龄期的弯拉强度。配合比设计的主要任务是选好水灰比、用水量和砂率这几个参数。其一般步骤为：根据已有的配合比试验参数或以往的经验，初拟设计配合比；并按解析试拌，考察混合料的工作性，按要求作必要的调整；然后进行强度和耐久性试验，再作必要的调整，得到设计配合比；再根据混凝土的现场实际浇筑条件，进行适当调整，提出施工配合比。普通混凝土配合比设计可采用经验公式法，其设计步骤为：①混凝土配制强度确定；②水灰比计算；③用水量计算；④水泥用量计算；⑤粗骨料和细骨料用量的计算及合理砂率的确定；⑥外加剂用量；⑦配合比的调整。

5. 答：(1)计算平均值 $\overline{R}$、标准偏差 S、变异系数 C_v：

$$\overline{R}=3.76\text{MPa} \qquad S=0.20\text{MPa} \qquad C_v=5.3\%$$

(2)保证率为 95% 的保证率系数 $Z_\alpha=1.645$。

因为平均值 $=3.76>R_d/(1-Z_\alpha\times C_v)=3.2/(1-1.645\times5.3\%)=3.51$，所以该路段水泥稳定碎石基层的无侧限抗压强度合格。

(3)计算得分值：

得分值＝20 分(规定的满分)

《公路工程质量检验评定标准》(JTG F80/1—2004)：

附录 G　半刚性基层和底基层材料强度评定

G.0.1　半刚性基层和底基层材料强度，以规定温度下保湿养生 6d、浸水 1d 后的 7d 无侧限抗压强度为准。

G.0.2　在现场按规定频率取样，按工地预定达到的压实度制备试件。每 2000m^2 或每工作班制备 1 组试件：不论稳定细粒土、中粒土或粗粒土，当多次偏差系数 $C_v\leqslant10\%$ 时，可为 6 个试件；$C_v=10\%\sim15\%$ 时，可为 9 个试件；$C_v>15\%$ 时，则需 13 个试件。

G.0.3　试件的平均强度 R 应满足下式要求：

$$R \geqslant R_d/(1 - Z_\alpha C_v)$$

式中：R_d——设计抗压强度（MPa）；

C_v——试验结果的偏差系数（以小数计）；

Z_α——标准正态分布表中随保证率而变的系数。

高速、一级公路：保证率 95%，$Z_\alpha = 1.645$

其他公路：保证率 90%，$Z_\alpha = 1.282$。

G.0.4　评定路段内半刚性材料强度评为不合格时相应分项工程为不合格。

第三部分　桥　　梁

《桥梁》模拟试题(一)

一、单项选择题(四个备选项中只有一个正确答案,总共30道,每题1分,共计30分)

1. 在钻芯取样时,芯样直径应为混凝土所有集料最大粒径3倍,一般为150mm或100mm。任何情况下不小于集料最大粒径的(　　)。

A.2倍　B.3倍　C.1倍　D.4倍

2. 当无铰拱正弯矩控制设计时,加载检测最大拉应力时,其应变片贴在(　　)。

A. 拱顶下缘　B. 拱顶上缘　C. 拱脚下缘　D. 拱脚上缘

3. 伸长率是衡量钢材(　　)的指标。

A. 塑性　B. 硬度　C. 疲劳强度　D. 焊接性能

4. 石料单轴抗强度试验方法,切石机或钻石机从岩石试样或岩芯中制取立方体边长或圆柱直径与高均为(　　)的试件,游标卡尺精确确定受压面积后,单轴压力机上加荷率为(　　)进行试验,取(　　)个试件试验结果的算术平均值作为抗压强度测定值。

A. 40±0.5mm　浸水饱和　0.5~1.0MPa/s　6个试件

B. 40±0.5mm　浸水不一定饱和　0.5~1.0MPa/s　3个试件

C. 40±0.5mm　浸水饱和　0.5~1.5MPa/s　6个试件

D. 50±0.5mm　浸水饱和　0.5~1.0MPa/s　6个试件

5. 钢筋拉伸和冷弯检验,如有某一项试验结果不符合标准要求,则从同一批中任取(　　)倍数量的试样进行该不合格项目的复核。

A.2　B.3　C.4　D.1

6. 在热轧钢筋电弧焊接头拉伸试验中,(　　)个热轧钢筋接头试件的抗拉强度均不得小于该牌号钢筋规定的抗拉强度,并应至少有(　　)个试件是延性断裂。

A.3,2　B.2,1　C.3,3　D.2,2

7. 桥梁基础一般将埋置深度小于(　　)时称浅基础。

A.2m　B.3m　C.4m　D.5m

8. 静载试验效率系数可用范围为(　　)。

A.0.9~1.0　B.0.8~1.05　C.0.85~1.0　D.0.85~1.1

9. 目前,常用的钻孔灌注桩质量的检测方法有:钻芯检验法、振动检验法、射线法以及(　　)检验法。

A. 超声脉冲　B. 锤击　C. 敲击　D. 水电效应

10. 采用超声波法测桩时,桩径为2m时应埋设(　　)根声测管。

A.4　B.5　C.3　D.6

11. 超声检测时平测法是指(　　)。

A. 两只换能器对面布置　B. 两只换能器在相邻面布置

C. 两只换能器布置在同一表面　D. 两只换能器平行布置

12. 桥梁伸缩装置按照伸缩体结构的不同分为分为(　　)。

A. 纯橡胶式　板式　组合式

B. 纯橡胶式　组合式　模数式

C. 模数式伸缩装置　梳齿板式伸缩装置　橡胶式伸缩装置　异型钢单缝式伸缩装置

D. 纯橡胶式　板式　组合式　异型钢单缝式伸缩装置

13. 在锚具的周期性荷载试验中,加卸载次数为(　　)。

A. 2×106 次　B. 50 次　C. 100 次　D. 75 次

14. 斜拉桥斜拉索索力测定的方法基于的原理是(　　)。

A. 索力与结构振动频率成反比　B. 索力与结构振动频率成正比

C. 索力与结构阻尼系数成反比　D. 索力与结构阻尼系数成正比

15. 板式橡胶支座极限抗压强度部颁标准规定不小于(　　)。

A. 70MPa　B. 75MPa　C. 80MPa　D. 100MPa

16. 回弹法检测混凝土强度,每一测区应记取(　　)个回弹值。

A. 15　B. 16　C. 18　D. 20

17. 某混凝土梁板长度为 30m,若制作立方体试件用于强度评定,按规定应至少制取(　　)组。

A. 1　B. 2　C. 3　D. 4

18. 斜拉桥斜拉索索力测定的方法一般多采用(　　)。(检测员不考)

A. 电阻应变片测定法　B. 拉索伸长量测定法

C. 索拉力密度关系测定法　D. 振动测定法

19. 桥梁静载试验中,截面抗弯应变测点应设置在截面横桥向应力可能分布较大的部位,沿截面上、下缘布设,横桥向测点设置一般不少于(　　)处。

A. 1　B. 2　C. 3　D. 5

20. 某位移测点,加载前读数为 2.1mm,加载达到稳定时读数为 10.8mm,卸载后达到稳定时读数为 3.2mm,则其残余位移为(　　)。

A. 1.1mm　B. 3.2mm　C. 5.5mm　D. 2.1mm

21. 当墩台基础为坚硬岩层时,检测无铰拱梁桥最大挠度时,其检测设备应安装在(　　)。

A. 拱顶截面　B. 1/4 截面　C. 1/8 截面　D. 3/8 截面

22. 检测简支梁桥的最大压应力,其应变片应(　　)。

A. 贴在跨中截面上缘　B. 贴在跨中截面侧面中间

C. 贴在 1/4 截面上缘　D. 贴在支截面上缘

23. 在测定成桥后的索力时,常采用(　　)。(检测员不考)

A. 张拉千斤顶测定法　B. 压力传感器测定法

C. 振动测定法　D. 电阻应变测定法

24. 某应变测点,加载前读数为 8με,加载达到稳定时读数为 26με,卸载后达到稳定时读数为 12με,则其残余应变为(　　)。

A. 4με　B. 8με　C. 12με　D. 14με

25. 回弹法检测构件混凝土强度,适用于抗压强度为(　　)。

A. 0 ~ 50MPa B. 0 ~ 60MPa C. 10 ~ 50MPa D. 10 ~ 60MPa

26. 一组混凝土试件的抗压强度值分别为：24.0MPa、27.2MPa、20.0MPa，则此组试件的强度代表值为（ ）。

A. 24.0MPa B. 27.2MPa C. 20MPa D. 23.7MPa

27. 评定水泥混凝土的抗压强度，桩长25m的钻孔桩，应制取不少于（ ）组混凝土试件。

A. 1 B. 2 C. 3 D. 4

28. 某桥梁单孔跨径为30m，则该桥属于（ ）。

A. 大桥 B. 中桥 C. 小桥 D. 涵洞

29. 回弹法检测构件混凝土强度，龄期为（ ）。

A. 14 ~ 1000d B. 28 ~ 1000d C. 58 ~ 1000d D. 58 ~ 1800d

30. 橡胶支座成品的力学性能指标不包括（ ）。

A. 极限抗压强度 B. 几何尺寸 C. 抗剪弹性模量 D. 摩擦系数

二、判断题（正确的事实在后面括号中打"✓"，错误的事实在后面括号中打"×"。总共30题，每题1分，共计30分）

1. 用于工程的原材料、半成品及成品必须进行预先检验。 （ ）
2. 芯样试件宜在与被检测结构或构件混凝土湿度基本一致的条件下进行抗压试验。 （ ）
3. 桥涵施工不要求测量预应力筋的松弛率。 （ ）
4. 石料的抗压试验均需在试块自然状态下进行。 （ ）
5. 钢筋拉伸试验中，若断口恰好位于刻痕处，试验结果仍然有效。 （ ）
6. 若混凝土试块中有两个测值与中值的差值均超过中值的15%时，则该组混凝土强度不合格。 （ ）
7. 混凝土芯样的高度与直径之比对所测抗压强度影响较小。 （ ）
8. 混凝土在持续荷载作用下，随时间增加的变形称为徐变。 （ ）
9. 桥梁扩大基础位于坚硬的岩层上时可以不必检测地基承载力。 （ ）
10. 拱式结构对地基承载力的要求比梁式桥的要求高。 （ ）
11. 基桩检测进行静荷载试验过程中，每级荷载的桩顶沉降 $S < 1\text{mm/h}$ 时，可加下一级荷载。 （ ）
12. 采用回弹法确定的混凝土强度较准确。 （ ）
13. 桥梁静载试验控制测点变位（或挠度）超过规范允许值时应终止加载。 （ ）
14. 混凝土的电阻率并不反映其导电性。 （ ）
15. 锚具组装件试验之前必须对单根预应力筋进行力学性能试验，其试件应同组装件的预应力筋试件从同一盘钢绞线中抽取。 （ ）
16. 在一定力作用下，橡胶支座竖向变形由形状系数决定而与橡胶同加劲钢板黏结质量无关。 （ ）
17. 所谓混凝土探伤，指的是以无损检测的手段，确定混凝土内部缺陷存在的大小、位置和性质的一项专门技术。 （ ）

18. 在计算出测区回弹平均值后，应先进行角度修正。（　　）

19. 回弹法检测混凝土强度时，当粗集料最大粒径大于60mm时，测区混凝土强度值可以按全国统一测强曲线进行测区混凝土强度换算。（　　）

20. 回弹法的基本原理是：采用回弹仪的弹簧驱动重锤，通过弹击杆弹击混凝土表面，并以重锤被反弹回来的距离作为混凝土的强度。（　　）

21. 结构工作状况中确定桥梁承载能力的一个重要指标是校验系数。

（　　）（检测员不考）

22. 现场荷载试验确定地基容许承载力时一般采用极限荷载。（　　）

23. 桥梁静载试验的挠度观测点一般布置在桥中轴线位置。（　　）

24. 应变片的标距可以为1mm。（　　）

25. 荷载试验应选择温度较稳定的时间进行。（　　）

26. 用特种成型工艺制作的混凝土不能采用回弹法测强。（　　）

27. 桥梁结构动力性能的各参数，如固有频率、阻尼比、振型、动力冲击系数及动力响应的大小等，是宏观评价桥梁结构的整体刚度、运营性能的重要指标。（　　）（检测员不考）

28. 拉索索力测定方法中的电阻应变片测定法，从理论上可行，但实施会遇到较多实际问题，一般不予采用。（　　）（检测员不考）

29. 荷载试验在描述试验值与理论值分析比较时，引入结构检验系数，其等于试验荷载作用下量测的应力状态值与试验荷载作用下理论计算应力值之比，η越大，表明结构刚度较大，材料强度较高。（　　）（检测员不考）

30. 垂直静载试验是在试桩顶上一次施加静荷载到土对试桩的阻力破坏时为止，从而求得桩的容许承载力和单桩的下沉量。（　　）（检测员不考）

三、多选题（每道题目所列出的备选项中，有两个或两个以上正确答案，选项全部正确得满分，选项部分正确按比例得分，出现错误选项该题不得分。总共20题，每小题2分，共计40分）

1. 桥梁工程施工安全风险评价范围，可由各地根据（　　）确定。

A. 工程建设条件　B. 技术复杂程度　C. 施工管理模式　D. 当地工程建设经验

2. 桥涵工程中所用石料的外观要求为（　　）。

A. 石质应均匀　B. 不易风化　C. 无裂缝　D. 强度

3. 焊缝的检测手段主要有（　　）。

A. 外观检查　B. 超声波探伤　C. 照相检查　D. 射线探伤

4. 桥梁工程施工安全风险评估分为（　　）。

A. 总体风险评估　B. 高度风险评估　C. 极高风险评估　D. 专项风险评估

5. 常用的钻孔灌注桩质量检测方法有（　　）。

A. 钻芯取样检验法　B. 振动检验法　C. 超声波检测法　D. 射线检测法

6. 标准贯入试验可以检测下列哪些地基承载力所需指标（　　）。

A. 沙土密实度　B. 黏性土的稠度　C. 地基土容许承载力　D. 沙土的振动液化

7. 声波透射法检测桩身质量时，可采用以下哪几个指标判定（　　）。

A. 声时值 B. 波幅 C. 频率 D. 波形

8. 桥梁线位移测量仪表主要有( )。

A. 千分表 B. 电阻应变片

C. 挠度计 D. 百分表

9. 计算平均回弹值时以下情况者应进行修正( )。

A. 回弹仪非水平方向检测混凝土浇筑侧面 B. 回弹仪水平方向检测混凝土浇筑表面

C. 回弹仪水平方向检测混凝土浇筑侧面 D. 泵送混凝土表面碳化深度大于2mm

10. 橡胶伸缩体外观质量检查不允许( )。

A. 少量明疤 B. 骨架钢板外露 C. 变形扭曲 D. 喷霜

11. 目前,回弹法常用的测强曲线有( )几种。

A. 统一测强曲线 B. 地区测强曲线 C. 砂厂测强曲线 D. 专用测强曲线

12. 超声法检测浅裂纹时,应注意下列( )问题。

A. 裂缝预计深度≤500mm B. 需要检测的裂缝中,不得充水或泥浆

C. 混凝土中应无主钢筋 D. 只能采用平测法

13. 一般桥梁荷载试验的目的有( )。

A. 检验桥梁设计与施工的质量 B. 判断桥梁结构的实际承载力

C. 混凝土强度等级检测 D. 验证桥梁结构设计理论和设计方法

14. 混凝土超声探伤采用( )作用判别缺陷的基本依据。

A. 根据低频超声在混凝土中遇到缺陷时的绕射现象,按声时及声程的变化,判别和计算缺陷的大小

B. 根据超声波在缺陷界面上产生反射,因而到达接收探头时能量显著衰减的现象判断缺陷的存在及大小

C. 根据超声脉冲各频率成分在遇到缺陷时被衰减的程度不同,因而接收频率明显降低,或接收波频谱产生差异,也可判别内部缺陷

D. 根据超声波在缺陷处的波形转换和叠加,造成接收波形畸变的现象判别缺陷

15. 静载试验后,结构承载性能分析主要包括( )。(检测员不考)

A. 结构的强度和稳定性分析 B. 结构的刚度分析

C. 结构的抗裂性分析 D. 结构工作状况

16. 简支梁试验荷载工况一般应选取( )。

A. 跨中最大正弯矩工况 B. 跨中最大负弯矩工况

C. 支点最大正弯矩工况 D. 支点最大剪力工况

17. 荷载试验孔选择应考虑( )。

A. 受力最不利 B. 施工质量差,缺陷多

C. 便于检测 D. 施工质量好,缺陷少

18. 进行桥梁动载试验时,试验的测试仪器主要包括( )。

A. 测振传感器 B. 光线示波器 C. 磁带记录仪 D. 信号处理机

19. 热轧钢筋试验项目包括( )。

A. 屈服强度 B. 极限强度 C. 松弛率 D. 伸长率

20. 桥梁静载试验,主测点布设应能控制结构最大应力(应变)和最大挠度(或位移),对连续梁桥静载试验主要测点应布设在(　　)。

A. 跨中挠度　　B. 支点沉降　　C. 跨中截面应变　　D. 支点截面应变

四、问答题(共 5 题,每题 10 分,共计 50 分)

1. 简述用超声法检测浅裂缝时的条件要求及方法?

2. 简述回弹仪的率定方法?

3. 板式橡胶支座有哪些力学指标需要检测?

4. 桥梁成桥荷载试验工作的主要内容是什么?

5. 简述标准贯入试验测定地基承载力的基本步骤。

综合题:根据所列资料,以选择题的形式(单选或多选)选出正确的选项。[1]

下图为某钻孔灌注桩超声波检测曲线图。该桩桩长为 52.0m,桩径为 180mm,桩身混凝土设计强度为 C25,AB、BC、AC 剖面的测管距离均为 1 350mm,超声波检测的声速平均值、声速临界值、波幅平均值、波幅临界值列表如下。结合下图和表中数据,回答下列有关基桩超声波检测的问题。

声测剖面编号	声速平均值 $\overline{V}_m$	声速临界值 ν_D	波幅平均值 $\overline{A}_m$	波幅临界值 A_D
AB	3 900km/s	3 721km/s	62dB	56dB
BC	4 006km/s	3 786km/s	62dB	56dB
AC	3 809km/s	3 580km/s	61dB	55dB

1. 关于基桩检测超声波法,下面表述正确的选项是(　　)。

A. 本方法适用于直径不小于 1000mm 的混凝土灌注桩的完整性检测

B. 本方法包括单孔透射法和跨孔折射法

C. 检测仪系统应包括信号放大器、数据采集及处理存储器、径向振动换能器等

D. 检测仪应具有双发双收功能

2. 关于声测管的埋设,以下错误的是(　　)。

A. 当桩径不大于 1500mm 时,应埋设三根管;当桩径大于 1500mm 时,应埋设四根管

B. 声测管的连接宜采用焊接,且不漏水

C. 声测管应牢固焊接或绑扎在钢筋笼的内侧,管口宜和桩顶面齐平

[1] 综合题为 2013 年版考试大纲中确定的考试新题型,替换原来的问答题,因本次修订时间有限,故此处只出了一道,供考生熟悉题型使用。

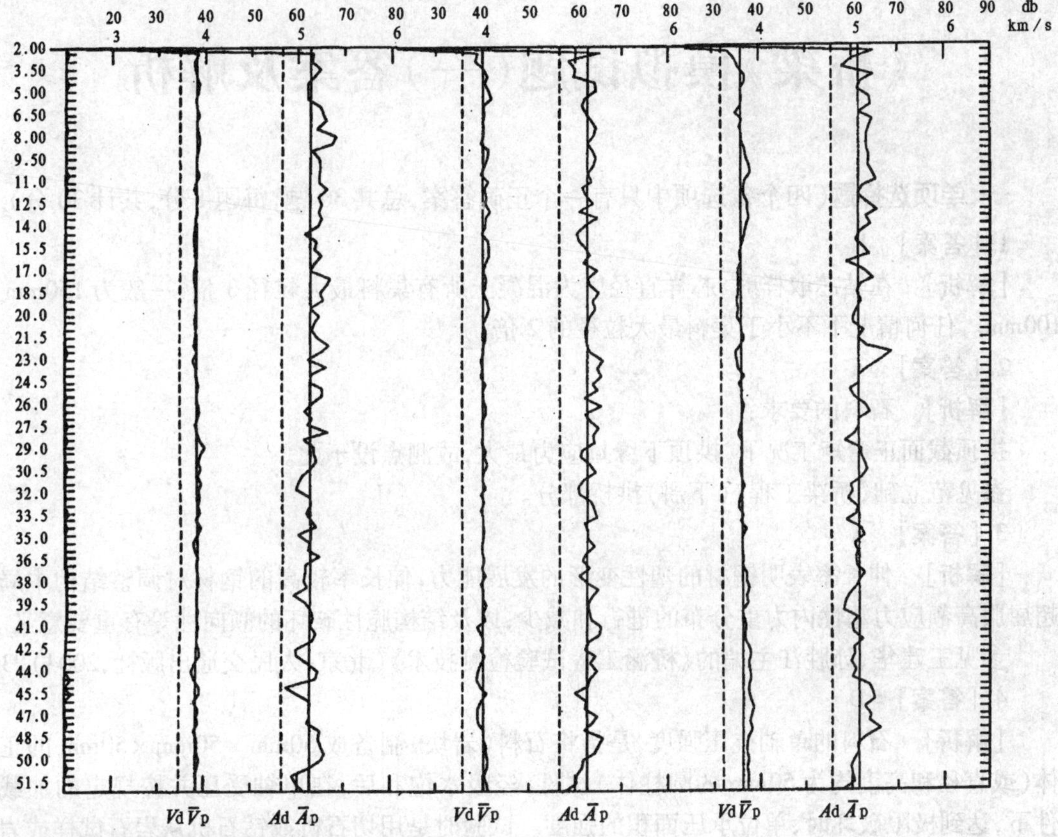

D. 声测管管底不应封闭，管口不应加盖

3. 检测前的准备应符合下列规定：(　　)。

A. 被检桩的混凝土龄期应大于 28d

B. 声测管内应灌满清水，且保证畅通

C. 标定超声波检测仪发射至接收的系统延迟时间 t_0

D. 量测声测管的内、外径和两相邻声测管外壁间的距离，量测精度为 ±1cm

4. 检测方法应符合下列要求(　　)。

A. 测点间距不宜大于 100mm

B. 发射与接收换能器应以相同标高同步升降，其累计相对高差不应大于 10mm，并随时校正

C. 在对同一根桩的检测过程中，声波发射电压应保持不变

D. 对于声时值和波幅值出现异常的部位，应采用水平加密、等差同步或扇形扫测等方法进行细测，结合波形分析确定桩身混凝土缺陷的位置及其严重程度

5. 根据上图所示和表中数据，可以判定被检测桩完整性类别为(　　)。

A. Ⅰ类桩　　B. Ⅱ类桩　　C. Ⅲ类桩　　D. Ⅳ类桩

《桥梁》模拟试题(一)答案及解析

一、单项选择题(四个备选项中只有一个正确答案,总共30题,每题1分,共计30分)

1.[答案] B

[解析] 在钻芯取样时,芯样直径应为混凝土所有集料最大粒径3倍,一般为150mm或100mm。任何情况下不小于集料最大粒径的2倍。

2.[答案] A

[解析] 石料的要求:

拱顶截面正弯矩工况下,拱顶下缘拉应力最大,故测点设于此。

参见范立础《桥梁工程》(下册)拱桥部分。

3.[答案] A

[解析] 伸长率表明钢材的塑性变形的发展能力,伸长率较高的钢材对调整结构中局部超屈服高额应力塑性内力重分布的进行和减少,以及结构脆性破坏的倾向性等有重要意义。

参见王建华、孙胜江主编的《桥涵工程试验检测技术》(北京:人民交通出版社,2004)P30。

4.[答案] D

[解析] 石料的单轴抗压强度,是指将石料(岩块)制备成50mm×50mm×50mm的正方体(或直径和高度均为50mm的圆柱体)试件,经吸水饱和后,在单轴受压并按规定的加载条件下,达到极限破坏时,单位承压面积的强度。试验时是用切石机或钻石机从岩石试样或岩芯中制取标准试件,用游标卡尺精确地测出受压面积,按规定方法浸水饱和后,放在压力机上进行试验,加荷速率为0.5~1.0MPa/s。取6个试件试验结果的算术平均值作为抗压强度测定值,如6个试件中的2个与其他4个的算术平均值相差3倍以上时,则取试验结果相近的4个试件的算术平均值作为抗压强度测定值。

参见王建华、孙胜江主编的《桥涵工程试验检测技术》(北京:人民交通出版社,2004)P13。

5.[答案] A

[解析] 在拉伸试验的试件中,若有一根试件的屈服点、抗拉强度和伸长率三个指标中有一个达不到标准中的规定值,或冷弯试验中有一根试件不符合标准要求,则在同一批钢筋中再抽取双倍数量的试件进行该不合格项目的复验,复验结果中只要有一个指标不合格,则该试验项目判定为不合格,整批不得交货。

参见《公路桥涵施工技术规范》(JTG/T F50—2011)。

6.[答案] A

[解析] 钢筋闪光对焊接头、电弧焊接头、电渣压力焊接头、气压焊接头拉伸试验结果均应符合下列要求:

(1)3个热轧钢筋接头试件的抗拉强度均不得小于该牌号钢筋规定的抗拉强度;RRB400钢筋接头试件的抗拉强度均不得小于570MPa。

(2)至少应有2个试件断于焊缝之外,并应呈延性断裂。当达到上述2顶要求时,应评定

该批接头为抗拉强度合格。

(3)当试验结果有2个试件抗拉强度小于钢筋规定的抗拉强度;或3个试件均在焊缝或热影响区发生脆性断裂时,则一次判定该批接头为不合格品。

(4)当试验结果有1个试件的抗拉强度小于规定值,或2个试件在焊缝或热影响区发生脆性断裂,其抗拉强度均小于钢筋规定抗拉强度的1.10倍时,应进行复验。

复验时,应再切取6个试做。当复验结果仍有1个试件的抗拉强度小于规定值,或有3个试件断于焊缝或热影响区呈脆性断裂,其抗拉强度小于钢筋规定抗拉强度的1.10倍时,应判定该批接头为不合格品。

参见《钢筋焊接及验收规程》(JGJ 18—2003)P27。

7.[答案] D

[解析] 桥梁基础埋置深度大于5m的为深基础,小于5m的为浅基础。

8.[答案] B

[解析] 静载试验效率系数可采用0.8~1.05的范围。

参考王建华、孙胜江主编的《桥涵工程试验检测技术》(北京:人民交通出版社) P180。

9.[答案] A

[解析] 桩基础在桥梁工程中,主要有钻孔灌注桩与挖孔灌注桩。钻孔灌注桩的质量检测方法常用的有:超声波检测法、射线检验法、钻芯取样检测法以及振动检验法等。

参见王建华、孙胜江主编的《桥涵工程试验检测技术》P68-69。

10.[答案] A

[解析]声测管的埋设应符合下列规定:

(1)当桩径不大于1 500mm时,应埋设3根管;当桩径大于1 500mm时,应埋设4根管。

(2)声测管宜采用金属管,其内径应比换能器外径大15mm,管的连接宜采用螺纹连接,且不漏水。

(3)声测管应牢固焊接或绑扎在钢筋笼的内侧,且互相平行、定位准确,并埋设至桩底,管口宜高出桩顶面300mm以上。

(4)声测管管底应封闭,管口应加盖。

(5)声测管的布置以路线前进方向的顶点为起始点,按顺时针旋转方向进行编号和分组,每两根编为一组。

参见《公路工程基桩动测技术规程》(JTG/T F81/01—2004) P18。

11.[答案] C

[解析] 用超声脉冲法进行混凝土工程强度或缺陷检测时,经常遇见试件只有一个测试面的情况,这时就不得不将换能器布置在试件的同一个侧面上进行超声平测。

12.[答案] C

[解析] 伸缩装置按照伸缩体结构的不同分为以下四类:

(1)模数式伸缩装置

伸缩体由中梁钢和单元橡胶密封带组合而成的伸缩装置,适用于伸缩量为160~2 000mm的公路桥梁工程。

(2)梳齿板式伸缩装置

伸缩体由钢制梳齿板组合而成的伸缩装置，一般适用于伸缩量不大于300mm的公路桥梁工程。

(3)橡胶式伸缩装置

橡胶式伸缩装置分板式橡胶伸缩装置和组合式橡胶伸缩装置两种：

①伸缩体由橡胶、钢板或角钢硫化为一体的板式橡胶伸缩装置，适用于伸缩量小于60mm的公路桥梁工程。

②伸缩体由橡胶板和钢托板组合而成的组合式伸缩装置，适用于伸缩量不大于120mm的公路桥梁工程，不宜用于高速公路、一级公路上的桥梁工程。

(4)异型钢单缝式伸缩装置

伸缩体完全由橡胶密封带组成的伸缩装置。由单缝钢和橡胶密封带组成的单缝式伸缩装置，适用于伸缩量不大于60mm的公路桥梁工程。由边梁钢和橡胶密封带组成的单缝式伸缩装置，适用于伸缩量不大于80mm的公路桥梁工程。

参见《公路桥梁橡胶伸缩装置》(JT/T 327—2004)P2。

13.[答案] B

[解析] 锚具的预应力筋组装件除必须满足静载锚固性能外，尚需进行循环荷载作用下疲劳性能试验，试件经受2×10^6次循环荷载后，预应力筋因锚具影响发生疲劳破坏的面积不应大于试件总截面面积的5%。用于抗震结构中的锚具还应进行周期荷载试验，试件经50次循环荷载作用后预应力筋不应发生破断。

参见《预应力筋用锚具、夹具和连接器》(GB/T 14370—2007)P4。

14.[答案] B

[解析] 振动测定法实测斜拉索的固有频率，利用索的张力和固有频率的成正比的关系计算索力。

15.[答案] A

[解析] 由于桥梁橡胶支座极限抗压强度很大，因此部颁标准规定了橡胶支座的极限抗压强度不小于70MPa。

参见《公路桥梁板式橡胶支座》(JT/T 4—2004)P17。

16.[答案] B

[解析] 回弹法测试混凝土强度时测点宜在测区范围内均匀分布，相邻两测点的净距一般不小于20mm，测点距构件边缘或外露钢筋、预埋件的距离一般不小于30mm，测点不应在气孔或外露石子上，同一测点只允许弹击一次。每一测区应记取16个回弹值，每一测点的回弹值读数精确至1。

参见《回弹法检测混凝土抗压强度技术规程》(JGJ/T 23—2001)P8。

17.[答案] B

[解析] 制作立方体试件用于强度评定，桥梁上部构造主要构件长度在16m以下时应制取1组；16～30m时制取2组；31～50m长时应制取3组；50m以上者不少于5组；对小型构件每批或每个工作班至少应制取1组；对于钻孔桩每条至少应制取2组；当桩长在20m以上时不少于3组；对桩径大、灌注时间很长时不少于4组。

18.[答案] D

[解析]　振动测定法,利用索的张力和固有频率的关系计算索力,比较常用。

参见王建华、孙胜江主编的《桥涵工程试验检测技术》P177。

19.[答案]　C

[解析]　挠度观测测点一般布置在桥中轴线位置。截面抗弯应变测点应设置在截面横桥向应力可能分布较大的部位,沿截面上、下缘布设,横桥向测点设置一般不少于3处,以控制最大应力的分布。

参见王建华、孙胜江主编的《桥涵工程试验检测技术》P188。

20.[答案]　A

[解析]　残余位移=卸载后达到稳定时读数-加载前读数

21.[答案]　A

[解析]　拱顶截面的挠度最大。

参见王建华、孙胜江主编的《桥涵工程试验检测技术》P188。

22.[答案]　A

[解析]　简支梁试验荷载工况一般应选取:跨中最大正弯矩工况,$L/4$最大正弯矩工况,支点最大剪力工况,桥墩最大竖向反力工况,简支梁桥的跨中截面上缘的压应力值最大。

参见王建华、孙胜江主编的《桥涵工程试验检测技术》P188。

23.[答案]　C

[解析]　振动法可采用激振器激振或人工激振,亦可采用环境随机振动法。测试时用索夹或绑带将传感器固定在拉索上,进行激振和信号采集,现场分析,可以很方便测求索力。

参见王建华、孙胜江主编的《桥涵工程试验检测技术》P177。

24.[答案]　A

[解析]　残余位移为卸载后达到稳定时读数-加载前读数。

25.[答案]　D

[解析]　回弹法检测构件混凝土强度,适用于抗压强度为10~60MPa。

26.[答案]　A

[解析]　在进行混凝土强度试配和质量评定时,混凝土的抗压强度应以边长为150mm的立方体尺寸标准试件测定。试件以同龄期者3块为一组,并以同等条件制作和养护,每组试件的抗压强度应以3个试件测值的算术平均值为测定值,如有一个测值与中间值的差值超过中间值的15%时,则取中间值为测定值;如有两个测值与中间值的差值均超过15%时,则该组试件无效。

参见《公路桥涵施工技术规范》(JTG/T F50—2011)。

27.[答案]　C

[解析]　评定水泥混凝土的抗压强度,应以标准养护28d龄期的试件为准。试件为边长15cm的立方体,试件3个为1组,制取组数应符合下列规定:

(1)不同强度等级及不同配合比的混凝土应在浇筑地点或拌和地点分别随机制取试件。

(2)浇筑一般体积的结构物(如基础、墩台等)时,每一单元结构物应制取2组。

(3)连续浇筑大体积结构时,每80~200m^3或每一工作班应制取2组。

(4)上部结构,主要构件长16m以下应制取1组,16~30m制取2组,31~50m制取3组,

50m 以上者不少于 5 组,小型构件每批或每工作班至少应制取 2 组。

(5)每根钻孔桩至少应制取 2 组;桩长 20m 以上者不少于 3 组;桩径大、浇筑时间很长时,不少于 4 组。如换工作班时,每工作班者应制取 2 组。

(6)构筑物(小桥涵、挡土墙)每座、每处或每工作班制取不少于 2 组。当原材料和配合比相同、并由同一拌和站拌制时,可几座或几处合并制取 2 组。

(7)应根据施工需要,另制取几组与结构物同条件养护的试件,作为拆模、吊装、张拉预应力、承受荷载等施工阶段的强度依据。

参见王建华、孙胜江主编的《桥涵工程试验检测技术》P155-156。

28.[答案] B

[解析] 根据《公路桥涵设计通用规范》(JTG D60—2004),按下表 1 确定。

桥梁涵洞分类　　表 1

桥涵分类	多孔跨径总长 L(m)	单孔跨径 L_K(m)
特大桥	$L>1\,000$	$L_K>500$
大桥	$100\leqslant L\leqslant 1\,000$	$40\leqslant L_K\leqslant 150$
中桥	$30<L\leqslant 100$	$20\leqslant L_K<40$
小桥	$8\leqslant L\leqslant 30$	$5\leqslant L_K<20$
涵洞	—	$L_K<5$

注:①单孔跨径系指标准跨径。

②梁式桥、板式桥的多孔跨径总长为多孔标准跨径的总长;拱式桥为两岸桥台内起拱线间的距离;其他形式桥梁为桥面系行车道长度。

③管涵及箱涵不论管径或跨径大小、孔数多少,均称为涵洞。

④标准跨径:梁式桥、板式桥以两桥墩中线之间桥中心线长度或桥墩中线与桥台台背前缘线之间桥中心线长度为准;拱式桥和涵洞以净跨径为准。

29.[答案] A

[解析] 回弹法检测构件混凝土强度龄期应为 14 ~ 1 000d。

参见王建华、孙胜江主编的《桥涵工程试验检测技术》P126。

30.[答案] B

[解析] 橡胶支座成品的力学性能:抗压弹性模量、极限抗压强度、抗剪弹性模量、容许剪切角检验、摩擦系数、允许转角。

参见《公路桥梁板式橡胶支座》(JT/T 4—2004)P12-20。

二、判断题(正确的事实在后面括号中打"√",错误的事实在后面括号中打"×"。总共 30 道题,每题 1 分,共计 30 分)

1.[答案] √

[解析] 为了保证公路工程施工质量,施工规范和监理规范都规定,对用于工程的原材料、半成品及成品必须进行预先检验,以验证原材料、半成品及成品的质量和性能。

2.[答案] √

[解析] 芯样试件宜在与被检测结构或构件混凝土湿度基本一致的条件下进行抗压试验,如结构工作条件比较干燥,芯样试件应以自然干燥状态进行试验;如结构工作条件比较潮

湿,芯样试件应以潮湿状态进行试验。

3.[答案] ×

[解析] 材料在恒定应变下,应力随着时间的变化而减小至某个有限值,这一过程称为应力松弛,这是材料的结构重新调整的一种现象。桥涵施工中普遍要求测量预应力筋的松弛率。

参见王建华、孙胜江主编的《桥涵工程试验检测技术》P39-46。

4.[答案] ×

[解析] 石料的单轴抗压强度是石料力学性质中最重要的一项力学指标,是指石料标准试件经吸水饱和后,在规定试验条件下单轴受压达到极限破坏时,单位承压面积的强度。由于在自然状态下,石料的含水率不同,这时进行的石料抗压试验,其结果相差较大。为了消除含水率不同对石料抗压强度结果的影响,试验规定抗压试验要在饱水状态下进行。

参见王建华、孙胜江主编的《桥涵工程试验检测技术》P13。

5.[答案] ×

[解析] 拉伸试验在材料试验机上进行。试样形式可以是材料全截面的,也可以加工成圆形或矩形的标准试样。钢筋、线材等一些实物样品一般不需要加工而保持其全截面进行试验。试样制备时应避免材料组织受冷、热加工的影响,并保证一定的光洁度。若断口恰好位于刻痕处,说明标距刻痕过深,拉伸时出现应力集中,此时试验结果不能作为钢筋的极限强度。并且,如果断口在标距以外,或者虽在标距之内,但距标距端点的距离小于 $2d$,其中,d 为钢筋的直径,则试验无效。

6.[答案] ×

[解析] 混凝土抗压强度试件应同龄期者为一组,每组为 3 个同条件制作和养护的混凝土试件。混凝土立方体试件抗压强度 R 以 3 个试件测值的算术平均值为测定值。如任一个测值中值的差值超过中值的 15% 时,则取中值为测定值;如有两个测值与中值的差值均超过上述规定时,则该组试验结果无效。

参见《公路桥涵施工技术规范》(JTG/T F50—2011)。

7.[答案] ×

[解析] 钻取芯样之后,除了对桩基的完整性作出评价外,当混凝土试块强度不足或对试块的强度结果有怀疑时,应对钻取的芯样取样进行抗压强度试验,对桩身混凝土强度作出评价。在进行混凝土强度试验时,试件尺寸、形状、表面状态、含水率以及试验加荷速度等试验因素都会影响到混凝土强度试验的测试结果。在施工技术规范中,是以边长 15cm 的立方体试块的强度作为混凝土强度验收与评定标准。因此,芯样强度必须根据其直径、高径比转换成立方体试块的强度。这种转换包括三个部分内容:①芯样试件长度与直径比(高径比)的换算;②不同直径芯样的强度换算成直径 15cm 的强度;③圆柱体试件强度换算成标准方块试件强度。

8.[答案] ✓

[解析] 混凝土在持续荷载作用下,随时间增加的变形称为徐变,亦称蠕变。徐变是由于水泥浆体中凝胶体在外力作用下,发生黏滞流变和凝胶粒子间的滑移,并与水泥浆体内部吸附水的迁移等有关。混凝土的徐变与许多因素有关,首先是混凝土的龄期的增长,徐变减少;在

混凝土组成中,减少水灰比、增加集料用量、减少水泥用量,可使混凝土徐变减少。混凝土不论是受压、受拉或受弯时,均有徐变现象。在预应力钢筋混凝土桥梁构件中:由于混凝土的徐变,可使钢筋的预应力受到损失,因此徐变是预应力混凝土结构极为关注的问题。但是徐变也能消除钢筋混凝土内的部分应力集中,使应力较均匀地重新分布,对于大体积混凝土,能消除一部分由于温度变形所产生的破坏应力。

参见王建华、孙胜江主编的《桥涵工程试验检测技术》P26。

9. [答案] ✓

[解析] 扩大基础比桩基与土体的接触面积更大,所以单位面积对土体的作用力较小,对土层强度要求低,埋深较浅。因此,桥梁扩大基础位于坚硬的岩层上时可以不必检测地基承载力。

10. [答案] ✓

[解析] 拱式桥为用拱作为桥身主要承重结构的桥,拱桥主要承受压力,故可用砖、石、混凝土等抗压性能良好的材料建造。梁式桥为用梁作为桥身主要承重结构的桥,梁作为承重结构是以它的抗弯能力来承受荷载的。一般情况下,拱式桥对地基承载力的要求比梁式桥的高。

11. [答案] ×

[解析] 基桩检测进行静荷载试验过程中,每一阶段载重的下沉量,在下列时间内,如不大于0.1mm,即可视为休止:对于砂类土最后30min;对于黏性土最后1h。

这一阶段下沉休止后,即可进行下一阶段的加载。

参见王建华、孙胜江主编的《桥涵工程试验检测技术》P89-91。

12. [答案] ×

[解析] 回弹法测强的影响因素比较多,如水泥品种、粗集料品种、成型方法、模板种类、养护方法、湿度、保护层厚度、混凝土龄期、测试时的大气温度、测试技术等均有程度不同的影响。对回弹法测强误差的估计,一般采用在实验室内通过试块测试制定测强相关曲线,然后按试验值进行最小二乘法回归分析时所得的标准差及离散系数,作为测定误差,或以验证性实测试验误差作为测定误差。表2为部分国家的回弹法标准中,按这一估计方法所列出的回弹法测强误差范围。关于结构混凝土强度的检测误差与试块混凝土强度的检测误差两者之间的差异,尚待进一步研究。

部分国家的回弹法标准中强度测定误差 表2

国　别	误差(%)	条　件
英国	±15 ~ ±25	龄期3个月以内,校准曲线法
前苏联	> ±15	保证率95%,校准曲线法
罗马尼亚	±25 ~ ±35	保证率90%,已知配合比,有试块复核影响系数
国际建议	> ±15	龄期14~16d,只有1~2个影响因素的变化,条件明确,校准曲线法
	> ±25	龄期同上,已知影响因素很少,校准曲线法

参见王建华、孙胜江主编的《桥涵工程试验检测技术》P131-132。

13. [答案] ✓

[解析] 终止加载控制条件如下：

(1)控制测点应力值已达到或超过用弹性理论按规范安全条件反算的控制应力值时。

(2)控制测点变位(或挠度)超过规范允许值时。

(3)由于加载,使结构裂缝的长度、缝宽急剧增加,新裂缝大量出现,缝宽超过允许值的裂缝大量增多,对结构使用寿命造成较大的影响时。

(4)拱桥加载时沿跨长方向的实测挠度曲线分布规律与计算值相差过大或实测挠度超过计算值过多时。

(5)发生其他损坏,影响桥梁承载能力或正常使用时。

参见王建华、孙胜江主编的《桥涵工程试验检测技术》P211-212。

14. [答案] ×

[解析] 混凝土混凝土的电阻率反映其导电性,若混凝土电阻率大,则钢筋锈蚀发展缓慢,扩散能力弱,反之锈蚀发展快,扩散能力强。

参见张劲泉、王文涛主编的《桥梁检测与加固手册(上)》P225。

15. [答案] ✓

[解析] 锚具组装件试验之前必须对单根预应力筋进行力学性能试验,其试件应同组装件的预应力筋试件,从同一盘钢丝或钢绞线中抽取。单根预应力筋力学性能试验每次随机抽取6个试件。

16. [答案] ×

[解析] 橡胶支座在一定的压力作用下,其竖向变形主要由两个因素决定。一是支座中间橡胶片与加劲钢板接触面的状态,即橡胶与钢板黏结质量,如果黏结牢固,橡胶的侧向膨胀受到钢板的约束减少了支座的竖向变形,反之则增大竖向变形。同一批次支座中,个别支座受压后变形量比同一类型支座相比差异较大,说明在支座加工时,胶片与钢板的黏接处存在缺陷,达不到极限抗压强度时会有影响。第二个起决定作用的因素是支座受压面积与其自由膨胀侧面积之比值,常称之为形状系数。

17. [答案] ✓

[解析] 混凝土探伤指的是以无损检测的手段,确定混凝土内部缺陷存在的大小、位置和性质的一项专门技术。

18. [答案] ×

[解析] 在计算出测区回弹平均值后，非水平方向检测混凝土浇筑侧面,水平方向检测混凝土浇筑顶面或底面时,应进行浇筑面修正。

参见《回弹法检测混凝土抗压强度技术规程》(JGJ/T 23—2001)P9-13。

19. [答案] ×

[解析] 当有下列情况之一时,测区混凝土强度值不得按全国统一测强曲线进行测区混凝土强度换算,但可制定专用测强曲线或通过试验进行修正,专用测强曲线的制定方法见《回弹法检测混凝土抗压强度技术规程》(JGJ/T 23—2001)。

①粗集料最大粒径大于60mm;②特种成型工艺制作的混凝土;③检测部位曲率半径小于250mm;④潮湿或浸水混凝土。

参见《回弹法检测混凝土抗压强度技术规程》(JGJ/T 23—2001)P11。

20.[答案] ×

[解析] 回弹法是采用回弹仪的弹簧驱动重锤,通过弹击杆弹击混凝土表面,并以重锤被反弹回来的距离(回弹值指反弹距离与弹簧初始长度之比)作为强度相关指标来推算混凝土强度的一种方法。

21.[答案] √

[解析] 结构工作状况分析包括:

(1)校验系数 η

校验系数 η 是评定结构工作状况、确定桥梁承载能力的一个重要指标。不同结构形式的桥梁其 η 值常不相同,一般要求 η 值不大于1。η 值越小,结构的安全储备越大,η 值过大或过小都应该从多方面分析原因。如 η 值过大可能说明组成结构的材料强度较低,结构各部分联结性较差,刚度较低等。η 值过小可能说明材料的实际强度及弹性模量较高,梁桥的混凝土桥面铺装及人行道等与主梁共同受力,拱桥拱上建筑与拱圈共同作用,支座摩阻力对结构受力的有利影响,计算理论或简化的计算式偏于安全等。试验加载物的称量误差、仪表的观测误差等也对 η 值有一定影响。

(2)实测值与理论值的关系曲线

由于理论的变位(或应变)一般系按线性关系计算,所以如测点实测弹性变位(或应变)与理论计算值成正比,其关系曲线接近于直线,说明结构处于良好的弹性工作状况。

(3)相对残余变位(或应变)

测点在控制荷载工况作用下的相对残余变位(或应变)S_P/S_t 越小说明结构越接近弹性工作状况。一般要求 S_P/S_t 值不大于20%,当 S_P/S_t 大于20%时,应查明原因。如确系桥梁强度不足,应在评定时,酌情降低桥梁的承载能力。

(4)动载性能

当动载试验效率 η_d 接近1时,不同车速下实测的冲击系数最大值可用于结构的强度及稳定性检算。

结构随自振频率、活载强迫振动频率及阻尼系数等对桥梁承载能力的影响可参考其他有关资料进行分析。

参见王建华、孙胜江主编的《桥涵工程试验检测技术》P215-217。

22.[答案] ×

[解析] 现场荷载试验确定地基容许承载力时,一方面要求地基容许承载力不超过比例界限,这时地基土是处于压密阶段,地基变形较小。但有时为了提高地基容许承载力,在满足建筑物沉降要求的前提下,也可超过比例界限,允许土中产生一定范围的塑性区。另一方面又要求地基容许承载力对极限荷载 P_u 有一定的安全度,即地基容许承载力等于极限荷载除以安全系数。

23.[答案] √

[解析] 挠度观测测点一般布置在桥中轴线位置,测值较为准确。

参见王建华、孙胜江主编的《桥涵工程试验检测技术》P188。

24.[答案] √

[解析] 应变片的标距通常为15mm左右,根据需要可选择0.2~100mm的各种标距的

应变片。

25.［答案］　✓

［解析］　由于温度影响修正比较困难，一般不进行这项工作，而采取缩短加载时间、选择温度稳定性较好的时间进行试验等办法尽量减小温度对测试精度的影响。

参见王建华、孙胜江主编的《桥涵工程试验检测技术》P212-215。

26.［答案］　×

［解析］　当有下列情况之一时，测区混凝土强度值不得按全国统一测强曲线进行测区混凝土强度换算，但可制定专用测强曲线或通过试验进行修正，专用测强曲线的制定方法见《回弹法检测混凝土抗压强度技术规程》（JGJ/T 23—2001）。

①粗集料最大粒径大于60mm；②特种成型工艺制作的混凝土；③检测部位曲率半径小于250mm；④潮湿或浸水混凝土。

参见《回弹法检测混凝土抗压强度技术规程》（JGJ/T 23—2001）P11。

27.［答案］　✓

［解析］　桥梁结构动力性能的各参数，如固有频率、阻尼比、振型、动力冲击系数及动力响应的大小等，是宏观评价桥梁结构的整体刚度、运营性能的重要指标，也是一些规范评价桥梁安全运营性能的主要尺度。

参见王建华、孙胜江主编的《桥涵工程试验检测技术》P233。

28.［答案］　✓

［解析］　斜拉桥斜拉索索力测定方法中的电阻应变片测定法在测定过程中，应变片的防护不容易控制，贴片存活率较低。此外，由于缆索张拉后伸长量较大，故应变片零点选定应十分慎重，否则很容易超出量程范围。此方法理论上可行，实际中较少应用。

参见王建华、孙胜江主编的《桥涵工程试验检测技术》P177。

29.［答案］　×

［解析］

$$\eta = \frac{S_e}{S_s}$$

式中：S_e——试验荷载作用下量测的弹性变位（或应变）值；

S_s——试验荷载作用下的理论计算变位（或应变）值。

一般要求，η 值不大于1。η 值越小结构的安全储备越大。η 值过大或过小都应该从多方面分析原因，如 η 值过大可能说明组成结构的材料强度较低，结构各部分联结性较差，刚度较低等。η 值过小可能说明材料的实际强度及弹性模量较高，梁桥的混凝土桥面铺装及人行道等与主梁共同受力，拱桥拱上建筑与拱圈共同作用，支座摩阻力对结构受力的有利影响，计算理论或简化的计算式偏于安全等。

参见王建华、孙胜江主编的《桥涵工程试验检测技术》P215-217。

30.［答案］　×

［解析］　垂直静载试验是在试桩顶上分级施加静荷载直到土对试桩的阻力破坏时为止，从而求得桩的容许承载力和单桩的下沉量。

参见王建华、孙胜江主编的《桥涵工程试验检测技术》P89-91。

三、多选题(每道题目所列出的备选项中,有两个或两个以上正确答案,选项全部正确得满分,选项部分正确按比例得分,出现错误选项该题不得分。总共20题,每小题分,共计40分)

1.[答案] ABCD

[解析] 见《关于开展公路桥梁和隧道工程施工安全风险评估试行工作通知》

国家质量标准和几何尺寸要求都是对成品而言,而对原材料和半成品则没有此两类要求。公路桥梁和隧道工程施工安全风险评估范围,可由各地根据工程建设条件,技术复杂程度和施工管理模式以及当地工程建设经验,并参考相关标准确定。

2.[答案] ABC

[解析] 强度属内在质量要求,故选ABC。

3.[答案] ABD

[解析] 焊接质量的检验内容包括外观检查、无损探伤和机械性能试验三个方面。外观检查一般以肉眼观察为主,有时用5~20倍的放大镜进行观察。隐藏在焊缝内部的夹渣、气孔、裂纹等缺陷的检验,目前使用最普遍的是采用X射线检验,还有超声波探伤和磁力探伤。对于要求密封性的受压容器,须进行水压试验和(或)气压试验,以检查焊缝的密封性和承压能力。无损探伤可以发现焊缝内在的缺陷,但不能说明焊缝热影响区金属的机械性能如何,因此有时对焊接接头要作拉力、冲击、弯曲等试验。焊缝的检测手段主要有外观检查和无损探伤,而无损探伤又分为X射线探伤、超声波探伤和磁力探伤三种手段。

参见王建华、孙胜江主编的《桥涵工程试验检测技术》P167-172。

4.[答案] AD

[解析] 见《关于开展公路桥梁和隧道工程施工安全风险评估试行工作的通知》等。

公路桥梁和隧道工程施工安全风险评估分为总体风险评估和专项风险评估。

5.[答案] ABCD

[解析] 桩基础在桥梁工程中,主要有钻孔灌注桩与挖孔灌注桩。钻孔灌注桩的质量检测方法主要常用的有:超声波检测法、射线检验法、钻芯取样检测法以及振动检验法等。

参见王建华、孙胜江主编的《桥涵工程试验检测技术》P68-69.北京:人民交通出版社,2004。

6.[答案] ABCD

[解析] 标准贯入试验的目的是用测得的标准贯入锤击数,判断沙土的密实程度或黏性土的稠度,以确定地基土的容许承载力、评定沙土的振动液化势和估计单桩的承载力并可确定土层剖面和取扰动土样进行一般物理性试验。

7.[答案] ABCD

[解析] 用声波透射法检测钻孔灌注桩时,所依据的基本物理量有以下四个:声时值、波幅(或衰减)、接收信号的频率变化以及接收波形的畸变。

参见王建华、孙胜江主编的《桥涵工程试验检测技术》P69-71。

8.[答案] ACD

[解析] 桥梁线位移测量主要使用位移和挠度相关测量仪器,如百分表、千分表,挠度仪和引伸仪等,电阻应变片主要测量结构应变。

参见章关永主编的《桥梁结构试验(第二版)》P10 表 2-1。

9. [答案] ABD

[解析] 当使用回弹仪处于非水平方向且检测混凝土构件的浇筑侧面、表面或底面时，应先进行角度修正然后进行浇注面修正，当泵送混凝土碳化深度值大于 2mm 时，每一测区混凝土强度也应进行修正。

参见王建华、孙胜江主编的《桥涵工程试验检测技术》P124。

10. [答案] BC

[解析] 伸缩装置钢构件外观应光洁、平整，不允许变形扭曲、不允许骨架钢板外露。

11. [答案] ABD

[解析] 结构或构件第 i 个测区混凝土强度换算值，根据每一测区的回弹平均值及碳化深度值，查阅全国统一测强曲线(附录 I 中的附表 1)得出，当有地区测强曲线或专用测强曲线时，混凝土强度换算值应按地区测强曲线或专用测强曲线换算得出。

参见《回弹法检测混凝土抗压强度技术规程》(JGJ/T 23—2001)P10。

12. [答案] AB

[解析] 超声法检测浅裂纹时，检测要求：

当结构混凝土开裂深度小于或等于 500mm 时，需要检测的裂缝中，不得充水或泥浆，当结构的裂缝部位只有一个可测表面，可采用平测法，当结构的裂缝部位具有两个相互平行的测试表面时，可采用双面穿透斜测法检测。

参见王建华、孙胜江主编的《桥涵工程试验检测技术》P140。

13. [答案] ABD

[解析] 一般桥梁荷载试验的目的：检验桥梁设计与施工的质量，判断桥梁结构的实际承载力，验证桥梁结构设计理论和设计方法。

参见王建华、孙胜江主编的《桥涵工程试验检测技术》P182。

14. [答案] ABCD

[解析] 混凝土超声探伤采用以下四点作用判别缺陷的基本依据。

(1)根据低频超声在混凝土中遇到缺陷时的绕射现象，按声时及声程的变化，判别和计算缺陷的大小。

(2)根据超声波在缺陷界面上产生反射，因而到达接收探头时能量显著衰减的现象判断缺陷的存在及大小。

(3)根据超声脉冲各频率成分在遇到缺陷时被衰减的程度不同，因而接收频率明显降低，或接收波频谱产生差异，也可判别内部缺陷。

(4)根据超声波在缺陷处的波形转换和叠加，造成接收波形畸变的现象判别缺陷。

15. [答案] ABCD

[解析] 静载试验后，通过对桥梁结构工作状况、强度稳定性、刚度和抗裂性各项指标进行综合评定，并结合结构下部评定和动力性能评定，综合给出桥梁承载能力评定结论，将评定结论写入桥梁承载能力鉴定报告。

参见王建华、孙胜江主编的《桥涵工程试验检测技术》P215-218。

16. [答案] AD

[解析] 简支梁试验荷载工况一般应选取:跨中最大正弯矩工况,L/4 最大正弯矩工况,支点最大剪力工况,桥墩最大竖向反力工况。

参见王建华、孙胜江主编的《桥涵工程试验检测技术》P184。

17.[答案] ABC

[解析] 试验孔(或墩)的选择对多孔桥梁中跨径相同的桥孔(或墩)可选1~3孔具有代表性的桥孔(或墩)进行加载试验,选择时应综合考虑以下因素。

(1)该孔(或墩)计算受力最不利。

(2)该孔(或墩)施工质量较差、缺陷较多或病害较严重。

(3)该孔(或墩)便于搭设脚手架,便于设置测点或便于实施加载。

参见王建华、孙胜江主编的《桥涵工程试验检测技术》P188。

18.[答案] ABCD

[解析] 进行桥梁动载试验时结构振动的测试仪器包括:测振传感器、信号放大器、光线示波器、磁带记录仪和数字信号处理器。

参见王建华、孙胜江主编的《桥涵工程试验检测技术》P219-226。

19.[答案] ABD

[解析] 热轧钢筋试验项目包括屈服强度、极限强度、伸长率,它们是结构设计的主要依据。

20.[答案] ABCD

[解析] 桥梁静载试验,测点的布设不宜过多,但要保证观测质量。有条件时,同一测点可用不同的测试方法进行校对,一般情况下,对主要测点的布设应能控制结构的最大应力(应变)和最大挠度(或位移)。几种常用桥梁体系的主要测点布设如下:

(1)简支梁桥:跨中挠度,支点沉降,跨中截面应变。

(2)连续梁桥:跨中挠度,支点沉降,跨中和支点截面应变。

(3)悬臂梁桥:悬臂端部挠度,支点沉降,支点截面应变。

(4)拱桥:跨中、L/4 处挠度,拱顶和拱脚截面应变。

参见王建华、孙胜江主编的《桥涵工程试验检测技术》P188。

四、问答题(共5题,每题10分,共计50分)

1.简述用超声法检测浅裂缝时的条件要求及方法?

答:(1)裂缝中无水和泥浆;

(2)裂缝预制深度≤500mm;

(3)与开裂方向平行的主钢筋距裂缝1.5倍裂缝预计深度。

实施方法:1.选择可测表面多点平测得到超声波声速;

2.跨缝对称平测测量声时,计算深度。

参见王建华、孙胜江主编的《桥涵工程试验检测技术》P134-135。

2.灌注桩成桩质量通常存在哪两方面的问题?

答:回弹仪在工程检测前后,应在钢砧上作率定试验,并应符合下述要求:回弹仪率定试验宜在干燥、室温为5~35℃的条件下进行。率定时,洛氏硬度HRC60±2的钢砧应稳固地平放在刚度大的物体上。测定回弹值时,取连续向下弹击三次的稳定回弹值的平均值。弹击杆应分四次旋转,每次旋转宜为90°。弹击杆每旋转一次的率定平均值应为80±2。

参见王建华、孙胜江主编的《桥涵工程试验检测技术》P120。

3. 板式橡胶支座有哪些力学指标需要检测?

答:板式橡胶支座的力学性能的测试包括:

①抗压弹性模量检验;②极限抗压强度检验;③抗剪弹性模量检验;④容许剪切角检验;⑤摩擦系数检验;⑥允许转角检验。

参见《公路桥梁板式橡胶支座》(JT/T 4—2004)P93-20。

4. 桥梁成桥荷载试验工作的主要内容是什么?

答:①目的;②准备工作;③加载方案设计;④理论计算;⑤测点设置与测试;⑥加载控制与安全措施;⑦试验结果分析与承载力评定;⑧试验报告编写。

参见王建华、孙胜江主编的《桥涵工程试验检测技术》P182-218。

5. 标准贯入试验测定地基承载力的基本步骤。

答:标准贯入试验确定地基承载力的步骤为:

①将贯入器打入土中15cm,记录打击数;然后记录后30cm中每10cm的锤击数及30cm的总计锤击数;②提出贯入器,对土样进行试验分析;③贯入深度超过3m时应进行杆长修正;④根据锤击数查表确定地基承载力。

参见《标准贯入试验》(SL 237-045—1999)。

综合题

[答案]

1. C 2. BCD 3. BC 4. CD 5. A

[解析]

公路工程基桩动测技术规程(JTG/F T81-01—2004):

6.1.1 本方法适用于直径不小于800mm的混凝土灌注桩的完整性检测,它包括跨孔透射法和单孔折射法。

6.2.1 检测仪系统应包括信号放大器、数据采集及处理存储器、径向振动换能器等。

6.2.2 检测仪应具有一发双收功能。

6.3.1 声测管的埋设应符合下列规定:

①当桩径不大于1 500mm时,应埋设三根管;当桩径大于1 500mm时,应埋设四根管。

②声测管宜采用金属管,其内径应比换能器外径大15mm,管的连接宜采用螺纹连接,且不漏水。

③声测管应牢固焊接或绑扎在钢筋笼的内侧,且互相平行、定位准确,并埋设至桩底,管口宜高出桩顶面300mm以上。

④声测管管底应封闭,管口应加盖。

6.3.2 检测前的准备应符合下列规定:

①被检桩的混凝土龄期应大于14d。

②声测管内应灌满清水,且保证畅通。

③标定超声波检测仪发射至接收的系统延迟时间t_0。

④准确量测声测管的内、外径和两相邻声测管外壁间的距离,量测精度为±1mm。

⑤取芯孔的垂直度误差不应大于0.5%，检测前应进行孔内清洗。

6.3.3　检测方法应符合下列要求：

①测点间距不宜大于250mm。发射与接收换能器应以相同标高同步升降，其累计相对高差不应大于20mm，并随时校正。

②在对同一根桩的检测过程中，声波发射电压应保持不变。

③对于声时值和波幅值出现异常的部位，应采用水平加密、等差同步或扇形扫测等方法进行细测，结合波形分析确定桩身混凝土缺陷的位置及其严重程度。

6.4.7　桩身完整性类别判定：

①I类桩：各声测剖面每个测点的声速、波幅均大于临界值，波形正常。

②II类桩：某一声测剖面个别测点的声速、波幅略小于临界值，但波形基本正常。

③III类桩：某一声测剖面连续多个测点或某一深度桩截面处的声速、波幅值小于临界值，PSD值变大，波形畸变。

④IV类桩：某一声测剖面连续多个测点或某一深度桩截面处的声速、波幅值明显小于临界值，PSD值突变，波形严重畸变。

《桥梁》模拟试题(二)

一、单项选择题(四个备选项中只有一个正确答案,总共30题,每题1分,共计30分)

1. 公路工程质量检验和等级评定的依据是( )。

A. 公路工程技术标准　　B. 公路工程质量检验评定标准

C. 公路桥梁养护规范　　D. 公路桥涵设计通用规范

2. 百分表通常量程范围是( )。

A. <5mm　　B. <10mm　　C. 10~50mm　　D. >50mm

3. 岩石的抗压强度与混凝土强度等级之比,对于大于或等于C30的混凝土,不应小于( )。

A. 1.5　　B. 1.8　　C. 2.0　　D. 2.2

4. 钢材在常温条件下承受规定弯曲程度的弯曲变形能力叫做钢材的( )。

A. 塑性　　B. 冷弯性能　　C. 韧性　　D. 脆性

5. 下列哪种钢筋需进行反复冷弯试验( )。

A. 高强钢丝　　B. 钢绞线　　C. 细钢筋　　D. 粗钢筋

6. 钢筋焊接接头的强度检验时,每批切取( )个接头作拉伸试验。

A. 1　　B. 2　　C. 3　　D. 4

7. 橡胶支座抗剪弹性模量测量:抗剪过程中正压力为( )保持不变。

A. 1 MPa　　B. 10Pa　　C. 70MPa　　D. 75MPa

8. 对于老黏性土地基,可按土样的( )来确定容许承载力。

A. 天然含水率 w 和液限 w_L 的比值　　B. 压缩模量

C. 含水比 w/w_L　　D. 天然孔隙比 e 和含水比 w/w_L

9. 调试超声波检测仪时,测得 $t_0=5\mu s$,已知某测点声距 $L=40cm$,仪器显示声时为 $105\mu s$,则超声波在混凝土中传播的声速为( )。

A. 3 636m/s　　B. 3 810m/s　　C. 4 000m/s　　D. 3 000m/s

10. 主跨100m的大跨径连续梁桥支座应选用( )。

A. 矩形板式　　B. 圆形板式　　C. 矩形四氟板式　　D. 盆式橡胶支座

11. 对预应力筋张拉设备的要求,以下错误的是( )。

A. 使用时间超过6个月

B. 张拉次数超过600次

C. 使用过程中千斤顶或压力表出现异常现象

D. 千斤顶检修或更换配件后

12. 目前全国统一的测强曲线不适应下列哪种情况( )。

A. 采用普通成型工艺　　B. 浸水混凝土

C. 薄壁混凝土构件　　D. 大体积混凝土

13. 桥梁橡胶活动支座应选用(　　)。

A. 矩形板式　　B. 矩形四氟板式　　C. 圆形板式　　D. 盆式

14. 回弹法检测混凝土强度,每一测区应记取(　　)个回弹值。

A. 15　　B. 16　　C. 18　　D. 20

15. 在钻芯取样检验混凝土强度时,芯样直径应为混凝土所有集料最大粒径的(　　)。

A. 1 倍　　B. 2 倍　　C. 3 倍　　D. 1.5 倍

16. 分项工程评分值小于 75 分者为不合格;机电工程、属于工厂加工制造的桥梁金属构件不小于(　　)分者为合格。

A. 60　　B. 90　　C. 75　　D. 85

17. 在下列三种回弹测强曲线中,哪种精度最高(　　)。

A. 通用测强曲线　　B. 地区测强曲线　　C. 专用测强曲线

18 桥梁单孔跨径为 16m,则该桥属于(　　)。

A. 大桥　　B. 中桥　　C. 小桥　　D. 涵洞

19. 采用回弹法检测混凝土构件强度时,选择测区数一般不少于(　　)个。

A. 3　　B. 6　　C. 10　　D. 16

20. 荷载试验加载、卸载时间最好选择在(　　)。

A. 8:00 ~ 16:00　　B. 16:00 ~ 23:00　　C. 22:00 ~ 6:00　　D. 10:00 ~ 17:00

21. 弯矩控制无铰拱桥设计时,加载检测最大挠度,其测点应选在(　　)。

A. 主拱圈拱顶下缘　　B. 主拱圈拱顶中轴线位置

C. 主拱圈 1/4 拱截面下缘　　D. 主拱圈 1/4 拱截面上缘

22. 检测简支梁的剪应力时,其应变片应贴在(　　)。

A. 跨中下缘　　B. 跨中中性轴处

C. 支点中性轴处　　D. 支点附近下缘

23. 用回弹法检测混凝土构件强度时,相邻两测区的间距应控制在(　　)以内。

A. 1m　　B. 2m　　C. 3m　　D. 4m

24. 检测结构混凝土内部缺陷,当前最常用、最有效的无损检测方法是(　　)法。

A. 射线法　　B. 超声脉冲法　　C. 回弹法　　D. 钻心法

25. 预应力锚具作疲劳试验时抽取(　　)试件进行。

A. 3 套　　B. 5 套　　C. 6 套　　D. 10 套

26. 超声检测时平测法是指(　　)。

A. 两只换能器对面布置在不同高度

B. 两只换能器在相邻面布置

C. 两只换能器布置在同一表面

D. 两只换能器对面布置

27. 回弹值测量完毕后,应选择不小于构件(　　)的测区在有代表性的位置上测量碳化深度值。

A. 30%　　B. 50%　　C. 80%　　D. 90%

28. 静载试验效率系数可用范围为(　　)。

A. 0.9 ~ 1.0　　B. 0.8 ~ 1.05　　C. 0.85 ~ 1.0　　D 1.0 ~ 1.2

29. 已测出简支梁两支点的竖向位移分别为 1.2mm 和 1.6mm，跨中竖向位移为 9.4mm，则跨中挠度为(　　)。

A. 6.1mm　　B. 8.0mm　　C. 9.4mm　　D. 8.2mm

30. 在桥涵设计时，混凝土材料强度以(　　)作为设计依据。

A. 强度等级　　B. 抗拉强度　　C. 抗压强度　　D. 抗折强度

二、判断题(在正确的事实后面括号中打“√”，在错误的事实后面括号中打“×”。总共 30 题，每题 1 分，共计 30 分)

1. 公路工程质量评定等级分为合格与不合格。(　　)

2. 若混凝土的设计强度等级为 C50，所用碎石其母岩抗压强度不应低于 50MPa。(　　)

3. 预应力钢筋一般都应进行松弛试验。(　　)

4. 冲击韧性是指钢材抵抗其他较硬物体压入的能力。(　　)

5. 在制取混凝土试块时，应采用振动台振捣。(　　)

6. 合格钢材连接部分焊接后由于硬化脆裂和内应力增大作用，力学性能低于焊件本身。(　　)

7. 钢筋的标距长度对其伸长率无影响。(　　)

8. 钻芯检测法是检测桥梁桩基施工质量最常用的方法。(　　)

9. 检测桥涵基础地基承载力可用标准贯入法，贯入装置落锤的质量为 4.5kg，落距为 90cm。(　　)

10. 对混凝土强度等级低于 C10 的结构，不宜采用钻芯法检测。(　　)

11. 在锚具疲劳性能试验中，预应力筋因锚具影响发生疲劳破坏的面积不应大于试件总截面的 10%。(　　)

12. 用回弹法检测结构物的垂直面时，不必按角度进行修正。(　　)

13. 橡胶伸缩装置的伸缩量为拉伸与压缩量绝对值之和。(　　)

14. 单桩承载力宜通过现场静载试验确定，在同一条件下试桩数量不宜少于总桩数的 5%，并不少于 10 根。(　　)(检测员不考)

15. 当怀疑混凝土内外质量有明显差异时，可用回弹法检测。(　　)

16. 地区测强曲线是对某省市区的特定条件而制定的基准曲线。(　　)

17. 钢筋保护层的测量通常使用钢筋保护层测量仪器，其工作原理是电磁感应。(　　)

18. 采用回弹法确定的混凝土强度误差一般在 15% 以上。(　　)

19. 混凝土超声探伤的基本原理与金属探伤原理相同。(　　)

20. 校验系数是评定结构工作状况的主要依据。(　　)(检测员不考)

21. 荷载试验时，工况选择应反映桥梁的最不利受力状态。(　　)

22. 回弹法检测单个构件混凝土强度时，结构或构件的混凝土强度推定值等于构件中最小的测区混凝土强度换算值。(　　)

23. 连续梁跨中和支点截面均产生正弯矩。(　　)

24. 荷载试验时，为保证仪器支架的稳定，可与人行脚手架联成整体。（　　）
25. 进行应变测量须按其灵敏系数对测试值进行修正。（　　）
26. 无铰拱桥跨中和拱脚均为负弯矩控制设计。（　　）
27. 振动法测定斜拉索的索力是，利用索的张力与固有频率的关系计算的。（　　）
28. 千斤顶的校验只能用压力试验机进行。（　　）
29. 在用桥梁承载能力检测评定时，必须进行荷载试验。（　　）
30. 混凝土芯样的高度与直径之比对所测抗压强度有明显影响。（　　）

三、多选题（每道题目所列出的备选项中，有两个或两个以上正确答案，选项全部正确得满分，选项部分正确按比例得分，出现错误选项该题不得分。总共20题，每小题2分，共计40分）

1. 用于预应力混凝土结构的钢材包括（　　）。
   A. 高强钢丝　B. 普通钢筋　C. 钢绞线　D. 热处理钢筋
2. 电阻应变计的特点是（　　）。
   A. 对温度不敏感　B. 应变范围广
   C. 重量轻　D. 测量结果是电信号
3. 预应力混凝土用1×7钢绞线（GB/T 5224—2003）力学性能指标有以下各项（　　）。
   A. 抗拉强度　B. 最小断裂强度
   C. 整根钢绞线的最大力　D. 最大力总伸长率
   E. 屈服负荷　F. 应力松弛性能
4. 球形支座按其水平位移特性分类为（　　）。
   A. 单向活动支座　B. 双向活动支座
   C. 三向活动支座　D. 固定支座
5. 电阻应变计温度补偿的方法有（　　）。
   A. 初读数标定法　B. 采用温度自补偿应变片
   C. 电桥补偿法　D. 以上都是
6. 下列哪几种地质情况可以采用标准贯入试验确定地基承载力（　　）。
   A. 砂土　B. 黏性土　C. 碎石土　D. 岩层
7. 符合（　　）用全国统一测强曲线进行测区混凝土强度换算。
   A. 混凝土采用的材料、拌和用水符合现行国家有关标准
   B. 龄期为14～1 000d
   C. 采用普通成型工艺
   D. 抗压强度为10～60MPa
8. 桩基础静载试验达到破坏荷载的标准是（　　）。
   A. 累计沉降大于40mm
   B. 累计沉降大于60mm
   C. 该阶段沉降值大于前阶段5倍
   D. 该阶段沉降值大于前阶段2倍且24h不终止

9. 通常应在支座进入工地后抽取一定比例送检，主要检验项目有（ ）。

A. 支座成品力学性能检验

B. 支座成品解剖检验

C. 外观检验

D. 几何尺寸检验

10. 应变仪测量电路的电桥测量方法主要包括（ ）。

A. 单点测量 B. 双点测量 C. 半桥测量 D. 全桥测量

11. 橡胶支座成品的力学性能指标包括（ ）。

A. 极限抗压强度 B. 几何尺寸 C. 抗剪弹性模量 D. 摩擦系数

12. 超声检测法，下列说法正确的是（ ）。

A. 可进行混凝土破坏层厚度检测

B. 可进行混凝土均匀性检测

C. 可进行内部空洞检测

D. 可进行裂缝检测

13. 回弹法测试混凝土强度时，在进行批量检测时应满足（ ）。

A. 构件数大于总数 20% B. 构件数量大于 50 个

C. 构件数大于总数 30% D. 构件数量大于 10 个

14. 哪种情况下需进行桥梁荷载试验（ ）。

A. 验证设计理论 B. 评定桥梁荷载等级

C. 新材料应用 D. 存在施工缺陷

15. 无铰拱桥试验荷载工况一般应选取（ ）。

A. 拱顶最大正弯矩 B. 拱顶最大负弯矩

C. 拱脚最大正弯矩 D. 拱脚最大负弯矩

16. 动载试验测试记录主要内容有（ ）。

A. 跑车时的动态响应 B. 制动时的动态增量

C. 跳车时的动态增量 D. 静车时的动态响应

17. 线材主要包括（ ），它是钢筋混凝土桥梁建筑中使用的重要材料之一。

A. 钢板 B. 高强钢丝

C. 钢绞线 D. 预应力钢筋

18. 钢材塑性指标通常用（ ）表示。

A. 伸长率 B. 断面收缩率 C. 屈服强度 D. 抗拉强度

19. 桥梁结构静载性能分析，主要包括（ ）。（检测员不考）

A. 结构的强度及稳定性分析 B. 结构的刚度分析

C. 结构的抗裂度分析 D. 结构工作状况

20. 影响混凝土徐变变形的因素有（ ）。（检测员不考）

A. 应力水平 B. 加载时间

C. 水泥用量 D. 环境湿度

四、问答题（共5题，每题10分，共计50分）

1. 简述反射波法检测桩基质量的使用范围？

2. 三跨连续拱桥在荷载试验时应考虑哪些工况？

3. 简述用回弹法检测混凝土构件强度的步骤？

4. 桥梁荷载试验的一般程序是什么？

5. 电测法是如何进行温度补偿？

《桥梁》模拟试题(二)答案及解析

一、单项选择题(四个备选项中只有一个正确答案,总共30题,每题1分,共计30分)

1.[答案] B

[解析] 公路工程质量检验和等级评定是依据原交通部颁布的《公路工程质量检验评定标准》(JTG F80—2004)进行的,该标准是公路桥梁工程质量等级评定的标准尺度,是公路质量监督部门进行质量检查鉴定、监理工程师进行质量检查认定与施工单位质量自检,工程竣工验收质量评定的依据。

2.[答案] C

[解析] 百分表通常量程范围是10~50mm。

参见章关永主编的《桥梁结构试验(第二版)》P11表2-2。

3.[答案] C

[解析] 混凝土强度等级为C60及以上时应进行岩石抗压强度检验,其他情况下,如有必要时也可进行岩石的抗压强度检验。岩石的抗压强度与混凝土强度等级之比对于大于或等于C30的混凝土,不应小于2,其他不应小于1.5,且火成岩强度不宜低于80MPa,变质岩不宜低于60MPa,水成岩不宜低于30MPa。岩石的抗压强度试验可按现行《公路工程岩石试验规程》(JTG E41—2005)执行。

4.[答案] B

[解析] 冷弯性能是钢材在常温条件下承受规定弯曲程度的弯曲变形能力,并且是显示钢材缺陷的一种工艺性能。

参见王建华、孙胜江主编的《桥涵工程试验检测技术》P30。

5.[答案] A

[解析] 桥梁用钢材中,往往对高强钢丝和钢绞线有很高的韧性要求。钢绞线是由多股高强钢丝捻制而成,所以往往只对高强钢丝进行反复冷弯试验。

参见王建华、孙胜江主编的《桥涵工程试验检测技术》P46-47。

6.[答案] C

[解析] 力学性能检验时,从每批接头中随机切取3个接头作拉伸试验。

参见《钢筋焊接及验收规程》(JGJ 18—2003)P27。

7.[答案] B

[解析] 支座抗剪弹性模量测量第二步中将压应力以一定的速率连续地增至平均压应力,绘制应力—时间图,并在整个抗剪试验过程中保持不变。另外注意在抗压弹性模量试验第二步预压中提到平均压应力为10 MPa。

8.[答案] B

[解析] 对于老黏性土和残积黏性土地基,可取土样进行压缩试验,求得土样压缩模量查表确定容许承载力。

参见王建华、孙胜江主编的《桥涵工程试验检测技术》P54-58。

9.[答案] C

[解析] 声速:40cm/100μs = 4 000m/s

10.[答案] D

[解析] 大跨径桥梁所产生的支点反力非常大,所以需要设置承载吨位较大的盆式橡胶支座。

11.[答案] B

[解析] 《公路桥梁施工技术规范》(JTG/T F50—2011)中规定预应力筋张拉设备在以下情况需重新标定。使用时间超过 6 个月;张拉次数超过 300 次;使用过程中千斤顶或压力表出现异常现象;千斤顶检修或更换配件。

12.[答案] B

[解析] 当有下列情况之一时,回弹测强曲线不适应,但可制定专用测强曲线或通过试验进行修正:

①粗集料最大粒径大于 60mm;②特种成型工艺制作的混凝土;③检测部位曲率半径小于 250mm;④潮湿或浸水混凝土。

参见《回弹法检测混凝土抗压强度技术规程》(JGJ/T 23—2001)P8。

13.[答案] B

[解析] 桥梁橡胶活动支座应选用四氟板式支座。

参见交通部行业标准《公路桥梁板式橡胶支座》(JT/T 4—2004)第三条相关说明。

14.[答案] B

[解析] 回弹法测试混凝土强度时测点宜在测区范围内均匀分布,相邻两测点的净距一般不小于 20mm,测点距构件边缘或外露钢筋、预埋件的距离一般不小于 30mm,测点不应在气孔或外露石子上,同一测点只允许弹击一次。每一测区应记取 16 个回弹值,每一测点的回弹值读数精确至 1。

参见《回弹法检测混凝土抗压强度技术规程》(JGJ/T 23—2001)P8。

15.[答案] C

[解析] 芯样直径应为混凝土所有集料最大粒径的 3 倍,一般为 150mm 或 100mm。任何情况下不小于集料最大粒径的 2 倍。试件的制作:抗压试验用的试件长度(端部加工后)不应小于直径,也不应大于直径的 2 倍。芯样端面必须平整,必要时应磨平或用抹顶等方法处理。芯样两端平面应与轴线垂直,误差不应大于 1°。

参见王建华、孙胜江主编的《桥涵工程试验检测技术》P122-123。

16.[答案] B

[解析] 分项工程评分值不小于 75 分者为合格;小于 75 分者为不合格;机电工程、属于工厂加工制造的桥梁金属构件不小于 90 分者为合格,小于 90 分者为不合格。

参见《公路工程质量检验评定标准》(JTG F80/1—2004) P5。

17.[答案] C

[解析] 为了提高回弹法测强的精度,目前常用的基准曲线可分为三种类型:

(1)专用测强曲线

专用测强曲线是针对某一工程、某一预制厂或某一商品混凝土供应区的特定的原材料质量、成型和养护工艺、测试龄期等条件而制定的基准曲线，由于专用曲线所考虑的条件可以较好地与被测混凝土相吻合，因此，影响因素的干扰较少，推算强度的误差也较小。当被测结构混凝土的各种条件与专用曲线相一致时，应优先使用专用曲线进行强度推定。

(2)地区测强曲线

地区测强曲线是针对某一省、市、自治区或条件较为类似的特定地区而制定的基准曲线。它适应于某一地区的情况，所涉及的影响因素比专用曲线广泛，因此，其误差也稍大。

(3)通用测强曲线

为了便于应用，在允许的误差范围内，应尽量扩大基准曲线的覆盖面。我国在制定《回弹法评定混凝土抗压强度技术规程》时，在全国广泛布点，进行了研究，最后选定的回归方程和有关指标如下：

$$R_n = 0.025\,0\bar{N}^{2.010\,8} \times 10^{0.035\,8\bar{L}}$$

式中：R_n——测区混凝土的抗压强度(MPa)，精确至0.1MPa；

$\bar{N}$——测区混凝土平均回弹值，精确至0.1；

$\bar{L}$——测区混凝土平均碳化深度(mm)，精确至0.1mm。

参见《回弹法检测混凝土抗压强度技术规程》(JGJ/T 23—2001)P10-11。

18.［答案］　C

［解析］　根据《公路桥涵设计通用规范》(JTG D60—2004)，按表1确定。

桥梁涵洞分类　　表1

桥涵分类	多孔跨径总长 L(m)	单孔跨径 L_K(m)
特大桥	$L>1\,000$	$L_K>150$
大桥	$100\leqslant L\leqslant 1\,000$	$40\leqslant L_K\leqslant 150$
中桥	$30<L<100$	$20\leqslant L_K<40$
小桥	$8\leqslant L\leqslant 30$	$5\leqslant L_K<20$
涵洞	—	$L_K<5$

注：①单孔跨径系指标准跨径。

②梁式桥、板式桥的多孔跨径总长为多孔标准跨径的总长，拱式桥为两岸桥台内起拱线间的距离；其他形式桥梁为桥面系行车道长度。

③管涵及箱涵不论管径或跨径大小、孔数多少，均称为涵洞。

④标准跨径：梁式桥、板式桥以两桥墩中线之间桥中心线长度或桥墩中线与桥台台背前缘线之间桥中心线长度为准；拱式桥和涵洞以净跨径为准。

19.［答案］　C

［解析］　每一结构或构件测区数不应少于10个，对某一方向尺寸小于4.5m。另一方向尺寸小于0.3m的构件，其测区数量可适当减少，但不应少于5个。

20.［答案］　C

［解析］　晚上，温度效应影响小，试验数据更加准确。

参见王建华、孙胜江主编的《桥涵工程试验检测技术》P188。

21.［答案］　B

［解析］　无铰拱桥加载检测工况：跨中最大正弯矩工况；拱脚最大负弯矩工况；拱脚最大

推力工况;正负挠度绝对值之和最大工况;主拱圈拱顶中轴线位置最大挠度。

参见王建华、孙胜江主编的《桥涵工程试验检测技术》P188。

22.[答案] C

[解析] 简支梁桥加载检测工况:跨中最大正弯矩工况;L/4 最大正弯矩工况;支点最大剪力工况;桥墩最大竖向反力工况;简支梁支点附近下缘剪应力值最大。

参见王建华、孙胜江主编的《桥涵工程试验检测技术》P188。

23.[答案] B

[解析] 相邻两测区的间距应控制在 2m 以内,测试离构件端部或施工缝边缘的距离应在 0.2 ~ 0.5m 之内。

24.[答案] B

[解析] 可用于探伤的无损检测手段有超声脉冲法和射线法两大类,其中射线法因穿透能力有限,以及操作中需解决人体防护等问题,在我国使用较少。目前,最有效的方法是超声脉冲法。

参见王建华、孙胜江主编的《桥涵工程试验检测技术》P133-148。

25.[答案] A

[解析] 疲劳试验、周期荷载试验及辅助性试验各抽取 3 套试件。

参见王建华、孙胜江主编的《桥涵工程试验检测技术》P151。

26.[答案] C

[解析] 平测法—对发射和接收换能器置于被测结构同一个接收表面上进行测试。

参见王建华、孙胜江主编的《桥涵工程试验检测技术》P132。

27.[答案] A

[解析] 回弹值测量完毕后,应选择不小于构件数的 30% 测区数在有代表性的位置上测量碳化深度值。

参见《回弹法检测混凝土抗压强度技术规程》(JGJ/T 23—2001)P8。

28.[答案] B

[解析] 静载试验荷载效率定义为:试验荷载作用下被检测部位的内力(或变形的计算值)与包括动力扩大效应在内的标准设计荷载作用下,同一部位的内力(或变形计算值)的比值。一般静载试验,其值可采用 0.8 ~ 1.05。

29.[答案] B

[解析] 跨中挠度值为:$9.4-(1.2+1.6)/2=8.0$

30.[答案] A

[解析] 在桥涵设计时,混凝土材料强度以强度等级作为设计依据。

参见《公路钢筋混凝土及预应力混凝土桥涵设计规范》(JTG D62—2004) P10。

二、判断题(在正确的事实后面括号中打"✓",在错误的事实后面括号中打"×"。总共 30 题,每题 1 分,共计 30 分)

1.[答案] ✓

[解析] 工程质量评定等级分为合格与不合格,应按分项、分部、单位工程、合同段和建

设项目逐级评定。

参见王建华、孙胜江主编的《桥涵工程试验检测技术》P9。

2.［答案］ ×

［解析］ 现行《公路桥涵施工技术规范》(JTG/T F50—2011)表6.4.1粗集料技术指标中规定:岩石的抗压强度(水饱和状态)与混凝土强度等级之比应不小于1.5,且火成岩强度不宜低于80MPa,变质岩不宜低于60MPa,水成岩不宜低于30MPa。岩石的抗压强度试验可按现行《公路工程岩石试验规程》执行。

3.［答案］ ✓

［解析］ 预应力钢筋一般都应进行松弛试验。

参见王建华、孙胜江主编的《桥涵工程试验检测技术》P33-46。

4.［答案］ ×

［解析］ 材料在冲击载荷作用下抵抗破坏的能力叫冲击韧性,通俗地讲就是材料在受到外力的打击或是冲撞时它所能抵抗破坏的能力,如冷轧钢或合金钢就比铸铁、铸钢等材料耐冲击,这是因为铸件脆所以不耐撞击。硬度表示材料抵抗硬物体压入其表面的能力,它是金属材料的重要性能指标之一。一般硬度越高,耐磨性越好。常用的硬度指标有布氏硬度、洛氏硬度和维氏硬度。

参见王建华、孙胜江主编的《桥涵工程试验检测技术》P30。

5.［答案］ ×

［解析］ 普通混凝土力学性能试验以三个试件为一组,每一组试件所用的混凝土拌和物均应从同一拌和的拌和物中取得。根据混凝土拌和物的坍落度确定混凝土成型方法,坍落度不大于70mm的混凝土宜用振动振实;大于70mm的宜用捣棒人工捣实。

参见《普通混凝土力学性能试验方法标准》(GB 50081—2002)P9。

6.［答案］ ×

［解析］ 合格钢材连接部分焊接后,力学性能要求高于焊件本身。

参见《钢筋焊接及验收规程》(JGJ 18—2003)P27。

7.［答案］ ×

［解析］ 伸长率δ为试样拉断后标距长度的增量与原标距长度的百分比$\delta=(L_k-L_o)L_o\times100\%$试样在拉伸前先将标距部分划分为10等份,画上标距,测量断后伸长时,分两种情况。如断口到邻近标距断点的距离大于$L_o/3$,可直接测量断后两点的距离为L_k;如断口到邻近标距端点小于或等于$L_o/3$,要用位移法换算,受标距的影响。

参见王建华、孙胜江主编的《桥涵工程试验检测技术》P36。

8.［答案］ ×

［解析］ 桩基的质量检测方法主要常用的有:超声波检测法、低应变动力检测法、钻芯取样检测法等。钻芯检测法是一种破坏性检测方法,当对桩基质量怀疑的时候才进行钻芯检测,此方法成本高、时间长、技术复杂,因此它不是最常用的检测方法。

参见王建华、孙胜江主编的《桥涵工程试验检测技术》P122-123。

9.［答案］ ×

［解析］ 贯入装置落锤的质量为63.5kg,落距为76cm。

参见《标准贯入试验》(SL 237-450—1999)

10.［答案］ ✓

［解析］ 钻芯法检测注意如下问题：

(1)对混凝土强度等级低于 C10 的结构，不宜采用钻芯法检测。

(2)芯样试件内不应含有钢筋。如不能满足此项要求，每个试件内最多只允许含有 2 根直径小于 10mm 的钢筋，且钢筋应与芯样轴线基本垂直并不得露出端面。

(3)将芯样取出并稍干燥后，应标上芯样的编号，并应记录取芯构件名称、取芯位置、芯样长度及外观质量等，必要时应拍摄照片。如发现不符合制作芯样试件的条件，应另行钻取。

(4)芯样在搬运之前应采用草袋、废水泥袋等材料仔细包装，以免碰坏。

(5)芯样有裂缝或有其他较大缺陷时不得用作抗压强度试验。

(6)硫磺胶泥(或硫磺)补平法一般适用于自然干燥状态下抗压试验的芯样试件补平，水泥砂浆(或水泥净浆)补平法一般适用于潮湿状态下抗压试验的芯样试件补平。

(7)补平层应与芯样结合牢固，以使受压时补平层与芯样的结合面不提前破坏。

(8)经端面补平后的芯样高度小于 $0.95d$(d 为芯样试件平均直径)，或大于 $2.05d$ 时，不得用作抗压强度试验。

参见王建华、孙胜江主编的《桥涵工程试验检测技术》P123。

11.［答案］ ×

［解析］ 锚具的预应力筋组装件除必须满足静载锚固性能外，尚需进行循环荷载作用下疲劳性能试验，试件经受 20×10^6 万次循环荷载后，预应力筋因锚具影响发生疲劳破坏的面积不应大于试件总截面面积的 5%。用于抗震结构中的锚具还应进行周期荷载试验，试件经 50 次循环荷载作用后预应力筋不应发生破断。

参见《预应力筋用锚具、夹具和连接器》(GB 14370—2007)P4。

12.［答案］ ×

［解析］ 回弹仪非水平方向检测混凝土浇筑侧面时，回弹仪水平方向检测混凝土浇筑表面，应先对回弹值进行角度修正。检测时仪器非水平方向且测试面非混凝土的浇筑侧面，则应先对回弹值进行角度修正，然后再对修正后的值进行浇筑面修正。

参见《回弹法检测混凝土抗压强度技术规程》(JGJ/T 23—2001)P11。

13.［答案］ ✓

［解析］ 橡胶伸缩装置的伸缩量定义为拉伸与压缩量绝对值之和。

14.［答案］ ×

［解析］ 单桩承载力宜通过现场静载试验确定，在同一条件下试桩数量不宜少于总桩数的 1%，并不少于 3 根。

15.［答案］ ×

［解析］ 当怀疑混凝土内外质量有明显差异时，不宜采用回弹法检测，可采用钻芯法。

参见王建华、孙胜江主编的《桥涵工程试验检测技术》P122。

16.［答案］ ✓

[解析] 地区测强曲线是针对某一省、市、自治区或条件较为类似的特定地区而制定的基准曲线。它适应于某一地区的情况，所涉及的影响因素比专用曲线广泛，因此，其误差也稍大。

参见《回弹法检测混凝土抗压强度技术规程》(JGJ/T 23—2001)P10。

17. [答案] ✓

[解析] 钢筋保护层的测量通常使用保护层测量仪器，其工作原理是电磁感应，当探测传感器靠近钢筋时，传感器的电感量发生变化，两端电压变化，从而可以测定钢筋位置、直径和保护侧厚度。

参见张劲泉、王文涛主编的《桥梁检测与加固手册(上)》P232。

18. [答案] ✓

[解析] 下表为部分国家的回弹法标准中，按这一估计方法所列出的回弹法测强误差范围。关于结构混凝土强度的检测误差与试块混凝土强度的检测误差两者之间的差异，尚待进一步研究。

部分国家的回弹法标准中强度测定误差

国别	误差(%)	条件
英国	±15 ~ ±25	龄期三个月以内，校准曲线法
前苏联	> ±15	保证率95%，校准曲线法
罗马尼亚	±25 ~ ±35	保证率90%，已知配合比，有试块复核影响系数
国际建议	> ±15	龄期14 ~ 16d，只有1 ~ 2个影响因素的变化，条件明确，校准曲线法
	> ±25	龄期同上，已知影响因素很少，校准曲线法

参见王建华、孙胜江主编的《桥涵工程试验检测技术》P132。

19. [答案] ×

[解析] 超声波探伤原理：人耳可听得见的声波的频率范围大约是20 ~ 2 000Hz。频率比2 000Hz更高的声波叫超声波。超声波脉冲(通常为1.5MHz)从探头射入被检测物体，如果其内部有缺陷，缺陷与材料之间便存在界面，则一部分入射的超声波在缺陷处被反射或折射，则原来单方向传播的超声能量有一部分被反射，通过此界面的能量就相应减少。这时，在反射方向可以接到此缺陷处的反射波；在传播方向接收到的超声能量会小于正常值，这两种情况的出现都能证明缺陷的存在。在探伤中，利用探头接收脉冲信号的性能也可检查出缺陷的位置及大小。前者称为反射法，后者称为穿透法。

金属探伤原理：金属探伤是用超声波、X光和放射等方法检测金属内部的缺陷，或者检测焊接部位缺陷的方法称为金属探测如金属内部可能出现气泡，出现马氏体或奥氏体等。

金属材料的探伤主要是应用超声波在内部缺陷界面上的反射特征，以反射波作为判断缺陷状态的基本依据。

20. [答案] ✓

[解析] 校验系数 η 是评定结构工作状况、确定桥梁承载能力的一个重要指标。

参见王建华、孙胜江主编的《桥涵工程试验检测技术》P215。

21.［答案］ ✓

［解析］ 试验孔(或墩)的选择对多孔桥梁中跨径相同的桥孔(或墩)可选1～3孔具有代表性的桥孔(或墩)进行加载试,选择时应综合考虑以下因素:

①该孔(或墩)计算受力最不利;②该孔(或墩)施工质量较差、缺陷较多或病害较严重;③该孔(或墩)便于搭设脚手架,便于设置测点或便于实施加载。

参见王建华、孙胜江主编的《桥涵工程试验检测技术》P188。

22.［答案］ ×

［解析］ 回弹法检测单个构件混凝土强度时,在测区数量小于10的情况下,结构或构件的混凝土强度推定值等于构件中最小的测区混凝土强度换算值。

参见王建华、孙胜江主编《桥涵工程试验检测技术》P125。

23.［答案］ ×

［解析］ 连续梁跨中产生正弯矩,支点截面产生负弯矩。

连续梁桥加载试验工况为:主跨跨中最大正弯矩工况;主跨支点负弯矩工况;主跨桥墩最大竖向反力工况;主跨支点最大剪力工况;边跨最大正弯矩工况。

参见王建华、孙胜江主编的《桥涵工程试验检测技术》P184。

24.［答案］ ×

［解析］ 脚手架和测试支架应分开搭设互不影响,脚手架和测试支架应有足够的强度、刚度和稳定性。脚手架要保证工作人员的安全和方便操作。测试支架要满足仪表安装的需要,不因自身变形影响测试的精度,同时还应保证试验时不受车辆和行人的干扰。脚手架和测试支架设置要因地制宜、就地取材、便于搭设和拆卸,一般采用木支架或建筑钢管支架。当桥下净空较大不便搭设固定脚手架时,可考虑采用轻便活动吊架,两端用尼龙绳或细钢丝绳固定在栏杆或人行道缘石上。整套设置使用前应进行试载以确保安全,活动吊架如需多次使用可做成拼装式以便运输和存放。

参见王建华、孙胜江主编的《桥涵工程试验检测技术》P183。

25.［答案］ ✓

［解析］ 在用应变片进行应变测量时,需要对应变片中的金属丝加上一定的电压。为了防止电流过大,产生发热和熔断等现象,要求金属丝有一定的长度,以获得较大的初始电阻值。但在测量构件的应变时,又要求尽可能地缩短应变片的长度,以测得“一点”的真实应变。因此,应变片中的金属丝一般做成栅状,称为敏感栅。粘贴在构件上的应变片,其金属丝的电阻值随着构件的变形而发生变化的现象,称为电阻应变现象。在一定的变形范围内,金属丝的电阻变化率与应变成线性关系。当将应变片安装在处于单向应力状态的试件表面,并使敏感栅的栅轴方向与应力方向一致时,应变片电阻值的变化率 $\Delta R/R$ 与敏感栅栅轴方向的应变 ε 成正比,即:

$$\frac{\Delta R}{R} = K\varepsilon$$

式中:R——应变片的原始电阻值;

ΔR——应变片电阻值的改变量;

K——应变片的灵敏系数。

应变片的灵敏系数一般由制造厂家通过试验测定,这一步骤称为应变片的标定。在实际应用时,可根据需要选用不同灵敏系数的应变片。

26.［答案］　×

［解析］　无铰拱桥跨中由正弯矩控制设计而拱脚由负弯矩控制设计。

27.［答案］　✓

［解析］　振动测定法实测斜拉索的固有频率,利用索的张力和固有频率的关系计算索力,如公式所示

$$f_n = \frac{n}{2}\sqrt{\frac{Tg}{W}}$$

$$T = \frac{4Wl^2}{g} - \left(\frac{f_n}{n}\right)^2$$

参见王建华、孙胜江主编的《桥涵工程试验检测技术》P171。

28.［答案］　×

［解析］　千斤顶的校验既可以用压力试验机进行,又可以采用标准测力计进行;前者称为被动校验,后者为主动校验。

29.［答案］　×

［解析］　《公路桥梁承载能力检测评定规程》在用桥梁承载能力检测评定应包含以下工作内容。必要时还应进行荷载试验评定:①桥梁缺损状况检查评定;②桥梁材质状况与状态参数检测评定;③桥梁承载能力检算评定。

30.［答案］　✓

［解析］　混凝土芯样的高度与直径之比对所测抗压强度有明显的影响,因此混凝土抗压强度试件以边长为150mm的正立方体为标准试件。

三、多选题(每道题目所列出的备选项中,有两个或两个以上正确答案,选项全部正确得满分,选项部分正确按比例得分,出现错误选项该题不得分。总共20题,每小题2分,共计40分)

1.［答案］　ACD

［解析］　用于预应力混凝土结构的钢材包括热处理钢筋、高强钢丝、钢绞线和冷拉钢筋和精轧螺纹钢筋冷拔钢丝等。

参见王建华、孙胜江主编的《桥涵工程试验检测技术》P39-46。

2.［答案］　BCD

［解析］　电阻应变计测量结果是电信号,其特点是灵敏度高,尺寸小重量轻对温度不敏感、应变范围广。

参见章关永主编的《桥梁结构试验(第二版)》P18。

3.［答案］　ACDEF

［解析］　预应力混凝土用1×7钢绞线(GB/T 5224—2003)力学性能指标为:①强度级别;②整根钢绞线的破坏负荷;③屈服负荷;④伸长率;⑤1 000h松弛试验。

参见《预应力混凝土用钢绞线》(GB/T 5224—2003)P7。

4.[答案] ABD

[解析] 球型支座具有承受竖向荷载和各向转动功能,按其水平向位移特性分类为:

(1)双向活动支座:具有双向位移性能,代号 SX;

(2)单向活动支座:承受单向水平荷载,具有单向位移性能,代号 DX;

(3)固定支座:承受各向水平荷载,各向均无位移,代号 GD。

参见王建华、孙胜江主编的《桥涵工程试验检测技术》P109。

5.[答案] BC

[解析] 1)电桥补偿法;根据应变电桥的输出特性,用一片与工作片(贴在被测构件上的应变片)阻值,灵敏系数和电阻温度系数都相同的应变片,把它贴在一块与被测件同样材质而不受力的试件上,并使他们处于同一温度场,电桥连接时处于工作片和补偿片处于相邻的桥臂中,这样温度变化就不会造成电桥的输出电压。2)采用温度自补偿应变片:采用应变片温度自补偿的办法当温度变化时,其电阻增量等于零或相互抵消而不产生视应变。

参见章关永主编的《桥梁结构试验(第二版)》P24。

参见王建华、孙胜江主编的《桥涵工程试验检测技术》P197。

6.[答案] AB

[解析] 标准贯入试验是国内外广泛应用的一种现场原位测试手段,该试验法方便经济,适用于黏质土和砂质土。

参见《公路土工试验规程》(JTG E40—2007)的标准贯入试验。

7.[答案] ABCD

[解析] 符合下列条件的混凝土才能采用全国统一测强曲线进行测区混凝土强度换算:

(1)混凝土采用的材料、拌和用水符合现行国家有关标准。

(2)不掺外加剂或仅掺非引气型外加剂。

(3)采用普通成型工艺。

(4)采用符合现行国家标准《混凝土结构工程施工质量验收规范》(GB 50204—2002)规定的钢模、木模及其他材料制作的模板。

(5)自然养护或蒸汽养护出池后经自然养护 7d 以上,且混凝土表层为干燥状态。

(6)龄期为 14 ~ 1 000d。

(7)抗压强度为 10 ~ 60MPa。

参见《回弹法检测混凝土抗压强度技术规程》(JGJ/T 23—2001)P10

8.[答案] ACD

[解析] 当试桩全部下沉量已大于 40mm,同时这一阶段下沉量大于前一阶段下沉量的 5 倍,或者这一阶段的下沉量大于前一阶段下沉量的 2 倍但下沉在 24h 仍不休止时,其荷载即为破坏荷载。

参见王建华、孙胜江主编的《桥涵工程试验检测技术》P89-91。

9.[答案] ABCD

[解析] 通常应在支座进入工地后抽取一定比例送检,主要检验项目有支座成品力学性能检验、支座成品解剖检验和外观、几何尺寸检验等。

参见《公路桥梁板式橡胶支座》(JT/T 4—2004)P7-9。

10.[答案] ACD

[解析] 应变仪测量电路的电桥测量方法主要包括单点测量、半桥测量和全桥测量。

11.[答案] ACD

[解析] 橡胶支座成品的力学性能:抗压弹性模量、极限抗压强度、抗剪弹性模量、容许剪切角检验、摩擦系数、允许转角。

参见《公路桥梁板式橡胶支座》(JT/T 4—2004)P12-20。

12.[答案] ABCD

[解析] 超声检测法是混凝土无损检测技术中一项十分重要的检测方法,检测范围非常广泛,既可以检测混凝土的强度,又可以检测混凝土裂缝、混凝土均匀性、混凝土结合面质量、混凝土中不密实区和空洞、混凝土破坏层厚度和混凝土弹性参数等,探测距离已达20m,是一种极具生命力的检测方法。

13.[答案] CD

[解析] 批量检测适用于在相同的生产工艺条件下,混凝土强度等级相同,原材料、配合比、成型工艺、养护条件基本一致且龄期相近的同类构件。按批进行检测的构件,抽检数量不得少于同批构件总数的30%且构件数量不得少于10个。抽检构件时,有关方面应协商一致,使所选构件具有一定的代表性。

参见《回弹法检测混凝土抗压强度技术规程》(JGJ/T 23—2001)P6。

14.[答案] ABCD

[解析] 桥梁荷载试验分静载试验和动载试验,进行桥梁荷载试验的目的是检验桥梁整体受力性能和承载力是否达到设计文件和规范的要求,对于新桥型及桥梁中运用新材料、新工艺的,应验证桥梁的计算图式,为完善结构分析理论积累资料。对于旧桥通过荷载试验可以评定出其运营荷载等级。

参见王建华、孙胜江主编的《桥涵工程试验检测技术》P182。

15.[答案] AD

[解析] 无铰拱桥试验荷载工况:拱顶最大正弯矩工况;拱脚最大负弯矩工况;拱脚最大推力工况;正负挠度绝对值之和最大工况。

参见王建华、孙胜江主编的《桥涵工程试验检测技术》P184。

16.[答案] ABC

[解析] 桥梁动载试验一般包括下述测试内容:跑车试验、跳车试验、制动试验。

参见王建华、孙胜江主编的《桥涵工程试验检测技术》P219-232。

17.[答案] BCD

[解析] 桥涵用钢;可按化学成分、质量用途有多种分类方法、按其形状来分类时可分为型材、棒材(或线材)和异型材(特种形状)等三类。

型材主要包括型钢和钢板,主要用于钢桥建筑;线材主要包括钢筋、预应力钢筋、高强钢丝和钢绞线等,它是钢筋混凝土桥梁建筑中使用的重要材料之一。异型材是为特殊用途而制作的,如预应力混凝土中用的锚具、夹具和大变形伸缩件中使用的异型钢梁等。

参见王建华、孙胜江主编的《桥涵工程试验检测技术》P29。

18.［答案］ AB

［解析］ 工程中钢材塑性指标通常用伸长率和断面收缩率表示。

参见王建华、孙胜江主编的《桥涵工程试验检测技术》P30。

19.［答案］ ABCD

［解析］ 通过对桥梁结构工作状况、强度稳定性、刚度和抗裂性各项指标进行综合评定，并结合结构下部评定和动力性能评定，综合给出桥梁承载能力评定结论，将评定结论写入桥梁承载能力鉴定报告。

参见王建华、孙胜江主编的《桥涵工程试验检测技术》P212-218。

20.［答案］ ABCD

［解析］ 混凝土的徐变与许多因素有关，首先是混凝土龄期的增长，徐变减少；在混凝土组成中，减少水灰比、增加集料用量、减少水泥用量，可使混凝土徐变减少。混凝土不论是受压、受拉或受弯时，均有徐变现象。在预应力钢筋混凝土桥梁构件中，由于混凝土的徐变，可使钢筋的预应力受到损失，因此徐变是预应力混凝土结构极为关注的问题。但是徐变也能消除钢筋混凝土内的部分应力集中，使应力较均匀地重新分布，对于大体积混凝土，能消除一部分由于温度变形所产生的破坏应力。

对预应力混凝土桥梁构件而言、为降低徐变可采取下列措施：①选用小的水灰比，并保证潮湿养生条件，使水泥充分水化，形成密实结构的水泥石；②选用级配优良的集料，并作较高的集浆比，提高混凝土的弹性模量；③选用快硬高强水泥，并适当采用早强剂，提高混凝土早期强度；④推迟预应力张拉时间。

参见王建华、孙胜江主编的《桥涵工程试验检测技术》P26-29。

四、问答题(共5题，每题10分，共计50分)

1. 简述反射波法检测桩基质量的使用范围？

答：反射波法检测桩基质量的适用范围包括：检测桩身混凝土的完整性，推定缺陷类型及其在桩身中的位置，桩长校核，桩身混凝土强度等级估计。

参见王建华、孙胜江主编的《桥涵工程试验检测技术》P69。

2. 常用钻孔灌注桩完整性检测有哪几种方法？

答：(1)中跨跨中最大正弯矩；

(2)中跨拱脚最大负弯矩；

(3)桥墩最大推力。

参见王建华、孙胜江主编的《桥涵工程试验检测技术》(北京：人民交通出版社，2004)P178-182。

3. 简述用回弹法检测混凝土构件强度的步骤？

答：①选测区；②回弹测试；③计算平均回弹值；④角度修正；⑤浇筑面修正；⑥碳化深度测试；⑦确定混凝土强度。

参见《回弹法检测混凝土抗压强度技术规程》(JGJ/T 23—2001)P6-13。

4. 桥梁荷载试验的一般程序是什么？

答：①试验桥梁的结构考察与试验方案的设计阶段，该阶段需收集与设计、施工、使用有关的资料，然后对试验桥梁进行现场考察；②加载试验与观测阶段；③试验结果分析与评定阶段。

参见王建华、孙胜江主编的《桥涵工程试验检测技术》P182-218。

5. 电测法是如何进行温度补偿？

答：1）电桥补偿法；根据应变电桥的输出特性，用一片与工作片（贴在被测构件上的应变片）阻值，灵敏系数和电阻温度系数都相同的应变片，把它贴在一块与被测件同样材质而不受力的试件上，并使他们处于同一温度场，电桥连接时处于工作片和补偿片处于相邻的桥臂中，这样温度变化就不会造成电桥的输出电压。

2）采用温度自补偿应变片：采用应变片温度自补偿的办法当温度变化时，其电阻增量等于零或相互抵消而不产生视应变。

参见章关永主编的《桥梁结构试验（第二版）》P24。

《桥梁》模拟试题(三)

一、单项选择题(四个备选项中只有一个正确答案,总共30题,每题1分,共计30分)

1. 钢材的屈服强度与抗拉强度的比值称为屈强比,屈强比越小,说明(　　)。

A. 钢材越硬　　B. 钢材越软　　C. 结构可靠性越高　　D. 安全储备小

2. 锚具的静载锚固性能应满足(　　)。(检测员不考)

A. $\eta_a \geqslant 0.95, \varepsilon_{apu} \geqslant 2.0\%$　　B. $\eta_a \geqslant 0.90, \varepsilon_{apu} \geqslant 1.70\%$

C. $\eta_a \geqslant 0.95, \varepsilon_{apu} \geqslant 1.5\%$　　D. $\eta_a \geqslant 0.90, \varepsilon_{apu} \geqslant 2.0\%$

3. 受力钢筋对接连接应优先采用(　　)。

A. 搭接焊　　B. 帮条焊　　C. 闪光对焊　　D. 坡口焊

4. 厚度振动方式的换能器频率宜选用(　　)。

A. 20~250KHz　　B. 10~20 KHz　　C. 300 KHz　　D. 20~60 KHz

5. 拔出试验时施加的拔出力应均匀和连续,拔出力的加荷速度控制在(　　)左右,当荷载加到至混凝土开裂破坏、测力显示器读数不再增加为止。

A. 0.2~0.5kN/s　　B. 0.5~1kN/s　　C. 1~1.5kN/s　　D. 1.5~2kN/s

6. 梁体采用后张法施工时,压浆过程中留取的试件尺寸为(　　)。

A. 150mm×150mm×150mm　　B. 70.7mm×70.7mm×70.7mm

C. 40mm×40mm×40mm　　D. 40mm×40mm×160mm

7. 桥梁基础一般将埋置深度大于(　　)时称深基础。

A. 2m　　B. 3m　　C. 4m　　D. 5m

8. 某工地钻孔灌注桩基础采用反射法检测桩身完整性时,平均波速为4 000m/s,反射波首先返回的时间为0.005s,则缺陷位于桩顶下(　　)。

A. 10m　　B. 20m　　C. 40m　　D. 80m

9. 正常C30混凝土的波速范围一般在(　　)。

A. 2 500~3 500m/s　　B. 3 800~4 200m/s

C. 4 500~5 500m/s　　D. 2 000~6 000m/s

10. 板式橡胶支座的薄钢板(　　)。

A. 外露于侧面　　B. 包裹在橡胶内　　C. 置于支座顶面　　D. 置于支座底面

11. 对钢筋混凝土梁表面进行正应力检测,应选贴(　　)。

A. 应变花　　B. 2mm 标距单轴应变片

C. 5~20mm 标距单轴应变片　　D. 40~150mm 标距单轴应变片

12. 钢绞线锚具组装件静载试验:先用张拉设备加载至钢绞线抗拉强度标准值(　　),测量试验台座组装件钢绞线标距、千斤顶活塞初始行程,然后以(　　)加载速度分4级加载至钢绞线抗拉强度标准值的20%、40%、60%、80%,达(　　)后锚固,持荷(　　)h,逐步加大荷载至试件破断，记录锚具各零件相对位移，钢绞线锚具组装件内缩量。

A. 10%　100MPa/min　80%　1h　　B. 10%　80MPa/min　80%　2h

C. 10%　100MPa/min　80%　2h　　D. 10%　80MPa/min　80%　1h

13. 橡胶支座的出厂检验必须由厂家质量管理部门进行检验，确认合格后才可出厂，供货时必须附有（　　）。

A. 抗压弹性模量检验报告　　B. 支座成品解剖检验报

C. 力学性能检验报告　　D. 产品质量合格证明文件及合格证

14. 回弹值测量完毕后，应选择不小于构件数的（　　）区数在有代表性的位置上测量碳化深度值。

A. 20%　　B. 30%　　C. 40%　　D. 50%

15. 回弹法测试混凝土强度，相邻测区控制在（　　）以内，测区距构件边缘不宜大于50cm，测区面积控制在（　　）内，每个测区16个回弹值点。

A. 1m　$20\times20cm^2$　　B. 2m　$40\times40cm^2$

C. 2m　$20\times20cm^2$　　D. 1m　$40\times40cm^2$

16. 目前混凝土抗压强度试件以边长为150mm的正立方体为标准试件。混凝土强度以该试件标准养护到（　　），按规定方法测得的强度为准。

A. 3d　　B. 4d　　C. 7d　　D. 28d

17. 下列桥梁类型中，在跨径相同的情况下（　　）跨中弯矩最大。

A. 拱式桥　　B. 梁式桥　　C. 吊桥　　D. 刚架桥

18. 桩径1.8m的钻孔灌注桩采用超声波法检测时，需预埋（　　）根声测管。

A. 3　　B. 4　　C. 2　　D. 5

19. 桥梁适应性评定不是针对（　　）的周期性评定。

A. 技术状况　　B. 承载能力　　C. 通行能力　　D. 抗洪能力

20. 测试悬臂梁桥的最大挠度时，测点应布置在桥中轴线位置的（　　）。

A. 支点截面中和轴处　　B. 悬臂端下缘

C. 支点截面下缘　　D. 悬臂端上缘

21. 确定简支梁的一阶振型时，激振力应作用在（　　）。

A. 四分之一截面　　B. 跨中截面

C. 四分之一截面和跨中截面　　D. 四分之三截面

22. 目前，常用的钻孔灌注桩质量的检测方法有：钻芯检验法、振动检验法、射线法以及（　　）检验法。

A. 超声波　　B. 锤击　　C. 敲击　　D. 水电效应

23. 公路分项工程质量等级评定，评分小于（　　）分者为不合格。

A. 60　　B. 70　　C. 75　　D. 85

24. 公路桥梁分类按全长和单孔跨径分为四类，其中大桥之单孔跨径 L_0 为（　　）。

A. $L_0>150$　　B. $40\leqslant L_0<150$　　C. $20\leqslant L_0<40$　　D. $L_0>200$

25. 径向换能器应能保证在一定的水压下正常工作，其值为（　　）。

A. 10 MPa　　B. 5MPa　　C. 1MPa　　D. 0.5 MPa

26. 一般情况下当坍落度小于(　　)时,用标准振动台成型,否则,用人工插捣法成型。

A. 50　　B. 60　　C. 70　　D. 80

27. 钢筋接头检验焊接前必须根据施工条件进行试焊,按不同的焊接方法至少抽取每组(　　)个试样进行基本力学性能检验。

A. 1　　B. 2　　C. 3　　D. 4

28. 芯样试件的高度和直径之比应在(　　)的范围内。

A. 0.5 ~ 1　　B. 1 ~ 1.5　　C. 1 ~ 2　　D. 2 ~ 3

29. 桥梁现场动载试验的主要内容是(　　)。

A. 桥墩在车辆动力作用下的沉降和裂纹

B. 桥梁结构在车辆动力作用下的挠度和应变

C. 桥梁结构在车辆动力作用下的裂纹和应变

D. 桥梁结构在车辆动力作用下的挠度和裂纹

30. 对桥梁板式橡胶支座进行检验前,应将试样直接暴露在标准温度和湿度下停放(　　),以使试样内外的温度一致。

A. 24h　　B. 48h　　C. 72h　　D. 96h

二、判断题(在正确的事实后面括号中打"✓",在错误的事实后面括号中打"×"。总共 30 题,每题 1 分,共计 30 分)

1. 冲击韧性是钢材在静载作用下,抵抗破坏的能力。(　　)

2. 在钢筋拉伸试验中,若断口恰好位于刻痕处,则试验结果作废。(　　)

3. 热轧钢筋的试件应从任意两根中分别切取,即在每根钢筋上切取一个拉伸试件和一个弯曲试件。(　　)

4. 基桩静压试验测量桩基沉降采用普通水准仪进行即可。(　　)

5. 混凝土芯样的高度与直径之比对所测抗压强度有明显影响。(　　)

6. 超声换能器不必对仪器的零读数进行标定。(　　)

7. 重要结构的桩基础必须按规定频率进行钻芯取样。(　　)

8. 检验钻孔桩泥浆的黏度,工地可用含砂率计测定。(　　)

9. 基桩检测静荷载试验法操作简便、费用低廉,今后将大力推广应用。(　　)(检测员不考)

10. 预应力锚具的硬度检测,每个零件最少检测 2 点。(　　)

11. 支座抗压弹性模量试验的对中精度应为 1% 的短边尺寸。(　　)

12. 测定混凝土碳化深度值时,应先用水把凿成的孔洞冲洗干净。(　　)

13. 常根据构件类型来选择超声波的发射频率。(　　)

14. 桩基的质量检测,钻芯取样法是确定混凝土强度的常用方法。(　　)

15. 支座抗剪弹性模量试验工程中不需施加竖向力。(　　)

16. 钢管混凝土拱桥施工过程中,对钢管混凝土质量检验,超声检测法仅适用于管壁与混凝土胶结良好的钢管混凝土缺陷检测。(　　)

17. 结构混凝土强度的合格标准评定的常规方法是以浇筑或拌和现场制取试件,以 28d 龄期的极限抗压强度值进行统计评定。规范规定，连续浇筑大体积结构时，每 80 ~ 200m^3 或每一工作班应制取 2 组。（　　）

18. 静载效率系数与挠度校验系数含义相同。（　　）

19. 荷载试验时，为保证结构安全，其荷载工况不能置于可能产生最大挠度位置。（　　）

20. 在计算出测区回弹平均值后，应先进行浇筑面修正。（　　）

21. 静载试验的温度修正，对挠度宜采用构件表面的温度。（　　）（检测员不考）

22. 桥梁的动载试验主要测定桥梁荷载的动力特性、测定桥梁结构的动力特性、测定桥梁在动载作用下的响应。（　　）

23. 补偿片与工作片位置应接近，使二者处于同一温度场条件下。（　　）

24. 锚具是在后张法预应力结构或构件中为保持预应力筋的张拉力将其传递到混凝土上所用的永久性锚固装置。（　　）

25. 应用超声回弹综合法时，应尽量建立专用测强曲线并优先使用。（　　）

26. 电测法贴补偿片的试验材料应与测试构件的材质相同。（　　）

27. 评定结构工作状况，确定桥梁承载能力的一个重要指标是校验系数。

（　　）（检测员不考）

28. 简支梁静载试验的测点应只布置在支点。（　　）

29. 混凝土试件的标准养护温度为 25℃ ±1℃。（　　）

30. 用回弹仪测得某一测区的数据平均值，即表示该部位的结构强度。（　　）

三、多选题（每道题目所列出的备选项中，有两个或两个以上正确答案，选项全部正确得满分，选项部分正确按比例得分，出现错误选项该题不得分。总共 20 题，每小题 2 分，共计 40 分）

1. 混凝土的收缩分为（　　）。（检测员不考）

A. 塑性收缩　　B. 化学收缩　　C. 物理收缩　　D. 炭化收缩

2. 在用桥梁有下列情况时，应进行承载能力检测判定（　　）。

A. 技术状况等级为四、五类的桥梁

B. 拟提高荷载等级的桥梁

C. 需通过特殊类型车辆荷载的桥梁

D. 遭受重大自然灾害或意外事件的桥梁

3. 热轧钢筋试验项目包括（　　）。

A. 屈服强度　　B. 极限强度　　C. 松弛率　　D. 伸长率

4. 分项工程质量检验内容包括（　　）。

A. 基本要求　　B. 外观鉴定　　C. 质量保证资料　　D. 实测项目

5. 灌注桩完整性检测方法有（　　）。

A. 取芯法　　B. 振动检验法　　C. 超声脉冲检验法　　D. 射线法

6. 混凝土中氯离子含量的测定方法主要有（　　）。

A. 实验室化学方法　　B. 四电极方法

C. 滴定条方法　　D. 表面硬度法

7. 反射波法可以检测桩基的(　　)。

A. 完整性　　B. 缺陷位置和类型

C. 桩长　　D. 混凝土强度

8. 桥涵工程中所用石料的外观要求为(　　)。

A. 石质应均匀　　B. 不易风化　　C. 无裂缝　　D. 强度

9. 超声脉冲检测混凝土相对均匀性时,换能器的布置方式有(　　)。

A. 对测法　　B. 斜测法　　C. 平测法　　D. 钻孔法

10. 换能器按照声辐射面不同可分为(　　)。

A. 厚度振动方式换能器　　B. 切向振动方式换能器

C. 环向振动方式换能器　　D. 径向振动方式换能器

11. 桥梁橡胶伸缩装置按照伸缩体结构不同可划分为(　　)。

A. 纯橡胶式伸缩装置　　B. 异型钢单缝式伸缩装置

C. 模数式伸缩缝　　D. 板式伸缩装置

12. 超声法检测混凝土缺陷时,按照换能器的布置方式不同而采用的检测方法主要有(　　)。

A. 钻孔法　　B. 平测法

C. 对测法　　D. 斜测法

13. 模数式橡胶伸缩装置做相对错位试验包括(　　)。

A. 纵向错位　　B. 横向错位　　C. 切线向错位　　D. 竖向错位

14. 检测时仪器非水平方向且测试面非混凝土的浇筑侧面,则应先对回弹值进行(　　)。

A. 温度修正　　B. 角度修正　　C. 湿度修正　　D. 浇筑面修正

15. 桥涵用钢按其形状来分类时可分为(　　)。

A. 型材　　B. 异型材　　C. 线材　　D. 钢板

16. 采用超声波法检测混凝土构件深裂缝时应满足(　　)。

A. 不允许在裂缝两侧钻测试孔　　B. 允许在裂缝两侧钻测试孔

C. 裂缝中不得充水　　D. 裂缝中不得充水泥浆

17. 静载试验测定挠度可使用下列仪器(　　)。

A. 精度 0.001mm 最大量程 1mm 的千分表

B. 精度 0.01mm 最大量程 50mm 的百分表

C. 位移计　　D. 超声波检测仪

18. 连续梁桥试验荷载工况应选取(　　)。

A. 主跨跨中最大正弯矩　　B. 主跨跨中最大负弯矩

C. 主跨支点最大正弯矩　　D. 主跨支点最大负弯矩

19. 桥梁结构的动力特性包括(　　)。

A. 结构固有频率　　B. 阻尼系数　　C. 振型　　D. 塑性

20. 桥梁结构静载试验,试验数据修正包括(　　)。(检测员不考)

A. 测值修正　　B. 温度修正　　C. 支点沉降修正　　D. 位移修正

四、问答题(共5题,每题10分,共计50分)

1. 简述金属电阻应变片工作原理?

2. 简述超声波法检测缺陷的基本依据。

3. 简述反射波法基本原理及其适用范围。

4. 桥梁静载试验时试验孔的选择应综合考虑哪些因素?

5. 桥梁动态测试系统是如何组成的?

《桥梁》模拟试题(三)答案及解析

一、单项选择题(四个备选项中只有一个正确答案,总共30题,每题1分,共计30分)

1.[**答案**] C

[**解析**] 屈强比(σ_s/σ_b)是钢材的屈服点(屈服强度)与抗拉强度的比值。屈强比越小,结构零件的可靠性越高,一般碳素钢屈强比为0.6~0.65,低合金结构钢为0.65~0.75,合金结构钢为0.84~0.86。屈强比低表示材料的塑性较好;屈强比高表示材料的抗变形能力较强,不易发生塑性变形。

参见王建华、孙胜江主编的《桥涵工程试验检测技术》P29-30。

2.[**答案**] A

[**解析**] 锚具、夹具和连接器应具有可靠的锚固性能和足够的承载能力,以保证充分发挥预应力筋的强度。锚具静载锚固性能由预应力锚具组装件的静载试验测定的锚具效率系数η_a和达到实测极限拉力时的总应变ε_{apu}来确定。夹具的静载锚固性能由预应力夹具组装件静载锚固试验测定的夹具效率系数确定。我国《预应力筋用锚具、夹具和连接器》(GB/T 14370—93)规定锚具和夹具的静载锚固性能符合下列要求。

锚具的静载锚固性能应同时满足:$\eta_a \geqslant 0.95$,$\varepsilon_{apu} \geqslant 2.0\%$

夹具:$\eta_a \geqslant 0.92$

参见《预应力筋用锚具、夹具和连接器》(GB 14370—2007)P4。

3.[**答案**] C

[**解析**] 闪光对焊具有生产效益高、操作方便、节约能源、节约钢材、接头受力性能好、焊接质量高等优点,故钢筋的对接连接宜优先采用闪光对焊。闪光对焊适用范围:适用于ϕ10~40mm的热轧Ⅰ、Ⅱ、Ⅲ级钢筋,ϕ10~25mm的Ⅳ级钢筋。

参见《钢筋焊接及验收规程》(JGJ 18—2003)P16-18。

4.[**答案**] A

[**解析**] 厚度振动方式的换能器频率宜选用20~250KHz。

5.[**答案**] B

[**解析**] 对锚固件施加拔出力时施加的拔出力应均匀和连续,拔出力的加荷速度控制在0.5~1kN/s,当荷载加到至混凝土开裂破坏、测力显示器读数不再增加为止,精确至0.1kN。

6.[**答案**] D

[**解析**] 《公路桥涵施工技术规范》(JTG/T F50—2011)规定:后张法施工时,压浆过程中,留取的试件尺寸为40mm×40mm×160mm,进行抗压强度试验和抗折强度试验。

7.[**答案**] D

[**解析**] 桥梁基础一般规定埋置深度大于5m的为深基础,小于5m的为浅基础。

8.[**答案**] A

［解析］ 反射波法又称时域法，即在时间域上研究分析桩的振动曲线，通常是通过对桩的瞬态激振后，研究桩顶速度随时间的变化曲线，从而判断桩的质量。桩身完整性和质量对脉冲波的影响：可将桩视为一维弹性杆，当其一端受瞬态脉冲力作用时，则有应力波以波速 v_c：的速度沿着杆的轴线向另一端传播，如在传播中遇到杆件截面的波阻抗 $z(z=p_y \cdot A)$ 发生变化时，即在波阻抗 z 改变的界面上，产生反射波。换言之，入射的应力波在变阻抗的界面上，有一部分透过界面继续沿着杆往下传播（称为透射波），而另一部分则从界面上反射回来（称为反射波）。因为反射波从桩顶至缺陷的距离等于传播时间乘以波速，所以缺陷位于桩顶下距离为 $0.005 \times 4\,000/2 = 10$m。

9.［答案］ B

［解析］ C25 的波速为 3 500 ~ 3 800m/s，C30 的波速为 3 800 ~ 4 200m/s 之间。

10.［答案］ B

［解析］ 矩形板式橡胶支座由多层橡胶片与薄钢板镶嵌、粘合压制而成。有足够的竖向刚度以承压垂直荷载，能将上部构造的反力可靠地传递给墩台，有良好的弹性，以适应梁端的转动；又有较大的剪切变形以满足上部构造的水平位移。

参见《公路桥梁板式橡胶支座》（JT/T 4—2004）P2-3。

11.［答案］ D

［解析］ 钢筋混凝土梁刚度较小，且常有梁底开裂现象，因此选择较大标距的应变片。

12.［答案］ A

［解析］ 对于钢绞线锚具组装件的静载试验、先用张拉设备加载至钢绞线抗拉强度标准值的 10%，测量组装件中钢绞线标距 L_0 及千斤顶活塞初始行程 L_i 值，并做记录。然后，按 100MPa/min 的加载速度分 4 级加载至钢绞线抗拉强度标准值的 20%、40%、60% 和 80%，张拉到钢绞线抗拉强度标准值 80% 后锚固，保持荷载 1h，逐步加大荷载至试件破断。

参见《预应力筋用锚具、夹具和连接器》（GB 14370—2000）P7。

13.［答案］ D

［解析］ 桥梁橡胶支座检验有型式检验、出厂检验和使用前抽检三种质量控制环节。型式检验是指厂家在投产、胶料配方改变、工艺和结构形式改变及正常生产中质检部门或国家监督机构定期检测。出厂检验必须由厂家质量管理部门进行检验，确认合格后才可出厂，供货时必须附有产品质量合格证明文件及合格证。而桥涵工程使用前抽检是指针对具体支座的设计要求，以行业标准为依据，进行的常规性检验。通常应在支座进入工地后抽取一定比例送检，主要检验项目有支座成品力学性能检验、支座成品解剖检验和外观、几何尺寸检验等。

参见《公路桥梁板式橡胶支座》（JT/T 4—2004）P8。

14.［答案］ B

［解析］ 回弹值测量完毕后，应选择不小于构件数的 30% 测区数在有代表性的位置上测量碳化深度值。

参见《回弹法检测混凝土抗压强度技术规程》（JGJ/T 23—2001）P8。

15.［答案］ C

［解析］ 回弹法测试混凝土强度时每一构件的测区，应符合下列要求：

（1）对长度不小于 3m 的构件，其测区数不少于 10 个，对长度小于 3m 且高度低于 0.6m

的构件，其测区数量可适当减少，但不应少于5个。

(2)相邻两测区的间距应控制在2m以内，测区离构件边缘的距离不宜大于0.5m。

(3)测区应选在使回弹仪处于水平方向，检测混凝土浇筑侧面，当不能满足这一要求时，可选在使回弹仪处于非水平方向，检测混凝土浇筑侧面、表面或底面。

(4)测区宜选在构件的两个对称可测面上，也可选在一个可测面上，且应均匀分布。在构件的受力部位及薄弱部位必须布置测区，并应避开预埋件。

(5)测区的面积宜控制在20cm×20cm范围内。

(6)检测面应为原状混凝土面，并应清洁、平整，不应有疏松层和杂物，且不应有残留的粉末或碎屑。

(7)对于弹击时会产生颤动的薄壁、小型构件应设置支撑固定。

参见《回弹法检测混凝土抗压强度技术规程》(JGJ/T 23—2001)P6。

16.［答案］ D

［解析］ 依据我国标准，水泥混凝土抗压强度，是以标准条件下制备的边长15cm的立方体试件，3块为一组，在温度为20℃±2℃，相对湿度90%以上的环境条件下，经养护28d后，以试件破坏极限荷载，按下式计算抗压强度：

$$R_y = \frac{F}{A}$$

式中：R_y——混凝土抗压强度(Pa)；

F——极限荷载(N)；

A——受压面积(m^2)。

抗压强度的取值是以3个试件测值的算术平均值为测量值，如任一个测值与中值的差值超过中值的15%时取中值为测定值；如有两个测值与中值的差值均超过上述规定时，则该组试验无效。

参见《普通混凝土力学性能试验方法标准》(GB 50081—2002)P10。

17.［答案］ B

［解析］ 梁式桥由于外力的作用方向与承重结构的轴线接近垂直，故与同样跨径的其他结构体系相比，梁内产生的弯矩最大。

18.［答案］ B

［解析］ 钻孔灌注桩采用超声波法检测时，桩径米的不大于1.5m，需预埋3根声测管，大于1.5m者4根。

19.［答案］ A

［解析］ 《公路养护技术规范》(JTG H10—2009)，桥梁技术状况评定分为一般评定和适应性评定。一般评定是依据桥梁定期检查资料，通过对桥梁各部件技术状况的综合评定；适应性评定是对桥梁的承载能力、通行能力、抗洪能力周期性地进行评定。

20.［答案］ B

［解析］ 悬臂梁桥(T型刚构桥)加载试验工况为：支点(墩顶)最大负弯矩工况；锚固孔跨中最大正弯矩工况；支点(墩顶)最大剪力工况；挂孔跨中最大正弯矩工况；悬臂端下缘的挠度最大。

参见王建华、孙胜江主编的《桥涵工程试验检测技术》P188。

21.［答案］ B

［解析］ 简支梁激振力应该在跨中,跨中是受力最明显的截面。

参见王建华、孙胜江主编的《桥涵工程试验检测技术》P219-233。

22.［答案］ A

［解析］ 桩基础在桥梁工程中,主要有钻孔灌注桩与挖孔灌注桩。钻孔灌注桩的质量检测方法常用的有:超声波检测法、射线检验法、钻芯取样检测法以及振动检验法等。

23.［答案］ C

［解析］ 工程质量评定等级分为合格与不合格,应按分项、分部、单位工程、合同段和建设项目逐级评定。

分项工程评分值不小于75分者为合格;小于75分者为不合格;机电工程、属于工厂加工制造的桥梁金属构件不小于90分者为合格,小于90分者为不合格。

评定为不合格的分项工程,经加固、补强或返工、调测,满足设计要求后,可以重新评定其质量等级,但计算分部工程评分值时按其复评分值的90%计算。

参见《公路工程质量检验评定标准》(JTG F80/1—2004)P3-5。

24.［答案］ B

［解析］ 根据《公路桥涵设计通用规范》(JTG D60—2004),按表1确定。

桥梁涵洞分类 表1

桥涵分类	多孔跨径总长 L(m)	单孔跨径 L_K(m)	桥涵分类	多孔跨径总长 L(m)	单孔跨径 L_K(m)
特大桥	$L>1\,000$	$L_K>150$	小桥	$8\leqslant L\leqslant 30$	$5\leqslant L_K<20$
大桥	$100\leqslant L\leqslant 1\,000$	$40\leqslant L_K\leqslant 150$	涵洞	—	$L_K<5$
中桥	$30<L<100$	$20\leqslant L_K<40$			

注:①单孔跨径系指标准跨径。

②梁式桥、板式桥的多孔跨径总长为多孔标准跨径的总长;拱式桥为两岸桥台内起拱线间的距离;其他形式桥梁为桥面系行车道长度。

③管涵及箱涵不论管径或跨径大小,孔数多少,均称为涵洞。

④标准跨径:梁式桥、板式桥以两桥墩中线之间桥中心线长度或桥墩中线与桥台台背前缘线之间桥中心线长度为准,拱式桥和涵洞以净跨径为准。

25.［答案］ C

［解析］ 用于水中的径向换能器应能保证在1 MPa水压下不渗漏。

参见王建华、孙胜江主编的《桥涵工程试验检测技术》P128。

26.［答案］ C

［解析］ 为测定经稠度试验合格的混合料的技术性质(水泥混凝土抗压和抗折强度试验)并使测定结果具有可比性,必须按规定的方法制备各种不同尺寸的试件,并进行标准养护,一般情况下当坍落度小于70mm时,用标准振动台成型,否则,用人工插捣法成型。

参见《普通混凝土力学性能试验方法标准》(GB 50081—2002)P9。

27.［答案］ C

［解析］ 钢筋接头检验焊接前必须根据施工条件进行试焊,按不同的焊接方法至少抽取每组3个试样进行基本力学性能检验。

参见《钢筋焊接及验收规程》(JGJ 18—2003)P26-34。

28.[答案] B

[解析] pH是法语“Pouvoir Hydrogène”一词的缩写,亦称氢离子活度指数,是溶液中氢离子活度的一种标度,也就是通常意义上溶液酸碱程度的衡量标准。pH值越趋向于0表示溶液酸性越强,反之,越趋向于14表示溶液碱性越强,在常温下,pH=7的溶液为中性溶液。

29.[答案] B

[解析] 桥梁的动载试验可以划分为三类基本问题:测定桥梁荷载的动力特性(数值、方向、频率等);测定桥梁结构的动力特性(自振频率、阻尼、振型等);测定桥梁在动荷载作用下的响应(挠度、应变等)。

参见王建华、孙胜江主编的《桥涵工程试验检测技术》P219。

30.[答案] A

[解析] 对桥梁板式橡胶支座进行检验前,应将试样直接暴露在标准温度(23℃ ±5℃)和湿度下停放24h,以使试样内外的温度一致。

参见《公路桥梁板式橡胶支座》(JT/T 4—2004)P12。

二、判断题(在正确的事实后面括号中打“✓”,在错误的事实后面括号中打“×”。总共30题,每题1分,共计30分)

1.[答案] ×

[解析] 冲击韧性是钢材在瞬间动载作用下,抵抗破坏的能力。

参见王建华、孙胜江主编的《桥涵工程试验检测技术》P30。

2.[答案] ✓

[解析] 拉伸试验用钢筋试件不得进行车削加工,可以用两个或一系列等分小冲点或细划线标出试件原始标距,如试件在标距端点上或标距处断裂,则试验结果无效,应重做试验。此处“刻痕”是指等分小冲点。

3.[答案] ✓

[解析] 无论热轧带肋钢筋还是热轧光圆钢筋,取样做拉伸和弯曲试验时,都是从同一批中任选两根钢筋,每根中分别切取400mm、600mm的样品2个,分别用于拉伸和弯曲。以同一牌号、同一厂家、同一炉罐号、同一规格、同一进场时间的不大于60t的钢筋为一批,抽取一组试件。

4.[答案] ✓

[解析] 对I级接头抗拉强度不小于被连接钢筋实际抗拉强度或1.10倍钢筋抗拉强度标准值。II级接头抗拉强度不小于被连接钢筋抗拉强度的标准值。III级接头抗拉强度不小于被连接钢筋屈服强度标准值的1.35倍。

参见王建华、孙胜江主编的《桥涵工程试验检测技术》P50。

5.[答案] ×

[解析] 基桩静压试验测量桩基沉降需采用精度为1/20mm的光学仪器或者位移计,普通水准仪精度都在1mm以外,故不可。应为位移计,水平仪,百分表等。

6.[答案] ×

[解析] 超声换能器必须对仪器的零读数进行标定,以准确求得超声波的实际声时。

7.[答案] ✓

[解析] 重要结构的桩基础必须按规定频率进行钻芯取样,以保证检测的质量。

参见王建华、孙胜江主编的《桥涵工程试验检测技术》P122-124。

8.[答案] ×

[解析] 施工规范中泥浆的控制指标:黏度计用来测定泥浆的黏度,含砂率计用来测定泥浆的含沙率。

参见王建华、孙胜江主编的《桥涵工程试验检测技术》P63-65。

9.[答案] ×

[解析] 桩身结构完整及桩的承载能力检测有钻芯法、动测法、声波透射法、射线法以及静荷载试验法。静载荷法比较直观,得出的数据容易让人信服,但缺点是堆载的重量常常达到数百吨、操作不便、费工费时;动测法可通过波速检测出桩身的完整性,操作简便、费用较低。

参见王建华、孙胜江主编的《桥涵工程试验检测技术》P95-101。

10.[答案] ×

[解析] 硬度检验:应从每批中抽取3%的锚具且不少于5套,对其中有硬度要求的零件做硬度试验。每个零件测试3点,其硬度应在设计要求范围内,如有一个零件不合格,则应另取双倍数量的零件重做试验,如仍有一个零件不合格,则应逐个检查,合格者方可使用。

参见《公路桥涵施工技术规范》(JTG/T F50—2011)。

11.[答案] ✓

[解析] 支座抗压弹性模量试验的对中精度应为1%的短边尺寸,且支座的力学性能试验对中精度都为1%的短边尺寸。

参见《公路桥梁板式橡胶支座》(JTT 4-2004)。

12.[答案] ×

[解析] 测量碳化深度值时,可用合适的工具在测区表面形成直径约15mm的孔洞,其深度大于混凝土的碳化深度,除净孔洞中的粉末和碎屑,不得用水冲洗。然后立即用浓度为1%酚酞酒精溶液滴在孔洞内壁的边缘处,再用深度测量工具测量已碳化和未碳化混凝土交界面到混凝土表面的垂直距离多次,取其平均值,该距离即为混凝土的碳化深度值。每次读数精确至5mm。

参见《回弹法检测混凝土抗压强度技术规程》(JGJ/T 23—2001)P8。

13.[答案] ×

[解析] 根据构件损伤程度来决定选择超声波的发射频率。

14.[答案] ×

[解析] 桩基的质量检测方法常用的有:超声波检测法、低应变动力检测法、钻芯取样检测法等。钻芯检测法是一种破坏性检测方法,当对桩基质量怀疑的时候才进行钻芯检测,此方法成本高、时间长、技术复杂,因此它不是最常用的检测方法。

参见《回弹法检测混凝土抗压强度技术规程》(JGJ/T 23—2001)P68-69。

15.[答案] ×

［解析］ 支座抗剪弹性模量试验工程中首先连续均匀施加竖向力达到平均压应力后保持不变，然后分级分次施加水平力。

参见《公路桥梁板式橡胶支座》(JTT 4—2004)。

16.［答案］ ✓

［解析］ 钢管混凝土超声检测法检测

(1)适用情况:本检测方法仅适用于管壁与混凝土胶结良好的钢管混凝土缺陷检测。

(2)检测要求:所用钢管的外表面应光洁,无严重锈蚀。

(3)检测方法:①钢管混凝土检测应采用径向对测的方法,如图1所示;②应选择钢管与混凝土胶结良好的部位布置测点;③布置测点时,可先测量钢管实际周长,再将圆周等分,在钢管测试部位画出若干根母线和等间距的环向线,线间距宜为150～300mm;④检测时可先作径向对测,在钢管混凝土每一环线上保持T、R换能器连线通过圆心,沿环向测试,逐点读取声时、波幅和主频。

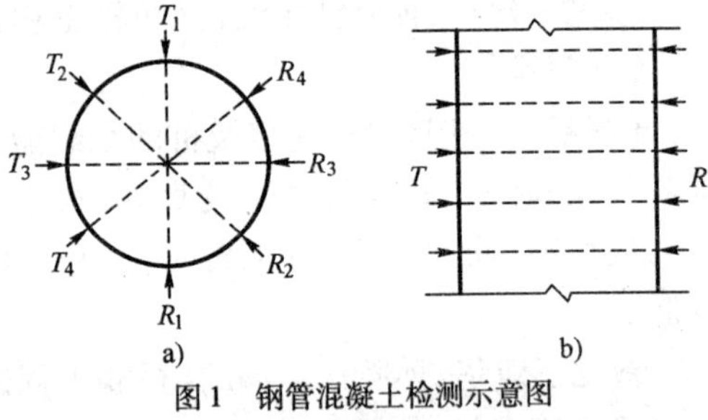

图1 钢管混凝土检测示意图

a)平面图;b)立面图

参见王建华、孙胜江主编的《桥涵工程试验检测技术》P147-148。

17.［答案］ ✓

［解析］ 评定水泥混凝土的抗压强度,应以标准养护28d龄期的试件为准。试件为边长15cm的立方体,试件3个为1组,制取组数应符合下列规定:

(1)不同强度等级及不同配合比的混凝土应在浇筑地点或拌和地点分别随机制取试件。

(2)浇筑一般体积的结构物(如基础、墩台等)时,每一单元结构物应制取2组。

(3)连续浇筑大体积结构时,每80～200m^{3}或每一工作班应制取2组。

(4)上部结构,主要构件长16m以下应制取1组,16～30m制取2组,31～50m制取3组,50m以上者不少于5组,小型构件每批或每工作班至少应制取2组。

(5)每根钻孔桩至少应制取2组;桩长20m以上者不少于3组;桩径大、浇筑时间很长时,不少于4组。如换工作班时,每工作班者应制取2组。

(6)构筑物(小桥涵、挡土墙)每座、每处或每工作班制取不少于2组。当原材料和配合比相同并由同一拌和站拌制时,可几座或几处合并制取2组。

(7)应根据施工需要,另制取几组与结构物同条件养护的试件,作为拆模、吊装、张拉预应力、承受荷载等施工阶段的强度依据。

参见王建华、孙胜江主编的《桥涵工程试验检测技术》P155-156。

18.［答案］ ×

［解析］ 校验系数:

$$\eta = \frac{S_e}{S_s}$$

式中:S_e——试验荷载作用下量测的弹性变位(或应变)值;

S_s——试验荷载作用下的理论计算变位(或应变)值。

效率系数:锚具静载锚固性能由预应力锚具组装件的静载试验测定的锚具效率系数η_a。

19. [答案] ×

[解析] 荷载工况选择应反映桥梁设计的最不利受力状态

参见王建华、孙胜江主编的《桥涵工程试验检测技术》P182-183。

20. [答案] ✓

[解析] 参见《回弹法检测混凝土抗压强度技术规程》(JGJ/T 23—2001)P9-13。

21. [答案] ×

[解析] 温度变化量的观测对应变宜采用构件表面温度,对挠度宜采用气温。

22. [答案] ✓

[解析] 桥梁的动载试验可以划分为三类基本问题:测定桥梁荷载的动力特性(数值、方向、频率等);测定桥梁结构的动力特性(自振频率、阻尼、振型等);测定桥梁在动荷载作用下的响应(动位移、动应力等)。

参见王建华、孙胜江主编的《桥涵工程试验检测技术》P219。

23. [答案] ✓

[解析] 补偿片与工作片的位置要接近,二者处于同样温度条件下,以防不均匀的热源影响。

24. [答案] ✓

[解析] 锚具是在后张法预应力结构或构件中为保持预应力筋的张拉力将其传递到混凝土上所用的永久性锚固装置。

参见《预应力筋用锚具、夹具和连接器》(GB 14370—2000)P3。

25. [答案] ✓

[解析] 因为混凝土强度与回弹值、碳化深度相关关系受许多因素的影响,在制定曲线的过程中,所考虑的影响因素越多,曲线的适应性和覆盖面越大,但其离散性也越大,推算混凝土强度的误差也越大。当被测试结构混凝土的各种条件越接近于制定基准曲线时所顾及的各种条件,测试误差越小。

参见《回弹法检测混凝土抗压强度技术规程》(JGJ/T 23—2001)P10。

26. [答案] ✓

[解析] 根据应变电桥的输出特性,用一片与工作片(贴在被测构件上的应变片)阻值,灵敏系数和电阻温度系数都相同的应变片,把它贴在一块与被测件同样材质而不受力的试件上,并使他们处于同一温度场,电桥连接时处于工作片和补偿片处于相邻的桥臂中,这样温度变化就不会造成电桥的输出电压。

参见章关永主编的《桥梁结构试验(第二版)》P24。

27. [答案] ✓

[解析] 校验系数 η 是评定结构工作状况、确定桥梁承载能力的一个重要指标。不同结构形式的桥梁其 η 值常不相同。一般要求 η 值不大于1。η 值越小结构的安全储备越大。η 值过大或过小都应该从多方面分析原因。如 η 值过大可能说明组成结构的材料强度较低,结构各部分联结性较差,刚度较低等。η 值过小可能说明材料的实际强度及弹性模量较高,梁桥的混凝土桥面铺装及人行道等与主梁共同受力,拱桥拱上建筑与拱圈共同作用,支座摩阻力对结构受力的有利影响,计算理论或简化的计算式偏于安全等。试验加载物的称量误差、仪表的

观测误差等也对 η 值有一定影响。

参见王建华、孙胜江主编的《桥涵工程试验检测技术》P215。

28.［答案］ ×

［解析］ 简支梁静载试验的测点应布置在:跨中挠度,支点沉降,跨中截面应变。

参见王建华、孙胜江主编的《桥涵工程试验检测技术》P188。

29.［答案］ ×

［解析］ 检验混凝土设计强度等级用的试块,必须在温度为20℃ ±2℃和相对湿度为90%以上的潮湿环境或水中的标准条件下连续养护28d。

参见王建华、孙胜江主编的《桥涵工程试验检测技术》P17-18。

30.［答案］ ×

［解析］ 测得的数据平均值不能直接用来表示结构强度。应进行推定,结构或构件的混凝土强度推定值($f_{cu,e}$)应按下列公式确定:

(1)当该结构或构件测区数少于10个时

$$f_{cu,e} = f^{c}_{cu,min}$$

式中:$f^{c}_{cu,min}$——构件中最小的测区混凝土强度换算值。

(2)当该结构或构件的测区强度值中出现小于10.0MPa时

$$f_{cu,e} < 10.0\text{MPa}$$

(3)当该结构或构件测区数不少于10个或按批量检测时,应按下列公式计算:

$$f_{cu,e} = m_{f^{c}_{cu}} - 1.645 s_{f^{c}_{cu}}$$

(4)对按批量检测的构件,当该批构件混凝土强度标准差出现下列情况之一时,则该批构件应全部按单个构件检测。

①当该批构件混凝土强度平均值小于25MPa时

$$s_{f^{c}_{cu}} > 4.5\text{MPa}$$

②当该批构件混凝土强度平均值不小于25MPa时

$$s_{f^{c}_{cu}} > 5.5\text{MPa}$$

参见《回弹法检测混凝土抗压强度技术规程》(JGJ/T 23—2001)P12-13。

三、多选题(每道题目所列出的备选项中,有两个或两个以上正确答案,选项全部正确得满分,选项部分正确按比例得分,出现错误选项该题不得分。总共20题,每小题2分,共计40分)

1.［答案］ ABCD

［解析］ 由于混凝土所含水分的变化、化学反应及温度降低等因素引起的体积缩小,均称为混凝土的收缩。当在某一瞬间由混凝土收缩产生的拉应力大于同期混凝土的抗拉强度时,就会产生裂缝。混凝土的收缩变形根据其成因可分为塑性收缩、化学收缩、温度收缩(物理收缩)和干燥收缩(炭化收缩)等几大类。

参见王建华、孙胜江主编的《桥涵工程试验检测技术》P24-26。

2.［答案］ ABDEF

［解析］ 钢绞线按结构分为5类,其代号为:

用两根钢丝捻制的钢绞线　1×2

用三根钢丝捻制的钢绞线　1×3

用三根刻痕钢丝捻制的钢绞线　1×3I

用七根钢丝捻制的标准型钢绞线　1×7

用七根钢丝捻制又经模拔的钢绞线　(1×7)C

参见《预应力混凝土用钢绞线》(GB/T 5224—2003)P2。

3.[答案]　ABD

[解析]　热轧钢筋力学性能有:屈服强度、极限强度、伸长率、冷弯、反向弯曲。

参见王建华、孙胜江主编的《桥涵工程试验检测技术》P32。

4.[答案]　ABCD

[解析]　分项工程质量检验内容包括基本要求、实测项目、外观鉴定和质量保证资料四个部分。只有在其使用的原材料、半成品、成品及施工工艺符合基本要求的规定,且无严重外观缺陷和质量保证资料真实并基本齐全时,才能对分项工程质量进行检验评定。

参见王建华、孙胜江主编的《桥涵工程试验检测技术》P7。

5.[答案]　ABCD

[解析]　混凝土钻孔灌注桩完整性检测方法:取芯法、振动检验法、机械阻抗法、超声脉冲检验法、射线法等。

参见王建华、孙胜江主编的《桥涵工程试验检测技术》P68-69。

6.[答案]　AC

[解析]　目前混凝土中氯离子含量的测定方法主要有两种:实验室化学方法和滴定条方法。

张劲泉、王文涛 主编《桥梁检测与加固手册—上》P227。

7.[答案]　ABCD

[解析]　利用反射波(低应变)法检测混凝土基桩的桩身完整性,推定桩身缺陷的程度及其在桩身中的位置,也可对基桩的有效桩长进行校核。桩身混凝土的强度等级可依据波速来估计。波速与混凝土抗压强度的换算系数,应通过对混凝土试件的波速测定和抗压强度对比试验确定。

参见王建华、孙胜江主编的《桥涵工程试验检测技术》P69-70。

8.[答案]　ABC

[解析]　石料应符合设计规定的类别和强度,石质应均匀、不易风化、无裂纹。

参见《公路桥涵施工技术规范》(JTJ 041—2000)P76-77。

9.[答案]　ABCD

[解析]　常用的换能器布置方式大致分为以下几种。

(1)对测法:发射换能器T和接收换能器R分别置于被测结构相互平行的两个表面,且两个换能器的轴线位于同一直线上,见图2a)。

(2)斜测法:一对发射和接收换能器分别置于被测结构的两个表面,但两个换能器的轴线不在同一直线上,见图2b)。

(3)平测法:一对发射和接收换能器置于被测结构同一个接收表面上进行测试,见图2c)。

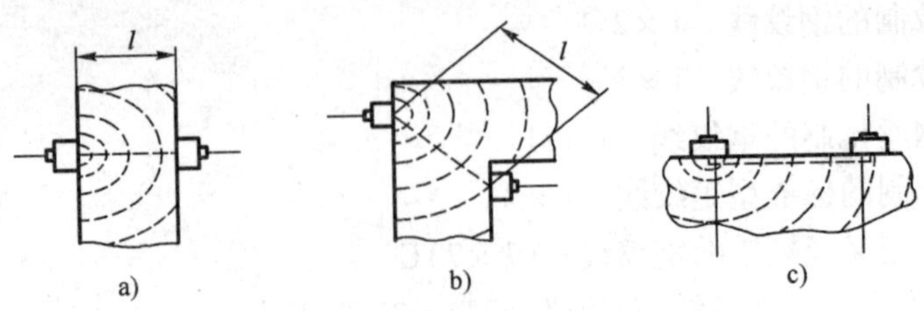

图2　换能器布置方式

a)直测法；b)斜测法；c)平测法

(4)钻孔法：一对换能器分别置于两个对应钻孔中，采用孔中对测(两个换能器位于同一高度进行测试)、孔中斜测(一对换能器分别置于两个对应钻孔中，但不在同一高度而是在保持一定高程差的条件下进行测试)和孔中平测(一对换能器置于同一钻孔中，以一定的高程差同步移动进行测试)。

参见王建华、孙胜江主编的《桥涵工程试验检测技术》P138-139。

10.［答案］　AD

［解析］　换能器的种类比较多，按声辐射面来分有平面换能器(厚度振动方式)和径向换能器(径向振动方式)。

参见王建华、孙胜江主编的《桥涵工程试验检测技术》P128。

11.［答案］　ABCD

［解析］　桥梁伸缩装置按照伸缩体结构的不同分为四类。

(1)模数式伸缩装置：伸缩体由中梁钢和单元橡胶密封带组合而成的伸缩装置，适用于伸缩量为160～2 000mm的公路桥梁工程。

(2)梳齿板式伸缩装置：伸缩体由钢制梳齿板组合而成的伸缩装置，一般适用于伸缩量不大于300mm的公路桥梁工程。

(3)橡胶式伸缩装置：橡胶式伸缩装置分板式橡胶伸缩装置和组合式橡胶伸缩装置两种。①伸缩体由橡胶、钢板或角钢硫化为一体的板式橡胶伸缩装置，适用于伸缩量小于60mm的公路桥梁工程；②伸缩体由橡胶板和钢托板组合而成的组合式伸缩装置，适用于伸缩量不大于120mm的公路桥梁工程。

橡胶式伸缩装置不宜用于高速公路、一级公路上的桥梁工程。

(4)异型钢单缝式伸缩装置：伸缩体完全由橡胶密封带组成的伸缩装置。由单缝钢和橡胶密封带组成的单缝式伸缩装置，适用于伸缩量不大于60mm的公路桥梁工程。由边梁钢和橡胶密封带组成的单缝式伸缩装置，适用于伸缩量不大于80mm的公路桥梁工程。

参见《公路桥梁伸缩装置》(JT/T 327—2004)P2。

12.［答案］　ABCD

［解析］　超声法检测混凝土缺陷时，按照换能器的布置方式不同而采用的检测方法主要有钻孔法、平测法、对测法和斜测法。

13.［答案］　ABD

［解析］　参见《公路桥梁伸缩装置》(JT/T 327—2004)，按表3选择。

整体性能要求　　表 3

序号	项目		模数式		梳齿板式		橡胶式		异型钢单缝式
							板式	组合式	
1	拉伸、压缩时最大水平摩阻力(kN/m)		≤4		≤5		<18	≤8	
2	拉伸、压缩时变位均匀性(mm)	每单元最大偏差值	−2~2						
		总变位最大偏差值	e≤480	−5~5	e≤80	±1.5			
			480<e≤800	−10~10	e>80	±2.0			
			e>800	−15~15					
3	拉伸、压缩时最大竖向偏差或变形(mm)		1~2		0.3~0.5		−3~3	−2~2	
4	相对错位后拉伸、压缩试验(满足1、2项要求前提下)	纵向错位	支承横梁倾斜角度不小于2.5°						
		竖向错位	相当顺桥向产生5%坡度						
		横向错位	两支承横梁3.6m范围内两端相差80mm						
5	最大荷载时中梁应力、横梁应力、应变测定、水平力(模拟制动力)		满足设计要求						
6	防水性能		注满水24h无渗漏						注满水24h无渗漏

14.［答案］ BD

［解析］ 回弹值的计算

(1)计算测区平均回弹值时,应从该测区的16个回弹值中剔除3个最大值和3个最小值,然后将余下的10个回弹值按下列公式计算:

$$R_m = \frac{\sum_{i=1}^{10} R_i}{10}$$

式中:R_m——测区平均回弹值,精确至0.1;

R_i——第i个测点的回弹值。

(2)回弹仪非水平方向检测混凝土浇筑侧面时,应按下列公式修正:

$$R_m = R_{ma} + R_{aa}$$

式中:R_{ma}——非水平方向检测时测区的平均回弹值,精确至0.1;

R_{aa}——非水平方向检测时回弹值的修正值,按规范查用。

(3)回弹仪水平方向检测混凝土浇筑表面时,应按下列公式修正:

$$R_m = R_m^t + R_a^t$$

$$R_m = R_m^b + R_a^b$$

式中:R_m^t、R_m^b——水平方向检测混凝土浇筑表面、底面时,测区的平均回弹值,精确至0.1;

R_a^t、R_a^b——混凝土浇筑表面、底面回弹值的修正值,按规范查用。

(4)如检测时仪器非水平方向且测试面非混凝土的浇筑侧面,则应先对回弹值进行角度修正,然后再对修正后的值进行浇筑面修正。

参见《回弹法检测混凝土抗压强度技术规程》(JGJ/T 23—2001)P8-9。

15.[答案] ABC

[解析] 桥涵用钢可按化学成分、质量、用途有多种分类方法,按其形状来分类时可分为型材、棒材(或线材)和异型材(特种形状)等三类:型材主要包括型钢和钢板,主要用于钢桥建筑;线材主要包括钢筋、预应力钢筋、高强钢丝和钢绞线等,它是钢筋混凝土桥梁建筑中使用的重要材料之一;异型材是为特殊用途而制作的,如预应力混凝土中用的锚具、夹具和大变形伸缩件中使用的异型钢梁等。

参见王建华、孙胜江主编的《桥涵工程试验检测技术》P29。

16.[答案] BCD

[解析] 超声波法检测混凝土构件深裂缝检测要求:需要检测的裂缝中,不得充水或泥浆;允许在裂缝两旁钻测试孔;孔径应比换能器直径大5~10mm;孔深应至少比裂缝预计深度深700mm,经测试如浅于裂缝深度,则应加深钻孔;对应的两个测试孔,必须始终位于裂缝两侧,其轴线应保持平行;两个对应测试孔的间距宜为2 000mm,同一结构的各对应测孔间距应相同;孔中粉末碎屑应清理干净;如图3a)所示,宜在裂缝一侧多钻一个较浅的孔,测试无缝混凝土的声学参数供对比判别之用。

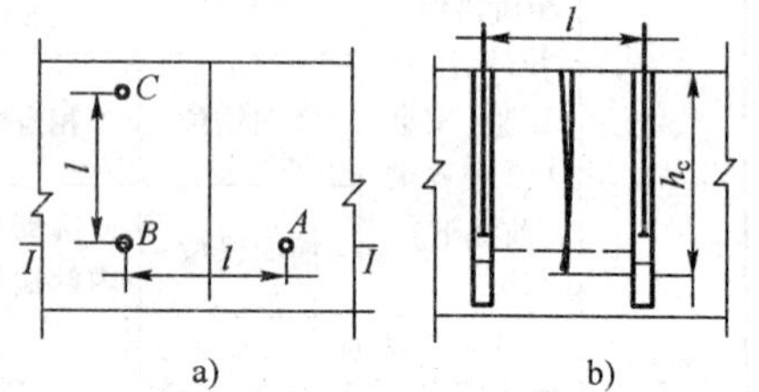

图3 钻孔测裂缝深度示意图

a)平面图(C为比较孔);b)I-I剖面图

17.[答案] ABC

[解析] 桥梁静载试验时需测结构的反力、应变、位移、倾角、裂缝等物理量,应选择适当的仪器进行量测。常用的仪器有百分表、千分表、位移计、应变仪、应变计(应变片)、精密水准仪、经纬仪、倾角仪、刻度放大镜等。这些测试仪器按其工作原理可分为机械测试仪器、电测仪器、光测仪器等。机械式仪器具有安装与使用方便、迅速、读数可靠的优点,但需要搭设脚手架,而且使用试验人员较多,观测读数费时,不便于自动记录;电测仪表安装调试比较麻烦,影响测试精度的因素也较多,但测试记录仪较方便,便于数据自动采集记录,操作安全。荷载试验应根据测试内容和量测值的大小选择仪器,试验前应对测试值进行理论分析估计,选择仪器的精度和量测范围,同时满足《公路旧桥承载能力鉴定方法》中对仪器精度和量测范围的要求。

参见王建华、孙胜江主编的《桥涵工程试验检测技术》P189-210。

18.[答案] AD

[解析] 连续梁桥荷载试验应择具有控制量的工况,主跨跨中最大正弯矩、主跨支点最大负弯矩都是需要控制的。

参见王建华、孙胜江主编的《桥涵工程试验检测技术》P184-185。

19.[答案] ABC

[解析] 桥梁结构的动力特性包括结构固有频率,阻尼系数和振型。

参见王建华、孙胜江主编的《桥涵工程试验检测技术》P222。

20.［答案］ ABC

［解析］ 通过静载试验得到的原始数据、文字和图像描述材料是荷载试验最重要的资料，虽然它们是可靠的，但这些原始资料数量庞大，不直观，不能直接用于评定承载能力，故进行承载力评定之前必须对它进行处理分析，得出直接进行承载能力评定的指标，以满足承载力评定的需要。因此需要对试验数据进行修正，包括：测值修正，温度修正，支点沉降修正。

参见王建华、孙胜江主编的《桥涵工程试验检测技术》P212-215。

四、问答题(共5题，每题10分，共计50分)

1. 简述金属电阻应变片工作原理？

答：金属电阻 $R=\rho\frac{L}{A}$ （ρ 为电阻率，L 为长度，A 为截面积）

电阻丝拉伸压缩几何尺寸改变后，电阻改变：

$$\frac{\mathrm{d}R}{R}=\frac{\mathrm{d}\rho}{\rho}+\frac{\mathrm{d}l}{L}-\frac{\mathrm{d}A}{A}$$

电阻丝一般为圆形 $A=\frac{1}{4}\pi D^2$ （D 为直径）

$$\frac{\mathrm{d}A}{A}=\frac{2\mathrm{d}D}{D} \qquad \frac{\mathrm{d}D}{D}=-\gamma\frac{\mathrm{d}L}{L}=-\gamma\varepsilon \quad (\gamma \text{ 为泊松比})$$

$$\frac{\mathrm{d}R}{R}=(1+2\gamma)\frac{\mathrm{d}L}{L}+\frac{\mathrm{d}\rho}{\rho} \qquad \frac{\mathrm{d}R}{R}\Big/\frac{\mathrm{d}L}{L}=(1+2\gamma)+\frac{\mathrm{d}\rho}{\rho}\Big/\frac{\mathrm{d}L}{L}$$

$K_0=(1+2\gamma)+\frac{\mathrm{d}\rho}{\rho}\Big/\frac{\mathrm{d}L}{L}$，$K$ 主要由常数 $1+2\gamma$ 决定。

因此，$K=$ 常数，有 $\frac{\mathrm{d}R}{R}=K\cdot\varepsilon$

即在一定范围内，应变片电阻变化与应变成正比。

2. 简述超声波法检测缺陷的基本依据。

答：①根据低频超声在混凝土中遇到缺陷时的绕射现象，按声时及声程的变化，判别和计算缺陷大小。②根据超声波在缺陷界面上产生反射，因而到达接收探头时能量显著衰减的现象判断缺陷的存在及大小。③根据超声脉冲各频率成分在遇到缺陷时被衰减的程度不同，因而接收频率明显降低，或接收波频谱产生差异，也可判别内部缺陷。④根据超声波在缺陷处的波形转换和叠加，造成接收波形畸变的现象判别缺陷。

参见王建华、孙胜江主编的《桥涵工程试验检测技术》P137。

3. 简述反射波法基本原理及其适用范围。

答题要点：①在桩顶进行竖向激振，弹性波沿着桩身向下传播，在波阻抗界面或桩身截面积变化部位，将产生反射波。根据反射信息，可计算桩身波速，判断桩身完整性和混凝土强度等级。②混凝土完整性；推定缺陷类型及位置；校核桩长；估计混凝土强度等级。

参见王建华、孙胜江主编的《桥涵工程试验检测技术》P69-218。

4. 桥梁静载试验时试验孔的选择应综合考虑哪些因素？

答题要点：①计算受力最不利；②施工质量较差、缺陷较多或病害较严重；③便于搭设脚手架，便于设置测点等。

参见王建华、孙胜江主编的《桥涵工程试验检测技术》P183。

5. 桥梁动态测试系统是如何组成的？

答题要点：

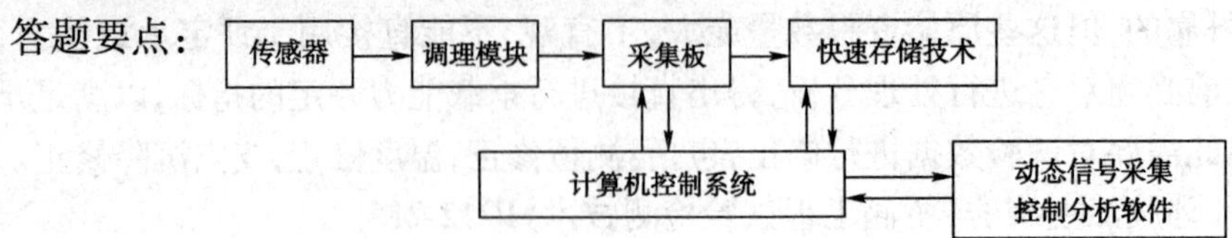

参见王建华、孙胜江主编的《桥涵工程试验检测技术》P219。

《桥梁》模拟试题(四)

一、单项选择题(四个备选项中只有一个正确答案,总共30道题,每题1分,共计30分)

1. 下列说法正确的是(　　)。

A. 冷拉后的钢筋强度会提高,塑性、韧性会降低

B. 冷拉后的钢筋韧性会提高,塑性会降低

C. 冷拉后的钢筋硬度增加,韧性提高,但直径减小

D. 冷拉后的钢筋强度提高,塑性不变,但脆性增加

2. 拆模后,混凝土试块养生条件应为(　　)。

A. 20±2℃,相对湿度>95%　　B. 23±5℃,相对湿度>95%

C. 20±5℃,相对湿度>90%　　D. 23±5℃,相对湿度>90%

3. 钢筋接头的检验焊接前,必须根据施工条件进行试焊,按不同的焊接方法至少抽取每组(　　)个试样,进行基本力学性能检验。

A. 1　　B. 2　　C. 3　　D. 4

4. 水泥混凝土抗压强度试验检测方法,强度等级低于C30的混凝土取(　　)的加荷速度。

A. 0.2~0.3MPa/s　　B. 0.8~1.0MPa/s

C. 0.3~0.5MPa/s　　D. 0.5~0.8MPa/s

5. 桥梁结构冲击系数等于(　　)。

A. 最大动挠度/最小静挠度　　B. 最小动挠度/最小静挠度

C. 最大动挠度/最大静挠度　　D. 最小动挠度/最大静挠度

6. 桥涵台背填土的压实度不应小于(　　)。

A. 93%　　B. 94%　　C. 95%　　D. 96%

7. 当无铰拱负弯矩控制设计时,加载检测最大拉应力时,其应变片贴在(　　)。

A. 拱顶下缘　　B. 拱顶上缘　　C. 拱脚下缘　　D. 拱脚上缘

8. 用声波透射法检测钻孔灌注桩时,所依据的基本物理量是接收信号的频率变化和接收波型畸变,此外还有(　　)。

A. 混凝土强度　　B. 声程值和缺陷大小

C. 声时值和波幅变化　　D. 混凝土强度等级及缺陷位置

9. 重型标准贯入试验应先将标准贯入器打入土中(　　),才开始记录锤击数目。

A. 15cm　　B. 20cm　　C. 25cm　　D. 30cm

10. 在桥梁橡胶伸缩装置中,伸缩体由橡胶、钢板或角钢硫化为一体的板式橡胶伸缩装置,适用于伸缩量(　　)的公路桥梁工程。

A. <60mm　　B. >60mm　　C. <120mm　　D. 80~120mm

11. 预应力混凝土梁桥挠度校验系数为(　　)。

A. 0.20~0.40　　B. 0.40~0.80　　C. 0.70~1.0　　D. 0.80~1.05

12. 预应力空心板混凝土组合I形梁钢筋张拉时,其预应力钢材实测伸长值与理论计算伸长值的差应控制在(　　)以内。

A. 2%　　B. 4%　　C. 6%　　D. 8%

13. 橡胶支座抗剪弹性模量测量:抗剪过程中正压力保持不变,2块支座用中间钢板推或拉组成双剪装置(且中间钢板对称轴与加载设备中轴处于同一垂直平面),进行测量。正式加载前:施加水平剪应力至 $\tau=1.0$MPa,持荷5min后卸载至剪力 $\tau=0.1$MPa,记录初始值,开始正式加载。正式加载:自 $\tau=$(　　)MPa始,剪应力每级增加(　　)MPa,持荷1min,读取位移计读数,至 $\tau=$(　　)MPa为止,10min后进行下一次循环。加载过程连续进行3次,抗剪弹性模量取3次的所测算术平均值。(　　)

A. 0.1　0.1　1.0　　B. 0.2　0.1　1.0

C. 0.1　0.2　1.1　　D. 0.2　0.2　1.0

14. 用回弹法测定强度,测量碳化深度值时,用浓度为(　　)%的酚酞酒精溶液滴在孔洞内壁的边缘处。

A. 1　　B. 2　　C. 3　　D. 4

15. 钻芯取样确定检验混凝土强度,规定:取样直径为混凝土粗集料最大粒径(　　)倍,任何情况不小于最大粒径(　　)倍;加工后抗压试件长度不应小于直径,也不应大于直径(　　)倍;两端平面应与轴线垂直,误差不应大于(　　)。

A. 2　1　1　1°　　B. 3　2　2　2°　　C. 2　1　2　2°　　D. 3　2　2　1°

16. 下列桥梁技术术语中,(　　)的数值最大。

A. 计算跨径　　B. 标准跨径　　C. 净跨径　　D. 桥梁全长

17. 静载试验荷载效率系数可用范围为(　　)。

A. 0.9~1.0　　B. 0.8~1.05　　C. 0.85~1.0　　D. 1.0~2.0

18. 弯矩控制无铰拱设计,加载检测最大拉应力时,其应变片贴在(　　)。

A. 拱顶下缘　　B. 拱顶上缘　　C. 拱脚下缘　　D. 拱脚上缘

19. 检测简支梁的剪应力时,试验截面应选在(　　)。

A. 跨中　　B. $L/4$ 截面　　C. 支点截面　　D. 墩顶截面

20. 检测简支梁桥的最大拉应力,其应变片应(　　)。

A. 贴在跨中截面下缘　　B. 贴在跨中截面侧面中间

C. 贴在1/4截面上缘　　D. 贴在支点截面下缘

21. 按潮湿状态进行试验时,混凝土钻芯取样试件作抗压强度试验前,试件应在20℃±5℃水中浸泡(　　)h,从水中取出后立即进行试验。

A. 8　　B. 24　　C. 45　　D. 55

22. 钢筋混凝土梁桥应力校验系数为(　　)。

A. 0.20~0.40　　B. 0.40~0.80　　C. 0.60~0.90　　D. 0.80~1.05

23. 反射波法测桩长,已知入射波峰值时刻为 t_1,桩底反射波到时为 t_2,则桩长 L 为(　　)。

A. $L=\frac{1}{2}C(t_2-t_1)$　　B. $L=Ct_2$

C. $L=2C/(t_2-t_1)$　　D. $L=\frac{1}{2}Ct_2$

24. 预应力锚具进场验收,应从每批中抽取( )%且不少于5套进行硬度检验。

A. 10 B. 5 C. 2 D. 1

25. 桥梁动载试验效率一般采用( )。

A. 0.8 B. 1.0 C. <0.5 D. >1.05

26. 涵洞完成后,当涵洞砌体砂浆或混凝土强度达到设计强度的( )时,方可进行回填土。

A. 85% B. 75% C. 65% D. 55%

27. 三跨等跨连续梁当正弯矩控制设计时,加载检测最大拉应力时,其应变片贴在( )。

A. 边跨跨中下缘 B. 边跨跨中上缘 C. 中跨跨中下缘 D. 中跨跨中上缘

28. 回弹法检测混凝土构件强度时,每测区应在( )范围之内。

A. 10cm×10cm B. 20cm×20cm C. 30cm×30cm D. 40cm×40cm

29. 预应力混凝土用钢绞线按结构分类,下列哪种表示方法是不存在的( )。

A. 1×2 B. 1×3 C. 1×5 D. 1×7

30. 岩石的抗压强度与混凝土强度等级之比,对于大于或等于C30的混凝土,不应小于( )。

A. 1.5 B. 1.8 C. 2.0 D. 2.2

二、判断题(正确的事实在后面括号中打"✓",错误的事实在后面括号中打"×"。总共30道题,每题1分,共计30分)

1. 电阻应变片对外界温度变化不敏感。( )

2. 钢材的屈强比越大,结构可靠性越大。( )

3. 混凝土的总体质量水平,可根据统计周期内,混凝土强度标准差和试件强度不低于要求强度等级的百分率两项指标来划分。( )

4. 桥梁荷载试验时,应选择深夜-凌晨时段进行。( )

5. 每座中桥可划分为一个单位工程。( )

6. 良好的焊接性是指钢材的连接部分焊接后,力学性能不低于焊件本身,以防止产生硬化脆裂和内应力过大等现象。( )

7. 现场检测地基承载力进行荷载试验时,地基达到破坏状态的过程可分为三个阶段:①压密阶段(直线变形)、②剪切阶段、③破坏阶段。( )

8. 垂直静载试验是在试桩顶上分级施加静荷载,直到土对试桩的阻力破坏时为止,从而求得桩的承载力容许值和单桩的下沉量。( )(检测员不考)

9. 钻孔桩护壁泥浆的胶体率是泥浆中土粒保持悬浮状态的性能指标,一般应保持在90%~95%。( )

10. 预应力锚具组装件的疲劳试验,试验应力上限应取预应力钢材的抗拉强度标准值。( )

11. 电阻应变计主要用来测量结构的挠度。( )

12. 在桩基超声脉冲检测系统中,换能器在声测管内用水耦合,因此换能器必须是水

密式的径向发射和接收换能器。 ( )

13. 简支梁的剪切应变测点应选在支点最大剪力截面中性轴处。 ( )

14. 校验系数是评定结构工作状况的主要依据。 ( )

15. 混凝土的超声探伤是根据超声脉冲各频率成分在遇到缺陷时被衰减的程度不同,因而接收频率明显降低或接收波频谱产生差异,作为判断缺陷的依据。 ( )

16. 片石混凝土用于较大体积墩台及基础结构时,片石掺入量不得多于结构体积的25%。 ( )

17. 结构混凝土强度的合格标准,评定的常规方法是以浇注或拌和现场制取试件,以28d龄期的极限抗压强度值进行统计评定。 ( )

18. 混凝土在持续荷载作用下,其应变随时间而持续增长的现象称为徐变。 ( )

19. 夹具是先张法预应力混凝土结构或构件施工时,为保持预应力筋的拉力并将其固定在张拉台座(或设备)上的临时性锚固装置。 ( )

20. 振动测定法实测斜拉索的固有频率,利用索的张力和固有频率的关系计算索力。(检测员不考) ( )

21. 荷载试验检测宜安排在中午时间进行检测。 ( )

22. 特殊检查分为专门检查和应急检查,当桥梁因超重车辆通过或其他异常情况影响造成损害时,应进行专门检查。 ( )

23. 用电阻式应变仪测试桥梁结构应变时,需用应变仪和电阻应变片(应变计)配合使用。 ( )

24. 桥梁静载效率系数与挠度校验系数含义相同。 ( )

25. 超声法可用于混凝土的无损检测。 ( )

26. 经检查评为不合格的分项工程,允许进行加固、返工;当满足设计要求后,可重新评定其质量等级。 ( )

27. 将酚酞酒精溶液滴在孔洞内壁时,其碳化部分混凝土变成紫红色。 ( )

28. 电阻应变测量,贴补偿片的材料应与被测构件的材料相同。 ( )

29. 回弹法测强时,其测区离构件边缘距离不宜小于30cm。 ( )

30. 当怀疑混凝土内外质量有明显差异时,可用回弹法检测。 ( )

三、多选题(每道题目所列出的备选项中,有两个或两个以上正确答案,选项全部正确得满分,选项部分正确按比例得分,出现错误选项该题不得分。总共20道题,每小题2分,共计40分)

1. 电磁式激振系统由以下几部分组成( )。

A. 信号发生器　B. 滤波器　C. 功率放大器　D. 电磁激振器

2. 桥梁静载实验:主测点布设应能控制结构最大应力(应变)和最大挠度(或位移),对连续梁桥静载实验主要测点应布设在( )。

A. 跨中挠度　B. 支点沉降　C. 支点应变　D. 跨中应变

3. 钢材的强度是钢材重要力学性能指标,包括( )。

A. 屈服强度　B. 抗压强度　C. 抗拉强度　D. 抗剪强度

4. 冷拉钢筋的力学性能包括(　　)。

A. 屈服强度　B. 抗压强度　C. 伸长率　D. 外观检查

5. 橡胶支座的常规检验项目有(　　)

A. 外观　B. 解剖　C. 力学性能　D. 尺寸

6. 标准贯入试验可用于判定(　　)。

A. 砂土的密实度　B. 黏性土的稠度

C. 桩基承载力　D. 地基土的承载力容许值

7. 桥梁动载试验的基本问题包括(　　)。

A. 荷载的动力特性　B. 测试仪器的动力参数

C. 结构的动力特性　D. 桥梁结构在动载作用下的响应

8. 斜拉桥施工过程中,索力检测的方法有(　　)。(检测员不考)

A. 振动测定法　B. 千斤顶测定法

C. 压力传感器测定法　D. 电阻应变片测定法

9. 施加预应力所用的张拉用千斤顶,标定时需检测的数据包括(　　)。

A. 张拉力　B. 应变值　C. 油压力　D. 回缩值

10. 模数式橡胶伸缩装置作用相对错位试验包括(　　)。

A. 纵向错位　B. 横向错位　C. 切线向错位　D. 竖向错位

11. 回弹测区的选择应符合(　　)。

A. 对长度不小于 3m 的构件,其测区数不少于 10 个

B. 每测区在 20cm×20cm 范围内

C. 避开预埋件

D. 相邻两测区的间距应控制在 2m 以内

12. 超声法检测浅裂纹时,应注意(　　)。

A. 裂缝中不得有水或水泥等夹杂物　B. 换能器必须对称裂缝轴线布置

C. 混凝土中应无主钢筋　D. 允许在裂缝两旁钻测试孔

13. 荷载试验后的分析,下列(　　)参数的测试可反映结构的整体工作状况。(检测员不考)

A. 校验系数 η　B. 实测值与理论值的关系曲线

C. 相对残余变位(或应变)　D. 动载性能

14. 当有下列情况(　　)时,测区混凝土强度值不得按全国统一测强曲线进行测区混凝土强度换算,但可制订专用测强曲线或通过试验进行修正,专用测强曲线的制订方法见《回弹法检测混凝土抗压强度技术规程》(JGJ/T 23—2001)。

A. 粗集料最大粒径大于 60mm　B. 特种成型工艺制作的混凝土

C. 检测部位曲率半径小于 250mm　D. 潮湿或浸水混凝土

15. 斜拉桥荷载试验工况包括(　　)。

A. 主梁跨中最大正弯矩工况　B. 主梁最大挠度工况

C. 拱脚最大水平推力　D. 主梁最大负弯矩工况

16. 对于多跨式多孔桥梁，应根据桥梁技术状况检查评定情况，选择具有(　　)桥跨进行承载能力检测评定。

A. 代表性的　　B. 最有力的

C. 随机性的　　D. 最不利的

E. 裂缝

17. 连续梁桥荷载试验的测点设置，一般应检测(　　)。

A. 支点截面沉降　　B. 跨中挠度

C. 跨中截面应变　　D. 支点截面应变

18. 符合(　　)条件的构件，可作为同批构件。

A. 混凝土强度等级相同

B. 混凝土原材料、配合比、施工工艺、养护条件及龄期基本相同

C. 构件种类相同

D. 构件所处环境相同

19. 焊缝的检测手段主要有：(　　)。

A. 外观检查　　B. 超声波探伤　　C. 照相检查　　D. 射线探伤

20. 桥梁静载实验数据测值修正，包括：(　　)

A. 机械式仪表校正　　B. 电测仪表率定

C. 支点沉降修正　　D. 灵敏系数

四、问答题(共5题，每题10分，共计50分)

1. 百分表及千分表检测挠度注意事项是什么？

2. 简述反射波法基本原理及其适用范围。

3. 超声回弹综合法测混凝土的强度较回弹法有何优点？测区布置规定？

4. 连续梁在荷载试验时应考虑哪些工况？

5. 简述用回弹法检测混凝土构件强度时测量碳化深度的方法和步骤。

《桥梁》模拟试题(四)答案及解析

一、单项选择题(四个备选项中只有一个正确答案,总共30道题,每题1分,共计30分)

1.[答案] A

[解析] 冷拉硬化是指将材料预拉到强化阶段,然后卸载。当再加载时,比例极限和屈服极限得到提高,而塑性、韧性降低的现象。

参见王建华、孙胜江主编的《桥涵工程试验检测技术》P41。

2.[答案] A

[解析] 采用标准养护的试件,应在温度为20±5℃的环境中静置1~2昼夜,然后按编号拆模,拆模后应立即放入温度为20±2℃,相对湿度为95%以上的标准养护室中养护,连续养护28d。

参见《普通混凝土力学性能试验方法标准》(GB/T 50081—2002)P10。

3.[答案] C

[解析] 钢筋接头的检验焊接前,必须根据施工条件进行试焊,按不同的焊接方法,至少抽取每组3个试样进行基本力学性能检验。

参见《钢筋焊接及验收规程》(JGJ 18—2003)P26-34。

4.[答案] C

[解析] 水泥混凝土抗压强度试验检测方法,强度等级低于C30的混凝土取0.3~0.5MPa/s的加荷速度;强度等级不低于C30时,则取0.5~0.8MPa/s的加荷速度;当试件接近破坏而开始迅速变形时,应停止调整试验机油门,直至试件破坏,记下破坏极限荷载。

参见《普通混凝土力学性能试验方法标准》(GB/T 50081—2002)P12。

5.[答案] C

[解析] 桥梁结构冲击系数等于最大动挠度/最大静挠度。

6.[答案] D

[解析] 《公路桥涵施工技术规范》(JTG/T F50—2011)中规定:台背回填应严格控制分层厚度和密实度,应设专人负责监督检查,桥涵台背填土的压实度不应小于96%。

7.[答案] D

[解析] 拱脚截面负弯矩工况下,拱脚上缘拉应力最大,故测点设于此。

参见王建华、孙胜江主编的《桥涵工程试验检测技术》(北京:人民交通出版社,2004)P182。

8.[答案] C

[解析] 用声波透射法检测钻孔灌注桩时,所依据的基本物理量有以下四个:声时值、波幅(或衰减)、接收信号的频率变化以及接收波形的畸变。

参见王建华、孙胜江主编的《桥涵工程试验检测技术》P80-P88。

9.[答案] A

［解析］ 标准贯入试验(SPT)是一种重型动力触探法，采用质量为63.5kg的穿心锤，以76cm的落距，将一定规格的标准贯入器先打入土中15cm，然后开始记录锤击数目。

参见《标准贯入试验》(SL 237-045—1999)。

10.［答案］ A

［解析］ 伸缩装置按照伸缩体结构的不同分为四类。

1）模数式伸缩装置

模数式伸缩装置是指伸缩体由中梁钢和单元橡胶密封带组合而成的伸缩装置，适用于伸缩量为160～2 000mm的公路桥梁工程。

2）梳齿板式伸缩装置

梳齿板式伸缩装置是指伸缩体由钢制梳齿板组合而成的伸缩装置，一般适用于伸缩量不大于300mm的公路桥梁工程。

3）橡胶式伸缩装置

橡胶式伸缩装置分板式橡胶伸缩装置和组合式橡胶伸缩装置两种：

(1)伸缩体由橡胶、钢板或角钢硫化为一体的板式橡胶伸缩装置，适用于伸缩量小于60mm的公路桥梁工程；

(2)伸缩体由橡胶板和钢托板组合而成的组合式伸缩装置，适用于伸缩量不大于120mm的公路桥梁工程。

橡胶式伸缩装置不宜用于高速公路、一级公路上的桥梁工程。

4）异型钢单缝式伸缩装置

异型钢单缝式伸缩装置是指伸缩体完全由橡胶密封带组成的伸缩装置。由单缝钢和橡胶密封带组成的单缝式伸缩装置，适用于伸缩量不大于60mm的公路桥梁工程。由边梁钢和橡胶密封带组成的单缝式伸缩装置，适用于伸缩量不大于80mm的公路桥梁工程。

参见《公路桥梁橡胶伸缩装置》(JT/T 327—2004)P2。

11.［答案］ C

［解析］ 预应力混凝土梁桥挠度校验系数为0.70～1.0。

12.［答案］ C

［解析］ 预应力筋采用应力控制方法张拉时，应以伸长值进行校核，实际伸长值与理论伸长值的差值应符合设计要求，设计无规定时，实际伸长值与理论伸长值的差值应控制在6%以内；否则应暂停张拉，待查明原因并采取措施予以调整后，方可继续张拉。

13.［答案］ A

［解析］ 橡胶支座抗剪弹性模量试验的正压力为容许压应力，并在抗剪过程中保持不变的情况下，2块支座用中间钢拉板推或拉组成双剪装置，橡胶支座的顶面或底面必须与实桥设计(钢筋混凝土梁、钢梁)图纸一致，而且中间钢拉板的对称轴应和加压设备中轴处在同一垂直面上。剪切变形量的量测一般采用2个大标距的位移传感器或百分表，正压力和剪切力一般采用力传感器进行量测控制。正式试验前应进行预载，以控制安装偏差和消除初应力。正式加载时，施加水平力至剪应力$\tau=0.1$MPa后持荷5min，然后卸载至剪应力为0.1MPa后记录位移计初始值。正式加载：每一加载值循环自$\tau=0.1$MPa开始，每级剪应力增力0.1MPa，持荷1min，读取位移计读数，至$\tau=1.0$MPa为止，然后卸载剪应力为0.1MPa。10min后进行

下一循环，加载过程连续进行三次。将各级水平荷载下位移计所测出的试样累积为水平变形 Δs，按试样橡胶层的总厚度 δ_i，求出在各级试验荷载作用下试样的累计剪切应变 γ_i。每两个检验支座所组成试样的综合剪弹性模量 G，为这组试件三次加载所得到的三个结果的算术平均值。但各单项结果与算术平均值之间的偏差不应大于算术平均值的10%，否则该试样应重新进行一次试验。

参见《公路桥梁板式橡胶支座》(JT/T 4—2004)P14。

14.［答案］ A

［解析］ 测量碳化深度值时，可用合适的工具，在测区表面形成直径约15mm的孔洞，其深度大于混凝土的碳化深度；然后除净孔洞中的碎屑，不得用水冲洗，立即用浓度为1%的酚酞酒精溶液滴在孔洞内壁的边缘处，再用深度测量工具，多次测量已碳化与未碳化混凝土交界面到混凝土表面的垂直距离，取其平均值，该距离即为混凝土的碳化深度值。每次读数精确至5mm。

参见《回弹法检测混凝土抗压强度技术规程》(JGJ/T 23—2001)P8。

15.［答案］ D

［解析］ 芯样直径应为混凝土所有集料最大粒径的3倍，一般为150mm或100mm，任何情况下不小于集料最大粒径的2倍。抗压试验用的试件长度（端部加工后）不应小于直径，也不应大于直径的2倍。芯样端面必须平整，必要时应磨平或用抹顶等方法处理。芯样两端平面应与轴线垂直，误差不应大于1°。

参见王建华、孙胜江主编的《桥涵工程试验检测技术》P122-124。

16.［答案］ D

［解析］ 在桥梁工程中，计算跨径：对于具有支座的桥梁，是指桥跨结构相邻两个支座中心之间的距离；对于拱式桥，是两相邻拱脚截面形心点之间的水平距离。标准跨径：对于梁式桥，是指两相邻桥墩中线之间的距离，或墩中线至桥台台背前缘之间的距离；对于拱桥，则指净跨径（每孔拱跨两个拱脚截面最低点之间的水平距离）。净跨径对于设支座的桥梁为相邻两墩、台身顶内缘之间的水平净距；对于不设支座的桥梁（如拱桥、刚构桥等）为上、下部结构相交处内缘间的水平净距。桥梁全长简称桥长，是桥梁两端两个桥台的侧墙或八字墙尾端间的距离，对于无桥台的桥梁为桥面系长度。上述可见，桥梁全长是最大的。

17.［答案］ B

［解析］ 静载试验荷载效率定义为：试验荷载作用下被检测部位的内力（或变形的计算值），与包括动力扩大效应在内的标准设计荷载作用下同一部位的内力（或变形计算值）的比值。一般静载试验，其值可采用0.8～1.05。

18.［答案］ D

［解析］ 无铰拱桥加载工况：

①跨中最大正弯矩工况；②拱脚最大负弯矩工况；③拱脚最大推力工况；④正负挠度绝对值之和最大工况。

拱脚上缘的最大拉应力值最大。

参见王建华、孙胜江主编的《桥涵工程试验检测技术》P184。

19.［答案］ C

［解析］ 简支梁桥加载工况：

①跨中最大正弯矩工况；②$L/4$ 最大正弯矩工况；③支点最大剪力工况；④桥墩最大竖向反力工况。

参见王建华、孙胜江主编的《桥涵工程试验检测技术》P184。

20.［答案］ A

［解析］ 简支梁桥最大正弯矩工况，跨中截面下缘拉应力最大，故测点设于此。

21.［答案］ C

［解析］ 按自然干燥状态进行试验时，芯样试件在受压前应在室内自然干燥3d，按潮湿状态进行试验时，芯样试件应在20℃ ±5℃的清水中浸泡40～48h，从水中取出后应立即进行抗压试验。

参见王建华、孙胜江主编的《桥涵工程试验检测技术》P123-124。

22.［答案］ B

［解析］ 钢筋混凝土梁桥应力校验系数为0.40～0.80。

参见王建华、孙胜江主编的《桥涵工程试验检测技术》P209 表5-5。

23.［答案］ A

［解析］ 桩长计算公式为：$L=\frac{1}{2}C(t_2-t_1)$，其中 C 为桩身波速。

24.［答案］ B

［解析］ 对于同类型、同一批原材料和同一工艺生产的锚具、夹具或连接器作为一批验收，每批不超过1 000套。外观检验抽取10%，且不少于10套；硬度检验抽取5%，且不少于5套。

参见《预应力筋用锚具、夹具和连接器》(GB/T 14370—2007)P10。

25.［答案］ B

［解析］ 动载试验的效率一般为1，其值不仅取决于试验车型及车重，而且取决于实际跑车时的车间距。

26.［答案］ A

［解析］ 《公路桥涵施工技术规范》(JTG/T F50—2011)规定。涵洞完成后，当涵洞砌体砂浆或混凝土强度达到设计强度的85%时，方可进行回填土。

27.［答案］ A

［解析］ 三跨等跨连续梁正弯矩工况下，边跨跨中下缘拉应力最大，故测点设于此。

28.［答案］ B

［解析］ 回弹法检测混凝土构件强度时，每测区应在20cm×20cm范围之内。

参见《回弹法检测混凝土抗压强度技术规程》(JGJ/T 23—2001)P6-8。

29.［答案］ C

［解析］ 钢绞线按结构分为5类。其代号为：

①用两根钢丝捻制的钢绞线：1×2；②用三根钢丝捻制的钢绞线：1×3；③用三根刻痕钢丝捻制的钢绞线：1×3I；④用七根钢丝捻制的标准型钢绞线：1×7；⑤用七根钢丝捻制又经模拔的钢绞线：(1×7)C。

参见《预应力混凝土用钢绞线》(GB/T 5224—2003)P2。

30.[答案] C

[解析] 混凝土强度等级为C60及以上时,应进行岩石抗压强度检验,其他情况下,如有必要时也可进行岩石的抗压强度检验。岩石的抗压强度与混凝土强度等级之比,对于大于或等于C30的混凝土,不应小于2.0,其他不应小于1.5,且火成岩强度不宜低于80MPa,变质岩不宜低于60MPa,水成岩不宜低于30MPa。岩石的抗压强度试验可按现行《公路工程岩石试验规程》(JTG E41—2005)执行。

二、判断题(正确的事实在后面括号中打"✓",错误的事实在后面括号中打"×"。总共30道题,每题1分,共计30分)

1.[答案] ×

[解析] 用应变片测量应变时,它除了能感受试件受力后的变形外,同样也能感受环境温度变化,并引起电阻应变仪指示部分的示值变动,这称为温度效应。

参见王建华、孙胜江主编的《桥涵工程试验检测技术》P196。

2.[答案] ×

[解析] 屈强比(σ_s/σ_b):钢材的屈服点(屈服强度)与抗拉强度的比值,称为屈强比。屈强比越小,结构的可靠性越高,一般碳素钢屈强比为0.6~0.65,低合金结构钢为0.65~0.75,合金结构钢为0.84~0.86。

参见王建华、孙胜江主编的《桥涵工程试验检测技术》P29-30。

3.[答案] ✓

[解析] 混凝土的总体质量水平,可根据统计周期内混凝土强度标准差和试件强度不低于要求强度等级的百分率两项指标来划分,并按规定将混凝土划分为优良、一般、差三等。对桩的混凝土进行总体质量水平评价时也应以上述规定为基础。具体方法是根据预先建立的声速强度相关公式,将各测点声速换算成强度换算值;然后按公式算出全桩混凝土强度标准差s和不低于规定强度等级的百分率。

参见王建华、孙胜江主编的《桥涵工程试验检测技术》P88。

4.[答案] ✓

[解析] 为了减少温度变化对试验造成的影响,加载试验时间以22:00至晨6:00为宜。尤其是采用重物直接加载,加卸载周期比较长的情况下只能在夜间进行试验。

5.[答案] ×

[解析] 常规桥梁中的特大、大、和中桥作为单位工程进行评定,而特大斜拉桥和悬索桥作为独立建设项目进行评定。

6.[答案] ✓

[解析] 良好的焊接性是钢材的连接部分焊接后,力学性能不低于焊件本身,以防止产生硬化脆裂和内应力过大等现象。

7.[答案] ✓

[解析] 现场检测地基承载力进行荷载试验时,地基达到破坏状态的过程可分为三个阶段:①压密阶段(直线变形),②剪切阶段,③破坏阶段。

8.[答案] ×

［解析］ 现行地基基础规范："单桩承载力宜通过现场静载试验确定，在同一条件下试桩数量不宜少于总桩数的1%，并不少于3根"。就地灌注桩的静载试验应在混凝土强度达到能承受预定破坏荷载后开始。斜桩作静载试验时，荷载方向应与斜桩轴线一致。

9.［答案］ √

［解析］ 钻孔灌注桩是为了在地下水位较浅的地层中施工而采取的施工方法，主要原理是将钻渣利用泥浆带出，并保护孔壁不致坍塌，再使用水下混凝土浇筑的方法将泥浆置换出来，从而完成钻孔灌注桩的施工。胶体率是泥浆中土粒保持悬浮状态的性能指标，一般应保持在90%～95%。

参见王建华、孙胜江主编的《桥涵工程试验检测技术》P64-65。

10.［答案］ ×

［解析］ 预应力锚具组装件进行疲劳试验时，应根据预应力筋种类不同选取试验应力上限和应力幅度：预应力筋为钢丝、钢绞线或热处理钢筋时，试验应力上限取预应力钢材抗拉强度标准值的65%，应力幅度取80MPa；预应力筋为冷拉Ⅱ、Ⅲ、Ⅳ级钢筋时，试验应力上限取预应力钢材的抗拉强度标准值的80%，应力幅度取80MPa。

参见《预应力筋用锚具、夹具和连接器》(GB/T 14370—2007)P5。

11.［答案］ ×

［解析］ 电阻应变计主要用来测量结构或者构件的应变。

12.［答案］ √

［解析］ 在桩基超声脉冲检测系统中，换能器在声测管内用水耦合，因此换能器必须是水密式的径向发射和接收换能器。常用的换能器一般是圆管式或增压式密型换能器，其共振频率宜为25～50kHz，长度宜为20cm，换能器宜装有前置放大器，前置放大器的频带宽度宜为5～50kHz。换能器的水密性应满足在1MPa水压下不漏水。

13.［答案］ √

［解析］ 简支梁试验荷载工况一般应选取：

①跨中最大正弯矩工况；②$L/4$最大正弯矩工况；③支点最大剪力工况；④桥墩最大竖向反力工况。

其中，工况指荷载作用于结构的某一位置时，结构的某个截面或位置的应力或变形可能达到极值。这个极值可以用于设计、验算、问题调查等。简支梁中性轴处既不受拉，也不受压，主要受剪切力的作用最大，便于测量剪切应变，故选在中性轴处。

参见王建华、孙胜江主编的《桥涵工程试验检测技术》P184。

14.［答案］ √

［解析］ 校验系数η是评定结构工作状况、确定桥梁承载能力的一个重要指标。

15.［答案］ √

［解析］ 混凝土超声探伤采用以下四点作用判别缺陷的基本依据：

(1)根据低频超声在混凝土中遇到缺陷时的绕射现象，按声时及声程的变化，判别和计算缺陷的大小。

(2)根据超声波在缺陷界面上产生反射，因而到达接收探头时能量显著衰减的现象判断缺陷的存在及大小。

(3)根据超声脉冲各频率成分在遇到缺陷时被衰减的程度不同,因而接收频率明显降低,或接收波频谱产生差异,也可判别内部缺陷。

(4)根据超声波在缺陷处的波形转换和叠加,造成接收波形畸变的现象判别缺陷。

参见王建华、孙胜江主编的《桥涵工程试验检测技术》P137。

16.[答案] ×

[解析] 《公路桥涵施工技术规范》(JTG/T F50—2011)规定:片石混凝土仅适用于大体积、基础、墩台、墩身等圬工受压结构,片石掺入量不得多于结构体积的20%。

17.[答案] ✓

[解析] 评定水泥混凝土的抗压强度,应以标准养护28d龄期的试件为准。试件为边长15cm的立方体。试件3个为1组,制取组数应符合下列规定:

(1)不同强度等级及不同配合比的混凝土,应在浇筑地点或拌和地点分别随机制取试件。

(2)浇筑一般体积的结构物(如基础、墩台等)时,每一单元结构物应制取2组。

(3)连续浇筑大体积结构时,每80~200m^3混凝土或每一工作班应制取2组。

(4)上部结构,主要构件长16m以下应制取1组,16~30m制取2组,31~50m制取3组,50m以上者不少于5组,小型构件每批或每工作班至少应制取2组。

(5)每根钻孔桩至少应制取2组;桩长20m以上者不少于3组;桩径大、浇筑时间很长时,不少于4组。如换工作班时,每工作班者应制取2组。

(6)构筑物(小桥涵、挡土墙)每座、每处或每工作班制取不少于2组。当原材料和配合比相同,并由同一拌和站拌制时,可几座或几处合并制取2组。

(7)应根据施工需要,另制取几组与结构物同条件养护的试件,作为拆模、吊装、张拉预应力、承受荷载等施工阶段的强度依据。

参见王建华、孙胜江主编的《桥涵工程试验检测技术》P155-156。

18.[答案] ✓

[解析] 混凝土徐变是指混凝土在持续荷载作用下,其应变随时间而持续增长的特性(注意,弹性变形应变不会随时间而持续增长)。一般建筑物,徐变在一个月后完成50%左右,2年左右基本完成徐变。

参见王建华、孙胜江主编的《桥涵工程试验检测技术》P26。

19.[答案] ✓

[解析] 夹具是先张法预应力混凝土结构或构件施工时,为保持预应力筋的拉力并将其固定在张拉台座(或设备)上的临时性锚固装置;或者为后张法预应力结构或构件施工时,能将千斤顶(或其他张拉设备)的张拉力传递到预应力筋上的临时性锚固装置(又称工具锚)。连接器为用于连接预应力筋的装置。

参见《预应力筋用锚具、夹具和连接器》(GB/T14370-2007)。

20.[答案] ✓

[解析] 振动测定法实测斜拉索的固有频率,利用索的张力和固有频率的关系计算索力,可采用激振器激振或人工激振,亦可采用环境随机振动法。测试时用索夹或绑带将传感器

固定在拉索上,进行激振、信号采集和现场分析,可以很方便地测求索力。

参见王建华、孙胜江主编的《桥涵工程试验检测技术》P177。

21.[答案] ×

[解析] 最佳的荷载试验检测时间为:22:00～6:00,温度比较稳定时,避免温度效应的影响。

参见王建华、孙胜江主编的《桥涵工程试验检测技术》P212。

22.[答案] ×

[解析] 《公路养护技术规范》(JTG H10—2009),特殊检查分为专门检查和应急检查,在下列情况下应做专门检查:①定期检查中难以判明损坏原因及程度的桥梁。②桥梁技术状况为四、五类者。③拟通过加固手段提高荷载等级的桥梁。④条件许可时,特殊重要的桥梁在正常使用期间可周期性地进行荷载试验。桥梁遭受洪水、流冰、滑坡、地震、风灾、漂流物或船舶撞击,因超重车辆通过或其他异常情况影响造成损害时,应进行应急检查。

参见王建华、孙胜江主编的《桥涵工程试验检测技术》P131-132。

23.[答案] √

[解析] 用电阻式应变仪测试桥梁结构应变时需用应变仪和电阻应变片(应变计)配合使用。

参见王建华、孙胜江主编的《桥涵工程试验检测技术》P194。

24.[答案] ×

[解析] 静载效率系数是静载试验加载的大小与控制荷载的比值,反映了静载试验加载的程度,校验系数 η 是评定结构工作状况、确定桥梁承载能力的重要指标,两者含义不同。

25.[答案] √

[解析] 参见王建华、孙胜江主编的《桥涵工程试验检测技术》P133-154。

26.[答案] √

[解析] 分项工程质量等级评定

分项工程评分值不小于75分者为合格;小于75分者为不合格;机电工程、属于工厂加工制造的桥梁金属构件不小于90分者为合格,小于90分者为不合格。

评定为不合格的分项工程,经加固、补强或返工、调测,满足设计要求后,可以重新评定其质量等级,但计算分部工程评分值时按其复评分值的90%计算。

参见《公路工程质量检验评定标准》(JTG F80/1—2004)P5。

27.[答案] ×

[解析] 将酚酞酒精溶液滴在孔洞内壁时,其未碳化部分混凝土变成紫红色。

参见《回弹法检测混凝土抗压强度技术规程》(JGJ/T 23—2001)P8。

28.[答案] √

[解析] 电阻应变测量的温度补偿,对补偿片的设置应考虑如下因素:

(1)补偿片与工作片应该是同批产品,具有相同电阻值、灵敏系数和几何尺寸。

(2)贴补偿片的试块材料应与试件的材料一致,并应做到热容量基本相等。如是混凝土材料,则需同样配合比和在同样条件下养护。

(3)补偿片的贴片、干燥、防潮等处理工艺必须与工作片完全一致。

(4)连接补偿片的导线应与连接工作片的导线同一规格、同一长度,并且相互平列靠近布置或捆扎成束。

(5)补偿片与工作片的位置应尽量接近,使两者处于同样温度场条件下,以防不均匀热源的影响。

(6)补偿片的数量多少,根据试验材料特性、测点位置、试验条件等决定。一般情况下,钢结构可用一个补偿片同时补偿10个工作片;对混凝土材料或木材可用一个补偿片补偿5~10个工作片。如果要求严格或者是某些测点所处条件特殊时,应单独补偿,以尽量减少因补偿片连续工作,而工作片间断工作所造成的温差影响。

参见王建华、孙胜江主编的《桥涵工程试验检测技术》P202-203。

29.[答案]　×

[解析]　回弹法测强时,其测区离构件边缘距离不宜小于50cm。

参见《回弹法检测混凝土抗压强度技术规程》(JGJ/T 23—2001)P6-7。

30.[答案]　×

[解析]　当怀疑混凝土内外质量有明显差异时,不宜采用回弹法检测,可采用钻芯法检测。

参见王建华、孙胜江主编的《桥涵工程试验检测技术》P122。

三、多选题(每道题目所列出的备选项中,有两个或两个以上正确答案,选项全部正确得满分,选项部分正确按比例得分,出现错误选项该题不得分。总共20道题,每小题2分,共计40分)

1.[答案]　ACD

[解析]　电磁式激振系统由三部分构成

信号发生器→功率放大器→电磁激振器

参见章关永主编《桥梁结构试验(第二版)》P38。

2.[答案]　ABCD

[解析]　连续梁最大应力(应变)和最大挠度分别发生于跨中挠度、支点沉降、支点和跨中应变。

3.[答案]　AC

[解析]　强度是钢材力学性能的主要指标,包括屈服强度和抗拉强度。

参见王建华、孙胜江主编的《桥涵工程试验检测技术》P29-30。

4.[答案]　ABC

[解析]　冷拉钢筋的力学性能包括屈服强度、抗压强度、伸长率和冷弯性能。

5.[答案]　ABCD

[解析]　橡胶支座的常规检验项目有外观、尺寸、解剖和力学性能。

参见《公路桥梁板式橡胶支座》(JT/T 4—2004)。

6.[答案]　ABCD

[解析]　标准贯入试验可用于判定砂土的密实度、黏性土的稠度、地基土的承载力容许值砂土的振动液化、桩基承载力等,也是检验地基处理效果的重要手段。

参见《标准贯入试验》(SL 237-045—1999)。

7.[答案] ACD

[解析] 桥梁动载试验的基本问题包括荷载的动力特性和结构的动力特性以及桥梁结构在动载作用下的响应。

8.[答案] ABCD

[解析] 斜拉桥斜拉索索力测定的方法有:①电阻应变片测定法;②拉索伸长量测定法;③索拉力垂度关系测定法;④张拉千斤顶测定法;⑤压力传感器测定法;⑥振动测定法。方法①~③从理论上讲是可行的,但实施会遇到较多的实际问题,一般不予采用;方法④~⑤测定拉索张拉过程的索力变化较方便,但不能测定成桥后索力。振动测定法常被采用。

参见王建华、孙胜江主编的《桥涵工程试验检测技术》P177-178。

9.[答案] AC

[解析] 施加预应力所用的机具设备及仪表应由专人使用和管理,并应定期维护和校验。千斤顶与压力表应配套校验,以确定张拉力与压力表之间的关系曲线,校验应在经主管部门授权的法定计量技术机构定期进行,检测的数据包括张拉力、油压力。

参见王建华、孙胜江主编的《桥涵工程试验检测技术》P162-165。

10.[答案] ABD

[解析] 模数式橡胶伸缩装置作用相对错位试验包括纵向错位、横向错位和竖向错位。

参见《公路桥梁伸缩装置》(JT/T 327-4)5.2。

11.[答案] ABCD

[解析] 每一构件的测区,应符合下列要求:

(1)对长度不小于3m的构件,其测区数不少于10个,对长度小于3m且高度低于0.6m的构件,其测区数量可适当减少,但不应少于5个。

(2)相邻两测区的间距应控制在2m以内,测区离构件边缘的距离不宜大于0.5m。

(3)测区应选在使回弹仪处于水平方向,检测混凝土浇筑侧面,当不能满足这一要求时,可选在使回弹仪处于非水平方向,检测混凝土浇筑侧面、表面或底面。

(4)测区宜选在构件的两个对称可测面上,也可选在一个可测面上,且应均匀分布。在构件的受力部位及薄弱部位必须布置测区,并应避开预埋件。

(5)测区的面积宜控制在20cm×20cm范围内。

(6)检测面应为原状混凝上面,并应清洁、平整,不应有疏松层和杂物,且不应有残留的碎屑。

(7)对于弹击时会产生颤动的薄壁、小型构件应设置支撑固定。

测点宜在测区范围内均匀分布,相邻两测点的净距一般不小于20mm,测点距构件边缘或外露钢筋、预埋件的距离一般不小于30mm,测点不应在气孔或外露石子上,同一测点只允许弹击一次。每一测区应记取16个回弹值,每一测点的回弹值读数精确至1。

参见《回弹法检测混凝土抗压强度技术规程》(JGJ/T 23—2001)P6-8。

12.[答案] AD

[解析] 检测要求如下:

(1)需要检测的裂缝中,不得充水或泥浆。

(2)允许在裂缝两旁钻测试孔。

(3)孔径应比换能器直径大5~10mm。

(4)孔深应至少比裂缝预计深度深700mm,经测试如浅于裂缝深度,则应加深钻孔。

(5)对应的两个测试孔,必须始终位于裂缝两侧,其轴线应保持平行。

(6)两个对应测试孔的间距宜为2 000mm,同一结构的各对应测孔间距应相同。

(7)孔中粉末碎屑应清理干净。

(8)如右图所示,宜在裂缝一侧多钻一个较浅的孔,测试无缝混凝土的声学参数供对比判别之用。

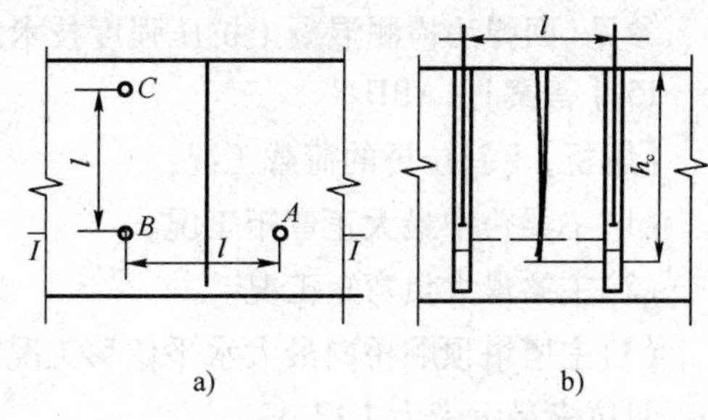

钻孔测裂缝深度示意图

a)平面图(C 为比较孔);b)1-1 剖面图

参见王建华、孙胜江主编的《桥涵工程试验检测技术》P140-142。

13.[答案] ABCD

[解析] 结构工作状况指标:

(1)校验系数η

校验系数η是评定结构工作状况、确定桥梁承载能力的一个重要指标。不同结构形式的桥梁其η值常不相同。一般要求η值不大于1,η值越小结构的安全储备越大。η值过大或过小都应该从多方面分析原因。如η值过大可能说明组成结构的材料强度较低,结构各部分联结性较差,刚度较低等;η值过小可能说明材料的实际强度及弹性模量较高,梁桥的混凝土桥面铺装及人行道等与主梁共同受力,拱桥拱上建筑与拱圈共同作用,支座摩阻力对结构受力的有利影响,计算理论或简化的计算式偏于安全等。试验加载物的称量误差、仪表的观测误差等也对η值有一定影响。

(2)实测值与理论值的关系曲线

由于理论的变位(或应变)一般系按线性关系计算,所以如测点实测弹性变位(或应变)与理论计算值成正比,其关系曲线接近于直线,说明结构处于良好的弹性工作状况。

(3)相对残余变位(或应变)

测点在控制荷载工况作用下的相对残余变位(或应变)S_P/S_t越小,说明结构越接近弹性工作状况。一般要求S_P/S_t值不大于20%;当S_P/S_t大于20%时,应查明原因。如确系桥梁强度不足,应在评定时,酌情降低桥梁的承载能力。

(4)动载性能。

当动载试验效率η_d接近1时,不同车速下实测的冲击系数最大值可用于结构的强度及稳定性检算。

参见王建华、孙胜江主编的《桥涵工程试验检测技术》P215-218。

14.[答案] ABCD

[解析] 当有下列情况之一时,测区混凝土强度值不得按全国统一测强曲线进行测区混凝土强度换算,但可制订专用测强曲线或通过试验进行修正,专用测强曲线的制订方法见《回弹法检测混凝土抗压强度技术规程》(JGJ/T 23—2001)。

(1)粗集料最大粒径大于60mm。

(2)特种成型工艺制作的混凝土。

(3)检测部位曲率半径小于250mm。

(4)潮湿或浸水混凝土。

参见《回弹法检测混凝土抗压强度技术规程》(JGJ/T 23—2001)P11。

15.[答案] ABD

[解析] 斜拉桥的荷载工况:

(1)主梁跨中最大正弯矩工况。

(2)主梁最大负弯矩工况。

(3)主塔塔顶顺桥向最大水平位移工况。

斜拉索最大索力工况。

主梁最大挠度工况。

参见王建华、孙胜江主编的《桥涵工程试验检测技术》P184-185。

16.[答案] AD

[解析] 对于多跨或多孔桥梁,在选择承载能力检测评定对象时,在结构形式上应体现具有代表性原则,在结构技术状况和结构受力上应体现最不利原则。

17.[答案] ABC

[解析] 几种常用桥梁体系的主要测点布设如下:

(1)简支梁桥:跨中挠度、支点沉降、跨中截面应变。

(2)连续梁桥:跨中挠度、支点沉降、跨中和支点截面应变。

(3)悬臂梁桥:悬臂端部挠度、支点沉降、支点截面应变。

(4)拱桥:跨中、$L/4$ 处挠度、拱顶 $L/4$ 和拱脚截面应变。

参见王建华、孙胜江主编的《桥涵工程试验检测技术》P188。

18.[答案] ABCD

[解析] 符合下列条件的构件可作为同批构件:

(1)混凝土强度等级相同。

(2)混凝土原材料、配合比、施工工艺、养护条件及龄期基本相同。

(3)构件种类相同。

(4)构件所处环境相同。

参见王建华、孙胜江主编的《桥涵工程试验检测技术》P177-178。

19.[答案] ABCD

[解析] 焊缝的检测手段主要有:外观检查、超声波探伤、照相检查和射线探伤。

参见王建华、孙胜江主编的《桥涵工程试验检测技术》P177-178。

20.[答案] ABD

[解析] 桥梁静载实验数据测值修正,包括机械式仪表校正、电测仪表率定、灵敏系数和导线的电阻影响。

四、问答题(共5题,每题10分,共计50分)

1. 百分表及千分表检测挠度注意事项是什么?

答:A. 使用时,只能拿起外壳,不得任意推动测杠,避免磨损机件,影响放大倍数。注意保护触头,触头上不得有伤痕。

B. 安装时,要使测杠与欲测的位移的方向一致,或者与被测物体表面保持垂直。并注意位移的正反方向和大小,以便调节测杠,使百分表有适宜的测量范围。

C. 百分表架要安放稳妥,表架上各个螺钉要拧紧,但当颈夹住百分表的轴颈时,不可夹得过紧,否则会影响测杠移动。

D. 百分表安装好,可用铅笔头在表盘上轻轻敲击,看指针摆动情况。若指针不动或绕某一固定值在小范围内左右摆动,说明安装正常。

E. 百分表使用日久或经过拆洗修理后,必须进行标定,标定可在专门的百分表、千分表校正仪上进行。

2. 简述反射波法基本原理及其适用范围。

答题要点:反射波法基本原理是在桩顶进行竖向激振,弹性波沿着桩身向下传播,在波阻抗界面或桩身截面积变化部位,将产生反射波。根据反射波信息,可计算桩身波速,判断桩身完整性和混凝土强度等级。适用范围:测定混凝土完整性;推定缺陷类型及位置;校核桩长;估计混凝土强度等级。

参见王建华、孙胜江主编的《桥涵工程试验检测技术》P69-218。

3. 超声回弹综合法测混凝土的强度较回弹法有何优点?测区布置规定?

答:超声回弹综合法检测混凝土强度,是目前我国使用较广的一种结构中混凝土强度非破损检验方法,它较回弹非破损检验方法具有精度高、适用范围广等优点。它也是对常规检验补充的一种办法,当对结构的混凝土强度有怀疑时,可按此方法进行检验,以推定混凝土的强度,作为处理其质量问题的依据。

测区布置规定:

(1)当按单个构件检测时,应在构件上均匀布置测区,每个构件上的测区数不应少于10个。

(2)对同批构件按批抽样检测时,构件抽样数应不少于同批构件的30%,且不少于10件,每个构件测区数不应少于10个。

(3)对长度小于或等于2m的构件,其测区数可适当减少,但不应少于3个。

参见王建华、孙胜江主编的《桥涵工程试验检测技术》P148-150。

4. 连续梁在荷载试验时应考虑哪些工况?

答:①边跨最大正弯矩;②中跨最大正弯矩;③支点最大负弯矩;④支点最大剪力。

参见王建华、孙胜江主编的《桥涵工程试验检测技术》P184-185。

5. 简述用回弹法检测混凝土构件强度时,测量碳化深度的方法和步骤。

答题要点:①选择30%测区;②测区成孔;③除净孔洞;④酚酞酒精溶液观察;⑤测量碳化深度。

参考《回弹法检测混凝土抗压强度技术规程》(JGJ/T 23-2001)P8。

《桥梁》模拟试题(五)

一、单项选择题(四个备选项中只有一个正确答案,总共30道题,每题1分,共计30分)

1. 混凝土强度等级是以标准条件下制备( )试件,3块为一组,拆模后,在温度为( ),相对湿度( )以上环境条件下,经养护( )后,以3个试件破坏极限荷载测值算术平均值作为测量值计算抗压强度,确定混凝土强度等级。( )

A. 15cm×15cm×15cm　20℃±2℃　95%　28d
B. 10cm×10cm×10cm　15℃±2℃　85%　28d
C. 10cm×10cm×10cm　15℃±2℃　85%　7d
D. 15cm×15cm×15cm　20℃±2℃　90%　7d

2. 表示钢材塑性指标的是( )。

A. 屈服强度　B. 伸长率　C. 冲击韧性　D. 硬度

3. 钢绞线应力松弛性能试验的标距长度,一般不小于公称直径的( )倍。

A. 60　B. 70　C. 80　D. 50

4. 石料抗压强度试验时,每组试件数量应为( )块。

A. 3　B. 4　C. 5　D. 6

5. 在进行预应力钢丝松弛试验时,加在试样上的初始负荷是公称抗拉强度的( )乘以钢丝的计算面积。

A. 50%　B. 60%　C. 70%　D. 80%

6. 预应力钢丝的力学性质试验应从外观检验合格的同批钢丝中取5%,但不少于( )盘进行试验。

A. 3　B. 4　C. 5　D. 6

7. 钢筋接头采用搭接焊时,接头双面焊缝的长度应不小于( )d。

A. 5　B. 6　C. 8　D. 10

8. 利用锚桩承载梁反力装置测定单桩承载力时,加载终止条件之一为总位移量大于或等于( )mm。(检测员不考)

A. 20　B. 30　C. 40　D. 50

9. 标准贯入试验(SPT)是国内外广泛应用的地基原位测试试验手段,采用质量( )穿心锤,( )落距,将一定规格标准贯入器以15~30击/min贯入土中。标准贯入器先打入土中( )后,开始记录锤击数目,将标准贯入器再打入土中( )的锤击数作为标准贯入试验指标。( )

A. 60.0kg　70cm　10cm　40cm
B. 63.5kg　76cm　15cm　30cm
C. 63.5kg　70cm　15cm　40cm
D. 60.0kg　76cm　10cm　30cm

10. 采用超声波法测桩时，桩径 2m，应预埋声测管（ ）。

A. 2 根　　B. 3 根　　C. 4 根　　D. 5 根

11. 超声法检测浅裂缝时主要采用的方法是（ ）。

A. 对测法　　B. 斜测法　　C. 钻孔测　　D. 平测法

12. 超声回弹综合法检测混凝土缺陷的实施方法是（ ）。

A. 先回弹再超声　　B. 先超声再回弹　　C. 同时进行　　D. 以上都不对

13. 橡胶支座检验时，环境温度的要求是（ ）。

A. 18 ±5℃　　B. 23 ±5℃　　C. 25 ±5℃　　D. 20 ±5℃

14. 检测简支梁的剪应力时，其应变片应贴在（ ）。

A. 跨中下缘　　B. 跨中中性轴处

C. 支点中性轴处　　D. 支点附近下缘

15. 板式桥梁橡胶支座抗压弹性模量检验试验步骤为：将支座对准中心置于加荷承压板上，加荷至压力为（ ），在承压板四角对称安装 4 只位移计后，将压应力以 0.03 ~ 0.04MPa/s速率连续地增至平均压应力 σ = 10MPa，持荷（ ）min，再卸至 1.0MPa，如此三次预压完后正式加载。正式加载：自压力 1.0MPa 始，将压应力以 0.03 ~ 0.04MPa/s 速率均匀加载至 4MPa，持荷 2min 后，采集支座变形值至平均压应力，然后以同样速率每 2MPa 为一级逐级加载，每级持荷 2min 后，采集支座变形数据直至平均压应力。然后以连续均匀的速度卸载至压应力为 1.0MPa。（ ）后进行下一加载循环。正式加载循环过程为三次，根据相应公式计算其抗压弹性模量。（ ）

A. 1.0MPa　　3min　　5min　　10min

B. 1.0MPa　　2min　　2min　　5min

C. 1.0MPa　　2min　　2min　　10min

D. 1.0MPa　　3min　　3min　　10min

16. 橡胶支座抗压弹性模量 E，为三次加载过程所得结果的算术平均值，但单项结果和算术平均值之间的偏差不应大于算术平均值的（ ）；否则应重新试验。

A. 5%　　B. 10%　　C. 15%　　D. 20%

17. 回弹值测定完毕后，应选择不少于构件（ ）的测区数，在有代表性的位置上测得碳化深度。

A. 30%　　B. 50%　　C. 60%　　D. 10%

18. 预应力锚固方式为握裹式，其代号为（ ）。

A. W　　B. Z　　C. D　　D. J

19. 用声波透射法检测钻孔灌注桩时，所依据的基本物理量是接收信号的频率变化和接收波型畸变，此外还有（ ）。

A. 混凝土强度　　B. 声程值和缺陷大小

C. 声时值和波幅变化　　D. 混凝土强度等级及缺陷位置

20. 简支梁 A、B 两支点的竖向位移分别为 1.2mm 和 1.6mm，距 A 点 $L/4$ 处竖向位移为 8.4mm，则跨中挠度为（ ）。

A. 6.1mm　　B. 7.1mm　　C. 6.4mm　　D. 8.4mm

21. 弯矩控制无铰拱桥设计时,加载检测最大正弯矩工况,其应变片应贴在(　　)。

A. 拱脚上缘　　B. 拱脚下缘　　C. 拱顶上缘　　D. 拱顶下缘

22. 简支梁的剪应力时,其应变片应贴在(　　)。

A. 跨中下缘　　B. 跨中中性轴处

C. 支点中性轴处　　D. 支点附近下缘

23. 用回弹法检查混凝土结构强度时,相邻两测点的净距一般不应小于(　　)mm。

A. 10　　B. 20　　C. 30　　D. 40

24. 应变式测力传感器实质是(　　)原理的推广。

A. 电阻应变　　B. 声波传播

C. 机械转动　　D. 百分表的工作

25. 分项工程评分值小于(　　)分者为不合格;机电工程、属于工厂加工制造的桥梁金属构件不小于90分者为合格,小于90分者为不合格。

A. 60　　B. 70　　C. 75　　D. 85

26. 矩形板式橡胶支座极限抗压强度,部颁标准规定为(　　)。

A. 70MPa　　B. 75MPa　　C. 100MPa　　D. 10MPa

27. 静载试验效率系数可用范围为(　　)。

A. 0.9~1.0　　B. 0.8~1.05　　C. 0.85~1.0　　D. 1.0~2.0

28. 桥梁基础一般将埋置深度大于(　　)时称深基础。

A. 2m　　B. 3m　　C. 4m　　D. 5m

29. 拱桥荷载试验工况一般应选取(　　)。

①拱顶最大正弯矩;②拱顶最大负弯矩;③拱脚最大正弯矩;④拱脚最大负弯矩

A. ①③　　B. ②④　　C. ①④　　D. ①②③④

30. 厚度振动方式的换能器频率宜选用(　　)。

A. 20~250KHz　　B. 10~20KHz　　C. 300KHz　　D. 20~60KHz

二、判断题(正确的事实在后面括号中打"✓",错误的事实在后面括号中打"×"。总共30道题,每题1分,共计30分)

1. 测定混凝土碳化深度值时,应用浓度为5%酚酞酒精溶液滴在孔洞内壁的边缘处。(　　)

2. 混凝土抗压弹性模量试件的尺寸与混凝土轴心抗压试件的尺寸相同。(　　)

3. 钢筋电弧焊接头强度试验的300个接头为一批,不足300个亦按一批取样检验。(　　)

4. 桥梁工程用石料的抗压试验需在试块饱水状态下进行。(　　)

5. 桥梁总体技术状况评定等级分5级,其中4类和5类桥梁都不能保证正常使用。(　　)

6. 橡胶支座试样的抗剪弹性模量 G,与规定值的偏差在±15%范围之内时,应认为满足要求。(　　)

7. 根据超声波在缺陷界面上产生绕射来判断缺陷的存在及大小。(　　)

8. 超声换能器的原理是通过声能与电能的相互转换产生和接收超声波的。（　）

9. 钻取的混凝土芯样，按自然干燥状态进行试验时，应在饱水状态下进行抗压强度试验。（　）

10. 用回弹仪检测时，回弹仪为非水平方向且测试面为非混凝土的浇筑侧面时，应先进行角度修正。（　）

11. 检测部位曲率半径小于250mm时，测区混凝土强度值可以按全国统一测强曲线进行测区混凝土强度换算。（　）

12. 现有确定基桩承载力的检测方法有两种：一种是静荷载试验，另一种是各种桩的动测方法。（　）（检测员不考）

13. 超声回弹综合法检验混凝土强度具有精度高、适用范围广等优点，因而它是一种混凝土强度的常规检验方法。（　）

14. 超声声时测量时，换能器与混凝土之间的良好耦合是十分重要的。（　）

15. 反射波法适用于检测桩身混凝土的完整性，推定缺陷类型及其在桩身中的位置，也可以对桩长进行校核，对桩身混凝土强度等级作出估计。（　）

16. 回弹法测定混凝土强度时可直接套用全国统一测强曲线。（　）

17. 采用回弹法确定的混凝土强度误差常在15%以上。（　）

18. 旧桥通过荷载试验可以评定出其营运状况（等级）（　）

19. 公路桥梁技术状况的检测采用目测与仪器相结合的方法。（　）

20. 计算测区回弹值时，应对测区的16个回弹值求算术平均值计算。（　）

21. 梁静载试验的挠度测点可以只布置在跨中。（　）

22. 桥梁动载试验的激振方法中，自振法的特点是使桥梁产生有阻尼的自由衰减振动，记录到的振动图形是桥梁的衰减振动曲线。为使桥梁产生自由振动，一般常用突加载荷和突卸荷载两种方法。（　）

23. 半电池电位法检测的是钢筋的自然腐蚀电位。（　）

24. 惠斯通电桥是一种常用的电阻-电压转换装置。（　）

25. 用应变片测量应变时，它除了能感受试件受力后的变形外，同样也能感受环境温度变化，并引起电阻应变仪指示部分的示值变动，这称为温度效应。（　）

26. 频率是评定桥梁承载力状态的重要参数之一。（　）

27. 对地质和结构复杂的桥涵地基，应根据现场荷载试验确定承载力容许值。（　）

28. 超声换能器不必对仪器的零读数进行标定。（　）

29. 声波检测管可以采用钢管、塑料管或钢质波纹管。（　）

30. 冲击韧性是指钢材抵抗其他较硬物体压入的能力。（　）

三、多选题（每道题目所列出的备选项中，有两个或两个以上正确答案，选项全部正确得满分，选项部分正确按比例得分，出现错误选项该题不得分。总共20道题，每小题2分，共计40分）

1.《公路养护技术规范》（JTG H10—2009）规定，桥梁检查分为（　）。

A. 日常巡查　　B. 经常性检查　　C. 定期检查　　D. 特殊检查

2. 钢结构构件焊接质量检验分为(　　)几个阶段

A. 焊前检验　　B. 焊后成品检验

C. 焊缝无损伤　　D. 焊接过程中检验

3. 桥梁结构动载试验方式主要有(　　)

A. 跑车试验　　B. 脉动试验　　C. 跳车试验　　D. 制动试验

4. 实测项目检测评分常采用如下哪些方法?(　　)

A. 数理统计法　　B. 合格率法

C. 专家评分法　　D. 监理人员评分法

5. 对于一般黏性土和新近沉积黏性土地基,测(　　),求出土样天然孔隙比和液性指数,查表确定承载力容许值。

A. 土样含水率　　B. 湿重度　　C. 液限　　D. 塑限

6. 钻孔灌注桩泥浆指标包括(　　)。

A. 含砂率　　B. 胶体率　　C. 相对密度　　D. 黏度

7. 用于预应力筋的钢材包括(　　)。

A. 高强钢丝　　B. 普通钢筋　　C. 钢绞线　　D. 热处理钢筋

8. 石料抗冻性试验测试项目包括(　　)。

A. 抗压强度　　B. 耐冻系数　　C. 质量损失率　　D. 吸水率

9. 斜拉桥施工测试的主要内容包括(　　)。

A. 结构几何位置和变形　　B. 结构几何尺寸

C. 应力测试　　D. 温度测试

10. 钢结构焊缝的无损探伤有(　　)等方法。

A. 超声波法　　B. 射线法　　C. 回弹仪法　　D. 外观检查法

11. 刻痕钢丝的力学性能检测有(　　)。

A. 抗拉强度 σ_b　　B. 伸长率　　C. 弯曲次数　　D. 松弛

12. 锚具的静载锚固性能符合(　　)。(检测员不考)

A. $\eta_a \geqslant 0.95, \varepsilon_{apu} \geqslant 1.7\%$　　B. $\eta_a \geqslant 0.90, \varepsilon_{apu} \geqslant 1.7\%$

C. $\eta_a \geqslant 0.90, \varepsilon_{apu} \geqslant 2.0\%$　　D. $\eta_a \geqslant 0.95, \varepsilon_{apu} \geqslant 2.0\%$

13. 当有(　　)情况之一的,不得按照全国统一测强曲线进行换算,但可制订专用测强曲线或通过试验修正。

A. 粗集料最大粒径大于60mm　　B. 普通制作混凝土

C. 检测部位曲率半径小于250mm　　D. 浸水混凝土

14. 桥梁动载试验的激振方法主要有(　　)。

A. 跳车　　B. 脉动　　C. 跑车　　D. 制动

15. 混凝土构件无破损检测可以采用(　　)方法。

A. 钻芯法　　B. 回弹法　　C. 超声法　　D. 超声回弹法

16. 刚架桥(包括斜腿刚架和刚架—拱式组合体系)的加载试验工况为(　　)。

A. 跨中截面最大弯矩工况　　B. 柱腿截面最大应力工况

C. 节点附近截面最大应力工况　　D. 支点截面沉降

17. 预应力混凝土用 1 × 7 钢绞线（GB/T 5224—2003）的力学性能指标有以下各项（ ）。

A. 抗拉强度
B. 最小断裂强度
C. 整根钢绞线的最大力
D. 最大力总伸长率
E. 规定非比例延伸力
F. 应力松弛性能

18. 特殊检查是查清（ ），确定桥梁技术状况的工作。

A. 病害原因
B. 破损程度
C. 承载能力
D. 抗灾能力

19. 桥梁的动力性能的评价可通过（ ）进行。

A. 桥梁结构频率的评价
B. 桥梁结构冲击系数的评价
C. 测定桥梁阻尼比的评价
D. 测定桥梁承载力

20. 回弹测区的选择应符合（ ）。

A. 离构件边缘不宜大于 50cm
B. 相邻测区间距在 200cm 以内
C. 测区的面积宜控制在 0.2m × 0.2m
D. 对长度不小于 3m 的构件，其测区数不少于 10 个

四、问答题（共 5 题，每题 10 分，共计 50 分）

1. 对 $7\phi^j 15.24$ 钢绞线进行预应力张拉，先张法直线布筋，张拉长度为 20m，张拉控制应力为 1 090MPa，预应力钢绞线截面积为 973mm²，$E_y = 1.9 \times 10^5$MPa，张拉到控制应力时，实测伸长值为 11.20cm，试计算理论伸长值，并评价是否符合要求？

2. 基桩垂直静载试验时，怎样确定破坏荷载、极限荷载和容许荷载？（检测员不考）

3. 三跨等跨径连续梁在荷载试验时应考虑哪些工况？

4. 使用位移计检测挠度注意事项是什么？

5. 简述用超声法检测深裂缝时的条件要求？

《桥梁》模拟试题(五)答案及解析

一、单项选择题(四个备选项中只有一个正确答案,总共30道题,每题1分,共计30分)

1.[**答案**] A

[**解析**] 混凝土强度等级系指15cm×15cm×15cm标准立方体试件(粗集料最大粒径为40mm),在温度20℃±2℃、相对湿度大于95%的潮湿环境下,养生28d经抗压试验所得极限抗压强度,单位MPa,具有不低于95%的保证率。混凝土强度等级以C为前缀表示。如C30(30级)、C40(40级)。

参照《普通混凝土力学性能试验方法标准》(GB 50081—2002)P10。

2.[**答案**] B

[**解析**] 工程中钢材塑性指标通常用伸长率和断面收缩率表示。

参见王建华、孙胜江主编的《桥涵工程试验检测技术》P30。

3.[**答案**] A

[**解析**] 松弛试验期间,试验的环境温度应保持在20℃±2℃范围内,试样制备后不得进行任何热处理和冷加工,加在试样上的初始负荷是公称抗拉强度的70%乘以钢丝的计算面积。初始负荷应在5min内均匀施加完毕,并保持2min后开始记录松弛值,试样标距长度不小于公称直径的60倍。

参见《预应力混凝土用钢绞线》(GB/T 5224—2003)P8。

4.[**答案**] D

[**解析**] 石料的单轴抗压强度,是指将石料(岩块)制备成50mm×50mm×50mm的正方体(或直径和高度均为50mm的圆柱体)试件,经吸水饱和后,在单轴受压并按规定的加载条件下,达到极限破坏时,单位承压面积的强度。

试验时是用切石机或钻石机从岩石试样或岩芯中制取标准试件,用游标卡尺精确地测出受压面积,按规定方法浸水饱和后,放在压力机上进行试验,加荷速率为0.5~1.0MPa/s。

取6个试件试验结果的算术平均值作为抗压强度测定值,如6个试件中的2个与其他4个的算术平均值相差3倍以上时,则取试验结果相近的4个试件的算术平均值作为抗压强度测定值。

参见王建华、孙胜江主编的《桥涵工程试验检测技术》P12-14。

5.[**答案**] C

[**解析**] 在进行预应力钢丝松弛试验时,加在试样上的初始负荷是公称抗拉强度的70%乘以钢丝的计算面积。

参见《预应力混凝土用钢丝》(GB/T 5223—2003)。

6.[**答案**] A

[**解析**] 预应力钢丝应分批检验,每批质量不大于60t。先从每批中抽查5%,但不少于5盘,进行形状、尺寸和表面检查;如检查不合格,则将该批钢丝逐盘检查。在上述检查合格的

钢丝中抽取5%,但不少于3盘,在每盘钢丝的两端取样进行抗拉强度、弯曲和伸长率的试验,试验结果如有一项不合格时,则不合格盘报废;并从同批未试验过的钢丝盘中取双倍数量的试样进行该不合格项的复验,如仍有一项不合格,则该批钢丝为不合格。

参见《公路桥涵施工技术规范》(JTG/T F50—2011)。

7.[答案] A

[解析] 钢筋电弧焊分帮条焊、搭接焊、坡口焊和熔槽四种接头形式。搭接焊时应确保两钢筋轴线相重合之处焊缝长度,双面焊不应小于5d,单面焊不应小于10d,焊缝厚度 $s \geq 0.3d$,焊缝宽度 $b \geq 0.7d$,焊接过程中及时清渣,焊缝表面光滑平整,加强焊缝应平缓过渡,弧坑应填满。

参见《钢筋焊接及验收规程》(JGJ 18—2003)P16。

8.[答案] C

[解析] 当试桩全部下沉量已大于40mm,同时这一阶段下沉量大于前一阶段下沉量的5倍,或者这一阶段的下沉量大于前一阶段下沉量的2倍,但下沉在24h仍不停止时;其荷载即为破坏荷载(此标准不适用于对下沉量有特殊规定者)。

参见王建华、孙胜江主编的《桥涵工程试验检测技术》P90-91。

9.[答案] B

[解析] 标准贯入试验(SPT)是一种重型动力触探法,采用质量为63.5kg的穿心锤,以76cm的落距,将一定规格的标准贯入器先打入土中15cm,然后开始记录锤击数目,将标准贯入器再打入土中30cm,用此30cm的锤击数作为标准贯入试验的指标 N。标准贯入试验是国内外广泛应用的一种现场原位测试手段,该试验法方便经济,不仅用于砂土,亦可用于黏性土的测试。

参照《标准贯入试验》(SL 237-045—1999)。

10.[答案] B

[解析] 预埋检测管应符合下列规定:桩径小于1.0m时应埋设双管;桩径在1.0 ~ 2.5m时应埋设三根管;桩径2.5m以上应埋没四根管。

11.[答案] A

[解析] 浅裂缝一般指裂缝深度小于500mm者,超声法检测浅裂缝时主要采用的方法是平测法,即先不跨缝侧,然后跨缝对称测量。

12.[答案] A

[解析] 超声回弹综合法检测混凝土缺陷的实施方法是先回弹再超声。

13.[答案] B

[解析] 试验前应将试样直接暴露在标准温度23±5℃下,停放24h,以使试样内外温度一致。

参见《公路桥梁板式橡胶支座》(JT/T 4—2004)P12。

14.[答案] A

[解析] 简支梁最大剪力在支点处,而最大剪应力分布于中性轴附近。

15.[答案] C

[解析] 抗压弹性模量检验其试验步骤为:

(1)将橡胶支座成品直接置于试验加荷装置承压板上,对准中心,加荷至压力应为1.0MPa,在承载板的四角对称安装4只位移计。

(2)进行预压。将压应力以0.03~0.04MPa/s速率连续地增至平均压应力σ=10MPa,持荷2min,然后以连续均匀的速度将压应力卸至1.0MPa,持荷5min,记录初始值,绘制应力—应变图,预压三次。

(3)正式加载。每一加载循环自1.0MPa开始,将压应力以0.03~0.04MPa/s速率均匀加载至4MPa,持荷2min后,采集支座变形值,然后以同样速率每2MPa为一级逐级加载,每级持荷2min后,采集支座变形数据直至平均压应力。此时,绘制的应力—应变图应呈线性关系。然后以连续均匀的速度卸载至压应力为1.0MPa,10min后进行下一加载循环。加载过程应连续进行三次。

(4)以承载四角所测得的变位平均值,作为各级荷载下试样的累计压缩变形Δc,按试样橡胶层的总厚度δ_i,求出在各级试验荷载作用下试样的累计压缩应变ε_i。

每一块试样的抗压弹性模量E,为三次加载过程所得的三个结果的算术平均值。但单项结果和算术平均值之间的偏差不应大于算术平均值的10%,否则该试样应重新试验一次。

参见《公路桥梁板式橡胶支座》(JT/T 4—2004)P13。

16.[答案] B

[解析] 每一块试样的抗压弹性模量E,为三次加载过程所得的三个结果的算术平均值。但单项结果和算术平均值之间的偏差不应大于算术平均值的10%,否则该试样应重新试验一次。

参见《公路桥梁板式橡胶支座》(JT/T 4—2004)P14。

17.[答案] A

[解析] 回弹值测量完毕后,应选择不小于构件数的30%测区数,在有代表性的位置上测量碳化深度值。

参见《回弹法检测混凝土抗压强度技术规程》(JGJ/T 23—2001)P8。

18.[答案] A

[解析] 对夹片锚、锥塞锚和握裹锚代号分别为J、Z和W。

参见王建华、孙胜江主编的《桥涵工程试验检测技术》P156-157。

19.[答案] C

[解析] 在钻孔灌注桩的检测中所依据的基本物理量有以下四个:信号的频率变化,接收波型畸变,声时值和波幅变化。

20.[答案] B

[解析] 跨中挠度为:8.4-{1.2+(1.6-1.2)/4}=7.1

21.[答案] D

[解析] 无铰拱桥工况:

①跨中最大正弯矩工况;②拱脚最大负弯矩工况;③拱脚最大推力工况;④正负挠度绝对值之和最大工况;⑤拱顶下缘跨中正弯矩值最大。

参见王建华、孙胜江主编的《桥涵工程试验检测技术》P184-185。

22.[答案] C

［解析］　简支梁桥工况：

①跨中最大正弯矩工况；②$L/4$ 最大正弯矩工况；③支点最大剪力工况；④桥墩最大竖向反力工况；⑤支点中性轴处的剪应力最大。

参见王建华、孙胜江主编的《桥涵工程试验检测技术》P188。

23.［答案］　B

［解析］　回弹法检查混凝土结构强度时，测点宜在测区范围内均匀分布，相邻两测点的净距一般不小于 20mm，测点距构件边缘或外露钢筋、预埋件的距离一般不小于 30mm，测点不应在气孔或外露石子上，同一测点只允许弹击一次。每一测区应记取 16 个回弹值，每一测点的回弹值读数估读至 1。

参见《回弹法检测混凝土抗压强度技术规程》(JGJ/T 23—2001)P8。

24.［答案］　A

［解析］　电阻变仪不仅可以测量应变，在结构试验中尚可利用它的工作原理对其他物理参数进行测定。这时需通过相应的转换器，先把要求观测的物理量转换成该转换器中某一弹性元件的应变，由贴在该元件上的应变片所测得的应变量间接求得被测量的数值。这种转换器称为电阻应变式传感器，应变式测力传感器是其常用的形式。

25.［答案］　C

［解析］　分项工程评分值不小于 75 分者为合格；小于 75 分者为不合格；机电工程、属于工厂加工制造的桥梁金属构件不小于 90 分者为合格，小于 90 分者为不合格。

参见《公路工程质量检验评定标准》(JTG F80/1—2004)P5。

26.［答案］　A

［解析］　由于桥梁橡胶支座极限抗压强度很大，因此部颁标准规定了 70MPa(矩形支座)和 75MPa(圆形支座)作为橡胶支座的极限抗压强度，极限抗压强度检验可在抗压弹模试验完成后，按 1.0MPa/min 的加荷速率加载至压应力达到极限抗压强度为止，并随时观察，支座完好无损，其指标为合格。

参见《公路桥梁板式橡胶支座》(JT/T 4—2004)。

27.［答案］　B

［解析］　静载试验，试验效率系数定义为：试验荷载作用下，被检测部位的内力(或变形的计算值)与包括动力扩大效应在内的标准设计荷载作用下，同一部位的内力(或变形计算值)的比值。一般静载试验，其值可采用 0.8～1.05。

28.［答案］　D

［解析］　桥梁基础埋置深度大于 5m 的为深基础，小于 5m 的为浅基础。

29.［答案］　C

［解析］　对于拱桥一般取拱顶最大正弯矩工况、拱脚最大负弯矩工况、拱脚最大推力工况、正负挠度绝对值之和最大工况。此外，对桥梁施工中的薄弱截面或缺陷修补后的截面可以专门进行荷载工况设计，以检验该部位或截面对结构整体性能的影响。

参见王建华、孙胜江主编的《桥涵工程试验检测技术》P184-185。

30.［答案］　A

［解析］　厚度振动方式的换能器频率宜选用 20～250kHz

二、判断题(正确的事实在后面括号中打“√”,错误的事实在后面括号中打“×”。总共30道题,每题1分,共计30分)

1.[答案] ×

[解析] 测量碳化深度值时,可用合适的工具在测区表面形成直径约15mm的孔洞,其深度大于混凝土的碳化深度。然后除净孔洞中的粉末和碎屑,不得用水冲洗。立即用浓度为1%酚酞酒精溶液滴在孔洞内壁的边缘处,再用深度测量工具,多次测量已碳化与未碳化混凝土交界面到混凝土表面的垂直距离,取其平均值,该距离即为混凝土的碳化深度值。每次读数精确至5mm。

参见《回弹法检测混凝土抗压强度技术规程》(JGJ/T 23—2001)P8。

2.[答案] ×

[解析] 按《普通混凝土力学性能试验方法标准》(GB/T 50081—2002)中:3.2试件的形状,3.2.1抗压强度和劈裂抗拉强度试件是以边长150mm×150mm×150mm的立方体试件为标准试件,3.2.2轴心抗压强度和静力受压弹性模量试件以边长150mm×150mm×300mm的棱柱体试件为标准试件,3.2.3抗折强度试件是以边长150mm×150mm×600mm(或550mm)的棱柱体试件为标准试件。

参见《普通混凝土力学性能试验方法标准》(GB/T 50081—2002)P4-5。

3.[答案] √

[解析] 钢筋电弧焊接头,在同一焊接条件下、同一焊工以300个同接头形式、同钢筋级别的接头为一批,不足300个接头仍作为一批,每批从成品中取3根试件做拉力试验。取样长度为焊缝两端各留200mm。

参见《钢筋焊接及验收规程》(JGJ 18—2003)P32。

4.[答案] √

[解析] 石料的单轴抗压强度是石料力学性质中最重要的一项力学指标,是指石料标准试件经吸水饱和后,在规定试验条件下单轴受压达到极限破坏时,单位承压面积的强度。

参见王建华、孙胜江主编的《桥涵工程试验检测技术》P12-13。

5.[答案] √

[解析] 桥梁总体技术状况评定等级分为1类、2类、3类、4类、5类,其中4类和5类桥梁均不能保证正常使用。参见《公路桥梁技术评定标准》(JTG/T H21—2011)。

6.[答案] √

[解析] 橡胶支座试验结果:

(1)试样的抗压弹性模量E,与标准的E值的偏差在±20%范围之内时,应认为满足要求。

(2)试样的抗剪弹性模量G,与规定值的偏差在±15%范围之内时,应认为满足要求。

(3)在两倍剪应力作用下,橡胶层未被剪坏,中间层钢板未断裂错位,卸载后,支座变形恢复正常,应认为试样抗剪黏结性能满足要求。

(4)试样老化后的抗剪弹性模量与规定值的偏差在+15%范围之内时,应认为满足要求。

(5)在不小于70MPa压应力时,橡胶层未被挤坏,中间层钢板未断裂,四氟滑板与橡胶未

发生剥离,应认为试样的极限抗压强度满足要求。

(6)四氟滑板试样与不锈钢板试样的摩擦系数满足规范要求时,应认为满足要求。

(7)试样的转角正切值,混凝土、钢筋混凝土桥梁在1/300,钢桥在1/500时,试样边缘最小变形值大于或等于零时,应认为试样转角满足要求。

参见《公路桥梁板式橡胶支座》(JT/T 4—2004)P20。

7.[答案]　×

[解析]　混凝土超声探伤采用以下4点作为判别缺陷的基本依据:

(1)根据低频超声在混凝土中遇到缺陷时的绕射现象,按声时及声程的变化,判别和计算缺陷的大小。

(2)根据超声波在缺陷界面上产生反射,因而到达接收探头时能量显著衰减的现象判断缺陷的存在及大小。

(3)根据超声脉冲各频率成分在遇到缺陷时被衰减的程度不同,因而接收频率明显降低,或接收波频谱产生差异,也可判别内部缺陷。

(4)根据超声波在缺陷处的波形转换和叠加,造成接收波形畸变的现象判别缺陷。

以上4点可以单独运用,也可综合运用。

参见王建华、孙胜江主编的《桥涵工程试验检测技术》P137。

8.[答案]　✓

[解析]　超声换能器的原理是通过声能与电能的相互转换产生和接收超声波的。发射换能器是将电能转化成声能,即产生并发射超声波,超声波在混凝土中传播后,被接收换能器接收,并将超声能量转换为电能,转换后的电信号送到主机进行处理。

参见王建华、孙胜江主编的《桥涵工程试验检测技术》P133-134。

9.[答案]　×

[解析]　钻取的混凝土芯样,按自然干燥状态进行试验时,芯样试件在受压前应在室内自然干燥3d,按潮湿状态进行试验时,芯样试件应在20℃ ±5℃的清水中浸泡40~48h,从水中取出后应立即进行抗压试验。

参见王建华、孙胜江主编的《桥涵工程试验检测技术》P122-124。

10.[答案]　✓

[解析]　用回弹仪检测时回弹仪为非水平方向且测试面为非混凝土的浇筑侧面时,应先进行角度修正,再进行浇筑面的修正。

参见《回弹法检测混凝土抗压强度技术规程》(JGJ/T 23—2001)P9。

11.[答案]　×

[解析]　当有下列情况之一时,测区混凝土强度值不得按全国统一测强曲线进行测区混凝土强度换算,但可制订专用测强曲线或通过试验进行修正,专用测强曲线的制订方法见《回弹法检测混凝土抗压强度技术规程》(JGJ/T 23—2001)。

(1)粗集料最大粒径大于60mm。

(2)特种成型工艺制作的混凝土。

(3)检测部位曲率半径小于250mm。

(4)潮湿或浸水混凝土。

参见《回弹法检测混凝土抗压强度技术规程》(JGJ/T 23—2001)P11。

12.[答案] ✓

[解析] 现有确定基桩承载力的检测方法有两种:一种是静荷载试验,另一种是各种桩的动测方法。静荷载试验是确定基桩承载力最可靠的方法,而各种桩的动测方法,则要在与桩静荷载试验结果大量对比的基础上,找出对比系数,才能推广应用。

参见王建华、孙胜江主编的《桥涵工程试验检测技术》P89。

13.[答案] ×

[解析] 超声回弹综合法检验混凝土强度,精度不高,在使用之前要对仪器进行标定。这种方法的优点是对混凝土本身没有损伤,方便快捷,适用于成型混凝土的现场检测。

参见王建华、孙胜江主编的《桥涵工程试验检测技术》P148-151。

14.[答案] ✓

[解析] 测区混凝土表面应清洁平整,必要时可用砂轮磨平或用高强度等级快凝砂浆抹平。换能器应通过耦合剂与结构表面接触,耦合层不得夹杂泥沙或空气。

15.[答案] ✓

[解析] 该方法适用于检测桩身混凝土的完整性,推定缺陷类型及其在桩身中的位置,也可以对桩长进行校核,对桩身混凝土强度等级作出估计。

参见王建华、孙胜江主编的《桥涵工程试验检测技术》P69-72。

16.[答案] ×

[解析] 我国在制定《回弹法评定混凝土抗压强度技术规程》(JGJ/T 23—2001)时,在全国广泛布点,进行了研究。

全国通用测强曲线所列测区混凝土强度换算表应为符合下列条件的混凝土:

(1)符合普通混凝土用材料、拌和用水的质量标准。

(2)不掺外加剂或仅掺非引气型外加剂。

(3)采用普通成型工艺。

(4)采用符合国家现行标准《混凝土结构工程施工及验收规范》(GB 50204—2002)规定的钢模、木模及其他材料制作的模板。

(5)自然养护或蒸汽养护出池后以自然养护 7d 以上,且混凝土表层为干燥状态。

(6)龄期为 14~1 000d。

(7)抗压强度为 10~50MPa。

制订该表所依据的统一测强曲线,其强度误差值为:

平均相对误差: $\delta \leqslant \pm 15.0\%$

相对标准差: $er \leqslant 18.0\%$

参见《回弹法检测混凝土抗压强度技术规程》(JGJ/T 23—2001)P10。

17.[答案] ✓

[解析] 用回弹法确定的混凝土强度误差一般大于15%。

参见王建华、孙胜江主编的《桥涵工程试验检测技术》P131-132。

18.[答案] ✓

[解析] 桥梁荷载试验分静载试验和动载试验,进行桥梁荷载试验的目的,是检验桥梁

整体受力性能和承载力是否达到设计文件和规范的要求，对于新桥型及桥梁中运用新材料、新工艺的，应验证桥梁的计算图式，为完善结构分析理论积累资料。对于旧桥通过荷载试验可以评定出其运营荷载等级。

参见王建华、孙胜江主编的《桥涵工程试验检测技术》P182。

19.［答案］　✓

［解析］　公路桥梁技术状况的检测采用目测与仪器相结合的方法。参见《公路桥梁技术状况评定标准》（JTG/T　H21—2011）。

20.［答案］　×

［解析］　计算测区回弹值时，应从该测区的 16 个回弹值中，剔除 3 个最大值和 3 个最小值，然后将余下的 10 个按算术平均值计算。

参见《回弹法检测混凝土抗压强度技术规程》（JGJ/T 23—2001）P9。

21.［答案］　×

［解析］　对梁桥可采用跨中最大正弯矩荷载工况的跨中挠度；对拱桥检算拱顶截面时可采用拱顶最大正弯矩荷载工况时跨中挠度；检算拱脚截面时可采用拱脚最大负弯矩荷载工况时 $l/4$ 截面处挠度；检算 $l/4$ 截面时则可用上述平均值；如已安排 $l/4$ 截面最大正、负弯矩荷载工况，则可采用该程序时 $l/4$ 截面挠度。

参见王建华、孙胜江主编的《桥涵工程试验检测技术》P184-185。

22.［答案］　✓

［解析］　自振法的特点是使桥梁产生有阻尼的自由衰减振动，记录到的振动图形是桥梁的衰减振动曲线。为使桥梁产生自由振动，一般常用突加载荷和突卸荷载两种方法。

参见王建华、孙胜江主编的《桥涵工程试验检测技术》P226-228。

23.［答案］　✓

［解析］　半电池电位法检测的是钢筋的自然腐蚀电位，腐蚀电位是钢筋上某区域的混合电位，它反映了金属的抗腐蚀能力。

参见章关永主编的《桥梁结构试验（第二版）》P51。

24.［答案］　✓

［解析］　惠斯通电桥是一种常用的电阻-电压转换装置，它能把应变计电阻的微小变化转换为适合放大和处理的电压。

参见章关永主编的《桥梁结构试验（第二版）》P23。

25.［答案］　✓

［解析］　用应变片测量应变时，它除了能感受试件受力后的变形外，同样也能感受环境温度变化，并引起电阻应变仪指示部分的示值变动，这称为温度效应。

参见王建华、孙胜江主编的《桥涵工程试验检测技术》P202。

26.［答案］　✓

［解析］　桥梁的动力特性（频率、振型和阻尼比）是评定桥梁承载力状态的重要参数，随着我国公路桥梁检验评定制度推行，桥梁动载试验会将越来越受到重视。

参见王建华、孙胜江主编的《桥涵工程试验检测技术》P177。

27.［答案］　✓

［解析］ 桥涵地基的承载力容许值可根据地质勘测、原位测试、野外荷载试验以及邻近旧桥涵调查对比，由经验和理论公式计算综合分析确定。当缺乏上述资料时可按《公路桥涵地基与基础设计规范》(JTG D63—2007)推荐的方法确定地基承载力容许值，对地质和结构复杂的桥涵地基，应根据现场荷载试验确定承载力容许值。

28.［答案］ ×

［解析］ 超声换能器必须对仪器的零读数进行标定，以准确求得超声波的实际声时。

参见王建华、孙胜江主编的《桥涵工程试验检测技术》P129。

29.［答案］ ✓

［解析］ 声波检测管宜采用钢管、塑料管或钢质波纹管，其内径宜为 50～60mm。钢管宜用螺纹连接，管的下端应封闭，上端应加盖。根据计算和试验，采用钢管时，双孔测量的声能透过率只有 0.5%，塑料管则为 42%，可见采用塑料管时接收信号比采用钢管时强。但由于在地下水泥水化热不易发散，而塑料温度变形系数较大，当混凝土硬化后，塑料管因温度下降而产生纵向和径向收缩，致使混凝土与塑料管局部脱开，容易造成误判。试验证明，钢管的界面损失虽然较大，但仍有足够大的接收信号，而且安装方便，可代替部分钢筋截面，还可作为以后桩底压浆的通道，所以采用钢管作测管是合适的。

30.［答案］ ×

［解析］ 材料在冲击载荷作用下抵抗破坏的能力叫冲击韧性。硬度表示材料抵抗硬物体压入其表面的能力，它是金属材料的重要性能指标之一。一般硬度越高，耐磨性越好。常用的硬度指标有布氏硬度、洛氏硬度和维氏硬度。

参见王建华、孙胜江主编的《桥涵工程试验检测技术》P30。

三、多选题(每道题目所列出的备选项中，有两个或两个以上正确答案，选项全部正确得满分，选项部分正确按比例得分，出现错误选项该题不得分。总共 20 道题，每小题 2 分，共计 40 分)

1.［答案］ BCD

［解析］ 《公路养护技术规范》(JTG H10—2009)规定，桥梁检查分为经常性检查、定期检查、特殊检查。

2.［答案］ ABD

［解析］ 焊接质量检验按阶段划分为：焊前、焊中、焊后三个阶段。焊接质量的检验内容包括外观检查、无损探伤和机械性能试验三个方面。选项 C 属于检验内容，不属于检验阶段。故本题应选 A、B、D。

参见王建华、孙胜江主编的《桥涵工程试验检测技术》P167-169。

3.［答案］ ABCD

［解析］ 桥梁结构动载试验方式主要有跑车试验、跳车试验和制动试验以及脉动试验。

4.［答案］ AB

［解析］ 检查项目除按数理统计方法评定的项目以外，均应按单点(组)测定值是否符合标准要求进行评定，并按合格率计分。

参见王建华、孙胜江主编的《桥涵工程试验检测技术》P7。

5.［答案］　ABCD

［解析］　对于一般黏性土和新近沉积黏性土地基，测土样含水率、湿重度、液限、塑限和颗粒密度，求出土样天然孔隙比和液性指数，查表确定承载力容许值。

参见王建华、孙胜江主编的《桥涵工程试验检测技术》P54-57。

6.［答案］　ABCD

［解析］　泥浆性能一般用相对密度、黏度、含砂率和胶体率4项指标表示：①相对密度：表示泥浆的稠稀程度，可反映其固壁及防渗能力的大小。②黏度：表示泥浆流动时，其摩擦力的大小；当泥浆循环时，反映泥浆携砂能力的大小。③含砂率：表示泥浆携砂程度，估计泥浆循环时的工作情况。从钻孔流出的泥浆和泥浆池内的泥浆的含砂率差值一般不应小于1%。④胶体率：是指泥浆对其固体颗粒保持为悬浮状态的能力，表示泥浆的稳定性。这4项指标的要求是反映泥浆能起到固壁、携砂和增强防渗等作用的。造孔使用的泥浆是保证孔壁稳定和造孔质量的重要措施。

参见王建华、孙胜江主编的《桥涵工程试验检测技术》P63-65。

7.［答案］　ACD

［解析］　用于预应力筋的钢材包括：钢丝、钢绞线、热处理钢筋、冷拉钢筋、冷拔低碳钢丝和精轧螺纹钢筋。

参见《公路桥涵施工技术规范》(JTG/T F50—2011)。

8.［答案］　BC

［解析］　石料的抗压强度和吸水率并不包括在抗冻性试验测试中。

参见王建华、孙胜江主编的《桥涵工程试验检测技术》P13-15。

9.［答案］　ACD

［解析］　斜拉桥施工测试的主要内容有：

(1)结构的位置和变形。主要观测主梁轴线和索塔顶端位置，主梁挠度和塔顶水平位移，测试设备为：精密水准仪、经纬仪、测距仪等。

(2)应力测试。主要测试斜拉索索力、支座反力和主梁、塔的应力在施工中的变化。主梁和索塔中的应力可用预埋钢弦式应变计测试。

(3)温度测试。观测主梁、索塔和斜拉索的温度，以确定结构温场，监控主梁挠度和索塔位移随温度和时间的变化规律。测定温度时可采用热电偶、红外温度计等测试(见《桥涵工程试验检测技术》第四章第五节)。

参见王建华、孙胜江主编的《桥涵工程试验检测技术》P176-179。

10.［答案］　AB

［解析］　钢材焊缝无损探伤有超声波探伤、射线探伤等方法。

参见王建华、孙胜江主编的《桥涵工程试验检测技术》P169-172。

11.［答案］　ABCD

［解析］　刻痕钢丝的力学性能检测有：①抗拉强度 σ_b；②屈服强度 $\sigma_{0.2}$；③伸长率；④弯曲次数；⑤松弛。

12.［答案］　AD

［解析］　锚具、夹具和连接器应具有可靠的锚固性能和足够的承载能力，以保证充分发

挥预应力筋的强度。锚具静载锚固性能由预应力锚具组装件的静载试验测定的锚具效率系数 η_a 和达到实测极限拉力时的总应变 ε_{apu} 来确定。夹具的静载锚固性能由预应力夹具组装件静载锚固试验测定的夹具效率系数来确定。我国标准《预应力筋用锚具、夹具和连接器》(GB/T 14370—2007)规定,锚具和夹具的静载锚固性能符合下列要求:

锚具:$\eta_a \geqslant 0.95$,$\varepsilon_{apu} \geqslant 2.0\%$

夹具:$\eta_a \geqslant 0.92$

13.[答案] ACD

[解析] 当有下列情况之一的,不得按照全国统一测强曲线进行换算,但可制订专用测强曲线或通过试验修正:

(1)粗集料最大粒径大于60mm。

(2)特种成型工艺制作的混凝土。

(3)检测部位曲率半径小于250mm。

(4)潮湿或浸水混凝土。

参见《回弹法检测混凝土抗压强度技术规程》(JGJ/T 23—2001)P11。

14.[答案] ACD

[解析] 桥梁动载试验的激振方法主要有跳车试验.跑车试验和制动实验。

15.[答案] ABCD

[解析] 桥涵混凝土结构、钢筋混凝土结构或预应力混凝土结构或构件的检验,依据交通运输部的有关标准,主要包括内容有三个方面:一是施工阶段的质量控制,包括原材料的试验检测、混凝浇注前的检查等;二是外观质量检测,主要是在构件成型达到一定强度后检测结构实物的尺寸和位置偏差,混凝土表面平整度、蜂窝、麻面、露筋及裂缝等;三是构件混凝土的强度等级,通常以立方体试件的抗压强度来反映。当对某一方面的检验内容产生怀疑时,如构件的强度离散大、强度不足、振捣不密实或存在其他缺陷时,通常还需要采用无破损的方法进行专项检验或荷载试验来判定。无损检测的方法很多,目前工程中应用比较多的有以下几种方法:钻芯法、回弹法、超声法、超声—回弹综合法和拉拔法等。

参见王建华、孙胜江主编的《桥涵工程试验检测技术》P121。

16.[答案] ABC

[解析] 刚架桥(包括斜腿刚架和刚架—拱式组合体系)加载试验工况为:

(1)跨中截面最大弯矩工况。

(2)柱腿截面最大应力工况。

(3)节点附近截面最大应力工况。

参见王建华、孙胜江主编的《桥涵工程试验检测技术》P184-185。

17.[答案] ACDEF

[解析] 预应力混凝土用 1×7 钢绞线(GB/T 5224—2003)的力学性能指标为:①抗拉强度;②整根钢绞线的最大力;③规定非比例延伸力;④最大力总伸长率;⑤应力松弛性能。

参见《预应力混凝土用钢绞线》(GB/T 5224—2003)P7。

18.[答案] ABCD

[解析] 《公路养护技术规范》(JTG H10—2009)规定,特殊检查是查清病害原因、破损

程度、承载能力、抗灾能力,确定桥梁技术状况的工作。

19.[答案] ABC

[解析] 桥梁的动力性能评价可从三方面进行:

1. 桥梁结构频率的评价。

2. 桥梁结构冲击系数的评价。

3. 测定桥梁阻尼比的评价。

参见王建华、孙胜江主编的《桥涵工程试验检测技术》P219。

20.[答案] ABCD

[解析] 每一构件的测区,应符合下列要求:

(1)对长度不小于3m的构件,其测区数不少于10个,对长度小于3m且高度低于0.6m的构件,其测区数量可适当减少,但不应少于5个。

(2)相邻两测区的间距应控制在2m以内,测区离构件边缘的距离不宜大于0.5m。

(3)测区应选在使回弹仪处于水平方向,检测混凝土浇筑侧面,当不能满足这一要求时,可选在使回弹仪处于非水平方向,检测混凝土浇筑侧面、表面或底面。

(4)测区宜选在构件的两个对称可测面上,也可选在一个可测面上,且应均匀分布。在构件的受力部位及薄弱部位必须布置测区,并应避开预埋件。

(5)测区的面积宜控制在0.2m×0.2m。

(6)检测面应为原状混凝上面,并应清洁、平整,不应有疏松层和杂物,且不应有残留的粉末或碎屑。

(7)对于弹击时会产生颤动的薄壁、小型构件应设置支撑固定。

参见《回弹法检测混凝土抗压强度技术规程》(JGJ/T 23—2001)P6-8。

四、问答题(共5题,每题10分,共计50分)

1. 对7ϕ^j15.24钢绞线进行预应力张拉,先张法直线布筋,张拉长度为20m,张拉控制应力为1 090MPa,预应力钢绞线截面积为973mm^2,$E_y=1.9\times10^5$MPa,张拉到控制应力时,实测伸长值为11.20cm,试计算理论伸长值,并评价是否符合要求?

答:理论伸长值为:

$$\Delta L=\frac{\sigma_k}{\sigma_y}L=\frac{1\,090}{1.9\times10^5}\times2\,000=11.47\text{cm}$$

实测值与理论值的相对偏差:

$$\frac{11.47-11.20}{11.47}=2.4\%<6\%,$$

故符合规范要求。

2. 基桩垂直静载试验时怎样确定破坏载重、极限载重和容许载重?(检测员不考)

答:(1)破坏载重:当试桩全部下沉量已大于40mm,同时这一阶段下沉量大于前一阶段下沉量的5倍,或者这一阶段的下沉量大于前一阶段下沉量的2倍,但下沉在24h仍不停止时,其荷载即为破坏载重。

(2)极限载重:在破坏载重前一阶段的累计载重即为极限载重。

(3)容许载重:极限载重除以安全系数(规范规定为2)为容许载重。如果因结构上对桩的下沉量有特殊要求时，则应按下沉量确定容许载重。

参见王建华、孙胜江主编的《桥涵工程试验检测技术》P142-143。

3. 三跨等跨径连续梁在荷载试验时应考虑哪些工况？

答：边跨最大正弯矩、中跨最大正弯矩、支点最大负弯矩、支点最大剪力。

参见王建华、孙胜江主编的《桥涵工程试验检测技术》P178-182。

参见范立础主编的《桥梁工程》。

4. 使用位移计检测挠度注意事项是什么？

[**解析**] 使用千分表（位移计）时注意事项：(1)作为固定位移计的不动点支架必须有足够的刚度。采用磁性或万能性百分表架时，表架连杆不可挑出太长。(2)位移计测杆与所量测的位移方向完全一致。测点表面需经一定处理，如在混凝土、木材等表面黏贴小块玻璃或金属薄片，以避免结构变形后，由于测点垂直于百分测杆方向的位移，而使位移计产生误差。(3)位移计使用前后要仔细检查测杆上下活动是否灵活。(4)位移计应定期进行标定。

参见王建华、孙胜江主编的《桥涵工程试验检测技术》P190。

5. 简述用超声法检测深裂缝时的条件要求？

[**解析**] (1)适用情况：

对于大体积混凝土，当预计开裂深度大于500mm时。

(2)检测条件要求：

①需要检测的裂缝中，不得充水或泥浆；

②允许在裂缝两旁钻测试孔；

③孔径应比换能器直径大5～10mm；

④孔深应至少比裂缝预计深度深700mm，经测试如浅于裂缝深度，则应加深钻孔；

⑤对应的两个测试孔，必须始终位于裂缝两侧，其轴线应保持平行；

⑥两个对应测试孔的间距宜为2 000mm，同一结构的各对应测孔间距应相同；

⑦孔中粉末碎屑应清理干净。

参见王建华、孙胜江主编的《桥涵工程试验检测技术》P142-143。

第四部分 材 料

《材料》模拟试题(一)

一、单项选择题(四个备选项中只有一个正确答案,总共30道题,每题1分,共计30分)

1. 在条带拉伸试验中,选择拉伸机的负荷量程,使断裂强力在满量程负荷的(   )之间。

A. 10% ~70%　B. 20% ~80%　C. 30% ~90%　D. 40% ~90%

2. 土工合成材料的宽带拉伸试验中,拉伸强度公式为(   )。

A. $\alpha_f = F_f A$　B. $\alpha_f = F_f \sigma$　C. $\alpha_f = F_f C$　D. $\alpha_f = f_n C$

3. 土的压缩试验中试样体积的变化是(   )。

A. 空气体积压缩　B. 水体积压缩　C. 孔隙体积的减小　D. 土颗粒体积压缩

4. 土的击实试验中,至少应制备的不同含水率试样为(   )。

A. 3 个　B. 4 个　C. 5 个　D. 6 个

5. 土粒重度的单位是(   )。

A. kN/m^3　B. kg/m^3　C. 无　D. kPa

6. 石油沥青老化后,其软化点较原沥青将(   )。

A. 保持不变　B. 升高　C. 降低　D. 先升高后降低

7. 饱和度是用来评价沥青混合料的(   )。

A. 高温稳定性　B. 低温抗裂性　C. 耐久性　D. 抗滑性

8. 随着钢材牌号增大,屈服点和抗拉强度随之(   ),伸长率随之(   )。

A. 提高　提高　B. 提高　降低　C. 降低　提高　D. 降低　降低

9. 在设计混凝土配合比时,配制强度要比设计要求的强度等级高,提高幅度的多少,取决于(   )。

A. 设计要求的强度保证率　B. 对坍落度的要求

C. 施工水平的高低　D. 设计要求的强度保证率和施工水平的高低

10. 沥青混合料中,掺加矿粉的目的是为了(   )。

A. 提高密实度　B. 提高稳定度　C. 增加流值　D. 改善工艺性

11. 当配制水泥混凝土用砂由粗砂改为中砂时,其砂率(   )。

A. 应适当减小　B. 不变　C. 应适当增加　D. 无法判定

12. 通常情况下,进行沥青混合料矿料合成设计时,合成级配曲线宜尽量接近设计要求的级配中值线,尤其应使(   )筛孔的通过量接近设计要求的级配范围的中值。

A. 0.075mm　B. 2.36mm　C. 4.75mm　D. A、B 和 C

13. 规范将细度模数为 1.6 ~3.7 的普通混凝土用砂,按(   )划分为 3 个级配区。

A. 细度模数　B. 0.63mm 筛孔的累计筛余百分率

C. 1.25mm 筛孔的累计筛余　D. 0.63mm 筛孔的通过百分率

14. 沥青针入度试验属于条件黏度试验,其条件为(   )。

A. 温度　B. 时间　C. 针的质量　D. A + B + C

15. 目前,国内外测定沥青蜡含量的方法很多,但我国标准规定的是(　　)。

A. 蒸馏法　　B. 硫酸法　　C. 组分分析法　　D. 化学分析法

16. 环刀法可以测定(　　)土的密度。

A. 细粒土　　B. 粗粒土　　C. 坚硬脆性土　　D. 砾石土

17. 经试验测定,某土层 $P_c < P_z$(P_c 为先期固结压力、P_z 为土的自重压力),则该土层处于(　　)状态。

A. 正常固结　　B. 欠固结　　C. 超固结　　D. 无法确定

18. 对含有少量碎石的黏性土,欲求其天然密度宜采用(　　)。

A. 环刀法　　B. 灌砂法　　C. 蜡封法　　D. 筛分法

19. 下列关系式正确的为(　　)(w_p 为塑限、w_L 为液限,w_s 为缩限)。

A. $w_p > w_L > w_s$　　B. $w_s > w_L > w_p$

C. $w_L > w_s > w_p$　　D. $w_L > w_p > w_s$

20. 对于同一种土样,在孔隙比一定的情况下,下列关系式正确的是(　　)。

A. $\rho > \rho_d > \rho_{sat}$　　B. $\rho_{sat} > \rho' > \rho$

C. $\rho_{sat} \geqslant \rho > \rho'$　　D. $\rho > \rho' \geqslant \rho_d$

21. 一粗集料,在 63mm,53mm,37.5mm 筛上的通过量均为 100%,31.5mm 筛上的筛余量为 12%,该粗集料的最大粒径为(　　)mm。

A. 63　　B. 53　　C. 37.5　　D. 31.5

22. 关于碎石压碎指标试验,以下表述错误的是(　　)。

A. 取样风干后筛除大于 23mm 的颗粒,并去除针片状颗粒

B. 每次试验称取试样 3 000g,精确到 1g

C. 压碎指标取三次试验结果的算术平均值,精确到 1%

D. 采用修约值比较法进行评定

23. 含水率为 1.5% 的碎石 300g,烘干质量应为(　　)。

A. 295.9g　　B. 295.5g　　C. 295.6g　　D. 297.3g

24. 含水率为 2% 的卵石 200g,其含水量为(　　)。

A. 3.98g　　B. 4.0g　　C. 3.92g　　D. 4.04g

25. 密度是材料在(　　)状态下,单位体积的质量。

A. 自然堆积　　B. 绝对密实　　C. 自然　　D. 松散

26. 材料吸水性用(　　)表示。

A. 吸水率　　B. 保水率　　C. 含水率　　D. 吸湿率

27. 孔隙率增大,材料的(　　)降低。

A. 密度　　B. 表观密度　　C. 憎水性　　D. 抗冻性

28. 对水泥强度起支配作用的水化产物是(　　)

A. 水化铝酸钙　　B. 水化硅酸钙

C. 水化铁酸钙　　D. 水化硫铝酸钙

29. 黏土砖吸水饱和后质量为 m_1,吸水率为 W,则其干质量 m 为(　　)。

A. $m_1/(1+W)$　　B. $m_1/(1-W)$　　C. m_1/W　　D. m_1-W

30. 能最体现材料是否经久耐用的性能指标是( )。

A. 抗渗性 B. 抗冻性 C. 抗蚀性 D. 耐水性

二、多项选择题(每道题目所列出的备选项中,有两个或两个以上正确答案,选项全部正确得满分,选项部分正确按比例得分,出现错误选项该题不得分。总共 20 道题,每小题 2 分,共计 40 分)

1. 砂石材料颗粒分布的级配曲线可采用( )绘制。

A. 累计筛余和筛孔尺寸坐标图 B. 通过量和筛孔尺寸坐标图

C. 分计筛余和筛孔尺寸坐标图 D. 存留量和筛孔尺寸坐标图

2. 沥青混凝土施工中发现压实的路面上出现白点,你认为可能产生的原因是( )。

A. 粗集料针片状颗粒含量高 B. 粗料中软石含量过高

C. 拌和不均匀 D. 碾压遍数过多

3. 水泥混凝土试配强度计算涉及哪些因素( )

A. 混凝土设计强度等级 B. 水泥强度等级

C. 施工水平 D. 强度保证率

4. 混凝土抗折强度试验采用三分点处双加荷装置,下列说法中正确的是( )。

A. 三个加荷点 B. 两个加荷点

C. 两加荷点位于标距三等分处 D. 两加荷点位于三等分标距处

5. 100mm 非标准立方体抗压强度换算系数为( ),100mm × 100mm × 400mm 非标准试件抗折强度换算系数为( )。

A. 0.95 B. 1.05 C. 0.75 D. 0.85

6. 硅酸盐水泥腐蚀是由于( )。

A. 含有 C—S—H B. 含有 CFH

C. 含有 $Ca(OH)_2$ D. 水泥石不密实

7. 土工合成材料的主要功能有( )。

A. 加筋作用 B. 隔离作用 C. 防渗作用 D. 排水作用

8. 水胶比影响水泥混凝土的( )。

A. 坍落度 B. 耐久性 C. 工艺性 D. 强度

9. 关于沥青弹性恢复试验,以下说法正确的是( )。

A. 水槽水温应为 20℃ B. 试样在水槽中保温 1.5h

C. 拉伸速率为 10cm/min D. 试样拉伸至 10cm ± 0.25cm 时停止

10. 水泥体积安定性不良可能是( )含量过多所引起。

A. 游离 MgO B. 游离 CaO C. $Ca(OH)_2$ D. 石膏

11. 用于土木建筑的钢材,根据工程使用条件和特点,应具备下列技术要求( )。

A. 良好的综合力学性能 B. 良好的焊接性

C. 良好的抗蚀性 D. 越小越好的屈强比

12. 沥青混合料稳定度和残留稳定度的单位分别是( )。

A. MPa　　B. kN　　C. %　　D. mm

13. 若沥青混合料密度试验采用表干法,理论最大相对密度计算中粗、细集料分别采用(　　)。

A. 表观密度　　B. 毛体积相对密度
C. 表干相对密度　　D. 表观相对密度

14. 当砂中含较多(　　)碎屑时,在硬化的混凝土中与水化铝酸钙反应生成硫铝酸钙结晶,体积膨胀,产生破坏作用。

A. 石膏　　B. 动植物腐殖土　　C. 云母　　D. 硫铁矿

15. 用乳化沥青作透层油时,要通过试洒试验确定乳化沥青的(　　)。

A. 渗透深度　　B. 稠度(黏度)
C. 破乳速度　　D. 单位面积洒布量

16. 石料的磨光值越大,说明石料(　　)。

A. 不易磨光　　B. 易磨光　　C. 抗滑性好　　D. 抗滑性差

17. 关于改性沥青离析性试验,说法正确的是(　　)。

A. 用来评价改性剂与基质沥青的相容性
B. 试验仪具中的盛样管应采用铝管
C. 对于 SBS、SBR 类聚合物改性沥青,应进行两次平行试验取平均值
D. 对 PE、EVA 类聚合物改性沥青,试样检查和试验都应在沥青试样自烘箱中取出后 5min 之内进行

18. 石料的毛体积密度是在规定条件下,单位毛体积石料的质量,其中毛体积包括(　　)。

A. 矿质实体的体积　　B. 闭口孔隙的体积
C. 开口孔隙的体积　　D. 颗粒之间的空隙体积

19. 在沥青混合料设计中,沥青混合料类型一般是根据(　　)选定。

A. 道路等级　　B. 气候条件
C. 路面类型　　D. 所处的结构层位

20. 通常沥青混合料的组成结构有(　　)。

A. 悬浮—密实结构　　B. 骨架—空隙结构
C. 密实—骨架结构　　D. 悬浮—空隙结构

三、判断题(正确的事实在后面括号中打“✓”,错误的事实在后面括号中打“×”。总共 30 道题,每题 1 分,共计 30 分)

1. 石料抗压强度试验,试件可以是边长为 50mm 的立方体,也可以是直径和高均为 50mm 的圆柱体。　(　　)

2. 水泥技术性质中,凡氧化镁、三氧化硫、终凝时间、体积安定性中的任一项不符合国家标准规定,则水泥为废品。　(　　)

3. 评价黏稠石油沥青路用性能最常用的三大技术指标为针入度、软化点及脆点。　(　　)

4. 沥青饱和度是指压实沥青混合料中的沥青体积填充矿料间隙体积的百分率。 ( )

5. 进行普通混凝土立方体抗压强度测定时,其受压面应垂直于成型抹平面。 ( )

6. 沥青延度试验中,如发现沥青细丝浮于水面,则应及时利用酒精将水的密度调整至与试样相近后,继续进行试验。 ( )

7. 一般情况下,低标号沥青拌制混合料时的拌和温度应高于采用高标号沥青的混合料。 ( )

8. 沥青与矿料的黏附性等级评定,应由两名以上经验丰富的试验人员分别目测评定后取平均等级表示结果。 ( )

9. 中、轻交通量石油沥青的老化评定方法采用薄膜加热试验。 ( )

10. 测定水泥标准稠度用水量是为了确定水泥混凝土的拌和用水量。 ( )

11. 沥青混合料的空隙率过大是由于矿料的间隙率过大而引起的。 ( )

12. 在进行土工材料的试验时,全部的试验试样应在同一样品中裁取。 ( )

13. 配制沥青混合料所用矿粉,其细度应越细越好。 ( )

14. 含有机质的土测含水率时,烘箱温度应为105~110℃。 ( )

15. 粗集料软弱颗粒试验时,不分颗粒大小均称风干试样2kg。 ( )

16. 石料的吸水率与含水率分属于两个概念,但含水率小于吸水率。 ( )

17. 用现行沥青含蜡量的测定方法测定的含蜡量值,不随冷却过滤所取油分质量多少而变化。 ( )

18. 流值是稳定度达到最大值时试件的垂直(径向)压缩变形量。 ( )

19. 砂率的大小主要影响水泥混凝土的工作性,对其强度的影响较小。 ( )

20. 残留稳定度越大,沥青混合料的水稳定性越好。 ( )

21. 向烘箱送入或拿出物品时,必须带防护手套以防烫伤。 ( )

22. 与运动黏度相比,沥青针入度由于它能准确地反映沥青的真实黏稠性而广泛地应用于工程中。 ( )

23. 沥青与矿料的黏附等级越高,说明沥青与矿料的黏附性越好。 ( )

24. 在结构尺寸及施工条件允许下,应尽可能选择较大粒径的粗骨料,这样可以节约水泥。 ( )

25. 新拌水泥混凝土的坍落度越大,其工作性就越好。 ( )

26. 油石比或沥青含量都可用来表示沥青混合料的沥青用量,对同一混合料,当沥青含量为5.0%时,油石比为4.7%。 ( )

27. 锰对钢的性能会产生一系列不良的影响,是一种有害元素。 ( )

28. 现行含蜡量试验方法,脱蜡所用油分质量越多,测得的沥青含蜡量值越小。 ( )

29. 压碎值愈小的石料,表示其强度越高。 ( )

30. 洛杉矶磨耗值是用来评价矿料耐磨性能的一项指标。 ( )

四、问答题(共 5 道题,每题 10 分,共计 50 分)

1. 简述土的含水率烘干法的试验步骤。

2. 砂子筛分曲线位于级配范围曲线图中的 1 区、2 区、3 区说明什么问题？三个区以外的区域又说明什么？配制混凝土,选用哪个区的砂好些？为什么？

3. 简述粗集料压碎值测定的试验步骤。

4. 某施工单位进行 AC-16-I 沥青混合料马歇尔试验时,测得其马歇尔稳定度不能满足设计要求,试分析可能产生该种现象的原因。

5. 简述沥青针入度的试验方法。

综合题:根据所列资料,以选择题的形式(单选或多选)选出正确的选项。[1]

某工程对所用沥青样品进行室内检测,测得的结果和实际值列于下表:

指　　标		实测结果	真实值
针入度(0.1mm)		78	85
软化点(℃)		50	45
延度(cm)		三个平行结果是 90,105,103	>100
薄膜烘箱试验结果	质量变化(%)	-1.1	—
	针入度比(%)	85	—

[1] 综合题为 2013 年版考试大纲中确定的考试新题型,替换原来的问答题,因本次修订时间有限,故此处只出了一道,供考生熟悉题型使用。

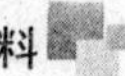

结合表中数据,回答下列有关沥青性能方面的问题。

1. 根据针入度检测结果,描述正确的选项是(　　)。

A. 该沥青属于 90 号沥青

B. 实测结果与真实结果相差的原因在于检测室温度偏低或针贯入时间偏长

C. 如以实测结果确定的标号作为沥青选择的依据,配制的沥青混合料有可能引起高温稳定性不良的问题

D. 按照实测结果所表示的沥青黏稠度要大于实际沥青的黏稠度

2. 根据软化点检测结果,描述正确的选项是(　　)。

A. 造成软化点结果与实际值的偏差的原因可能在于试验过程中升温速率偏高

B. 软化点不仅表示沥青在加热时的稳定性,还与沥青的黏稠性有关

C. 如果软化点超出 100℃,则试验时杯中应采用甘油进行加热,同时升温起点温度从32℃开始

D. 软化点高,将有利于沥青混合料的高温稳定性

3. 根据延度试验结果,延度结果应表示为(　　)。

A. 99cm　　B. 104cm　　C. >100cm　　D. 均有可能

4. 针对薄膜烘箱试验,认为(　　)。

A. 薄膜烘箱试验即可评价沥青的高温稳定性,也可评价沥青的抗老化性

B. 根据试验得到的质量变化率,认为该沥青具有较好的抗老化性

C. 薄膜烘箱试验结果中质量变化可负可正

D. 针入度比结果意味着经过薄膜烘箱试验,沥青的针入度降低

5. 对上述四项指标,表述正确的是(　　)。

A. 在我国,南方地区采用的沥青标号要比北方地区低一些

B. 软化点加热升温速率要控制在 5℃ ±0.5℃的范围,如超出该范围,试验结果将会偏高

C. 沥青高低温与延度值大小有关

D. 薄膜烘箱试验可用旋转薄膜烘箱代替

《材料》模拟试题(一)答案及解析

一、单项选择题(四个备选项中只有一个正确答案,总共30道题,每题1分,共计30分)

1.[答案] C

[解析] 参考JTG E50—2006中T1121—2006宽条拉伸试验的相关规定,拉伸试验机的设定部分内容有明确规定。拉伸试验机的设定:选择试验机的负荷量程,使断裂强力在满量程负荷的30%~90%之间。

2.[答案] C

[解析] 参考JTG E50—2006中T1121—2006宽条拉伸试验的相关规定。土工合成材料的宽带拉伸强度计算公式是$\alpha_f = F_f C$,式中α_f表示材料的拉伸强度,F_f表示拉伸试验中的最大负荷,C是由材料本身种类、性质确定的系数。

3.[答案] C

[解析] 参考JTG E40—2007中土的收缩试验T 0121—1993相关规定,土的密度不同试验方法的目的和适用范围,明确土的密度概念。土体的压缩变形主要是由于孔隙的减小所引起的,饱和土的压缩需要一定时间才能完成的。

4.[答案] C

[解析] 参考JTG E40—2007中T1031-2006击实试验的相关规定。考查土的击实试验,绘制曲线确定最大干密度和最佳含水率。击实试验开始干土制样的步骤:将代表性土样风干或在低于50℃温度下烘干,放在橡皮板上用木碾碾散,过筛(筛号视粒径大小而定)拌匀备用。测定土样风干含水率w_0,按土的塑限估计最佳含水率,并依次按相差约2%的含水率制备一组试样(不少于5个),其中应有两个大于、两个小于最佳含水率。

5.[答案] C

[解析] 参考JTG E40—2007中T 0112—1993比重瓶法测土的比重,在条文说明中给出了土的比重定义。一般将比重定义为:土粒在温度100~105℃,烘至恒重时的重量与同体积4℃时蒸馏水重量的比值。因此无单位。

6.[答案] B

[解析] 参考沥青的基本技术性质方面资料。考查沥青三大指标。石油沥青老化后,沥青的黏滞度降低,沥青的温度敏感性降低,因而沥青的软化点升高。

7.[答案] C

[解析] 参考JTJ 052—2000中术语、符号关于沥青饱和度(VFA)的概念,压实沥青混合料试件内沥青部分的体积占矿料骨架以外的空隙部分体积(VMA)。考查沥青混合料的技术性质。饱和度是沥青胶结料的体积占沥青混合料的矿料间隙率的百分比,因而反映的是沥青混合料的密实程度,沥青混合料的密实程度主要反映沥青混合料的耐久性。

8.[答案] B

[解析] 钢材的牌号代表钢材屈服点的大小,钢材的牌号越大,屈服点越高。钢筋的屈

服点和抗拉强度提高,伸长率降低,如钢筋的冷加工处理,就是这样的效果。

9.[答案]　D

[解析]　参考 JTG F30—2003 技术规范中关于普通混凝土配合比设计中的技术要求,以及混凝土配合比设计中技术性质变化规律。考查混凝土配合比设计中配置强度的问题。设计强度是混凝土设计过程中必须要达到的指标,针对结构物所发挥的作用、施工单位的施工管理水平、在配合比设计的实际操作过程中,采用一个比设计强度高一些的"配制强度",以确保最终的结果满足设计强度的要求。

10.[答案]　B

[解析]　考查沥青混合料的基本技术性质与影响因素,可参考 JTG F40—2004 中关于沥青混合料配合比设计的相关内容与规定。沥青与矿粉相互作用后,沥青在矿粉表面产生化学组分的重新排列,在矿粉表面形成一层扩散溶剂化膜。在此膜厚度以内的沥青称为结构沥青,以外的沥青成为自由沥青。如果矿粉颗粒接触处是由结构沥青膜所联结,这样促成沥青具有更高的黏度,因而获得更大的黏聚力。

11.[答案]　A

[解析]　参考 JTG F30—2003 关于水泥混凝土配合比设计的相关规定,明确水泥混凝土配合比设计中砂率的概念。由粗砂改为中砂,由于中砂的细颗粒含量高于粗砂中的细颗粒含量,为保证原骨料中细集料的含量,应适当减小砂率。

12.[答案]　D

[解析]　参考 JTG F40—2004 关于沥青混合料配合比设计的相关规定,强调明确沥青混合料级配组成设计的内容。考查粗、细集料、矿粉的颗粒粒径分界。0.075mm、2.36mm、4.75mm作为关键筛孔,直接影响合成集料的品质,影响集料的粗细程度及总表面积。

13.[答案]　B

[解析]　参考 JTG E42—2005 关于 T 0327—2005 细集料筛分试验的相关规定,及条文说明内容。砂的级配是由累计筛余百分数确定的,标准按 0.63mm 筛划分为三个区——Ⅰ、Ⅱ、Ⅲ,除 5mm、0.63mm 筛孔外,允许稍有超出,但总量 $<5\%$。砂的粗细程度——按细度模数(μ_f)划分:

$$\mu_f = (A_2 + A_3 + A_4 + A_5 + A_6 - 5A_1)/(100 - A_1)$$

其中 A_1、A_2、A_3、A_4、A_5、A_6 是累计筛余百分数。

粗砂:$\mu_f = 3.7 \sim 3.1$;

中砂:$\mu_f = 3.0 \sim 2.3$;

细砂:$\mu_f = 2.2 \sim 1.6$;

特细砂:$\mu_f = 1.5 \sim 0.7$。

14.[答案]　D

[解析]　参考 JTJ 052—2000 中关于沥青针入度试验的相关规定与试验操作步骤。(1)针入度试验属于条件性试验,因此试验时要注意其条件。针入度的条件有三项,分别为温度、时间和针质量,这三项要求不一样,会严重影响结果的正确性。温度 25℃,针质量 100g,测试时间 5s。(2)影响沥青针入度测定值的一个非常重要的步骤就是标准针与试样表面的接触情况。在试验时,一定要让标准针刚接触试样表面;(3)将沥青试样注入试皿时,不应留有气泡,

若有气泡,可用明火将其消掉,以免影响结果的正确性。

15.[答案] A

[解析] 参考 JTJ 052—2000 以及 JTG F40—2004 两本规范中关于蜡含量的试验与指标要求。我国标准规定,实验室采用蒸馏法测定沥青的蜡含量。

16.[答案] A

[解析] 参考 JTG E40—2007 中土的密度试验的相关规定,掌握各种密度试验方法目的和适用范围。测定密度常用的方法有环刀法、灌砂法、蜡封法、灌水法。环刀法操作简便而准确,在室内和野外普遍采用;不能用环刀削的坚硬、易碎含有粗粒、形状不规则的土,一般采用蜡封法;灌砂法、灌水法一般在野外采用。灌砂法适用于现场测定细粒土、砂类土和砾类土的密度;灌水法适用于现场测定粗粒土和巨粒土的密度。

17.[答案] B

[解析] 参考土的基本技术性质,利用超固结比来判断天然土层的状态。采用超固结比 $OCR = P_c/P_z$ 来判别天然土层的状态。OCR = 1 时,为正常固结土,OCR > 1 时,为超固结土,OCR < 1 时,为欠固结土。

18.[答案] B

[解析] 参考 JTG E40—2007 中土的密度试验的相关规定,掌握各种密度试验方法目的和适用范围。测定密度常用的方法有环刀法、灌砂法、蜡封法、灌水法。环刀法操作简便而准确,在室内和野外普遍采用;不能用环刀削的坚硬、易碎含有粗粒、形状不规则的土,一般采用蜡封法;灌砂法、灌水法一般在野外采用。灌砂法适用于现场测定细粒土、砂类土和砾类土的密度;灌水法适用于现场测定粗粒土和巨粒土的密度。

19.[答案] D

[解析] 参考 JTG E40—2007 中土的界限含水率试验的相关规定,如 T 0118—2007 液限和塑限联合测定法。考查各个界限含水率的含义。土从液体状态向塑性体状态过渡的界限含水率称为液限 w_1,土由塑性体状态向脆性固体状态过渡的界限含水率称为塑限 w_p,达某一含水率后,土集体不再收缩,这个界限含水率称为缩限 w_s,液限与塑限之差值,称为塑性指标 $I_p = w_1—w_p$,表示天然含水率与界限含水率关系的指标即液性指标 $I_1 = (w - w_p)/(w_1 - w_p)$。

20.[答案] C

[解析] 参考 JTG E40—2007 中土的密度试验的相关规定,掌握各种密度试验方法目的和适用范围。考查土的各种密度的含义。ρ 是土的质量产生的单位体积的重力,即重度;ρ_d 是土的干密度;ρ' 是土浸在水中的浮重度;ρ_{sat} 是土的饱和重度。当土中空隙为零时,$\rho_{sat} = \rho$。

21.[答案] C

[解析] 参考关于 JTG F42—2005 中关于集料最大粒径定义可知 C 为正确答案,集料最大粒径是指集料的 100% 都通过的最小标准筛筛孔尺寸。

22.[答案] A

[解析] 《建设用卵石、碎石》(GB/T 14685—2011)中关于压碎指标试验:

7.11.2.1 风干后筛除大于 19.0mm 及小于 9.50mm 的颗粒,并去除针、片状颗粒。

7.11.2.2 称取试样 3 000g,精确至 1g。

7.11.3.2 压碎指标取三次试验结果的算术平均值,精确至 1%。

7.11.3.3 采用修约值比较法进行评定。

23.[答案] C

[解析] 参考JTG E42—2005关于T 0305—1994粗集料含水率试验的相关规定,及含水率定义式。考查含水率的定义,含水率是指材料含水的质量占材料干燥质量的比例。因此本题:烘干质量 =300 ×100/(100 +1.5) =295.6 g。

24.[答案] C

[解析] 参考JTG E42—2005关于T 0305—1994粗集料含水率试验的相关规定,及含水率定义式。考查含水率的定义,含水率是指材料含水的质量占材料干燥质量的比例。因此本题:含水率 =200 ×2/(100 +2) =3.92 g。

25.[答案] B

[解析] 参考各相关技术规范的条文说明部分。考查材料的基本性质。材料密度的含义是材料在绝对密实状态下,单位体积的质量。

26.[答案] A

[解析] 参考JTG E42—2005关于T 0307—2005粗集料吸水率试验的相关规定,及吸水率定义式。考查材料的基本性质。材料吸水性的含义是材料吸收水分的能力,吸水性大小用吸水率表示,包括质量吸水率和体积吸水率。

27.[答案] B

[解析] 参考JTG E42—2005关于集料性质的条件说明。考查材料的基本性质。密度是材料在绝对密实状态下,单位体积的质量;表观密度是以排水法求得的体积作为计算体积求得的密度;憎水性是材料在空气中与水接触时不被水湿润的性质;抗冻性的好坏与材料孔隙的饱水程度直接相关。

28.[答案] B

[解析] 参考JTG F30—2003技术规范中关于普通混凝土配合比设计中关于水泥的组成以及相关技术要求。考查水泥的矿物成分及水化产物。水泥的矿物成分 C_3S、C_2S、C_3A、C_4AF,其中占主要成分的是 C_3S 和 C_2S,相应的其水化产物水化硅酸钙就是主要的水化产物,它对水泥强度起主要作用

29.[答案] A

[解析] 参考JTG E42—2005关于T 0307—2005粗集料吸水率试验的相关规定,及吸水率定义式。考查材料的基本性质。质量吸水率是指材料在浸水饱和状态下吸入水的质量占材料干燥质量的百分率。因此本题:干质量 $m = m_1/(1 + W)$。

30.[答案] B

[解析] 考查材料的基本性质。耐久性是材料在使用中,抵抗其自身和环境的长期破坏作用,保持其原有性能而不破坏、不变质的能力,也即经久耐用的性质。抗冻性是材料抵抗水的冻融作用的性质,是影响耐久性的主要方面。耐水性是材料抵抗水的破坏作用的能力。抗渗性是材料抵抗压力水渗透的性质。抗蚀性是水泥石抵抗腐蚀的能力。其中,抗冻性是影响耐久性的主要方面。

二、多项选择题(每道题目所列出的备选项中,有两个或两个以上正确答案,选项全部正确得满分,选项部分正确按比例得分,出现错误选项该题不得分。总共20道题,每小题

分,共计40分)

1.[答案] AB

[解析] 参考JTG E42—2005关于集料筛分结果处理的相关规定,在级配曲线图中,通常用通过量(或累计筛余百分率)作纵坐标,筛孔尺寸作横坐标来表示。

粗砂 $M_x=3.7\sim3.1$;

中砂 $M_x=3.0\sim2.3$;

细砂 $M_x=2.2\sim1.6$;

特细砂 $M_x=1.5\sim0.7$。

2.[答案] AB

[解析] 参考沥青混合料技术性质、施工质量控制相关内容。沥青混凝土施工中发现压实的路面上出现白点,应为石料压碎的断裂面。导致路面压实过程中石料压碎的原因包括针片状含量大,或者石料本身强度低,石料容易被压碎。

3.[答案] ACD

[解析] 参考水泥混凝土配合比设计相关内容。设计强度是混凝土设计过程中必须要达到的指标,针对结构物所发挥的作用、施工单位的施工管理水平、在配合比设计的实际操作过程中,采用一个比设计强度高一些的"配制强度",以确保最终的结果满足设计强度的要求。

4.[答案] BD

[解析] 参考JTG E30—2005试验规程中T 0558—2005水泥混凝土抗弯拉强度试验方法的相关技术规定及试验结果处理方法。考查混凝土抗折强度试验。混凝土抗折强度试验采用梁形试件,在三等分标距处进行两点加荷,直至试件破坏,记下破坏极限荷载。

5.[答案] AD

[解析] 参考JTG E30—2005试验规程中T 0553—2005水泥混凝土抗立方体抗压强度试验方法和T 0558—2005水泥混凝土抗弯拉强度试验方法的相关技术规定及试验结果处理方法。考查混凝土抗压强度和抗折强度,标准试件与非标准试件之间的换算系数。测定混凝土立方体抗压强度,也可以按照粗骨料最大粒径的尺寸而选用不同的试件尺寸,但在计算抗压强度时,应乘以换算系数,以得到相当与标准试件的试验结果(100mm非标准立方体抗压强度换算系数为0.95,200mm非标准立方体抗压强度换算系数为1.05)。当混凝土抗折强度试验采用100mm×100mm×400mm的非标准试件时,应乘以尺寸换算系数0.85,以得到相当与标准试件的试验结果。

6.[答案] CD

[解析] 参考JTG F30—2003技术规范中关于普通混凝土配合比设计中关于水泥的组成以及相关技术要求。水泥石发生腐蚀的主要原因是其自身存在易蚀成分——$Ca(OH)_2$,另一个原因是水泥石结构不密实。

7.[答案] ABCD

[解析] 参考相关土工合成材料基本功能与技术性质的文献与资料,在参考JTG E50—2006中总则、条文说明等内容基础上理解并掌握土工合成材料基本功能。土工合成材料的功能包括防护作用、加筋作用、隔离作用、防渗作用、排水作用、滤层作用。

8.[答案] BD

［解析］《普通混凝土配合比设计规程》(JTJ F55—2011)。控制水胶比是保证混凝土强度和耐久性的重要手段,水胶比是配合比设计的首要参数。

9.［答案］ BD

［解析］《公路工程沥青及沥青混合料试验规程》(JTG E20—2011):

T 0662—2000　沥青弹性恢复试验。3.1 最后将试样在25℃水槽中保温1.5h。3.2 将试样安装在滑板上,以规定的5cm/min 的速率拉伸试样达10cm ±0.25cm 时停止拉伸。

10.［答案］ ABD

［解析］ 参考 JTG E30—2005 中关于 T 0505—2005 水泥体积安定性测试方法的相关技术规定。考查水泥的技术性质。体积安定性是水泥的技术指标之一,水泥中游离 MgO、游离 CaO 或者石膏含量过多,会导致水泥的体积安定性不良。

11.［答案］ ABCD

［解析］ 普通钢筋的主要力学性能指标:强度、塑性、冷弯性能、硬度、冲击韧性、耐疲劳性、良好的焊接性。

12.［答案］ BC

［解析］ 参考 JTG F40—2004 中关于热拌沥青混合料配合比设计与技术要求,在 JTJ 052—2000 试验规程中关于沥青马歇尔试验的相关技术规定中也有相应的表述。沥青混合料稳定度是试件受压或破坏时能承受的最大荷载,所以,稳定度是力的单位。残留稳定度指将沥青混合料试件模拟路面的水损害条件后测得的稳定度的比值。残留稳定度越大,反映试件受水损害后的破坏程度相对较轻,也即沥青混合料的水稳定性越好。残留稳定度是一个比值,单位为“%”。

13.［答案］ BD

［解析］ 参考 JTG F40—2004 中关于热拌沥青混合料配合比设计与技术要求。考查沥青混合料理论最大相对密度的计算。对于粗集料,宜采用与沥青混合料同一种相对密度,对于细集料均采用表观相对密度。

14.［答案］ AD

［解析］ 考查骨料有害杂质的知识。与水化铝酸钙反应生成硫铝酸钙结晶,必然存在含有 SO_4^{2-} 的物质。云母材质软弱,沿节理开裂,强度低。动植物腐殖土吸收水分,同时降低强度。

15.［答案］ BD

［解析］ 参考 JTG F40—2004 中关于乳化沥青与改性乳化沥青的技术要求。当乳化沥青用作透层油和黏层来增加面层和基层之间的黏结度时,要通过试洒实验来确定其黏度和用量。

16.［答案］ AC

［解析］ 参考 JTG E42—2005 规程中 T 0321 2000 粗集料磨光值试验的相关技术规定与技术性质。集料磨光值是利用加速磨光机集料,并以摆式摩擦系数仪测定集料磨光后的磨光系数值,以评定抗滑表层用集料的抗磨光性。石料的磨光值越大,说明石料抗磨光性好,即不易磨光,抗滑性好。

17.［答案］ ABCD

［解析］《公路工程沥青及沥青混合料试验规程》(JTG E20—2011):

T 0661—2011 聚合物改性沥青离析试验。

1 目的与适用范围:适用于测定聚合物改性沥青的离析性,以评价改性剂与基质沥青的相容性。

2.3 盛样管:铝管,直径约25mm,长约140mm,一端开口。

3.18 对SBS、SBR类聚合物改性沥青,应进行两次平行试验取平均值。

3.2.1 对PE、EVA类聚合物改性沥青,检查和试验都应在沥青试样自烘箱中取出后5min之内进行。

18.[答案] ABC

[解析] 参考JTG E42—2005规程中关于粗集料密度试验的相关概念以及试验操作的具体技术要求。粗集料(涉及石料和细集料)的各种密度定义。

表观密度:粗集料在规定条件下单位表观体积里(指矿质实体体积和闭口孔隙体积之和)的质量。

毛体积密度:在规定条件下,单位毛体积(包括集料自身实体体积、闭口孔隙体积和开口孔隙体积之和)粗集料的质量。

表干密度:在规定的条件下,单位毛体积里粗集料的表干质量。

堆积密度:粗集料按照一定的方式装填于一定容器中,包括集料自身实体体积、孔隙(闭口和开口之和)以及颗粒之间的孔隙体积在内的单位体积下的质量。

19.[答案] ACD

[解析] 参考JTG F40—2004中关于热拌沥青混合料配合比设计与技术要求。沥青混合料类型一般是根据道路等级、路面类型、所处的结构层位确定。

20.[答案] ABC

[解析] 参考沥青与沥青混合料基本技术性质,结构类型,强度形成原理以及路用性能影响因素。考查沥青混合料的结构类型。包括悬浮-密实结构、骨架-空隙结构、密实-骨架结构。

三、判断题(正确的事实在后面括号中打"✓",错误的事实在后面括号中打"×"。总共30道题,每题1分,共计30分)

1.[答案] ✓

[解析] 岩石立方体强度,是将岩石制成50mm×50mm×50mm的立方体(或直径与高均为50mm的圆柱体)试件,在水饱和状态下,其抗压强度与设计要求的混凝土强度等级之比,作为碎石或碎卵石的强度指标。

2.[答案] ×

[解析] 凡游离氧化镁、三氧化硫、初凝时间、安定性中任一项指标不符合相关规定的水泥,为废品水泥。凡细度、终凝时间、不熔物和烧失量中任何一项指标不符合规定,或混合料掺入量超过最大限量和强度低于商品强度等级指标时为不合格水泥。

3.[答案] ×

[解析] 参考JTG F40—2004中关于黏稠道路石油沥青的技术性质与技术要求。考查黏稠石油沥青路用性能最常用的三大技术指标。评价黏稠石油沥青路用性能最常用的三大技术指标为针入度、软化点及延度。

4. [答案] ✓

[解析] 参考 JTG F40—2004 中关于热拌沥青混合料配合比设计与技术要求。考查沥青混合料的技术指标。沥青饱和度量是指压实沥青混合料中的沥青体积填充矿料间隙体积的百分率,又称沥青填隙率。

5. [答案] ✓

[解析] 参考 JTG E30—2005 试验规程中 T 0553—2005 水泥混凝土抗立方体抗压强度试验方法相关技术规定及试验结果处理方法。考查混凝土立方体抗压强度试验。试验时,将试件表面与上下承压板面擦干净,放置在试验机的下压板或垫板上,试件的承压面应与成型时的顶面垂直。成型抹平面人工完成,受人为因素的影响较大。

6. [答案] ×

[解析] 参考 JTJ 052—2000 试验规程中关于沥青延度试验的技术要求与规定。沥青延度试验过程中不应扰动液体,否则可能因为扰动液体导致沥青细丝拉断。

7. [答案] ✓

[解析] 参考 JTG F40—2004 中关于黏稠道路石油沥青的技术性质与技术要求。考查沥青标号的含义与使用。低标号沥青的黏性大,稠度大,温度敏感性低,因此,拌和时要一个较高的温度下才能使低标号沥青处于黏稠状态,故一般情况下,低标号沥青拌制混合料时的拌和温度应高于高标号沥青混合料。

8. [答案] ✓

[解析] 参考 JTG F40—2004 中关于黏稠道路石油沥青的技术性质与技术要求。考查沥青与矿料的黏附性的测定。沥青与矿料的黏附性试验过程中,最终完全由试验人员根据自己的经验进行等级评定,受人主观因素的影响,因此要求由两名以上经验丰富的试验人员分别目测评定后取平均等级表示结果。

9. [答案] ×

[解析] 参考 JTG F40—2004 中关于黏稠道路石油沥青的技术性质与技术要求。中、轻交通量石油沥青不进行老化评定,不进行沥青老化试验等指标的测定。

10. [答案] ×

[解析] 参考 JTG F30—2003 技术规范中关于普通混凝土配合比设计中关于标准稠度概念的应用。测定水泥标准稠度用水量是为了进行水泥凝结时间的测定。

11. [答案] ✓

[解析] 参考 JTJ 052—2000 试验规程中关于沥青延度试验的技术要求与规定。考查沥青混合料的物理指标。沥青混合料的空隙率主要就是矿料的间隙率。

12. [答案] ✓

[解析] 参考 JTG E50—2006 中关于土工合成材料试验取样要求的相关规定。公路工程土工合成材料试验的裁取样品要求:(1)全部的试验试样应在同一样品中裁取;(2)卷装材料的头两层不应取作样品;(3)取样时应尽量避免污渍、折痕、孔洞或其他损伤部分,否则要加放足够数量。

13. [答案] ×

[解析] 参考 JTG F40—2004 中关于热拌沥青混合料配合比设计技术性质与技术要求。

矿粉细度越细，则比表面积越大，与沥青产生的沥青膜越薄，在沥青中结构沥青占的比例就越大，黏聚力就越高，但是，从施工工艺的角度讲，矿粉又不宜过细，否则混合料易结团。

14. [答案] ×

[解析] 参考 JTG E40—2007 中 T 0103—1993 关于烘干法测含水率的相关规定，对含有机质超过 5% 的土或含石膏的土，应将烘箱温度控制在 60 ~ 70℃ 的恒温。

15. [答案] ×

[解析] 《公路工程集料试验规程》(JTG E42—2005)：T 0320—2000 粗集料软弱颗粒试验中规定，称风干试样 2kg。如颗粒粒径大于 31.5mm，则称 4kg。过筛分成 4.75 ~ 9.5mm，9.5 ~ 16mm，16mm 以上各 1 份。

16. [答案] ×

[解析] 参考 JTG E42—2005 试验规程中 T 0304—2005 粗集料密度及吸水率试验（网篮法）、T 0307—2005 粗集料吸水率试验的相关概念、技术规定。材料吸水饱和时的含水率称为吸水率。含水率是某种状态时，石料中水的质量占石料干燥质量的百分率。

17. [答案] ×

[解析] 参考 JTG F40—2004 中关于黏稠道路石油沥青的技术性质与技术要求。考查沥青含蜡量的测定方法。

18. [答案] ✓

[解析] 参考 JTG F40—2004 中关于热拌沥青混合料配合比设计与技术要求，参考 JTJ 052—2000 试验规程中关于马歇尔试验的相关技术要求与规定。考查马歇尔稳定度试验及指标的含义。稳定度是试件受压或破坏时能承受的最大荷载。流值是达到最大荷载时试件的垂直变形。

19. [答案] ✓

[解析] 考查水泥混凝土的工作性和强度的影响因素以及砂率的意义。水泥混凝土强度的决定因素是水泥的强度和水胶比以及粗骨料的颗粒形状和品质，砂与水泥浆构成水泥砂浆，胶结石子骨料同时提供流动润滑作用。采用合理砂率，一方面可节约水泥，另一方面可以得到好的流动性、黏聚性和保水性。

20. [答案] ✓

[解析] 参考 JTG F40—2004 中关于热拌沥青混合料配合比设计与技术要求。考查沥青混合料的技术指标。残留稳定度指将沥青混合料试件模拟路面的水损害条件后测得的稳定度的值。残留稳定度越大，反映试件受水损害后的破坏程度相对较轻，也即沥青混合料的水稳定性越好。

21. [答案] ✓

[解析] 烘箱安全操作要求：向烘箱送入或拿出物品时，必须带防护手套以防烫伤。

22. [答案] ×

[解析] 参考 JTG F40—2004 中关于黏稠道路石油沥青的技术性质与技术要求。沥青针入度是沥青的三大基本指标之一，沥青针入度试验操作简单，反映沥青黏度的大小。

23. [答案] ✓

[解析] 参考 JTJ 052—2000 中关于沥青与矿料黏附性试验结果相关技术规定。考查沥青与矿料的黏附性试验。沥青与矿料的黏附性等级判定见下表：

试验后石料表面上沥青膜剥落情况	黏附等级
沥青膜完全保存,剥离百分率接近0	5
沥青膜少部分被水移动,厚度不均匀,剥离面积百分率接近不少于10%	4
沥青膜局部明显地被水所移动,基本保留在石料表面,剥离面积百分率少于30%	3
沥青膜大部分被水移动,局部保留在石料表面,剥离面积百分率大于30%	2
沥青膜完全被水移动,石料基本裸露,沥青全部浮在水面	1

24.[答案] ✓

[解析] 参考JTG F30—2003技术规范中关于普通混凝土配合比设计的技术要求与规定。粗骨料粒径越大,结构中起骨架结构作用的骨料占的比例就越大,因而节约水泥。

25.[答案] ×

[解析] 新拌水泥混凝土的工作性包括流动性、黏聚性和保水性三方面的含义,坍落度仅反映流动性一方面的情况,因而本题说法错误。

26.[答案] ×

[解析] 参考JTG F40—2004中关于热拌沥青混合料的技术性质与技术要求,各性能指标的所反映的技术性质及其变化规律。考查油石比和沥青含量的不同含义和计算。沥青含量是沥青占混合料总质量的比例,油石比是沥青与集料的比值,因此,沥青含量为5.0%时,油石比为5.0/(100-5.0)×100%=5.3%。

27.[答案] ×

[解析] 锰溶于铁素体中,其作用是消减硫和氧所引起的热脆性,使钢材的热加工性质得到改善,还可提高钢材的强度。

28.[答案] ×

[解析] 参考JTJ 052—2000试验规程中关于沥青蜡含量试验方法的相关技术要求与规定。现行测定含蜡量试验方法,脱蜡所用油分质量的多少,不影响测得的沥青含蜡量值的大小。

29.[答案] ✓

[解析] 参考JTG E42—2005中T 0316—2005粗集料压碎值试验的相关技术规定、试验操作以及所反映的粗集料技术性质。考查石料的技术指标。压碎值作为衡量石料强度的一项指标,是指在连续施加荷载的试验条件下,集料抵抗压碎的能力,以此来评价路用粗集料的相对承载力。压碎值愈小的石料,表示其强度越高。

30.[答案] ×

[解析] 参考JTG E42—2005中T 0317—2005粗集料磨耗值(洛杉矶法)试验的相关技术规定、试验操作以及所反映的粗集料技术性质。用于测定规定条件下粗集料抵抗摩擦、撞击的能力。区别于道瑞磨耗值,采用道瑞磨耗试验得到的磨耗值指标,用来评定表层路面中的集料抵抗车轮磨耗的能力。

四、问答题(共5道题,每题10分,共计50分)

1.简述含水率测定的试验步骤。

[答案] (1)取具有代表性试样,细粒土15~30g,砂类土、有机土为50g,砂砾石为1~2kg放入称量盒内,立即盖好盒盖,称取湿土质量m,准确至0.01g。

(2)揭开盒盖,将试样和盒放入烘箱内,在温度105~110℃恒温下烘干。烘干时间对细粒土不得少于8h,对砂类土不得少于6h。对含有机质超过5%的土,应将温度控制在65~70℃的恒温下烘干,干燥12~15h为好。

(3)将烘干后的试样和盒取出,放入干燥器内冷却(一般只需0.5~1h即可)。冷却后盖好盒盖,称质量 m_s,准确至0.01g。

(4)含水率计算公式:$w=(m-m_s)/m_s \times 100\%$

本试验须进行二次平行测定,取两次平行试验的平均值作为含水率,允许平行差值应符合规定。

[解析] 参考JTG E40—2007中土的含水率试验的相关规定,掌握烘干法、酒精燃烧法和比重法测含水率等三种试验方法的适用范围。考查烘干法(T 0103-1993)测含水率测定的试验步骤。

2. 砂子筛分曲线位于级配范围曲线图中的Ⅰ区、Ⅱ区、Ⅲ区说明什么问题?三个区以外的区域又说明什么?配制混凝土,选用哪个区的砂好些?为什么?

[答案] 工程用砂是把细度模数在1.6~3.7范围内的砂按0.63mm筛孔的累计筛余百分率分为三个级配区,若混凝土用砂的级配曲线完全处于三个区的某一个区中,(具体按0.63mm筛孔累计筛百分率确定),说明其级配符合混凝土用砂的级配要求。如果砂的级配在一个(或几个)筛孔超出了所属的级配区范围,说明该砂不符合级配要求,不得使用。配制混凝土优先选用级配符合Ⅱ区级配要求的砂,Ⅱ区砂由中砂和一部分偏粗的细砂组成,用Ⅱ区砂拌制的混凝土拌和物其内摩擦力,保水性及捣实性都较Ⅰ区和Ⅲ区砂要好,且混凝土的收缩小,耐磨性高。

[解析] 参考JTG E42—2005关于T 0327—2005细集料筛分试验的相关规定,及条文说明内容。考查砂子筛分曲线的级配分区。

3. 简述粗集料压碎值测定的试验步骤。

[答案] (1)风干试样,过13.2mm和16mm筛,取13.2~16mm的试样3kg,供试验用。

(2)确定每次试验用量。

(3)将要求质量的试样分三次倒入试筒,用金属棒夯击25次,最上层表面应仔细整平。

(4)将装有试样的试筒放到压力机上,压柱放入试筒内石料面上。

(5)开动压力机均匀地施加荷载,在10min时达到总荷载400kN,稳压5s,然后卸荷。

(6)将试筒从压力机上取下,取出试样。用2.36mm筛筛分经压碎的全部试样,称取通过2.36mm筛孔的全部细料质量(m_1),准确至1g。

(7)计算压碎值。

[解析] 参考JTG E42—2005关于粗集料压碎值试验方法与操作步骤相关规定,以及条文说明内容。考查粗集料压碎值测定的试验步骤。

4. 某施工单位进行AC-16-I沥青混合料马歇尔试验时,测得其马歇尔稳定度不能满足设计要求,试分析可能产生该种现象的原因。

[答案] (1)粗骨料强度低,与沥青黏附差。若粗骨料强度低、风化严重,针片状颗粒多,在试件成型击实过程中产生新的破裂面,导致稳定度上不去,骨料与沥青黏附差也是可能原因。

(2)砂子用量过大,由于砂多为河砂表面较光,若砂子用量大,会减少摩擦阻力,从而影响稳定度。

(3)矿粉用量不合适,矿粉一般用量较小,但其总比面很大,矿粉用量对混合料黏结力起决定作用,矿粉用量过少,将使混合料黏结力下降,导致稳定度低。但过多也会影响稳定度。

(4)沥青针入度值大,黏性差,也可能导致稳定度差。

［解析］ 参考 JTG F40—2004 关于沥青混合料配合设计的相关规定,以及条文说明内容。要求考生熟悉沥青混合料各项路用性能试验检测技术基础上,明确各路用性能的影响因素。考查沥青混合料配合比设计的有关内容。

5. 简述沥青针入定的试验方法。

［答案］ (1)准备工作:①将试样注入盛样皿,冷却 1 ~1.5h(小盛样皿)、1.5 ~2h(大盛样皿)或 2 ~2.5h(特殊盛样皿)后,移入中保温 1 ~1.5h、1.5 ~2h 或 2 ~2.5h;②调整仪器。

(2)试验步骤:①盛样皿移入试验温度 ±0.1℃的平底玻璃皿中的三脚支架上,试样表面水深不少于 10mm;②将平底玻璃皿置于针入度仪平台上,放下针连杆,使针尖与试样表面接触,指针调零;③开动秒表,在 5s 的瞬间,用手紧压按钮,使标准针自动下落贯入样,经规定时间,停压按钮使针停止移动;④拉下拉杆与针连杆接触,读取刻度盘指针读数,精确至 0.5;⑤平行试验至少 3 次,各测试点之间及与皿边缘不少于 10mm。

［解析］ 参考 JTG E20—2011 关于 T 0604—2000 沥青针入度试验的相关规定及试验结果处量操作,要求考生掌握沥青和沥青混合料中沥青针入度试验,以及影响试验结果的主要因素;PI 值的计算方法。考查沥青针入度测定的试验方法。

综合题

1.［答案］ CD

［解析］《公路沥青路面施工规范》(JTG F40—2004)中道路石油沥青技术要求中指出,70 号沥青的针入度测定范围为 60 ~80,90 号沥青的针入度测定范围为 80 ~100,在该检测中,针入度的实测值为 78,属于 70 号沥青,因此 A 错误;在检测过程中,若检测室温度偏低,导致针入度值偏小,针贯入时间偏长会导致针入度值偏大,B 选项错误;该沥青实为 90 号沥青,但测试结果为 70 号沥青,沥青标号越高,高温稳定性越差,因此 C 选项正确;沥青针入度越小,沥青黏稠度越高,D 选项正确。

2.［答案］ ABD

［解析］ 在试验过程中,升温速率偏高,沥青在相同的时间内吸收的热量少,不易软化,此时测得的软化点比实际值大,A 选项正确;软化点是沥青吸热稳定性的一个指标,它与针入度也能间接反映沥青的黏稠程度,B 选项正确;《沥青及沥青混合料试验规程》(JTG E20—2011)T 0606—2011 沥青软化点试验中,明确指出当软化点大于 80℃时,即用甘油加热,加热温度从 32℃开始,C 选项错误;沥青软化点越大,表明沥青热稳定性越好,高温稳定性好,D 选项正确。

3.［答案］ A

［解析］《公路工程沥青及沥青混合料试验规程》(JTG E20—2011)T 0605—2011 沥青延度试验中指出,在 3 个测定结果中,有一个以上的测定值小于 100cm 时,若最大值或最小值

与平均值之差满足重复性试验精密度要求，则取3个测定结果的平均值的整数作为延度试验结果，若平均值大于100cm，计做>100cm；若最大值或最小值与平均值之差不符合重复性试验精密度要求时，试验应重新进行。当试验结小于100cm时，重复性试验的允许差为平均值的20%；复现性试验的允许差为平均值的30%。在该题中，3个测定结果的平均值为99，重复性试验的允许差为19.8，最大值与平均值之差为5.2，最小值与平均值之差为9，因此该沥青的延度测定值为99，A选项正确。

4. [答案] CD

[解析] 薄膜烘箱试验是用来评价沥青抗老化性，但不能表征沥青的高温稳定性，A选项错误；《公路沥青路面施工技术规范》(JTG F40—2004)中规定，沥青经薄膜烘箱试验或旋转薄膜烘箱试验老化后，质量损失率不大于±0.8%，该沥青质量损失率检测结果为-1.1%，其抗老化性较差，B选项错误，C选项正确；沥青老化后变硬，针入度变小，D选项正确。

5. [答案] AD

[解析] 沥青针入度越大，高温稳定性越差，低温抗裂性越好，因此在南方地区应选择标号较低的沥青，北方地区应选择标号较高的沥青，A选项正确；《沥青及沥青混合料试验规程》(JTG E20—2011)T 0606—2011 沥青软化点试验中，明确指出试验的升温速率为每分钟5℃±0.5℃，B选项错误；沥青延度只能表征沥青低温性能，C选项错误；据T 0609—2011 沥青薄膜加热试验和T 0610—2011 沥青旋转薄膜加热试验的目的和适用范围，可以看出，两个试验都可以评定沥青的耐老化性能，D选项正确。

《材料》模拟试题(二)

一、单项选择题(四个备选项中只有一个正确答案,总共30道题,每题1分,共计30分)

1. 工程上含水率的定义为( )的质量与土粒质量之比的百分数。

A. 结合水和自由水　B. 结合水　C. 自由水　D. 液相

2. 反映天然含水率与界限含水率关系的指标为( )。

A. w_L　B. w_p　C. I_p　D. I_L

3. 液性指数主要应用于评价( )。

A. 各种土的状态　B. 砂土的状态　C. 细粒土的状态　D. 粗粒土的状态

4. 液限与塑限的测定皆是用( )测定的。

A. 重塑土　B. 原状土　C. 饱和土　D. 黄土

5. 相对密实度主要用来评价( )。

A. 各种土的状态　B. 细粒土的状态　C. 粗粒土的状态　D. 黏性土的状态

6. 石料的磨光值越大,说明石料越( )。

A. 不易磨光　B. 易磨光　C. 强度高　D. 强度低

7. 与孔隙体积无关的物理常数是( )。

A. 密度　B. 表观密度　C. 毛体积密度　D. 堆积密度

8. 采用标准尺寸试件,测定强度为C20的普通混凝土抗压强度,应选用( )的压力机。

A. 100kN　B. 300kN　C. 500kN　D. 1 000kN

9. 评价粗集料力学性能的指标是( )。

A. 抗压强度　B. 压碎值　C. 坚固性　D. 磨耗值

10. 用调整水量法测定水泥标准稠度用水量时,以试锥下沉深度( )mm时的净浆为标准稠度净浆。

A. 28 ±1　B. 28 ±2　C. 28 ±3　D. 26 ±2

11. 水泥混凝土拌和物含水率试验采用( )。

A. 改进 *VC* 法　B. 坍落度仪法　C. 混合式气压法　D. 维勃仪法

12. 油石比是指( )的比值。

A. 沥青与矿料的质量　B. 沥青与矿料的体积　C. 沥青与混合料总质量　D. 沥青与混合料总体积

13. 水泥混凝土的砂石比为0.59,那么其砂率为( )。

A. 2.69　B. 1.69　C. 0.73　D. 0.37

14. 钢材的屈强比越小，则结构的可靠性(　　)。

A. 越大　　B. 越小　　C. 不变　　D. 两者无关

15. 沥青材料老化后其质量将(　　)。

A. 减小　　B. 增加

C. 不变　　D. 有的沥青减小，有的增加

16. 影响沥青路面抗滑性能的因素是(　　)。

A. 集料耐磨光性　　B. 沥青用量

C. 沥青含蜡量　　D. 前三个均是

17. 用于高等级公路路面抗滑表层的粗集料，除满足沥青混凝土粗集料要求的技术性质外，还应满足的指标是(　　)。

A. 冲击值　　B. 磨光值　　C. 道瑞磨耗　　D. 压碎值

18. 沥青混合料车辙试验的评价指标是(　　)。

A. 稳定度　　B. 残留稳定度

C. 动稳定度　　D. 残留强度化

19. 当水泥混凝土所用的砂由中砂改为粗砂或细砂时，砂率应(　　)。

A. 保持不变　　B. 适当增大

C. 适当减少　　D. 粗砂适当增大，细砂适当减少

20. 钢材冷拉时效后(　　)。

A. 强度、塑性提高　　B. 强度、塑性降低

C. 强度提高，塑性降低　　D. 强度降低，塑性提高

21. 根据(　　)筛孔的累计筛余量，砂分成三个级配区。

A. 2.5mm　　B. 1.25mm　　C. 0.63mm　　D. 0.315mm

22. 普通混凝土配合比设计规程(JGJ 55—2011)较旧版(2000 年版)，在配合比设计时更强调(　　)。

A. 混凝土配制强度　　B. 拌和物性能

C. 长期性能　　D. 耐久性能

23. 关于碱集料反应，以下表述错误的是(　　)。

A. 碱—硅酸反应试验方法也适用于碳酸类集料

B. 碱—硅酸反应试验环境要求成型室、测长室的相对湿度应不小于 80%

C. 每次测长后，应对每个试件进行挠度测量和外观检查

D. 当 6 个月龄期的膨胀率小于 0.10% 时，判定为无潜在碱—硅酸反应危害

24. 混凝土流动性太小，应(　　)。

A. 增加用水量　　B. 增加水泥用量

C. 增加砂率　　D. 水灰比不变增加水泥浆

25. 决定混凝土和易性的因素是(　　)。

A. 水泥用量　　B. 用水量　　C. 水灰比　　D. 骨料粒径

26. 泵送混凝土泵送时的坍落度不小于(　　)。

A. 50mm　　B. 30mm　　C. 100mm　　D. 150mm

27. 混凝土中加引气剂使混凝土(　　)显著提高。

A. 强度　　B. 抗冲击性　　C. 抗冻性　　D. 弹性模量

28. 车辙试验用的试件尺寸为(　　)的板块试件。

A. 300mm×300mm×50mm　　B. 300mm×300mm×100mm

C. 300mm×300mm×300mm　　D. 300mm×300mm×500mm

29. 沥青的相对密度是指在规定温度下,沥青质量与同体积(　　)的质量之比。

A. 水　　B. 标准沥青　　C. 酒精　　D. 1

30. 能够降低沥青混合料流值的因素是(　　)。

A. 加大矿料的最大粒径　　B. 增加沥青用量

C. 提高沥青标号　　D. 提高集料的棱角

二、多项选择题(每道题目所列出的备选项中,有两个或两个以上正确答案,选项全部正确得满分,选项部分正确按比例得分,出现错误选项该题不得分。总共20道题,每小题2分,共计40分)

1. 若施工中发现混凝土拌和物有明显的离析现象,你认为可能的原因是(　　)。

A. 骨料级配差　　B. 水泥浆用量过大

C. 拌和不均匀　　D. 拌和时间过长

2. 混凝土粗骨料中针、片状颗粒含量过高将会影响混凝土的(　　)。

A. 影响混凝土的强度　　B. 影响混凝土拌和物的流动性

C. 影响混凝土的保水性　　D. 影响混凝土单位用水量

3. 下列影响沥青混合料技术性质的因素中,与矿料间隙率不相关的是(　　)。

A. 集料最大粒径　　B. 细砂用量

C. 石粉用量　　D. 沥青针入度

4. 沥青混合料试件的矿料间隙率包括(　　)两部分。

A. 空隙率　　B. 沥青体积百分率

C. 混合料间隙率　　D. 骨料空隙率

5. 对混凝土拌和物流动性有显著影响的因素是(　　)。

A. 早强剂　　B. 用水量

C. 砂率　　D. 水泥强度等级

6. 为保持结构的耐久性,在设计混凝土配合比时应考虑允许的(　　)。

A. 最大水灰比　　B. 最小水泥用量

C. 最大水泥用量　　D. 最小水灰比

7. 压力机安全操作要求(　　)。

A. 严禁过载使用　　B. 发现异常,应立即停机检查处理

C. 严禁液压缸室顶试压　　D. 工作完毕后,应将油缸回位,切断电源

8. 矿质集料的级配类型有(　　)。

A. 密级配　　B. 开级配

C. 连续级配　　D. 间断级配

9. 沥青混合料的配合比设计包括(　　)阶段。

A. 初步配合比　　B. 目标配合比

C. 生产配合比　　D. 生产配合比验证

10. 通过配合比设计,可以决定沥青混合料的(　　)。

A. 材料品种　　B. 矿料级配

C. 沥青用量　　D. 碾压温度

11. 沥青混合料试件成型时,料装入模后用插刀沿周边插捣(　　)次,中间插捣(　　)次。

A. 13　　B. 12　　C. 15　　D. 10

12. 25℃时,测得比重瓶充满水时的质量为55.062 2g,瓶加沥青再充满水时的质量为55.189 2g,其中沥青质量为15g,沥青的相对密度为(　　),密度为(　　)(保留三位小数,25℃时水的相对体积为0.990 98)。

A. 1.009　　B. 0.998　　C. 0.012　　D. 1.015

13. 集料的堆积密度是指单位堆积体积集料的质量,堆积体积包括(　　)。

A. 集料实体体积　　B. 集料颗粒的闭口孔隙体积

C. 集料颗粒的开口孔隙体积　　D. 集料粒间空隙体积

14. 水泥混凝土抗折强度试验,在(　　)情况下试验结果作废。

A. 一个试件破坏断面位于加荷点外侧

B. 两个试件破坏断面位于加荷点外侧

C. 整组试件破坏断面位于加荷点外侧

D. 有两个测值与中间值差值超过中间值的15%

15. 细集料棱角性试验方法有(　　)。

A. 间隙率法　　B. 流动时间法　　C. 砂浆长度法　　D. 游标卡尺法

16. 关于砂的细度模数,叙述正确的有(　　)。

A. 细度模数是评价砂粗细程度的一种指标,细度模数愈大,表示砂愈粗

B. 细度模数的数值主要决定于0.15mm筛至2.36mm筛5个粒径的累计筛余量,粗颗粒分计筛余的"权"比细颗粒大,细度模数的数值在很大程度上取决于粗颗粒含量

C. 细度模数的数值与小于0.15mm的颗粒无关

D. 不同级配的砂可以具有相同的细度模数

17. 相对密实度指标(　　)。

A. 不能评价各种土的密实状态　　B. 可以评价黏性土的密实状态

C. 可以评价砂性土的密实状　　D. 在实际应用中仍存在缺陷

18. 土的压缩系数与土的(　　)有关

A. 相应荷载作用下孔隙比的变化　　B. 土粒密度

C. 相应压应力水平　　D. 水的体积

19. 土体的压缩主要表现为(　　)。

A. 孔隙体积的减小　　B. 孔隙水的排出

C. 固体颗粒的变形　　D. 孔隙水本身的压缩变形

20. 沥青混合料生产配合比调整要解决的问题是( )。

A. 确定拌和温度　　B. 确定各热料仓矿料的配合比例

C. 确定沥青用量　　D. 确定拌和时间

三、判断题(正确的事实在后面括号中打"✓",错误的事实在后面括号中打"×"。总共30道题,每题1分,共计30分)

1. 黏稠沥青针入度≤300(0.1mm),针入度>300(0.1mm)则为液体沥青。 ( )

2. 级配曲线中,通过量与筛孔尺寸为坐标,级配线靠近范围图上线的砂通过量越小,相对较粗,即靠近下线的砂则相对较粗。 ( )

3. 细度模数真实反映了砂中粗、细颗粒的分布情况。 ( )

4. 道路石油沥青(包括重交通与中轻交通道路沥青)标号的划分是根据25℃时针入度的大小来确定的。 ( )

5. 两种细度模数相同的砂,其级配必然相同。 ( )

6. 材料的孔隙率越大,其强度值越小。 ( )

7. 沥青的密度与沥青路面性能无直接关系。 ( )

8. 我国现行规范规定,采用马歇尔试验进行沥青混合料配合比设计。 ( )

9. 水泥强度测定是采用标准稠度的水泥净浆来制作试件。 ( )

10. 砂率是砂的质量与石子质量的百分比。 ( )

11. 石料的磨光值愈大,表示石料越不易磨耗。 ( )

12. 碎石坚固性试验中,共需进行5次浸泡—烘干循环。从第二次循环开始,浸泡与烘干时间均为4h。 ( )

13. 闪点是保证沥青加热质量和施工安全的一项重要指标。 ( )

14. 沥青混合料就是沥青混凝土混合料的简称。 ( )

15. 集料的含泥量是指粒径小于0.075mm颗粒的含量。 ( )

16. 通常沥青针入度值愈小,表示沥青愈硬。 ( )

17. 沥青混合料用粗集料可以采用级配碎石或级配卵石。 ( )

18. T 0630—2011 压力老化容路加速沥青老化试验,既能用来评价不同沥青在试验温度和压力条件下的抗氧化老化能力,又能说明混合料因素的影响或沥青实际使用条件下时老化的影响。 ( )

19. 沥青含量试验(蒸留法)中,乙醚—乙醇(1:1)混合液主要作用是冷却作用。 ( )

20. 水泥的细度达不到要求按不合格品处理 。 ( )

21. 成型温度是沥青混合料密实度的主要影响因素。 ( )

22. 沥青混合料试件的高度变化并不影响所测流值,仅对稳定度的试验结果有影响。( )

23. 残留稳定度是评价沥青混合料水稳定性的一项指标。 ( )

24. 坍落度小于70mm的新拌水泥混凝土,在试件成型时,既可采用人工插捣的方式成型,也可采用机械振动法成型。 ( )

25. 集料表观相对密度与表观密度属于同一概念,只是叫法不同。 ( )

26. 沥青混合料矿料组成设计修正的实质是调整矿料的间隙率。 ( )

27. 锰会对钢的性能产生一系列不良的影响，是一种有害元素。（ ）
28. 细度模数相同的细集料，其级配也相同。（ ）
29. 沥青老化后，其质量将减轻。（ ）
30. 水泥混凝土抗折强度即弯拉强度。（ ）

四、问答题（共5道题，每题10分，共计50分）

1. 简述密度测定试验（环刀法）的步骤。

2. 沥青混合料的配合比设计包括哪3个阶段？每个阶段的目的是什么？

3. 回答沥青软化点测定的试验步骤。

4. 简述粗集料磨耗试验（洛杉矶法）的试验步骤。

5. 简述沥青含蜡量试验步骤及方法概要。

《材料》模拟试题(二)答案及解析

一、单项选择题(四个备选项中只有一个正确答案,总共30道题,每题1分,共计30分)

1.[答案]　C

[解析]　参考JTG E40—2007中土的含水率试验的相关规定,掌握含水率的概念。熟悉烘干法、酒精燃烧法和比重法测含水率等三种试验方法的适用范围。考察土的含水率的定义。土的含水率是在105~110℃下烘至恒量时所失去的水分质量和达恒量后干土质量的比值。105~110℃为水分蒸发温度。

2.[答案]　D

[解析]　参考JTG E40—2007中土的界限含水率试验的相关规定,如T 0118—2007液限和塑限联合测定法。考查液性指数的含义。表示天然含水率与界限含水率关系的指标,即液性指数$I_L=(\omega-\omega_p)/(\omega_L-\omega_p)$。

3.[答案]　C

[解析]　参考JTG E40—2007中土的界限含水率试验的相关规定,如T 0118—2007液限和塑限联合测定法。考查界限含水率是针对黏性土的指标,液性指数表示天然含水率与界限含水率关系,$I_L=(\omega-\omega_p)/(\omega_L-\omega_p)$,其数值直接反映细粒土的状态。

4.[答案]　A

[解析]　参考JTG E40—2007中土的界限含水率试验的相关规定,如T 0118—2007液限和塑限联合测定法。考查界限含水率试验,也即黏性土含水率试验,液限与塑限的测定皆是用重塑土测定的。

5.[答案]　C

[解析]　参考JTG E40—2007中土的密度试验相关规定,土的密度不同试验方法的目的和适用范围,明确土的密度概念作用。相对密实度是针对于砂土的指标,砂土在天然状态的紧密程度用相对密实度D_r表示,$D_r=(e_{max}-e)/(e_{max}-e_{min})$。其数值大小直接反映粗粒土的状态。

6.[答案]　A

[解析]　参考JTG E42—2005关于T 0321—2005粗集料磨光值试验的相关规定,及指标反映的粗集料技术性质。考查集料的技术指标。石料的磨光值是利用加速磨光机磨光石料,并以摆式摩擦系数仪测定集料磨光后的磨光系数值,以评定抗滑表层用集料的抗磨光性。因此,石料的磨光值越大,说明石料越不易磨光。

7.[答案]　A

[解析]　参考JTG E42—2005关于T 0308—2005粗集料密度及吸水率试验的相关规定,以及密度的相关概念与物理意义。考查材料的物理性能指标。密度即材料的真实密度;表观密度是材料在自然状态下单位体积的质量,体积包括材料实体和闭口孔隙;毛体积密度是单位突击物质的干质量,体积包括材料实体,开口、闭口孔隙和颗粒表面轮廓线包围的毛体积;堆积

密度是材料在堆积状态下单位体积的质量,体积包括材料实体,开口、闭口孔隙和颗粒间空隙。

8.[答案] D

[解析] 参考 JTG E30—2005 试验规程中 T 0553—2005 水泥混凝土抗立方体抗压强度试验方法的相关技术规定及试验结果处理方法。考查水泥混凝土抗压强度试验。根据已知 C20 的强度等级,又已知采用标准尺寸试件,因此可以选择合适范围的压力机。

9.[答案] B

[解析] 参考 JTG E42—2005 中 T 0316—2005 粗集料压碎值试验的相关技术规定、试验操作以及所反映的粗集料技术性质。考查集料的技术指标。压碎值作为衡量石料强度的一项指标,是指在连续施加荷载的试验条件下,集料抵抗压碎的能力,以此来评价路用粗集料的相对承载力。

10.[答案] B

[解析] 参考 JTG E30—2005 试验规程中 T 0505—2005 水泥标准稠度用水量、凝结时间、安定性检验方法相关技术规定及试验操作方法。考查水泥的标准稠度试验。水泥浆对标准试杆或试锥的沉入具有一定的阻力,通过试样不同用水量试水泥净浆的穿透性,水泥以确定水泥净浆达到标准稠度所需的水量。以试锥下沉为 28mm ± 2mm 时的净浆为标准稠度净浆,此时的拌和水量为该水泥的标准稠度用水量。

11.[答案] B

[解析] 《水泥及水泥混凝土试验规程》(JTG E30—2005):

T 0522—2005 水泥混凝土拌和物稠度试验方法(坍落度仪法)

T 0523—2005 水泥混凝土拌和物稠度试验方法(维勃仪法)

T 0524—2005 碾压混凝土拌和物稠度试验方法(改进 *VC* 法)

T 0526—2005 水泥混凝土拌和物含气量试验方法(混合式气压法)

12.[答案] A

[解析] 参考 JTG F40—2004 中关于热拌沥青混合料配合比设计技术性质与技术要求。考查沥青混合料的油石比的含义,区别于沥青用量。油石比即指沥青质量与集料质量的比值,沥青用量是指沥青与混合料总质量的比值。

13.[答案] D

[解析] 参考 JTG F30—2003 技术规范中关于普通混凝土配合比设计中关于水泥混凝土工作性和强度的影响因素以及砂率的概念。考察砂率的含义。砂率是砂的质量占砂、石总质量的比率;题目给定的砂石比是砂的质量与石的质量的比值,所以本题砂率为:$0.59/(1+0.59)=0.37$。

14.[答案] A

[解析] 钢材的屈强比是钢材屈服强度和抗拉强度的比值,钢材的屈强比越小,反映钢材受力超过屈服点工作时的可靠性越大,因而结构的可靠性越大,屈强比太小,则钢材性能不能被充分利用。

15.[答案] D

[解析] 参考 JTG F40—2004 中关于黏稠道路石油沥青的技术性质与技术要求。沥青老化后,有的沥青质量减小,有的增加,所以沥青老化后的质量损失,有正有负。

16.［答案］　D

［解析］　参考 JTG F40—2004 中关于沥青混合料配合比设计中关于抗滑性能的技术性质与技术要求。考查沥青路面的技术性质——抗滑性能的影响因素。

17.［答案］　C

［解析］　参考 JTG F40—2004 中关于沥青混合料配合比设计中关于抗滑性能的技术性质与技术要求。考查高等级公路路面抗滑表层的技术性质。对用于高等级公路路面抗滑表层的粗集料,除满足沥青混凝土粗集料要求的技术性质外,要进行道瑞磨耗试验测定。

18.［答案］　C

［解析］　马歇尔稳定度试验的指标是稳定度和流值,车辙试验的指标是为稳定度。

19.［答案］　D

［解析］　参考 JTG F30—2003 技术规范中关于普通混凝土配合比设计中关于水泥混凝土工作性和强度的影响因素以及砂率的概念。由中砂改为细砂,由于细砂的细颗粒含量高于中砂中的细颗粒含量,为保证原骨料中细集料的含量,应适当减小砂率;由中砂改为粗砂,由于粗砂的细颗粒含量低于中砂中的细颗粒含量,为保证原骨料中细集料的含量,应适当增大砂率。

20.［答案］　C

［解析］　钢材的冷加工强化是将钢材于常温下进行冷拉、冷拔或冷轧,使产生塑性变形,从而提高屈服强度。将经过冷加工后的钢材于常温下存放 15 ~ 20d,或加热到 100 ~ 200℃并保持一定时间,这一过程称为钢材的时效处理,前者称为自然时效,后者称为人为时效。

21.［答案］　C

［解析］　参考 JTG F30—2003 技术规范中关于细集料技术要求的条文说明中相关内容。考查砂子的级配。根据 0.63mm 筛孔的累计筛余量,砂分成三个级配区,并且除 0.63mm和 5mm 筛孔外,其他筛孔的累计筛余量允许有超出分区界线,但其总量百分率不应大于 5%。

22.［答案］　D

［解析］　普通混凝土配合比设计规程(JGJ 55—2011)基本规定 3.0.1:混凝土配合比设计应满足混凝土配制强度、拌和物性能、力学性能、长其性能和耐久性能的设计要求。强调混凝土配合比设计应满足耐久性能要求是新版较旧版(2000 年)的重点之一。

23.［答案］　A

［解析］　《建设用碎石、卵石》(GB/T 14685—2011)

7.15.1 碱—硅酸反应适用范围:本方法适用于检验硅质集料与混凝土中的碱发生潜在碱—硅反应的危害性。不适用于碳酸类集料。

24.［答案］　D

［解析］　水泥浆直接提供混凝土的流动性,水泥浆的多少直接影响混凝土流动性的大小。混凝土流动性太小,应在保持强度不变,即水胶比不变,增加水泥浆的数量。

25.［答案］　B

［解析］　水赋予混凝土流动性。用水量的大小直接决定混凝土流动性的大小,水泥用量、水胶比会影响水泥浆的稠度,因而会影响混凝土流动性的大小,骨料颗粒形状好会提高混凝土的流动性,即骨料的品质也会影响混凝土的和易性。

26.［答案］ C

［解析］ 泵送混凝土是可在施工现场通过压力泵及输送管道进行浇筑的混凝土，包括流动性混凝土和大流动性混凝土，泵送时坍落度不小于100mm。

27.［答案］ C

［解析］ 参考JTG F30—2003技术规范中关于普通混凝土配合比设计中的技术要求，以及混凝土配合比设计关于外掺剂的技术性质与作用规律。混凝土中加引气剂使混凝土内形成封闭孔隙，因而提高抗冻性。

28.［答案］ A

［解析］ 参考JTG F40—2004中关于热拌沥青混合料配合比设计中车辙指标的技术要求，在JTG E20—2011试验规程中关于车辙试验的相关技术规定与试验操作步骤。考查沥青混合料的车辙试验，试件是按JTG E20—2011中T 0703用轮碾成型机碾压成型的长300mm×宽300mm×厚50～100mm板块状试件。

29.［答案］ A

［解析］ 参考JTG E20—2011试验规程中关于沥青密度与相对密度的相关技术规定与试验数据处理。考查沥青密度的测定和计算。沥青相对密度的测定，是根据同体积的沥青的质量与水的质量的比值得到。

30.［答案］ A

［解析］ 考查沥青混合料的基本技术性质与影响因素，可参考JTG F40—2004中关于沥青混合料配合比设计的相关内容与规定。降低沥青混合料流值，提高沥青混合料的抗变形能力，可以通过加大矿料的最大粒径。增加沥青用量，提高沥青标号，会降低沥青混合料的抗变形能力。

二、多项选择题（每道题目所列出的备选项中，有两个或两个以上正确答案，选项全部正确得满分，选项部分正确按比例得分，出现错误选项该题不得分。总共20道题，每小题2分，共计40分）

1.［答案］ AB

［解析］ 骨料级配差，颗粒搭配不好，会出现离析。水泥浆用量过大，会发生流浆，导致水泥混凝土出现离析。

2.［答案］ AB

［解析］ 针、片状颗粒一是强度低，二是构成集料，混合滚动性不好，因此含量过高会影响混凝土的强度和混凝土拌和物的流动性。

3.［答案］ AD

［解析］ 考查沥青混合料的基本技术性质与影响因素，可参考JTG F40—2004中关于沥青混合料配合比设计的相关内容与规定。考查沥青混合料的技术性质。矿料间隙率为压实集料块体中的空隙总体积，包括压实后沥青填充的体积和剩余的空隙。

4.［答案］ AB

［解析］ 考查沥青混合料的基本技术性质与影响因素，可参考JTG F40—2004中关于沥青混合料配合比设计的相关内容与规定。考查沥青混合料的技术性质。矿料间隙率为压实集

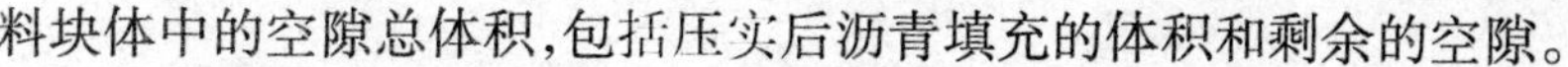

料块体中的空隙总体积,包括压实后沥青填充的体积和剩余的空隙。

5.[答案]　BC

[解析]　赋予混凝土拌和物流动性的是水,因此用水量对混凝土拌和物流动性有显著影响,好的砂率提供好的工作性。

6.[答案]　AB

[解析]　混凝土耐久性主要取决于混凝土的密实程度,而密实度的大小又在于混凝土的水灰比和水泥用量。当水胶比偏大或水泥用量偏小时,都有可能在硬化后的混凝土构件内部留下过多的孔隙,为日后引起混凝土耐久性不良现象留下隐患。所以为了保证混凝土的耐久性,要对混凝土中的最大水灰比和最小水泥用量作出限制规定。

7.[答案]　ABCD

[解析]　压力机安全操作要求:①操作人员应熟知压力机结构和工作原理;②工作前应检查液压油油面高度、操作系统及上、下限位开关是否安全可靠;③严禁过载使用,严禁液压缸空顶试压;④发现异常现象,应立即停机检查处理;⑤工作完毕后,工作人员应将油缸回位,切断电源、清理工作场地。

8.[答案]　CD

[解析]　考查沥青混合料的基本技术性质与影响因素,可参考 JTG F40—2004 中关于沥青混合料配合比设计的相关内容与规定。考查集料的级配类型。集料的级配类型包括连续级配和间断级配,密级配和开级配是沥青混凝土按照密实类型的分类。

9.[答案]　BCD

[解析]　考查沥青混合料的基本技术性质与影响因素,可参考 JTG F40—2004 中关于沥青混合料配合比设计的相关内容与规定。考查沥青混合料的配合比设计。沥青混合料配合比设计步骤——目标配合比设计阶段、生产配合比设计阶段、生产配合比设计验证阶段。

10.[答案]　ABC

[解析]　考查沥青混合料的基本技术性质与影响因素,可参考 JTG F40—2004 中关于沥青混合料配合比设计的相关内容与规定。考查沥青混合料的配合比设计的内容。设计内容——选择适宜的矿料类型、矿料级配、确定最佳沥青用量。

11.[答案]　CD

[解析]　参考 JTG E20—2011 试验规程中关于沥青马歇尔试验的相关技术规定。考查沥青混合料试件的制作方法(击实法)。即成型马歇尔试件时,料装入模后用插刀沿周边插捣 15 次,中间 10 次,保证混合料的均匀和密实。

12.[答案]　BA

[解析]　参考 JTG E20—2011 试验规程中关于沥青密度与相对密度的相关技术规定与试验数据处理。考查沥青密度的测定。沥青密度的测定通过计算同体积的沥青的质量与同体积水的质量的比值得到。

13.[答案]　ABCD

[解析]　参考 JTG E42—2005 规程中关于粗集料密度试验的相关概念以及试验操作的具体技术要求。考查材料基本性质的含义。集料的堆积密度是指单位堆积体积集料的质量。堆积体积包括集料实体体积、集料颗粒的闭口孔隙体积、集料颗粒的开口孔隙体积、集料粒间

空隙体积。

14.[答案] BCD

[解析] 参考 JTG E30—2005 试验规程中 T 0558—2005 水泥混凝土抗弯拉强度试验方法的相关技术规定及试验结果处理方法。考查水泥混凝土抗折强度试验。根据水泥混凝土抗折试验加载状况,确定最大受力位置为试件中间位置。

15.[答案] AB

[解析]《公路工程集料试验规程》(JTG E42—2005):

T 0344—2000 细集料棱角性试验(间隙率法)

T 0345—2005 细集料棱角性试验(流动时间法)

T 0325—1994 集料棱角性试验(砂浆长度法)

T 0312—2005 粗集料棱角性试验(游标卡尺法)

16.[答案] ABCD

[解析] 参考 JTG E42—2005 关于 T 0327—2005 细集料筛分试验的相关规定,及条文说明内容。考查细度模数的含义。砂子的粗细程度——按细度模数(M_x)划分:

$$M_x=(A_2+A_3+A_4+A_5+A_6-5A_1)/(100-A_1)$$

粗砂:$M_x=3.7\sim3.1$;

中砂:$M_x=3.0\sim2.3$;

细砂:$M_x=2.2\sim1.6$;

特细砂:$M_x=1.5\sim0.7$。

17.[答案] AC

[解析] 参考 JTG E42—2005 规程中关于粗集料密度试验的相关概念以及试验操作的具体技术要求。相对密实度是砂紧密程度的指标,等于其最大空隙比与天然空隙比之差和最大空隙比与最小空隙比之差的比值。

18.[答案] ABCD

[解析] 参考 JTG E40—2007 中土的收缩试验 T 0121—1993 相关规定,土的密度不同试验方法的目的和适用范围,明确土的密度概念作用。土体的压缩变形主要是由于孔隙的减小所引起的,饱和土的压缩需要一定时间才能完成的。饱和土的孔隙中全部充满水,要使孔隙减小,就必须使土中的水部分挤出,亦即土的压缩与孔隙中水挤出使同时发生的。土中水部分挤出需要一定时间,土的颗粒越粗,孔隙越大,则透水性越大,因而土中的水挤出和土体的压缩越快,黏土颗粒很细,则需要很长时间。

19.[答案] AB

[解析] 参考 JTG E40—2007 中土体固结试验 T 0137—1993 的相关规定,熟悉土工试验中土的三相组成及物理性质指标。土体的压缩变形主要是由于孔隙的减小所引起的,饱和土的压缩需要一定时间才能完成的。饱和土的孔隙中全部充满水,要使孔隙减小,就必须使土中的水部分挤出,亦即土的压缩与孔隙中水挤出使同时发生的。

20.[答案] BC

[解析] 参考 JTG F40—2004 中关于热拌沥青混合料配合比设计与技术要求。沥青混合料生产配合比的内容:确定各料仓矿料的配合比例,确定沥青用量。

三、判断题(正确的事实在后面括号中打"√",错误的事实在后面括号中打"×"。总共30道题,每题1分,共计30分)

1.[答案] √

[解析] 参考JTG F40—2004中关于黏稠道路石油沥青的技术性质与技术要求。考查黏稠沥青、液体沥青的分类。按常温下的稠度划分成固体沥青、黏稠沥青和液体沥青,其中黏稠沥青针入度≤300(0.1mm),液体沥青针入度>300(0.1mm)。

2.[答案] ×

[解析] 查沥青混合料的基本技术性质与影响因素,可参考JTG F40—2004中关于沥青混合料配合比设计中关于矿料级配的概念与相关内容。考查级配曲线的内容,通过量与筛孔尺寸分别为纵、横坐标,级配线靠近范围图上线的砂通过量越大,相对较细,靠近下线的砂则相对较粗。

3.[答案] ×

[解析] 参考JTG E42—2005关于T 0327—2005细集料筛分试验的相关规定,及条文说明内容。砂的级配反映砂中粗、细颗粒的分级搭配情况,细度模数反映砂的粗细程度。

4.[答案] √

[解析] 参考JTG F40—2004中关于黏稠道路石油沥青的技术性质与技术要求。考查道路石油沥青标号的确定依据:道路石油沥青标号的划分是根据25℃时针入度的大小来确定的。

5.[答案] ×

[解析] 参考JTG E42—2005关于T 0327—2005细集料筛分试验的相关规定,及条文说明内容。细度模数与级配没有直接关系,砂的级配反映砂中粗、细颗粒的分级搭配情况,细度模数反映砂的粗细程度。

6.[答案] √

[解析] 参考JTG E42—2005关于T 0308—2005粗集料密度及吸水率试验的相关规定,以及密度的相关概念与物理意义。考查材料的基本性质。材料的孔隙率反映材料自身的致密程度,材料的孔隙率越大,致密程度越低,其强度值越小。

7.[答案] √

[解析] 参考JTG F40—2004关于沥青混合料配合设计的相关规定,以及条文说明内容。要求考生熟悉沥青混合料各项路用性能试验检测技术基础上,明确各路用性能的影响因素。考查沥青路面的路用性能及影响因素。沥青的密度仅是沥青的一项物理指标,不影响沥青任何的技术指标,与沥青路面性能也无直接关系。

8.[答案] √

[解析] 参考JTG F40—2004关于沥青混合料配合设计的相关规定。考查沥青混合料配合比设计方法。

9.[答案] ×

[解析] 参考JTG E30—2005试验规程中T 0505—2005水泥胶砂强度试验的相关技术规定及试验操作方法。水泥力学性质评价方法——水泥胶砂法,即水泥胶砂强度;水泥净浆用

于水泥安定性、水泥凝结时间等的测定。

10.［答案］ ×

［解析］ 参考 JTG F30—2003 关于水泥混凝土配合比设计的相关规定，明确水泥混凝土配合比设计中砂率的概念考查砂率的定义。砂率是砂的质量与砂、石总质量的比值；砂的质量与石的质量的比值叫做砂石比。

11.［答案］ ×

［解析］ 参考 JTG E42—2005 规程中 T 0321—2000 粗集料磨光值试验和 T 0317—2005 粗集料磨耗值试验的相关技术规定与技术性质。考查石料的技术指标。区别磨光值和磨耗值，磨耗性是评价集料抵抗撞击摩擦作用的能力，现行采用洛杉矶磨耗试验法。石料的磨光值是利用加速磨光机磨光石料，并以摆式摩擦系数仪测定集料磨光后的磨光系数值，以评定抗滑表层用集料的抗磨光性。因此，石料的磨光值越大，说明石料越不易磨光。

12.［答案］ ✓

［解析］ 《建设用碎石、卵石》(GB/T 14685—2011)：

7.9.3.2 浸泡 20h 后，把装试样的网篮从溶液中取出，放在干燥箱中于(105 ± 5)℃烘 4h，至此，完成了第一次试验循环，待试样冷却至 20 ~ 25℃之后，再按上述方法进行第二次循环。从第二次循环开始，浸泡与烘干时间均为 4h，共循环 5 次。

13.［答案］ ✓

［解析］ 参考 JTG F40—2004 中关于黏稠道路石油沥青的技术性质与技术要求。从加热质量和施工安全的角度，提出沥青闪点以及燃点的技术指标。

14.［答案］ ×

［解析］ 参考 JTG F40—2004 中关于热拌沥青混合料配合比设计与技术要求。沥青混凝土是沥青混合料的一种。沥青混合料按照密实类型分类，包括沥青混凝土混合料和沥青稳定碎石混合料(沥青碎石)两种。

15.［答案］ ✓

［解析］ 参考 JTG E42—2005 关于 T 0327—2005 细集料筛分试验的相关规定及条文说明内容。检验级配的方法是筛分法，采用标准筛，筛的最小筛孔 0.075mm，也就是筛底部分。

16.［答案］ ✓

［解析］ 参考 JTG E42—2005 关于 T 0327—2005 细集料筛分试验的相关规定及条文说明内容。考查沥青的三大技术指标。沥青的针入度反映沥青的稠度和黏滞性，沥青针入度值愈小，表示沥青稠度和黏滞性愈大，也就是沥青愈硬。

17.［答案］ ×

［解析］ 参考 JTG F40—2004 中关于热拌沥青混合料配合比设计与技术要求；参考 JTG F30—2003 技术规范中关于普通混凝土配合比设计中的相关技术要求。水泥混凝土用粗集料可以采用级配碎石或级配卵石。沥青混合料用粗集料采用级配碎石。

18.［答案］ ✓

［解析］ T 0630—2011 压力老化容器加速沥青老化试验目的和适用范围：目的是模拟沥青在道路使用过程中发生的氧化老化，用来评价不同沥青在试验温度和压力条件下的抗氧化老化能力，但不能说明混合料因素的影响或沥青实际使用条件下对老化的影响。

19.[答案]　✓

[解析]　沥青含量试验(蒸馏法)中,乙醚—乙醇体积比(1:1)混合液主要用作冷却液使用。

20.[答案]　✓

[解析]　参考JTG F30—2003技术规范中关于普通混凝土配合比设计中关于水泥质量和品质的相关技术要求。不合格水泥的判定。凡细度、终凝时间、不熔物和烧失量中任何一项指标不符合规定,或混合料掺入量超过最大限量和强度低于商品强度等级指标时为不合格水泥。

21.[答案]　✓

[解析]　参考JTG F40—2004中关于热拌沥青混合料配合比设计与技术要求。考查沥青混合料密实度的影响因素。成型温度过低,则不能碾压密实,成型温度过高,不但导致沥青老化,同时导致泛油,同样不能碾压密实。

22.[答案]　×

[解析]　参考JTG E20—2011试验规程中关于沥青马歇尔试验的相关技术规定。考查沥青混合料试件的马歇尔试验。流值是沥青混合料试件承受最大荷载时的变形。沥青混合料试件的高度影响沥青混合料试件的荷载变形能力。

23.[答案]　✓

[解析]　JTG E20—2011试验规程中关于沥青马歇尔试验的相关技术规定。考查沥青混合料技术性质——水稳定性。残留稳定度指将沥青混合料试件模拟路面的水损害条件后测得的稳定度的比值。残留稳定度越大,反映试件受水损害后的破坏程度相对较轻,也即沥青混合料的水稳定性越好。残留稳定度是一个比值,单位为“%”。

24.[答案]　✓

[解析]　参考JTG F30—2003技术规范中关于普通混凝土配合比设计的相关技术要求。按照新拌水泥混凝土工作性,确定试件成型的方法。

25.[答案]　×

[解析]　参考JTG E42—2005关于T 0308—2005粗集料密度及吸水率试验的相关规定,以及密度的相关概念与物理意义。考查各物理性能指标的含义。表观密度是材料物质颗粒单位体积的质量;集料表观相对密度是相对于水的密度,没有单位。

26.[答案]　✓

[解析]　参考JTG E42—2005关于T 0308—2005粗集料密度及吸水率试验的相关规定,以及密度的相关概念与物理意义。考查沥青混合料配合比设计的内容:沥青混合料矿料组成设计修正的实质是通过调整混合料的级配和矿粉的用量来调整矿料的间隙率。

27.[答案]　×

[解析]　锰溶于铁素体中,其作用是消减硫和氧所引起的热脆性,使钢材的热加工性质得到改善,还可提高钢材的强度。

28.[答案]　×

[解析]　参考JTG E42—2005关于T 0327—2005细集料筛分试验的相关规定,及条文说明内容。细度模数是砂的技术指标,与级配没有直接的关系。细度模数是砂的各级粒径除掉5mm的其余各筛孔的累计筛余之和与除掉5mm粒径的总量之比,细度模数反映砂的粗细程

度;级配是各级粒径颗粒的分布搭配情况。

29.[答案] ×

[解析] 参考 JTG F40—2004 中关于黏稠道路石油沥青的技术性质与技术要求。沥青老化后,质量可能增加,也可能减少。多数沥青老化后质量会减少,但是克拉玛依沥青老化后,质量会增加。

30.[答案] ✓

[解析] 参考 JTG E30—2005 试验规程中 T 0553—2005 水泥混凝土抗立方体抗压强度试验方法和 T 0558—2005 水泥混凝土抗弯拉强度试验方法的相关技术规定及试验结果处理方法。考查水泥混凝土的技术指标。水泥混凝土的抗弯拉状态,就是水泥混凝土的抗折状态,所以水泥混凝土抗弯拉强度,也即水泥混凝土的抗折强度。

四、问答题(共 5 道题,每题 10 分,共计 50 分)

1. 简述密度测定试验(环刀法)的步骤。

[答案] (1)按工程需要取原状土或制备所需状态的扰动土样,整平两端,环刀内壁涂一薄层凡士林,刀口向下放在土样上。

(2)用修土刀将土样上部削成略大于环刀直径的土柱,然后将环刀垂直下压,边压边削,至土样伸出环刀上部为止。削去两端余土,使与环刀口面齐平,并用剩余土样测定含水率。

(3)擦净环刀外壁,称环刀与土合质量,准确至 0.1g。

(4)结果整理湿密度 $\rho=(m_1-m_2)/V$。其中 m_1 为土样质量,m_2 为剩余土样质量,V 为环刀容积。

干密度 $\rho_d=\rho/(1+0.01w)$,其中 w 为含水率(%)。

本试验须进行两次平行测定,取其算术平均值,其平行差值不得大于 0.03g/cm³。

[解析] 参考 JTG E40—2007 中相关规定,熟悉土工试验中土的密度试验方法及不同试验方法的适用范围与目的。掌握 T 0107—1993 环刀法测土的密度试验操作步骤与试验数据处理方法。考查密度测定试验(环刀法)的步骤。

2. 沥青混合料的配合比设计包括哪三个阶段?每个阶段的目的是什么?

[答案] 第一阶段是目标配合比设计阶段:目的是确定已有矿料的配合比,并通过试验确定最佳沥青用量;第二阶段是生产配合比设计阶段:目的是确定各热料仓矿料进入拌和室的比例,并检验确定最佳沥青用量;第三阶段是生产配合比验证阶段:验证生产配合比,并为随后的正式生产提供经验和数据。

[解析] 参考 JTG F40—2004 沥青路面施工技术规范中关于沥青混合料配合比设计的相关规定。考查沥青混合料配合比设计的步骤和内容。

3. 回答沥青软化点测定的试验步骤。

[答案] (1)准备工作:将试样环置于涂有隔离剂的底板上,将沥青试样注入试样环略高出环面。冷却 30min 后,刮平试样。

(2)步骤测定步骤:

①80℃以下者。a)将装有试样的试样环连同底板置于装有 5℃ ±0.5℃水的水槽中 15min;将支架、钢球、定位环等亦置于水槽中。b)烧杯内注入 5℃的蒸馏水,水面略低于立杆

标记。c)取出试样环放在支架圆孔中,套上定位环;将环架放杯中,调整水面,并保持水温为5℃ ±0.5℃。将温度计插入板孔,测温头底部与环下面齐平。d)将烧杯移至有石棉网的加热炉上,后将钢球放在定位环中间的试样中央,开动搅拌器,使水微荡,并开始加热,在3min内维持每分钟上升5℃ ±0.5℃。记录上升的温度值。e)试样受热下坠,至底板表面接触时,立即读取温度,至0.5℃。

②80℃以上者。a)将装有试样的试样环连同试样底板置于装有32℃ ±1℃甘油的保温槽中至少15min,将支架、钢球、定位环等亦置于甘油中。b)在烧杯内注入32℃的甘油,略低于深度标记。c)从保温槽中取出装有试样的试样环按上述①的方法测定,读取温度精确至1℃。

[解析] 参考JTG E20—2011关于T 0606—2011沥青软化点试验(环球法)的相关规定及试验结果处量操作,要求考生掌握沥青和沥青混合料中沥青软化点试验影响试验结果的主要因素。考查沥青软化点测定的试验步骤。

4.简述粗集料磨耗试验(洛杉矶法)的试验步骤。

[答案] (1)将不同规格的集料洗净,烘干。(2)对所使用的集料,根据实际情况选择最接近的粒级类别,确定相应的试验条件,按规定的粒级组成备料、筛分。(3)分级称量(准确至5g),称取总质量(m_1),装入磨耗机圆筒中。(4)选择钢球,使钢球的数量及总质量符合表中规定,将钢球加入钢筒中。(5)将计数器调整到零位,设定要求的回转次数,开动磨耗机,以30~33r/min之转速转运至要求的回转次数为止。(6)取出钢球,将经过磨耗后的试样从投料口倒入接受容器(搪瓷盘)中。(7)将试样用1.7mm的方孔筛过筛。(8)用水冲干净留在筛上的碎石,烘干称重。

[解析] 参考JTG E42—2005中关于T 0317—2005粗集料磨耗试验(洛杉矶法)的相关规定与试验结果处理方法。考查粗集料磨耗试验(洛杉矶法)的试验步骤。

5.简述沥青含蜡量试验步骤及方法概要。

[答案] (1)裂解分馏,方法概要为:①沥青样50g;②在550℃温度下裂解,速度以沥青无飞溅为度;③25min内完成裂解。

(2)脱蜡,方法概要为:①取3个不同质量的油分样;②按11比例加25mL已醚和25m L乙醇(先用10mL乙醚将油分溶解,倾入冷却瓶中,再用15mL将三角瓶洗净倾入,最后加入25mL乙醇);③将冷却瓶装入仪器的冷却液箱中,在-20℃温度下冷却1h;④过滤、常压过滤30min后,真空吸滤至蜡完全脱出。

(3)回收蜡,方法概要为:①将冷却过滤装置的废液瓶换为吸滤瓶;②用100mL热石油醚分三次将结晶蜡溶解过滤入吸滤瓶;③用蒸馏法回收石油醚;④将吸滤瓶在105℃真空干燥1h,冷却称重。

[解析] 参考JTG E20—2011关于T 0615—2011沥青蜡含量试验(蒸馏法)的相关规定及试验结果处量操作,要求考生掌握沥青和沥青混合料中沥青蜡含量试验影响试验结果的主要因素。考查沥青含蜡量的试验步骤。

《材料》模拟试题(三)

一、单项选择题(四个备选项中只有一个正确答案,总共30道题,每题1分,共计30分)

1. 干密度 ρ_d 的定义式为(　　)。

A. $\frac{m}{V_s}$　B. $\frac{m_s}{V}$　C. $\frac{m_s}{V_s}$　D. $\frac{m}{V}$

2. 相对密实度 D_r 的定义式为(　　)。

A. $\frac{e_{max}-e}{e_{max}-e_{min}}$　B. $\frac{e-e_{min}}{e_{max}-e_{min}}$

C. $\frac{e_{max}-e_{min}}{e_{max}-e}$　D. $\frac{e_{max}-e_{min}}{e-e_{min}}$

3. 含水率低于缩限时,水分蒸发时土的体积为(　　)。

A. 不再缩小　B. 缩小　C. 增大　D. 不详

4. 液塑限联合测定仪测试数据表示在(　　)图形上。

A. h—w　B. $\lg h$—w　C. $\lg h$—$\lg w$　D. h—$\lg w$

5. 击实试验的目的是测定(　　)。

A. $w\rho_{dmax}$　B. $w\rho$　C. $w\rho_d$　D. $w_p\rho$

6. 袋装水泥的取样应以同一水泥厂、同期到达、同品种、同强度等级的不超过(　　)为一个取样单位,随机从(　　)个以上不同部位的袋中取等样品水泥经混拌均匀后称取不少于(　　)。

A. 300t,10,20kg　B. 100t,10,12kg

C. 200t,20,12kg　D. 200t,30,12kg

7. 石油沥青老化后,其延度较原沥青将(　　)。

A. 保持不变　B. 升高　C. 降低　D. 上述三种情况可能都有

8. 沸煮法主要是检验水泥中是否含有过量的游离(　　)。

A. Na_2O　B. CaO　C. MgO　D. SO_3

9. 车辙试验主要是用来评价沥青混合料的(　　)。

A. 高温稳定性　B. 低温抗裂性　C. 耐久性　D. 抗滑性

10. 普通水泥混凝土用砂,按(　　)筛孔的累计筛余百分率划分为 I. II. III 三个级配区。

A. 2.5mm　B. 1.25mm　C. 0.63mm　D. 0.315mm

11. 关于水泥胶砂流动度试验,以下表述错误的是(　　)。

A. 将拌好的胶砂分两层迅速装入流动试模

B. 胶砂底面最大扩散直径即为其流动度

C. 流动度试验,需在6min内完成

D. 电动跳桌与手动跳桌测定的试验结果发生争议时,以电动跳桌为准

12. 随着钢材牌号增大，屈服点和抗拉强度随之(　　)，伸长率随之(　　)。

A. 提高　提高　　B. 提高　降低

C. 降低　提高　　D. 降低　降低

13. 测定吸水率大于2%的沥青混凝土试件的毛体积相对密度应用(　　)。

A. 水中重法　　B. 表干法

C. 蜡封法　　D. 体积法

14. 混凝土用砂应尽量采用(　　)的砂。

A. 空隙率小　　B. 总表面积小

C. 总表面积大　　D. 空隙率小和总表面积均较小

15. 普通混凝土的强度等级是以具有95%保证率的(　　)的标准尺寸立方体抗压强度代表值来确定的。

A. 3d,7d,28d　　B. 3d,28d

C. 7d,28d　　D. 28d

16. 饱和度是用来评价沥青混合料的(　　)。

A. 高温稳定性　　B. 低温抗裂性

C. 耐久性　　D. 抗滑性

17. 矿料配合比例不变，增加沥青用量，混合料的饱和度将(　　)。

A. 增加　　B. 不变

C. 减小　　D. 先增加后减小

18. 对同一料源的矿料，其(a)密度、(b)毛体积密度、(c)表观密度、(d)堆积密度，该四项指标从大到小的正确排列是(　　)。

A. (b)(a)(d)(c)　　B. (a)(c)(b)(d)

C. (c)(a)(b)(d)　　D. (c)(b)(a)(d)

19. 若水泥:砂:石:水 = 1:2:3:0.5，混凝土实测密度为2 400kg/m^3，则水泥用量为(　　)。

A. 369kg　　B. 340kg

C. 380kg　　D. 已知条件不够

20. 对于弹性模量≥150 000MPa的金属材料，弹性范围内的应力速度不得超过(　　)。

A. 2MPa/s　　B. 20MPa/s

C. 6MPa/s　　D. 60MPa/s

21. 钢材冷拉时效后(　　)。

A. 强度、塑性提高　　B. 强度、塑性降低

C. 强度提高，塑性降低　　D. 强度降低，塑性提高

22. 建筑结构中应用最多的是(　　)号钢。

A. Q195　　B. Q215　　C. Q235　　D. Q255

23. 钢结构设计中一般以(　　)为取值依据。

A. 极限变形　　B. 极限强度

C. 疲劳强度　　D. 屈服点

24. 钢的主要成分为铁和碳，中碳钢的含碳量范围为(　　)。

A. 小于0.25%　B. 0.25%～0.6%
C. 大于0.6%　D. 大于1%

25. 土中的水可以分为(　　)。
A. 自由水和结合水　B. 重力水和结合水
C. 毛细水和结合水　D. 毛细水和重力水

26. 土的粒组划分,粗粒土与细粒土是以(　　)为分界的。
A. 1.0mm　B. 0.5mm　C. 0.074mm　D. 0.1mm

27. 土的孔隙比表示孔隙体积与(　　)体积之比。
A. 固体颗粒　B. 液体　C. 气体　D. 固体颗粒加孔隙

28. 土的饱和度是孔隙中水的体积与(　　)体积之比。
A. 固体颗粒　B. 孔隙　C. 气体　D. 固体颗粒加孔隙

29. 含水率为1.5%的碎石200g,其含水量为(　　)。
A. 2.86g　B. 2.96g　C. 3.0g　D. 3.06g

30. 木材防腐形式之一是使其干燥到(　　)。
A. 饱和点以上　B. 平衡含水率
C. 含水率20%以下　D. 绝干状态

二、多项选择题(每道题目所列出的备选项中,有两个或两个以上正确答案,选项全部正确得满分,选项部分正确按比例得分,出现错误选项该题不得分。总共20道题,每小题2分,共计40分)。

1. 水泥混凝土强度等级是以(　　)两项内容来表示的。
A. 立方体抗压强度　B. 立方体抗压强度标准值
C. 抗压强度代表值　D. 符号C

2. 提高混凝土拌和物流动性的合理措施有(　　)。
A. 加水　B. 保持水灰比不变加水泥浆
C. 砂率不变加砂石　D. 加减水剂

3. 水泥混凝土配合比设计中的三个主要参数是(　　)。
A. 水灰比　B. 砂率
C. 单位用水量　D. 配制强度

4. 要求普通混凝土用骨料有良好的级配,目的是(　　)。
A. 减小水化热　B. 节约水泥用量
C. 提高强度　D. 防止拌和物离析

5. 水泥凝结时间用小时(h)和分(min)表示,下述几种表示方法正确的是(　　)。
A. 5小时,20分　B. 5h20min
C. 5:20　D. 5h,20min

6. 沥青混合料抽提试验的目的是检查沥青混合料的(　　)。
A. 沥青用量　B. 矿料级配
C. 沥青的标号　D. 矿料与沥青的黏附性

7. 单位用水量主要影响水泥混凝土的(　　)。

A. 强度　　B. 耐久性　　C. 工艺性　　D. 坍落度

8. 砂中云母含量过大,会影响混凝土拌和物和硬化混凝土的什么性质(　　)。

A. 拌和物和易性　　B. 保水性

C. 抗冻性　　D. 抗渗性

9. 混凝土立方体抗压强度标准值的含义包括(　　)。

A. 按标准方法制作的150mm 的立方体试件

B. 试件标准养护至28d

C. 用标准方法测定的立方体抗压强度总体分布的一个值

D. 具有95%保证率的抗压强度

10. 沥青混合料摊铺温度主要与哪些因素有关(　　)。

A. 拌和温度　　B. 沥青种类　　C. 沥青标号　　D. 气温

11. 反映土体松密程度的指标有(　　)。

A. 饱和密度　　B. 孔隙比　　C. 孔隙率　　D. 土粒密度

12. 下列有关砂石材料试验中,试验结果越高则表明该砂石材料性能品质越不好的指标包括(　　)。

A. 集料与沥青的黏附等级　　B. 洛杉矶磨耗值

C. 压碎值　　D. 细集料的细度模数

13. 用试饼法进行水泥安定性试验,煮沸后判别水泥是否安定的依据是目测试件是否有(　　)。

A. 翘曲　　B. 剥落　　C. 膨胀　　D. 裂缝

14. 净浆标准稠度用水量操作的目的是确保(　　)等试验结果的可比性。

A. 凝结时间测定　　B. 力学性能检测

C. 水泥品种判断　　D. 安定性检验

15. 土的液相包括(　　)。

A. 毛细水　　B. 弱结合水　　C. 自由水　　D. 结晶水

16. 土的压缩系数与土的(　　)有关。

A. 相应荷载作用下孔隙比的变化　B. 土粒密度

C. 相应压应力水平　　D. 水的体积

17. 蜡对沥青路用性能的影响主要为(　　)。

A. 高温时沥青变软　　B. 低温变脆

C. 集料与沥青的黏附性能　　D. 路面抗滑性能

18. 水泥混凝土配制强度计算涉及的因素是(　　)。

A. 混凝土设计强度等级　　B. 水泥强度等级

C. 施工水平　　D. 强度保证率。

19. 土的三相体比例指标中,可通过室内试验直接测出的基本物理指标有(　　)。

A. 土粒重度　　B. 孔隙比

C. 土的天然密度　　D. 含水率

20. 对水泥胶砂强度试验结果带来一些影响的试验条件是(　　)。

A. 试验材料的配合比　　B. 养护方式

C. 所用水泥品种　　D. 压力机的量程范围

三、判断题(正确的事实在后面括号中打"✓",错误的事实在后面括号中打"×"。总共30道题,每题1分,共计30分)

1. 水泥混凝土强度等级是根据立方体抗压强度值来确定的。(　　)
2. 沥青材料老化后其针入度值将变大。(　　)
3. 水泥的初凝时间达不到要求的按废品处理。(　　)
4. 沥青混合料是沥青混凝土混合料和沥青碎石混合料的总称。(　　)
5. 沥青混合料中的剩余空隙率,其作用是以备高温季节沥青材料膨胀。(　　)
6. 用高强度等级水泥配制低强度等级混凝土,不但能减少水泥的用量,混凝土的强度能得到保证,而且混凝土的耐久性也会变好。(　　)
7. 两种砂子的细度模数相同,它们的级配不一定相同。(　　)
8. 新拌水泥混凝土的坍落度随砂率的增大而减小。(　　)
9. 沥青与矿料的黏附等级越高,说明沥青与矿料的黏附性越好。(　　)
10. 用于质量仲裁检验的沥青样品,重复加热的次数不得超过两次。(　　)
11. 沥青老化试验后的质量损失其计算结果可正可负。(　　)
12. 沥青针入度越大,其温度稳定性越好。(　　)
13. 水泥混凝土的强度等级与标号只是叫法不同,其含义并无区别。(　　)
14. 水泥混凝土的凝结时间是从水泥混凝土加水拌和开始到贯入阻力为20MPa时的一段时间。(　　)
15. 水泥混凝土所用粗集料限制活性 SiO_2 的目的是为了提高水泥与石料的黏结力。(　　)
16. 工程中常用油石比来表示沥青混合料中的沥青用量。(　　)
17. 增加细砂的用量,可增加沥青混凝土的空隙率,减小矿料的间隙率。(　　)
18. 碱性石料与沥青黏附性好,通常是用石料的水溶液的pH值来判断石料的酸碱性。(　　)
19. 马歇尔稳定度试验的温度越高,测定的稳定度值越大,流值越小。(　　)
20. 沥青软化点试验时,当升温速度超过规定的升温速度时,试验结果将偏高。(　　)
21. 由骨架空隙型矿料构成的沥青混合料具有较好的高温稳定性。(　　)
22. 砂子的细度模数越大,砂颗粒就越细。(　　)
23. 当环境温度较高时,沥青混合料选用的沥青用量应比最佳沥青用量适当小一些。(　　)
24. 沥青标号的高低根据针入度的大小进行划分。(　　)
25. 高温稳定性好的沥青混合料,其水稳性也好。(　　)
26. 可以采用负压筛法和水筛法测定水泥细度指标,有争议时以负压筛法为准。(　　)
27. 沥青与集料的黏附性等级要通过定量的方法进行判定。(　　)
28. 标准贯入试验是根据贯入的难易程度来判定土的物理力学性质。(　　)
29. 为使水泥凝结时间和安定性测定结果具有可比性,在测试时必须采用标准稠度的水泥净浆。(　　)

30. 粒状物料试样经过筛分不能通过筛孔的试样质量称为筛余。　（　）

四、问答题（共5道题，每题10分，共计50分）

1. 简述土的颗粒分析（筛析法）试验步骤。

2. 试述影响混凝土抗压强度的主要因素。

3. 简述沥青延度试验的试验条件及注意事项。

4. 简述集料级配曲线的绘制方法。

5. 工程中选择沥青及沥青标号主要考虑的因素有哪些？

《材料》模拟试题(三)答案及解析

一、单项选择题(四个备选项中只有一个正确答案,总共30道题,每题1分,共计30分)

1.[答案] B

[解析] 参考JTG E40—2007中关于T 0107—1993等试验方法的规定,熟悉土工试验中土的三相组成及物理性质指标、沥青的干密度概念。土的干密度定义为土中固体颗粒的质量除以土的总体积。

2.[答案] A

[解析] 参考JTG E40—2007中关于T 0107—1993等试验方法的规定,熟悉土工试验中土的三相组成及物理性质指标、土的干密度概念。相对密实度是针对于砂土的指标,砂土在天然状态的紧密程度用相对密实度 D_r 表示,$D_r=(e_{max}-e)/(e_{max}-e_{min})$。其数值大小直接反映粗粒土的状态。

3.[答案] A

[解析] 参考JTG E40—2007中关于T 0107—1993等试验方法的规定,熟悉土工试验中土的三相组成及物理性质指标、土的干密度概念。土由半固态不断蒸发水分,则体积逐渐缩小,直到体积不再缩小时,土转入固态,此时的界限含水率是缩限 ,用 w_s 表示。所以当土的含水率低于缩限时,水分蒸发时土的体积不再减小。

4.[答案] A

[解析] 参考JTG E40—2007中关于界限含水率的概念、T 0118—2007液限和塑限联合测定法的规定。考查液塑限联合测定试验和数据处理的方法。

5.[答案] A

[解析] 参考JTG E40—2007中关于土的击实试验T 0131—2007相关规定。击实试验的目的是测定最佳含水率和最大干密度。击实试验的结果整理过程是:干密度 $\rho_d=\rho/(1+0.01w)$。以干密度 ρ_d 为纵坐标,含水率 w 为横坐标,绘 $\rho_d \sim w$ 关系曲线,曲线上峰值点的纵、横坐标分别为最大干密度和最佳含水率。因此,击实试验得到的是最大干密度和最佳含水率。

6.[答案] C

[解析] 《通用硅酸盐水泥》(GB 175—2007)规定:水泥出厂前按同品种、同强度等级编号和取样。袋装水泥和散装水泥应分别进行编号和取样。每一编号为一取样单位。水泥出厂编号按年生产能力规定为:

200×10^4t以上,不超过4 000t为一编号;

$120\times10^4\sim200\times10^4$t,不超过2 400t为一编号;

$60\times10^4\sim120\times10^4$t,不超过1 000t为一编号;

$30\times10^4\sim60\times10^4$t,不超过600t为一编号;

$10\times10^4\sim30\times10^4$t，不超过400t为一编号；

10×10^4以下，不超过200t为一编号。

取样方法按《水泥取样方法》（GB 12573—2008）进行。可连续取，亦可从20个以上不同部位取等量样品，总量至少12kg。当散装水泥运输工具的容量超过该厂规定出厂编号吨数时，允许该编号的数量超过取样规定吨数。

7.［答案］ C

［解析］ 参考JTG F40—2004中关于黏稠道路石油沥青的技术性质与技术要求。考查沥青材料老化后其性质的改变。沥青材料老化后，黏滞性会增大，沥青的塑性变差，延度会降低。

8.［答案］ B

［解析］ 参考JTG E30—2005中关于T 0505—2005水泥体积安定性测试方法的相关技术规定。考查水泥体积安定性的测定。沸煮法起加速CaO熟化的作用，所以只能检验游离CaO引起的水泥安定性不良。由于游离MgO在压蒸下才加速熟化，石膏的危害则需长期在常温水中才能发现，两者均不便于快速检验。

9.［答案］ A

［解析］ 参考JTG F40—2004中关于热拌沥青混合料配合比设计中关于高稳定性技术要求的相关内容。在高温条件下，沥青混合料能够抵御车辆反复作用，不会产生显著永久变形，保证沥青路面的平整特性。

车辙试验用来模拟车辆轮胎在路面上行驶时所形成的车辙深度的多少，对沥青混合料高温稳定进行评价的一种试验方法。主要是该方法可改善马歇尔方法的不足，其结果直观，重要的是试验结果与沥青路面的车辙深度之间有相关性，真实地反映沥青混合料抗车辙形成能力的大小。稍微不足的是该方法要求试验设备比较复杂。

10.［答案］ C

［解析］ 参考JTG E42—2005关于T 0327—2005细集料筛分试验的相关规定及条文说明内容。考查砂的级配分区。标准规定，普通水泥混凝土用砂，按0.63mm筛孔的累计筛余划分为I、II、III三个级配区。

11.［答案］ B

［解析］《公路工程水泥及水泥混凝土试验规程》（JTG E30—2005）

T 0507—2005　水泥胶砂流动度测定方法。

4.5　跳动完毕，用卡尺测量胶砂底面最大扩散直径及与其垂直方向的直径，计算平均值，精确至1mm，即为该水量下的水泥胶砂流动度。

12.［答案］ B

［解析］ 钢材的牌号直接代表钢材的屈服点，屈服点和抗拉强度提高，伸长率降低。

13.［答案］ C

［解析］ 参考《公路工程沥青及沥青混合料试验规程》（JTG E20—2011）。测定沥青混合料密度的方法有表干法、水中重法、蜡封法、体积法。蜡封法：适用于吸水率大于2%的沥青混凝土或沥青碎石混合料试件的毛体积相对密度或毛体积密度。

14.［答案］ D

[解析] 参考 JTG F30—2003 关于水泥混凝土配合比设计的相关规定和步骤。分别考虑提高强度和节约水泥用量的因素。空隙率小,有利提高混凝土的强度,总表面积小,水泥用量相对少,可节约水泥。

15. [答案] D

[解析] 参考 JTG E30—2005 试验规程中 T 0553—2005 水泥混凝土抗立方体抗压强度试验方法和 T 0558—2005 水泥混凝土抗弯拉强度试验方法的相关技术规定及试验结果处理方法。考查水泥混凝土的强度等级。根据立方体抗压强度标准值确定,即以具有 95% 保证率的 28d 的标准尺寸立方体抗压强度代表值来确定的。

16. [答案] C

[解析] 参考 JTG F40—2004 中关于热拌沥青混合料配合比设计与技术要求,在参考 JTG F40—2004 中关于热拌沥青混合料配合比设计与技术要求,在 JTG E20—2011 试验规程中关于沥青混合料体积参数计算中有关于沥青饱和度的计算方法。考查沥青混合料的技术性质。饱和度是沥青胶结料的体积占沥青混合料的矿料间隙率的百分比,因而反映的是沥青混合料的密实程度。沥青混合料的密实程度主要反映沥青混合料的耐久性。

17. [答案] A

[解析] 参考 JTG F40—2004 中关于热拌沥青混合料配合比设计与技术要求,在参考 JTG F40—2004 中关于热拌沥青混合料配合比设计与技术要求,在 JTG E20—2011 试验规程中关于沥青混合料体积参数计算中有关于沥青饱和度的计算方法。考察沥青混合料的技术指标——饱和度。沥青饱和度是指压实沥青混合料中的沥青体积填充矿料间隙体积的百分率。增加沥青用量,混合料的饱和度必然将增加。

18. [答案] B

[解析] 参考 JTG E42—2005 规程中关于粗集料密度试验的相关概念以及试验操作的具体技术要求。考查骨料各种密度的定义和关系。

密度:在规定的条件下,单位真实体积粗集料的质量。

表观密度:粗集料在规定条件下单位表观体积里(指矿质实体体积和闭口孔隙体积之和)的质量。

毛体积密度:在规定条件下,单位毛体积(包括集料自身实体体积、闭口孔隙体积和开口孔隙体积之和)粗集料的质量。

堆积密度:粗集料按照一定的方式装填于一定容器中,包括集料自身实体体积、孔隙(闭口和开口之和)以及颗粒之间的孔隙体积在内的单位体积下的质量。

19. [答案] A

[解析] 参考 JTG F30—2003 技术规范中关于普通混凝土配合比设计的确定与调整。考查水泥混凝土配合比的表示和计算。根据各组成材料的比例和给定的密度,进行简单计算即可:$(1+0.5+2+3)m=2\,400$, $m=369$。

20. [答案] D

[解析] 《金属材料拉伸试验方法》(GB/T 228.1—2010)金属材料屈服强度测定时,任何情况下,弹性范围内的应力速率不得超过下表的最大速率。

弹性模量 MPa	最小应力速率 MPa/s	最大应力速率 MPa/s
<150 000	2	20
≥150 000	6	60

21.［答案］ C

［解析］ 考查钢筋的冷加工强化及时效强化。冷加工以后再经过时效处理的钢筋，屈服点进一步提高，抗拉强度稍见增长，塑性和韧性继续有所降低。

22.［答案］ C

［解析］ 考查建筑钢材的品种与选用。碳素钢的屈服强度和抗拉强度随含碳量的增加而增高，伸长率随含碳量的增加而降低。其中 Q235 的强度和伸长率均居中等，两者得以兼顾，所以是结构钢常用的牌号。

23.［答案］ D

［解析］ 在计算钢结构时，认为钢材的弹性工作阶段以屈服点为上限。当应力达到屈服点后，将使结构产生很大的、在正常使用上不允许的残余变形。因此，在设计时取屈服点为钢材可以达到的最大应力。

24.［答案］ B

［解析］ 钢的基本成分为铁和碳，此外还有某些合金元素和杂质元素。按化学成分钢材可分为碳素钢和合金钢两大类，碳素钢根据含碳量可分为：低碳钢（含碳量小于 0.25%），中碳钢（含碳量 0.25% ~0.6%）和高碳钢（含碳量大于 0.6%）。

25.［答案］ A

［解析］ 参考 JTG E40—2007 中相关规定，熟悉土工试验中土的三相组成及物理性质指标、土的干密度概念。土中的水是指土颗粒表面的水，它包括结合水和自由水。

26.［答案］ C

［解析］ 参考 JTG E40—2007 中土的关于土的分类规定。土根据颗粒大小进行粒组划分，划分为巨粒组、粗粒土和细粒土，对应的颗粒大小划分界限为 60mm、0.074mm。

27.［答案］ A

［解析］ 参考 JTG E40—2007 中相关规定，熟悉土工试验中土的三相组成及物理性质指标、土的干密度概念。区别土的孔隙比和孔隙率。土的孔隙比是土的孔隙体积与固体颗粒体积的比值；孔隙率是土的孔隙体积与固体颗粒加孔隙体积的比值。

28.［答案］ B

［解析］ 参考 JTG E40—2007 中相关规定，熟悉土工试验中土的三相组成及物理性质指标、土的干密度概念。土的饱和度是指孔隙中水的体积与孔隙总体积的比值，孔隙总体积包括孔隙中水的体积和剩余孔隙的体积。

29.［答案］ B

［解析］ 参考 JTG E42—2005 关于 T 0305—1994 粗集料含水率试验的相关规定，及含水率定义式。考查含水率的定义。考查含水率的定义。材料的含水率是材料含水的质量占材料干燥质量的比例。因此，本题计算结果应为：［200/(1 +1.5%)］÷1.5% =2.96g。

30.［答案］ C

[解析] 考查木材的干燥、防腐和防火。木材是天然有机材料,易受真菌、昆虫侵害而腐朽变质。真菌的生存和繁殖,必须同时具备合适的温度、足够的空气和适当的湿度。就湿度的条件说,当含水率在纤维饱和点以上到50%时,最适合真菌的繁殖,含水率在20%以下或把木材泡在水中,则真菌难以生存。

二、多项选择题(每道题目所列出的备选项中,有两个或两个以上正确答案,选项全部正确得满分,选项部分正确按比例得分,出现错误选项该题不得分。总共20道题,每小题2分,共计40分)

1.[答案] BD

[解析] 参考JTG E30—2005试验规程中T 0553—2005水泥混凝土抗立方体抗压强度试验方法的相关技术规定及试验结果处理方法。考查水泥混凝土强度等级的含义和表示方法。水泥混凝土根据立方体抗压强度标准值确定强度等级,表示方法是用"C"和"立方体抗压强度标准值"两项内容表示。

2.[答案] BD

[解析] 参考JTG F30—2003技术规范中关于普通混凝土配合比设计中关于水泥混凝土工作性和强度的影响因素。考查新拌混凝土工作性的影响因素。提高混凝土拌和物流动性,要保证强度不变,因此水灰比不发生变化。保持水灰比不变加水泥浆和加减水剂,都能提高混凝土拌和物流动性。

3.[答案] ABC

[解析] 参考JTG F30—2003技术规范中关于普通混凝土配合比设计中关于水泥混凝土工作性和强度的影响因素。考查水泥混凝土配合比设计的内容。水泥混凝土配合比设计指导思想是确定三个参数:水灰比(强度、耐久性定)、砂石比(石子孔隙定砂率)、集浆比(由W或C用量定),即水灰比、砂率、单位用水量。

4.[答案] CD

[解析] 参考JTG F30—2003技术规范中关于普通混凝土配合比设计中关于水泥混凝土工作性和强度的影响因素。考查普通混凝土对骨料颗粒级配的要求。良好的级配形成骨架,保证普通混凝土的强度,良好的级配提供好的工作性,防止拌和物离析。

5.[答案] AD

[解析] 参考JTG E30—2005试验规程中T 0505—2005水泥标准稠度用水量、凝结时间、安定性检验方法相关技术规定及试验操作方法。考查水泥的凝结时间。由起始时间到初凝状态出现所经历的时间定义为初凝时间。由起始时间到出现规定状态所经历的时间定义为终凝时间。

6.[答案] AB

[解析] 参考JTG E20—2011中关于沥青混合料抽提试验的技术要求。考查沥青混合料的沥青抽提试验,也即沥青含量检测试验。沥青抽提试验方法有:离心分离法、高温燃烧法,通过沥青抽提试验可以检测沥青含量,同时得到集料,因此可以检验矿料级配。

7.[答案] ABD

[解析] 参考 JTG F30—2003 技术规范中关于普通混凝土配合比设计中关于水灰比的概念,相关技术要求对施工和易性的影响规律。水灰比一定的情况下,单位用水量的大小直接影响水泥用量的多少,直接影响强度的大小;混凝土耐久性主要取决于混凝土的密实程度,单位用水量影响混凝土结构的密实程度;水直接赋予水泥混凝土流动性,单位用水量直接影响水泥混凝土坍落度的大小。

8. [答案] ACD

[解析] 参考 JTG F30—2003 技术规范中关于普通混凝土配合比设计中关于砂的技术要求。考查砂中有害杂质的危害和混凝土的性质。云母本身为密度较小的轻物质,往往呈薄片状,表面光滑,强度很低,且易沿节理错裂,因而与混凝土的黏结性很差。含量过大时,必然影响混凝土拌和物的和易性,使混凝土的抗压强度、抗折强度、抗冻性、耐火性等均有所下降,所以要严格控制质量。

9. [答案] ABCD

[解析] 参考 JTG E30—2005 试验规程中 T 0553—2005 水泥混凝土抗立方体抗压强度试验方法的相关技术规定及试验结果处理方法。考查混凝土立方体抗压强度的内容。抗压强度标准值的定义是指按标准方法制作养护的边长 150mm 的立方体试件,在 28d 龄期,用标准实验方法测得的强度总体分布中具有 95% 保证率的抗压强度值。

10. [答案] BCD

[解析] 参考 JTG F40—2004 中关于热拌沥青混合料配合比设计中黏温曲线与各施工温度的确定。考查沥青混合料摊铺温度的影响因素。

11. [答案] ABC

[解析] 考查土的物理性质指标。饱和密度是土体质量和空隙中充满水时的质量与总体积的比值,反映土体的松密程度;孔隙比是孔隙体积占土体体积的比例,反映土体的松密程度;孔隙率是孔隙体积占总体积的比例,反映土体的松密程度。土粒密度是土颗粒的真实密度,反映土颗粒自身的致密程度。

12. [答案] BC

[解析] 考查砂石材料的技术指标的含义。集料与沥青的黏附等级越高,表示集料与沥青的黏附性越好;洛杉矶磨耗值越高,表示集料的磨耗损失越大,则集料抵抗摩擦撞击的能力越差;压碎值越高,表示集料的压碎程度越大,则集料抵抗压碎的能力越差;细度模数反映细集料的粗细程度,其大小与细集料好坏的依据。

13. [答案] AD

[解析] 参考 JTG E30—2005 试验规程中 T 0505—2005 水泥标准稠度用水量、凝结时间、安定性检验方法相关技术规定及试验操作方法。试饼法进行水泥安定性试验的步骤是:①好的水泥标准稠度净浆取出一部分,分成相同两分,先团成球形,放在事先涂有一层黄油的玻璃板上,在桌面轻轻振动,并通过小刀由外向里的抹动时水泥浆形成一个直径 70 ~ 80mm 中心厚约 10mm 而边缘渐薄的圆形试饼。按上述方法养护 24h ± 2h。②从玻璃板上取下试饼,先观察试饼外观有无缺陷,在无开裂、翘曲等缺陷时,放在沸煮箱的试架上然后按同样的方法进行沸煮。③沸煮结束后,打开箱盖,待冷却至室温,取出试饼进行观察判断,当目测试饼为发现裂缝,且用钢尺测量没有弯曲时,则认为相应的水泥安定性合格。

14.［答案］ AD

［解析］ 参考 JTG E30—2005 试验规程中 T 0505—2005 水泥标准稠度用水量、凝结时间、安定性检验方法相关技术规定及试验操作方法。考查水泥的技术性质。水泥凝结时间测定和安定性检验,均是制成标准稠度净浆进行试验。力学性能检测即采用胶砂法检验水泥的强度,胶砂比为1:3,水灰比为0.5。水泥品种按照其成分进行划分。

15.［答案］ ABCD

［解析］ 参考 JTG E40—2007 中相关规定,熟悉土工试验中土的三相组成及物理性质指标、土的干密度概念。土的液相是指土孔隙中存在的水,以三种形态存在:①气态水,土孔隙中的空气任何时候都存在水汽;②液态水,可分为存在于矿物颗粒内部的水——化学结构水和结晶水,存在于矿物颗粒表面的水——结合水和自由水(包括毛细水和重力水);③固态水:冰。

16.［答案］ ABCD

［解析］ 土的压缩系数是孔隙比的差值与对应前级压力和后级压力差值的比值,即相应荷载作用下孔隙比的变化,受土粒密度、相应压力水平、水的体积大小的影响。

17.［答案］ ABCD

［解析］ 参考 JTG E20—2011 以及 JTG F40—2004 两本规范中关于蜡含量的试验与指标要求。参考 JTG F40—2004 规范中对沥青混合料路用性能的相关技术要求与规定。蜡对沥青路用性能的影响:蜡在低温下结晶析出后分散在沥青中,减少沥青分子之间紧密程度,使沥青低温延展性降低。在温度升高时容易熔化,降低黏度,增加沥青的温度敏感性。使沥青与石料黏附性降低,在水存在下,使沥青膜容易脱落,造成对沥青路面的破坏。

18.［答案］ BCD

［解析］ 参考 JTG E30—2005 试验规程中 T 0553—2005 水泥混凝土抗立方体抗压强度试验方法和 T 0558—2005 水泥混凝土抗弯拉强度试验方法的相关技术规定及试验结果处理方法。混凝土配制强度应按下式计算:

$$f_{cu,0} \geqslant f_{cu,k} + t\sigma$$

式中:$f_{cu,0}$——混凝土配制强度(MPa);

$f_{cu,k}$——混凝土立方体抗压强度标准值(MPa);

t——强度保证率;

σ——混凝土强度标准差(MPa)。

19.［答案］ ACD

［解析］ 参考 JTG E40—2007 中相关规定,熟悉土工试验中土的三相组成及物理性质指标、土的干密度、比重、含水率和孔隙比概念。考查土的基本物理指标。

20.［答案］ ABCD

［解析］ 参考 JTG E30—2005 试验规程中 T 0553—2005 水泥混凝土抗立方体抗压强度试验方法和 T 0558—2005 水泥混凝土抗弯拉强度试验方法的相关技术规定及试验结果处理方法。影响水泥力学强度形成的主要因素:原材料的特征和各材料之间的组成比例;养护条件和试验测试条件;水泥强度和水灰比;集料特性;浆集比;养护条件;试验条件。

三、判断题(正确的事实在后面括号中打"✓",错误的事实在后面括号中打"×"。总共30道题,每题1分,共计30分)

1. [答案] ×

[解析] 参考JTG E30—2005试验规程中T 0558—2005水泥混凝土抗弯拉强度试验方法的相关技术规定及试验结果处理方法。考查水泥混凝土强度等级的确定依据。水泥混凝土根据立方体抗压强度标准值确定强度等级,表示方法是用"C"和"立方体抗压强度标准值"两项内容表示。

2. [答案] ×

[解析] 参考JTG F40—2004中关于黏稠道路石油沥青的技术性质与技术要求。考查沥青材料老化后其性质的改变。沥青材料老化后,黏滞性会增大,因此针入度值会变小。

3. [答案] ✓

[解析] 参考JTG F30—2003技术规范中关于普通混凝土配合比设计中关于水泥的基本技术性质。不合格水泥的判定。凡游离氧化镁、三氧化硫、初凝时间、安定性中任一项指标不符合相关规定的水泥,为废品水泥。

4. [答案] ✓

[解析] 沥青混合料按照密实类型分类,包括沥青混凝土混合料和沥青稳定碎石混合料(沥青碎石)两种。

5. [答案] ✓

[解析] 参考JTG E20—2011中术语、符号关于沥青饱和度(VFA)的概念,压实沥青混合料试件内沥青部分的体积占矿料骨架以外的空隙部分体积(VMA)。考查沥青混合料的技术指标。矿料间隙率包括两个部分:压实后沥青填充的空隙体积和剩余空隙体积,剩余空隙体积可以使沥青胶结料在炎热气候时充分热膨胀。

6. [答案] ×

[解析] 参考JTG F30—2003技术规范中关于普通混凝土配合比设计中的技术要求,以及混凝土配合比设计中技术性质变化规律。用高强度等级水泥配制低强度等级混凝土,能减少水泥的用量,但是混凝土的耐久性与水泥用量相关,减少水泥的用量,会降低混凝土的耐久性。

7. [答案] ✓

[解析] 参考JTG E42—2005关于T 0327—2005细集料筛分试验的相关规定,及条文说明内容。砂的细度模数与级配没有直接的关系。细度模数通过计算得到:$\mu_f=(A_2+A_3+A_4+A_5+A_6-5A_1)/(100-A_1)$,并按照大小划分为:

粗砂 $\mu_f=3.7\sim3.1$

中砂 $\mu_f=3.0\sim2.3$

细砂 $\mu_f=2.2\sim1.6$

特细砂 $\mu_f=1.5\sim0.7$

8. [答案] ×

[解析] 参考JTG F30—2003技术规范中关于普通混凝土配合比设计中关于水泥混凝土

工作性和强度的影响因素。考查新拌水泥混凝土工作性的影响因素。在 $1m^3$ 混凝土中，当水泥浆量一定时：砂率太大——石子之间砂浆层变厚，但砂子之间水泥浆层变薄，浆体干稠，混凝土流动性差。砂率太小——石子之间砂浆层变薄，内摩阻力增大，混凝土流动性差，且易流浆、泌水。最佳砂率——在用水量及水泥用量一定的情况下，能使混凝土拌和物获得最大的流动性，且能保持良好的黏聚性和保水性。

9.［答案］ ✓

［解析］ 参考 JTG E20—2011 中关于沥青与矿料黏附性试验结果相关技术规定。考查沥青与矿料的黏附性试验以及沥青与矿料黏附等级的评定标准，沥青与矿料的黏附性越好，则沥青与矿料的黏附等级越高。

10.［答案］ ✓

［解析］ 参考 JTG F40—2004 中关于黏稠道路石油沥青的技术性质与技术要求。重复加热易使沥青发生老化，影响沥青的性质，所以规定用于仲裁检验的沥青样品，重复如热的次数不得超过两次。

11.［答案］ ✓

［解析］ 参考 JTG F40—2004 中关于黏稠道路石油沥青的技术性质与技术要求。沥青老化后，有的质量会增加，有的会减少。

12.［答案］ ×

［解析］ 参考 JTG F40—2004 中关于黏稠道路石油沥青的技术性质与技术要求。沥青针入度越大，表示其黏性差、稠度低，其温度稳定性不好。

13.［答案］ ×

［解析］ 参考 JTG F30—2003 技术规范中关于普通混凝土配合比设计中关于水泥混凝土工作性和强度的影响因素。水泥混凝土的强度等级与标号都直接说明该混凝土的强度，但两者的含义不同，存在对应的换算关系。根据立方体抗压强度标准值来确定强度等级，表示方法用“C”和“立方体抗压强度标准值”两项内容表示。

14.［答案］ ×

［解析］ 参考 JTG E30—2005 试验规程中 T 0505—2005 水泥标准稠度用水量、凝结时间、安定性检验方法相关技术规定及试验操作方法。实验室进行的是水泥的凝结时间的测定。水泥混凝土的凝结时间包括初凝时间和终凝时间，凝结时间的测定包括初凝时间和终凝时间的分别测定。

15.［答案］ ×

［解析］ 参考 JTG F30—2003 技术规范中关于普通混凝土配合比设计中的技术要求，以及混凝土配合比设计中技术性质变化规律。考查碱—集料反应的内容。①碱—集料反应定义——水泥中的碱性氧化物水解后形成的 NaOH、KOH 与集料中的活性氧化硅作用，在集料表面生成复杂的碱硅酸凝胶，且是遇水无限膨胀性的，吸水后不断肿胀，导致水泥石胀裂。②条件——水泥含碱量 >0.6%（高碱水泥），集料中有活性 SiO_2 成分，混凝土所处环境有水补充。

16.［答案］ ✓

［解析］ 参考 JTG F40—2004 关于沥青混合料配合比设计的相关规定。沥青混合料中的沥青用量用油石比来表示，即沥青用量与集料质量的比值。

17.［答案］×

［解析］ 参考 JTG F30—2003 技术规范中关于普通混凝土配合比设计中的技术要求，以及混凝土配合比设计中技术性质变化规律。增加细砂的用量，可减小沥青混凝土的空隙率。

18.［答案］×

［解析］ 参考 JTG E20—2011 中关于沥青与矿料黏附性试验结果相关技术规定。通过石料与沥青黏附性试验来检测石料与沥青黏附性的好坏，包括水煮法和水浸法。

19.［答案］×

［解析］ 马歇尔稳定度试验的温度越高，测定的稳定度越小，流值越大。

20.［答案］✓

［解析］ 参考沥青的基本技术性质方面资料。升温速度超过规定的升温速度时，可能使沥青不充分加热，则测得的沥青软化点偏高。

21.［答案］✓

［解析］ 考查沥青混合料的结构类型及其特点。

悬浮密实结构，其特点为：沥青混合料密实度高，空隙率低，从而有效阻止水的侵入，降低不利环境直接影响。

骨架空隙结构，其特点为：有效阻止高温季节沥青混合料的变形，减缓沥青路面的车辙形成，具有较好的稳定性。

骨架密实结构，其特点是：提高沥青混合料的抗老化性，还能减缓在冬季的开裂现象。

22.［答案］×

［解析］ 参考 JTG E42—2005 关于 T 0327—2005 细集料筛分试验的相关规定及条文说明内容。考查砂子细度模数的含义。按照细度模数的大小划分为粗砂、中砂、细砂以及特细砂。砂子的细度模数越大，砂颗粒就越粗。

23.［答案］✓

［解析］ 参考 JTG F40—2004 中关于热拌沥青混合料配合比设计与技术要求。环境温度较高时，要考虑沥青混合料的高温稳定性问题，适当的沥青用量，可以改善沥青混合料的高温稳定性。

24.［答案］×

［解析］ 参考沥青的基本技术性质方面资料。目前世界上道路沥青的产品分级主要三种，即针入度分级（按 25℃的针入度划分沥青标号）、黏度分级（按 60℃的黏度划分沥青标号）以及性能分级。

25.［答案］×

［解析］ 参考沥青的基本技术性质方面资料。高温稳定性和水稳定性是沥青混合料两个不同的技术性质，沥青混合料的高温稳定性，指沥青混合料在夏季高温（通常 60℃）条件下经受车辆荷载长期作用后，不产生车辙、波浪等病害的性能，通过车辙试验进行检验。水稳定性是沥青混合料抵抗水损害的能力，用残留稳定度检验，即通过模拟路面的水损坏条件后测得沥青混合料的稳定度值。

26.［答案］✓

［解析］ 参考 JTG E30—2005 中关于 T 0502 水泥细度筛析法、T 0504 水泥比面积测定方法的相关技术规定。水泥细度测定有常采用的方法是筛析法，它以 80μm 标准筛上的存留

量的多少来表示细度。操作方法有水筛和负压筛两种方式,测定的水泥细度指标有争议时以负压筛法为准。

27. [答案] ×

[解析] 参考 JTG E20—2011 中关于沥青与矿料黏附性试验结果相关技术规定。沥青与集料的黏附性等级,由两名以上经验丰富的试验人员目测确定,按照试验中沥青与集料的黏附性状况分为五个等级。

28. [答案] ✓

[解析] 参考 JTG E40—2007 中相关规定。标准贯入试验是用标准的锤重(63.5kg),以一定的落距(76cm)自由下落所提供的锤击能,把标准贯入器打入土中,记录贯入器贯入土中30cm 的锤击数 N(或 $N_{63.5}$)。贯入锤击数反应了天然土层的密实程度。

29. [答案] ✓

[解析] 参考 JTG E30—2005 试验规程中 T 0505—2005 水泥标准稠度用水量、凝结时间、安定性检验方法相关技术规定及试验操作方法。水泥凝结时间和安定性测定均是对制得的标准稠度的水泥净浆进行试验。

30. [答案] ✓

[解析] 筛分时,通过筛孔的试样质量为筛孔的通过质量,计算得到通过率,不能通过筛孔的试样称为筛余,包括分计筛余和累计筛余。

四、问答题(共 5 道题,每题 10 分,共计 50 分)

1. 简述土的颗粒分析(筛析法)试验步骤。

[答案] 适用粒径 $d>0.074$mm 的土。

(1)将土样风干并碾散拌匀,用四分法取样备用。

(2)称取 100 ~ 4 000g(土样的粒径越大称取的数量越多)。将试样过孔径为 2mm 的细筛,分别称出筛上和筛下土的质量。

(3)取 2mm 筛上试样倒入依次叠好的粗筛(孔径为 60mm、40mm、20mm、10mm、5mm)的最上层筛中;取 2mm 筛下的土样倒入依次叠好的细筛(孔径为 2mm、0.5mm、0.25mm、0.074mm)的最上层筛中进行筛析,若 2mm 筛下的土不超过试样总质量的 10%,则省略细筛分析。同样,2mm 筛上的土如不超过试样总质量的 10%,则省略粗筛分析。

(4)依次将留在各筛上的土称重,要求各级筛上和筛底土总质量与筛前试样质量之差不得大于 1%。

(5)计算及绘图:以小于某粒径的土质量百分数为纵坐标,颗粒直径的对数值为横坐标,绘制颗粒大小分配曲线。

[解析] 参考 JTG E40—2007 中相关规定,掌握 T 0115—1993 筛分法进行颗粒分析试验过程与试验结果处理。考查土的颗粒分析(筛析法)试验步骤。

2. 试述影响混凝土抗压强度的主要因素。

[答案] (1)灰水比、水泥强度及骨料种类对混凝土强度的影响,用下式说明:

$$f_{cu,\theta} = Af_{ce}\left(\frac{C}{W} - B\right)$$

从材料质量看,混凝土强度主要受水泥强度的影响,水泥强度高,混凝土强度高;从材料组

成比例看，混凝土强度主要取决于灰水比，灰水比大强度高。对碎石和砾石，A、B 取值不同，因此骨料品种也影响混凝土强度。采用碎石混凝土强度高。

(2)养生条件影响：①温度高，强度高，反之亦然；②湿度大，强度高，反之亦然；③龄期长，强度高，反之亦然。

(3)试验条件：①试件尺寸及形状：尺寸大强度低，高径比为 2 时，圆柱试件强度低于立方体强度；②试件干湿状况：试件干强度高，湿则低；③加载速度：速度快强度高，慢则低。

[解析]　参考 JTG E30—2005 中 T 0553—2005 水泥混凝土立方体抗压强度试验方法的相关规定与试验数据处理方法。考查水泥混凝土抗压强度的主要影响因素。

3. 简述沥青延度试验的试验条件及注意事项。

[答案]　(1)试验条件

①试件形状尺寸：8 字形试样，中心断面为 $1cm^2$；②温度：试验温度为 25℃ 或 15℃；③拉伸速度：非经注明则为 5cm/min。

(2)注意事项

①隔离剂要调配适当，确保侧模及玻璃板不粘沥青，隔离剂不能涂的太多，以免挤占试样体积；②当室温同试验温度相差太大时，为保证试样中心断面尺寸，试样应先恒温后铲平；③铲平时铲刀不能过热，也不能用力过大，以免试样老化或底面受拉变形；④当试样出现上浮或下沉时，应调整水的密度，重新试验；⑤确保水面不受扰动。

[解析]　参考 JTG E20—2011 关于 T 0605—2011 沥青延度试验的相关规定及试验结果处量操作，要求考生掌握沥青和沥青混合料中沥青延度试验影响试验结果的主要因素。考查沥青延度试验的试验条件及注意事项。

4. 简述集料级配曲线的绘制方法。

[答案]　①材料筛分，计算通过率，明确设计级配要求范围，计算中值。②绘制框图。按比例绘制一矩形框图，从左下向右上引对角线，作为合成级配中值，以纵坐标为通过率，横坐标为筛孔尺寸。③确定各集料用量。将参与级配合成的集料的通过量绘制在框图中，用折线形成连成级配曲线。④计算与校核。根据图解过程求得的各集料用量比例计算出合成级配结果。当超出范围时，需进行调整，直到满足要求为止。

[解析]　参考级配设计理论部分知识，熟悉级配曲线的绘制方法，在此基础熟悉级配曲线反应的矿料级配特性。考查集料级配曲线的绘制方法。

5. 工程中选择沥青及沥青标号主要考虑的因素有哪些？

[答案]　依据工程所处的气候条件及路面结构类型查技术规范选择沥青及沥青标号。沥青路面施工规范以地区的日最低平均气温将全国分为寒区、温区、热区三个气候分区，对一个具体的地区可通过查技术规范确定其气候分区。路面结构类型标准分为四类，即表面处治，沥青贯入式及上拌下贯式，沥青碎石，沥青混凝土。路面结构类型可查路面设计文件。

另外，因黏稠石油沥青分为重交和中轻交通量沥青两个标准，选用沥青标号时还要考虑道路等级，高等级路选重交沥青，其他选中轻交沥青。

[解析]　参考级配设计理论部分知识，熟悉级配曲线的绘制方法，在此基础熟悉级配曲线反应的矿料线配特性。考查工程中沥青及沥青标号选用的依据。

《材料》模拟试题(四)

一、单项选择题(四个备选项中只有一个正确答案,总共30道题,每题1分,共计30分)

1. 对于坚硬易碎的黏性土,欲求其天然密度宜采用(　　)。
A. 环刀法　　B. 灌砂法　　C. 蜡封法　　D. 灌水法

2. 受表面张力作用而在土层中运动的水是(　　)。
A. 化学结晶水　　B. 毛细水　　C. 重力水　　D. 结合水

3. 土的缩限含水率是指(　　)的界限含水率。
A. 塑态转为流态　　B. 半固态转固态
C. 塑态转固态　　D. 半固态转塑态

4. 土的压缩主要是(　　)的减小。
A. 含水率　　B. 土的重度　　C. 土的孔隙体积　　D. 固体颗粒

5. 界限含水率可以(　　)。
A. 评价各种土的状态　　B. 评价黏性土的状态
C. 评价砂性土的状态　　D. 评价砾类土的状态

6. 水泥中氧化镁含量的测定方法是(　　)。
A. 灼烧差减法　　B. 硫酸钡重量法
C. 原子吸收光谱法　　D. EDTA 滴定法

7. 沸煮法主要是检验水泥中是否含有过量的(　　)。
A. Na_2O　　B. 游离 CaO　　C. 游离 MgO　　D. SO_3

8. 车辙试验主要是用来评价沥青混合料(　　)的验证性指标。
A. 高温稳定性　　B. 低温抗裂性　　C. 耐久性　　D. 抗滑性

9. 矿料配合比例不变,增加沥青用量,混合料的饱和度将(　　)。
A. 增加　　B. 不变　　C. 减小　　D. 先增加后减小

10. 混凝土用砂应尽量采用(　　)的砂。
A. 空隙率小　　B. 总表面积小
C. 总表面积大　　D. 空隙率和总表面积均较小

11. 沥青混合料试件质量为1 200g,高度为65.5mm,成型标准高度(63.5mm)的试件混合料的用量为(　　)。
A. 1 152g　　B. 1 163g　　C. 1 171g　　D. 1 182g

12. 对水中称重法、表干法、蜡封法、体积法的各自适用条件下述说法正确的是(　　)。
A. 水中称重法适用于测沥青混合料的密度
B. 表干法适合测沥青混凝土的密度
C. 蜡封法适合测定吸水率大于2%的沥青混合料的密度
D. 体积法与封蜡法适用条件相同

13. 试饼法检验水泥的安定性时,试饼成型后(　　)放入煮沸箱中沸煮。

A. 立即　　B. 养护箱中养护 12h 后

C. 养护箱中养护 24h　　D. 养护箱中养护 3d

14. 将集料颗粒的大面朝下,测其长 l,宽 $b(l>b)$,厚 t,当(　　)≥3 时,该集料为针片状颗粒。

A. $\frac{b}{l}$　　B. $\frac{t}{l}$　　C. $\frac{t}{b}$　　D. $\frac{l}{t}$

15. 沥青针入度的单位为"°",1° =(　　)mm。

A. 0.1　　B. 0.01　　C. 1.0　　D. 10

16. 材料的软化系数 =(　　)。

A. $f_{潮湿}/f_{干燥}$　　B. $f_{干燥}/f_{饱水}$　　C. $f_{饱水}/f_{干燥}$　　D. $f_{干燥}/f_{潮湿}$

17. 混凝土拌和物的坍落度试验只适用粗骨料最大粒径(　　)的骨料。

A. ≤80mm　　B. ≤60mm　　C. ≤40mm　　D. ≤20mm

18. 沥青混合料必须采用石灰岩成岩浆岩中的强基性岩石等(　　)石料经磨细得到的矿粉。

A. 亲水性　　B. 憎水性　　C. 安定性　　D. 可塑性

19. (　　)测定用黏稠度石油沥青拌制的热拌沥青混合料中沥青含量不适用于其他沥青拌制的混合料。

A. 射线法　　B. 离心分离法　　C. 燃烧炉法　　D. SGC 法

20. 砂率是指(　　)。

A. 砂质量/石质量　　B. 砂质量/混凝土总质量

C. 砂体积/石体积　　D. 砂体积/砂石总体积

21. 木材平衡含水率是指(　　)。

A. 温度和湿度平衡　　B. 水分蒸发大于吸收

C. 水分蒸发小于吸收　　D. 水分蒸发和吸收趋于平衡

22. 水泥胶砂试验过程中,要求成型好的试件在(　　)进行养护。

A. 室温条件下　　B. 规定的温度恒温箱中

C. 规定温度的水中　　D. 规定的温度和湿度条件下

23. 对某含有黏土粒的砂砾土进行颗粒分析试验,以便对其进行命名,已知小于 0.074mm 颗粒的质量百分含量在 5% 左右,则最适合该土样的分析方法为(　　)。

A. 干筛法　　B. 湿筛法　　C. 比重计法　　D. 移液管法

24. 在 15℃ 采用比重瓶测得的沥青密度是沥青的(　　)。

A. 表观密度　　B. 真实密度　　C. 相对密度　　D. 毛体积密度

25. 沥青黏稠性较高,说明沥青(　　)。

A. 标号较低　　B. 高温时易软化

C. 针入度较大　　D. 更适应我国北方地区

26. 在进行含水率测试时,土中水的质量一般不包括(　　)的质量。

A. 弱结合水　　B. 自由水　　C. 强结合水　　D. 毛细水

27. 石料的真实密度可用式 $\rho_t = M/V_s$ 计算,式中 V_s 为(　　)。

A. 石料实体体积　　B. 石料的表观体积

C. 石料毛体积　　D. 石料堆积体积

28. 土的干密度越大,孔隙体积越小,土粒间内摩擦力(　　)。

A. 越大　　B. 越小

C. 与孔隙大小无关　　D. 不变

29. 界限含水率主要用于(　　)。

A. 评价各种土的状态　　B. 评价细粒土的状态

C. 评价砂类土的状态　　D. 评价砾类土的状态

30. 土的比重试验,比重瓶法适用于分析粒径(　　)的土。

A. 大于 5mm　　B. 大于 10mm　　C. 小于 5mm　　D. 小于 10mm

二、多项选择题(每道题目所列出的备选项中,有两个或两个以上正确答案,选项全部正确得满分,选项部分正确按比例得分,出现错误选项该题不得分。总共 20 道题,每小题 2 分,共计 40 分)

1. 就同一强度等级而言,道路水泥与普通水泥相比较其优点是(　　)。

A. 抗压强度高　　B. 抗折强度高

C. 耐磨性能好　　D. 需水量小

2. 集料试验中折算成 SO_3 含量来测试的物质是(　　)。

A. 氧化硫　　B. 硫化物　　C. 硫铁矿　　D. 硫酸盐

3. 沥青混合料用粗细骨料分界筛孔尺寸为(　　),水泥混凝土粗、细骨料分界筛孔尺寸为(　　)。

A. 2.5mm　　B. 2.36mm　　C. 4.75mm　　D. 5mm

4. 对砂子的细度模数计算式中,分子上减去 $5A_5$ 解释完整的是(　　)。

A. 大于 5mm 颗粒为粗骨料,应扣 $5A_5$

B. 大于 5mm 为粗骨料,小于 5mm 筛孔有 5 级,A_5 被累计了 5 次

C. 大于 5mm 为粗骨料,A_5 被累计了 5 次,应扣除 $5A_5$

D. 从 5mm 以下各筛的累计筛余中分别扣除 5mm 筛上的累计筛余

5. 碱—集料反应应具备的条件是(　　)。

A. 水泥中含超量的碱　　B. 充分的水

C. 集料中含有碱活性颗粒　　D. 合适的温度

6. 土工合成材料的主要力学特性有(　　)。

A. 蠕变特性　　B. 耐久性　　C. 拉伸特性　　D. 撕裂强度

7. 土工合成材料在公路桥梁工程的主要应用有(　　)。

A. 用于护坡　　B. 用于调节刚度

C. 用于临时道路　　D. 用于柔性路面结构层

8. 水泥混凝土配合比设计计算中,计算粗、细集料用量的方法有(　　)。

A. 质量法　　B. 绝对体积法　　C. 假定表观密度法　　D. 体积法

9. 下列指标不合格,则判定水泥为废品的有( )。

A. SO_3 含量 B. 细度 C. 终凝时间 D. 强度

10. 立方体抗压强度的含义包括( )。

A. 按标准制作的 150mm 的立方体试件 B. 标准养护至 28d

C. 按标准方法测得的抗压强度值 D. 按规定方法的换算值

11. 五大品种水泥中,抗冻性好的是( )。

A. 硅酸盐水泥 B. 粉煤灰水泥

C. 矿渣水泥 D. 普通硅酸盐水泥

12. 土的压缩系数与土的( )有关。(检测员不考)

A. 相应荷载作用下孔隙比的变化 B. 土粒粗细程度

C. 相应压应力水平 D. 水的体积

13. 水泥细度可用下列方法表示:( )。

A. 筛析法 B. 比表面积法 C. 试饼法 D. 雷氏法

14. 影响水泥体积安定性的因素主要有( )。

A. 熟料中氧化镁含量 B. 熟料中硅酸三钙含量

C. 水泥的细度 D. 水泥中三氧化硫含量

15. 水泥石的腐蚀包括( )。

A. 溶析性侵蚀 B. 硫酸盐的侵蚀

C. 镁盐的侵蚀 D. 碳酸的侵蚀

16. 水泥的活性混合材料包括( )。

A. 石英砂 B. 粒化高炉矿渣

C. 粉煤灰 D. 黏土

17. 集料的表观密度是指单位表观体积集料的质量,表观体积包括( )。

A. 矿料实体体积 B. 开口孔隙体积

C. 闭口孔隙体积 D. 毛体积

18. 标号较低的沥青在性能上意味着( )。

A. 较小的针入度 B. 具有相对较好的抗变形能力

C. 黏稠性较高 D. 更适用于华北地区

19. 能够测得沥青混合料马歇尔试件的毛体积密度的试验方法是( )。

A. 表干法 B. 水中重法 C. 蜡封法 D. 体积法

20. 混凝土拌和物的工作性选择可依据( )。

A. 工程结构物的断面尺寸 B. 钢筋配置的疏密程度

C. 捣实的机械类型 D. 施工方法和施工水平

三、判断题(正确的事实在后面括号中打"✓",错误的事实在后面括号中打"×"。总共 30 道题,每题 1 分,共计 30 分)

1. 石料的抗冻性仅与材料的空隙率有关,与空隙中水的饱和程度无关。( )

2. 石油沥青的标号是根据沥青规定条件下的针入度、延度以及软化点值来确定的。( )

3. 若砂试样的筛分曲线落在规定的三个级配区的任一个区中，则无论砂子的细度模数是多少，其级配和粗细程度都是合格的，适宜于配制混凝土。 ( )

4. 同一混凝土材料在进行抗压强度试验时，加荷速度快者较加荷速度慢者的试验结果值偏大。 ( )

5. 集料和混凝土的抗冻性都可以用硫酸钠坚固法来间接评价。 ( )

6. 石料在进行强度试验时，其饱水状态下的强度总是小于干燥状态下的强度。 ( )

7. 水泥越细越好，但过细却会增加水泥的生产成本。 ( )

8. 新拌水泥混凝土工作性的评价方法为坍落度法。 ( )

9. 两种砂子的细度模数相同，它们的级配不一定相同。 ( )

10. 进行黏附性试验的矿料，首先用洁净水洗净；然后置于温度为105℃ ±5℃的烘箱中烘干，最后置于163℃ ±5℃的烘箱内1h，再进行黏附性试验。 ( )

11. 冲击值适用于评价抗滑表层集料的抗冲击能力。 ( )

12. 沥青的蒸发损失试验和薄膜加热试验除盛样容器不同外，其他试验条件完全相同。 ( )

13. 沥青混合料的沥青含量是指沥青质量占矿料质量的百分率。 ( )

14. 沥青混合料夏季产生车辙主要是由于高温时抗拉强度不足。 ( )

15. 只要条件许可，II 区中砂是配置水泥混凝土的首选砂。 ( )

16. 碱—集料反应的结果使混凝土局部膨胀而产生裂缝。 ( )

17. 增加沥青混合料的试件成型击实次数，将使其饱和度降低。 ( )

18. 增加砂率会使水泥混凝土的坍落度减小。 ( )

19. 洛杉矶磨耗值是用来评价矿料耐磨性能的一项指标。 ( )

20. 在沸煮法测定石料的黏附性试验中，当沥青剥落面积小于10%时可将其黏附性等级评定为4级。 ( )

21. 试拌混凝土时若测定混凝土的坍落度满足要求，则混凝土的工作性良好。 ( )

22. 混凝土拌和物中水泥浆越多和易性越好。 ( )

23. 雷氏法是通过观测水泥标准稠度净浆试饼煮沸后的外形变化情况表征其体积安定性。 ( )

24. 凡由硅酸盐水泥熟料、0 ~5%石灰石或粒化高炉矿渣、适量石膏磨细制成的水硬性胶凝材料称为硅酸盐水泥。 ( )

25. 石料吸水率是指在规定试验条件下，石料试件吸水饱和的最大吸水质量占其烘干质量的百分率。 ( )

26. 堆积密度是指集料装填于容器中包括集料空隙（颗粒之间的）和孔隙（颗粒内部的）在内的单位体积的质量。 ( )

27. 表观密度是指材料单位表观体积（实体体积 + 闭口孔隙体积）的质量。 ( )

28. 稠度是反映混凝土强度和易性的唯一指标。 ( )

29. 混凝土的最小胶凝材料用量是为了保证混凝土的耐久性。 ( )

30. 用离心分离法检测沥青混合料中沥青含量试验中，三氯乙烯的作用是回收废液。 ( )

四、问答题(共5道题,每题10分,共计50分)

1. 配制混凝土时为什么要选用合理砂率(最优砂率)?砂率太大和太小有什么不好?选择砂率的原则是什么?

2. 回答测定土的液塑限的试验步骤。

3. 成型马歇尔试件时,如何选择和控制沥青混合料的搅拌与击实温度?同时简要说明沥青混合料的搅拌温度与击实温度对马歇尔试验结果的影响。

4. 现场浇灌混凝土时,禁止施工人员随意向混凝土拌和物中加水,试从理论上分析加水对混凝土质量的危害?它与成型后的洒水养护有无矛盾?为什么?

5. 采用燃烧炉法测定沥青混合料中沥青含量的操作要点及数据处理方法。

《材料》模拟试题(四)答案及解析

一、单项选择题(四个备选项中只有一个正确答案,总共30道题,每题1分,共计30分)

1.[答案] C

[解析] 参考JTG E40—2007中相关规定,熟悉土工试验中土的密度试验方法及不同试验方法的适用范围与目的。测定密度常用的方法有环刀法、灌砂法、蜡封法、灌水法。环刀法操作简便而准确,在室内和野外普遍采用;不能用环刀削的坚硬、易碎含有粗粒、形状不规则的土,一般采用蜡封法;灌砂法、灌水法一般在野外采用。灌砂法适用于现场测定细粒土、砂类土和砾类土的密度;灌水法适用于现场测定粗粒土和巨粒土的密度。

2.[答案] B

[解析] 参考JTG E40—2007中相关规定,熟悉熟悉土工试验中土的三相组成及物理性质指标。土的毛细性是指能够产生毛细现象的性质。土的毛细现象是指土中水在表面张力作用下,沿着细的孔隙向上及向其他方向移动的现象。这种细微孔隙中的水被称为毛细水。

3.[答案] B

[解析] 参考JTG E40—2007中土的界限含水率试验的相关规定及各界限含水率的概念,如T 0118—2007液限和塑限联合测定法。土的缩限含水率是指半固态转固态的界限含水率。土的缩限含水率达到塑限后继续降低,体积不断收缩,当达某一含水率后,土体体积不再随含水率降低而收缩,这个界限含水率称为缩限。

4.[答案] C

[解析] 参考JTG E40—2007中相关规定,熟悉熟悉土工试验中土的三相组成及物理性质指标。土体的压缩变形主要是由于孔隙的减小所引起的,饱和土的压缩需要一定时间才能完成的,饱和土的孔隙中全部充满水,要使孔隙减小,就必须使土中的水部分挤出,亦即土的压缩与孔隙中水挤出是同时发生的。土中水部分挤出需要一定时间,土的颗粒越粗,孔隙越大,则透水性越大,因而土中的水挤出和土体的压缩越快,黏土颗粒很细,则需要很长时间。

5.[答案] B

[解析] 参考JTG E40—2007中土的界限含水率试验的相关规定及各界限含水率的概念,如T 0118—2007液限和塑限联合测定法。界限含水率是对于黏性土的指标,包括液限、塑限和缩限,分别对应为黏性土不同状态时的界限含水率。

6.[答案] C

[解析] 《水泥化学分析法》(GB/T 176—2008):

8.烧失量的测定——灼烧差减法

10.三氧化硫的测定——硫酸钡重量法

14.氧化钙的测定——EDTA滴定法

15.氧化镁的测定——原子吸收光谱法

7.[答案] B

［解析］ 参考 JTG E30—2005 试验规程中 T 0505—2005 水泥标准稠度用水量、凝结时间、安定性检验方法相关技术规定及试验操作方法。沸煮法起加速氧化钙熟化的作用，只能检查游离 CaO 引起的水泥体积安定性不良。游离 MgO 在压蒸下才能加速熟化，石膏的危害则需长期在常温水中才能发现，两者均不便于快速检验。

8.［答案］ A

［解析］ 参考 JTG F40—2004 中关于热拌沥青混合料配合比设计与技术要求。沥青混合料的高温稳定性，通常采用高温强度和稳定性作为主要技术指标。马歇尔试验并不能正确地反映沥青混合料的抗车辙能力，应通过车辙试验进行检验。

9.［答案］ A

［解析］ 参考 JTG E20—2011 中术语、符号关于沥青饱和度（VFA）的概念，压实沥青混合料试件内沥青部分的体积占矿料骨架以外的空隙部分体积（VMA）。考察沥青混合料的技术指标——饱和度。沥青饱和度是指压实沥青混合料中的沥青体积填充矿料间隙体积的百分率。增加沥青用量，混合料的饱和度必然将增加。

10.［答案］ D

［解析］ 参考 JTG F30—2003 关于水泥混凝土配合比设计的相关规定，明确水泥混凝土配合比设计中砂率的概念。砂的空隙率较小，砂的强度较高，因而得到的混凝土强度较高；砂的总表面积较小，构成水泥砂浆耗费的水泥用量相对较少，因而节约水泥。

11.［答案］ B

［解析］ 参考 JTG E20—2011 试验规程中关于沥青马歇尔试验的相关技术规定。沥青混合料试件质量的计算，按照比例计算：$1\,200 \times \frac{63.5}{6\,550} = 1\,163$g。

12.［答案］ C

［解析］ 参考 JTG E20—2011 试验规程中关于沥青混合料密度不同测试方法的适用性和主要试验操作步骤。考查沥青混合料密度的各种测定方法的适用类别。

表干法：适用于吸水率不大于 2% 的各种沥青混合料试件的毛体积相对密度或毛体积密度。

水中重法：测定不吸水的密级配沥青混合料试件的表观相对密度或表观密度。

蜡封法：适用于吸水率大于 2% 的各种沥青混凝土或沥青碎石混合料试件的毛体积相对密度或毛体积密度。

真空法：用于沥青混合料配合比设计、路况调查。

13.［答案］ C

［解析］ 参考 JTG F30—2003 技术规范中关于普通混凝土配合比设计中关于水泥的基本技术性质，在条件说明中原材料技术要求关于水泥安定性的技术要求。参考 JTG E30—2005 中关于 T 0505—2005 水泥体积安定性测试方法的相关技术规定。试饼法：①将制备好的水泥标准稠度净浆取出一部分，分成相同两分，先团成球形，放在事先涂有一层黄油的玻璃板上，在桌面轻轻振动，并通过小刀由外向里抹动，使水泥浆形成一个直径 70 ~ 80mm、中心厚约 10mm 而边缘渐薄的圆形试饼。按上述方法养护 24h ± 2h。②从玻璃板上取下试饼，先观察试饼外观有无缺陷，在无开裂、翘曲等缺陷时，放在沸煮箱的试架上然后按同样的方法进行沸煮。③沸煮

结束后，打开箱盖，待冷却至室温，取出试饼进行观察判断，当目测试饼未发现裂缝，且用钢尺测量没有弯曲时，则认为相应的水泥安定性合格。

14. [答案] D

[解析] 参考JTG E42—2005规程中T 0311\T 0312粗集料针片状含量试验的相关技术规定与技术性质。考查集料针片状颗粒的尺寸定义。颗粒最大长度方向与最大厚度方向的尺寸之比大于3的颗粒为针片状颗粒。

15. [答案] A

[解析] 参考JTG F40—2004中关于黏稠道路石油沥青的技术性质与技术要求。参考JTG E20—2011关于T 0604—2011沥青针入度试验的相关规定及试验结果处量操作，要求考生掌握沥青和沥青混合料中沥青针入度试验，以及影响试验结果的主要因素；PI值的计算方法。考查沥青针入度的单位。针入度，是指在规定的温度和载荷下，标准针在5s内垂直沉入试样的深度，以1/10mm为单位。

16. [答案] C

[解析] 考查材料的基本性质。材料的耐水性可用软化系数来表示：材料的软化系数为材料在吸水饱和状态下的抗压强度与材料在干燥状态下的抗压强度的比值。

17. [答案] C

[解析] 参考JTG F30—2003技术规范中关于普通混凝土配合比设计中关于水泥混凝土工作性和强度的影响因素以及砂率的概念。考查坍落度试验的适用范围。坍落度试验只适用于骨料最大粒径不大于40mm，坍落度值不小于10mm的混凝土拌和物。

18. [答案] B

[解析] 《公路沥青路面施工技术规范》(JTG F40—2004)：

4.10.1 沥青混合料的矿粉必须采用石灰岩或岩浆岩中的强基性岩石等憎水性石料细、经磨细得到的矿粉，原石料中的泥土杂质应除净。

19. [答案] A

[解析] T 0721—1993沥青混合料中沥青含量试验(射线法)。本方法采用射线法测定用黏稠石油沥青拌制的热拌沥青混合料中沥青含量（或油石比），不适用于其他沥青拌制的混合料。

20. [答案] D

[解析] 参考JTG F30—2003关于水泥混凝土配合比设计的相关规定，明确水泥混凝土配合比设计中砂率的概念。考查砂率的定义，包括质量砂率和体积砂率。质量砂率是砂质量占砂、石总质量的比例，体积砂率是砂体积占砂、石总体积的比例。

21. [答案] D

[解析] 考查木材的吸湿率与含水率。木材具有吸湿性，潮湿的木材也会向周围放出水分，即木材的含水率随周围空气湿度的变化而变化，直到木材的含水率与周围空气的湿度达到平衡时为止，此时的含水率称为平衡含水率。

22. [答案] D

[解析] 参考JTG E30—2005试验规程中T 0505—2005水泥胶砂强度试验的相关技术规定及试验操作方法。水泥力学性质评价方法——水泥胶砂法，试样的养护：对试模作标记，

带模放置在养护室或养护箱中,在规定的温度和湿度条件下养护,直到规定脱模时间脱模。脱模时先在试件上进行编号,注意进行两个龄期以上的试验时,应将一个试模中的三根试件分别编在两个以上的龄期内。

23.[答案] C

[解析] 参考JTG E40—2007中相关规定,掌握T 0115—1993筛分法进行颗粒分析试验过程与试验结果处理。颗粒分析试验方法有:①筛分法,适用于分析粒径大于0.074mm的土;②比重计法,适用于分析粒径小于0.074mm的土。

24.[答案] A

[解析] 参考JTG E20—2011试验规程中关于沥青密度与相对密度的相关技术规定与试验数据处理。测定沥青密度的标准温度是15℃,得到的是沥青密度,也可以测得25℃沥青与水的相对密度。

25.[答案] A

[解析] 参考JTG F40—2004中关于黏稠道路石油沥青的技术性质与技术要求。沥青黏稠性较高,其针入度较小,高温时抗软化能力强,相对更适应于南方高温地区。

26.[答案] C

[解析] 参考JTG E40—2007中土的含水率试验的相关规定,掌握烘干法、酒精燃烧法和比重法测含水率等三种试验方法的适用范围。考查烘干法(T 0103—1993)测含水率测定的试验步骤。含水率定义是,土的含水率是在105~110℃下烘至恒量时所失去的水分质量和达恒量后干土质量的比值,以百分数表示,烘干法是测定含水率的标准方法。

27.[答案] A

[解析] 考查材料的基本性质。材料真实密度等于其真实质量除以真实体积。

28.[答案] A

[解析] 参考JTG E40—2007中土的密度试验的相关规定,掌握各种密度试验方法目的和适用范围。土的干密度越大,孔隙体积越小。对于粗粒土因颗粒的紧密排列,增强了颗粒表面摩擦力和颗粒之间嵌挤形成的咬合力。对细粒土则因为颗粒间的靠紧而增强粒间的分子引力,从而使土在短时间内得到新的结构强度。

29.[答案] B

[解析] 参考JTG E40—2007中土的含水率试验的相关规定,掌握烘干法、酒精燃烧法和比重法测含水率等三种试验方法的适用范围。考查烘干法(T 0103—1993)测含水率测定的试验步骤。砂土在天然状态的紧密程度用相对密实度,界限含水率主要用于评价细粒土的状态。

30.[答案] D

[解析] 参考JTG E40—2007中相关规定,掌握T 0115—2007筛分法进行颗粒分析试验过程与试验结果处理。颗粒分析试验,比重计法的适用范围是,适用于分析粒径小于0.075mm的土。

二、多项选择题(每道题目所列出的备选项中,有两个或两个以上正确答案,选项全部正确得满分,选项部分正确按比例得分,出现错误选项该题不得分。总共20道题,每小题2分,共计40分)

1.［答案］ BC

［解析］ 考查道路水泥的特点。根据路用性能和使用特点，要求水泥混凝土路面板有足够的抗折强度和一定的耐磨性能。

2.［答案］ BD

［解析］ 集料试验中有害杂质硫化物、硫酸盐的含量折算成 SO_3 含量来测试。

3.［答案］ BC

［解析］ 考查粗细集料的分级，沥青混合料用粗细骨料分界筛孔尺寸为 2.36mm，水泥混凝土粗、细骨料也即石、砂分界筛孔尺寸为 4.75mm。

4.［答案］ BC

［解析］ 考查细度模数的计算，累计筛余与分计筛余的关系。粗细程度——按细度模数（U_f）划分：

$$\mu_f=(A_2+A_3+A_4+A_5+A_6-5A_1)/(100-A_1)$$

粗砂　　$\mu_f=3.7\sim3.1$

中砂　　$\mu_f=3.0\sim2.3$

细砂　　$\mu_f=2.2\sim1.6$

特细砂　$\mu_f=1.5\sim0.7$

5.［答案］ ABC

［解析］ 考查碱—集料反应的内容。①碱—集料反应定义——水泥中的碱性氧化物水解后形成的 NaOH、KOH 与集料中的活性氧化硅作用，在骨料表面生成复杂的碱硅酸凝胶，且是遇水无限膨胀性的，吸水后不断肿胀，导致水泥石胀裂。②条件——水泥含碱量 >0.6%（高碱水泥），集料中有活性 SiO_2 成分，混凝土所处环境有水补充。

6.［答案］ ACD

［解析］ 参考 JTG E50—2006 中关于土工合成材料力学性能试验的相关规定。土工合成材料的主要力学特性有拉伸强度及特性、握持强度、撕裂强度、蠕变特性。耐久性不属于土工合成材料力学特性的范畴。

7.［答案］ ABCD

［解析］ 参考 JTG E50—2006 中关于土工合成材料的主要功能与作用，熟悉力学性能试验的相关规定。土工合成材料在路桥工程的应用有：用于道路面层与基层之间的柔性路面结构层；用于临时道路；用于排水；用于植被防护；用于护坡；用于调节刚度；用于软土路基加固处理；用于处理膨胀土和湿陷性路基；治理道路翻浆；建造陡坡路基和挡墙；超轻质填料筑路堤。

8.［答案］ ABCD

［解析］ 参考 JTG F30—2003 技术规范中关于普通混凝土配合比的相关技术要求。考查水泥混凝土配合比设计。

9.［答案］ ABC

［解析］ 参考 JTG F30—2003 技术规范中关于普通混凝土配合比设计中关于水泥质量和品质的相关技术要求。凡细度、终凝时间、不溶物和烧失量中任何一项指标不符合规定，判定水泥为废品；水泥强度低于商品强度等级指标时，为不合格水泥。

10.［答案］ ABC

[解析] 参考 JTG E30—2005 试验规程中 T 0553—2005 水泥混凝土抗立方体抗压强度试验方法和 T 0558—2005 水泥混凝土抗弯拉强度试验方法的相关技术规定及试验结果处理方法。水泥混凝土的强度等级，根据立方体抗压强度标准值确定，即以具有 95% 保证率的 28d 的标准尺寸立方体的抗压强度代表值来确定。标准立方体抗压强度试件的尺寸是 150mm × 150mm × 150mm。

11.[答案] AD

[解析] 参考 JTG F30—2003 技术规范中关于普通混凝土配合比设计中关于水泥质量和品质的相关技术要求。常见五大水泥品种的定义：

硅酸盐水泥，是硅酸盐水泥熟料中掺入 0 ~5% 的石灰石或粒化高炉矿渣等混合料，以及适用石膏混合磨细制成的水泥。

普通硅酸盐水泥，是在硅酸盐水泥熟料中掺入 6% ~15% 的混合料及适量石膏加工磨细后得到的水泥。

矿渣水泥，指在硅酸盐水泥熟料中掺入 20% ~70% 的粒化高炉矿渣和适量的石膏加工磨细制成的水泥。

火山灰水泥，指在硅酸盐水泥熟料中掺入 20% ~50% 的火山灰质材料和适量石膏加工磨细制成的水泥。

粉煤灰水泥，指在硅酸盐水泥熟料中掺入 20% ~40% 的粉煤灰和适量石膏加工磨细制成的水泥。

12.[答案] ABCD

[解析] 参考 JTG E40—2007 中关于土的固结试验的相关规定，熟悉土工试验中土的三相组成及物理性质指标、土的干密度、比重、含水率和孔隙比概念。土体的压缩变形主要是由于孔隙的减小所引起的，饱和土的压缩需要一定时间才能完成的，饱和土的孔隙中全部充满水，要使孔隙减小，就必须使土中的水部分挤出，亦即土的压缩与孔隙中水挤出使同时发生的。土中水部分挤出需要一定时间，土的颗粒越粗，孔隙越大，则透水性越大，因而土中的水挤出和土体的压缩越快，黏土颗粒很细，则需要很长时间。

13.[答案] AB

[解析] 参考 JTG E30—2005 中关于 T 0502 水泥细度筛析法、T 0504 水泥比面积测定方法的相关技术规定。水泥细度的大小反映了水泥颗粒粗细程度或水泥的分散程度，它对水泥的水化速度、需水量、和易性、放热速率和强度的形成，都有一定的影响。水泥细度测定有常采用的方法是筛析法，它以 80μm 标准筛上的存留量的多少来表示细度，操作方法有水筛和负压筛两种方式，比表面积法以单位质量的水泥材料表面积的大小来表示细度。

14.[答案] AD

[解析] 参考 JTG E30—2005 试验规程中 T 0505—2005 水泥标准稠度用水量、凝结时间、安定性检验方法相关技术规定及试验操作方法。安定性是一项表示水泥浆体硬化后是否发生不均匀体积变化的指标。

水泥产生不均匀变化或在水泥硬化后变形较大，会使混凝土构件产生变形、膨胀，严重时造成开裂，从而影响混凝土的质量。掺入石膏时带入的三氧化硫，水泥煅烧时残存的游离氧化镁，或游离氧化钙等，这些成分在水泥浆体硬化过程和硬化后会继续与水或周围的介质发生反应,反应后形成的产物体积增大,引起水泥内部的不均匀体积变化。当这种变化形成压力超出水泥结构所能承受的极限时,将会给整个结构造成极为不利的影响,严重时引起结构的破坏。

15.[答案] ABCD

[解析] 参考 JTG F30—2003 技术规范中关于普通混凝土配合比设计中关于水泥质量和品质的相关技术要求。水泥石的腐蚀:

(1)水泥石受腐蚀的基本原因:水泥石中含有易受腐蚀的成分,即氢氧化钙和水化铝酸钙等;水泥石不密实,内部含有大量的毛细孔隙。

(2)易造成水泥石腐蚀的介质:软水及含硫酸盐、镁盐、碳酸盐、一般酸、强碱的水。

16.[答案] BCD

[解析] 参考 JTG F30—2003 技术规范中关于普通混凝土配合比设计中关于水泥质量和品质的相关技术要求。活性混合材料:常温下与氢氧化钙和水发生反应的混合材料称为活性混合材料。主要有粒化高炉矿渣和火山灰质混合材料。主要作用是改善水泥的某种性能,此外也能起到调节水泥强度等级、降低水化热和成本、增加水泥产量的作用。

石英砂属于非活性混合材料。

17.[答案] ABC

[解析] 参考 JTG E42—2005 规程中关于粗集料密度试验的相关概念以及试验操作的具体技术要求。考查材料基本性质的概念。

18.[答案] ABC

[解析] 参考 JTG F40—2004 中关于黏稠道路石油沥青的技术性质与技术要求。标号较低的沥青,针入度较小,沥青黏稠性大,抗变形能力强,相对更适用于南方夏季高温地区。

19.[答案] ABCD

[解析] 参考 JTG E20—2011 试验规程中关于沥青混合料密度不同测试方法的适用性和主要试验操作步骤。考查马歇尔试件常用密度检测方法。

表干法:适用于吸水率不大于 2% 的各种沥青混合料试件的毛体积相对密度或毛体积密度。

水中重法:测定不吸水的密级配沥青混合料试件的表观相对密度或表观密度。

蜡封法:适用于吸水率大于 2% 的各种沥青混凝土或沥青碎石混合料试件的毛体积相对密度或毛体积密度。

真空法:用于沥青混合料配合比设计、路况调查。

20.[答案] ABC

[解析] 参考 JTG F30—2003 技术规范中关于普通混凝土配合比设计中关于水泥混凝土工作性和强度的影响因素。混凝土拌和物的流动性,要根据构件截面尺寸大小、钢筋疏密和捣实方法来确定。

三、判断题(正确的事实在后面括号中打“✓”,错误的事实在后面括号中打“×”。总共 30 道题,每题 1 分,共计 30 分)

1.[答案] ×

[解析] 参考JTG E42—2005关于集料性质的条件说明。抗冻性是对于低温条件下水冻的危害提出,空隙中水的饱和程度不同,在低温条件下发生水冻的危害程度不同,反映出石料的抗冻性也不同。

2.[答案] ×

[解析] 参考JTG E42—2005关于集料性质的条件说明。考查沥青分级的依据。

3.[答案] ×

[解析] 参考JTG E42—2005关于T 0327—2005细集料筛分试验的相关规定及条文说明内容。砂子的细度模数反映砂的粗细程度,可分为粗砂、中砂、细砂,砂的细度模数与级配没有直接关系。

4.[答案] ✓

[解析] 参考JTG E30—2005试验规程中T 0553—2005水泥混凝土抗立方体抗压强度试验方法和T 0558—2005水泥混凝土抗弯拉强度试验方法的相关技术规定及试验结果处理方法。进行立方体抗压强度试验时,通常存在环箍效应的影响。加荷速度快时,环箍效应的影响较大,这种约束作用的结果就是导致抗压强度试验结果值偏大,加荷速度慢,环箍效应大大减小,试件将出现直立破坏,试验结果相对偏小,但接近于真实值。

5.[答案] ×

[解析] 参考JTG E42—2005关于集料性质的条件说明。集料的抗冻性采用硫酸钠坚固法检验,混凝土的抗冻性采用冻融循环评价。

6.[答案] ✓

[解析] 参考JTG E42—2005关于集料性质的条件说明。一般石料在饱水状态下,强度都有不同程度的降低。

7.[答案] ✓

[解析] 参考JTG F30—2003技术规范中关于普通混凝土配合比设计中关于水泥质量和品质的相关技术要求。水泥越细,水泥水化越容易充分,但生产成本提高。

8.[答案] ×

[解析] 参考JTG F30—2003技术规范中关于普通混凝土配合比设计中关于水泥混凝土工作性和强度的影响因素。新拌水泥混凝土工作性的测定方法有坍落度法和维勃稠度法。

9.[答案] ✓

[解析] 参考JTG E42—2005关于T 0327—2005细集料筛分试验的相关规定,及条文说明内容。砂子的细度模数与级配无关。细度模数用于表示砂子的粗细程度,级配是砂子粗细粒径的分级搭配情况。

10.[答案] ×

[解析] 参考JTG E20—2011中关于沥青与矿料黏附性试验结果相关技术规定。考查沥青与矿料的黏附性试验。试验方法包括水浸法和水煮法,两种方法的试验温度不同。题目给出的是水浸法中的试验步骤。

11.[答案] ×

[解析] 参考JTG E42—2005关于集料性质的条件说明。考查集料的技术指标。冲击值用于测定路面用粗集料的抗冲击能力。

12.[答案] ✓

[解析] 参考JTG F40—2004、JTG E20—2011关于沥青老化试验方法的相关规定。考查沥青的试验。沥青蒸发损失试验的盛样皿由金属或玻璃制成,不少于2个,平底、筒状、内径55mm±1mm、深35mm±1mm,可用洁净的针入度试验盛样皿代替。薄膜加热试验的盛样皿由铝或不锈钢制成,不少于4个,筒状、内径140mm±1mm、深9.5~10mm。除盛样皿不同外,两个试验的试验条件完全相同。

13.[答案] ×

[解析] 参考JTG F40—2004中关于热拌沥青混合料的技术性质与技术要求,各性能指标的所反映的技术性质及其变化规律。沥青混合料的沥青含量是指沥青质量占沥青混合料总质量的比例,区别于油石比,油石比是指沥青质量占矿料质量的百分率。

14.[答案] ×

[解析] 沥青混合料夏季产生车辙主要是由于高温时抗剪强度不足造成的。

15.[答案] ✓

[解析] 参考JTG E42—2005关于T 0327—2005细集料筛分试验的相关规定,及条文说明内容。II区中砂粗细适中,有利于保证混凝土的和易性和强度,因此,配置水泥混凝土的首选II区中砂。当采用I区砂时,应提高砂率,并保持足够的水泥用量,以满足混凝土的和易性要求;当采用III区砂时,应降低砂率,以保证混凝土的强度。

16.[答案] ✓

[解析] 参考JTG E42—2005关于集料性质的条件说明。考查碱—集料反应的危害。碱—集料反应使混凝土产生不均匀膨胀,使混凝土局部膨胀而产生裂缝,在混凝土表面出现网状裂纹,类似地图,称为地形图开裂,强度下降,影响使用。

17.[答案] ×

[解析] 参考JTJ 052—2000中术语、符号关于沥青饱和度(VFA)的概念及影响因素作用规律。增加沥青混合料的试件成型击实次数,会增加试件的压实度,降低矿料间隙率,提高饱和度。

18.[答案] ×

[解析] 参考JTG F30—2003技术规范中关于普通混凝土配合比设计中关于水泥混凝土工作性和强度的影响因素。考查新拌水泥混凝土工作性的影响因素。在1m^{3}混凝土中,当水泥浆量一定时:砂率太大——石子之间砂浆层变厚,但砂子之间水泥浆层变薄,浆体干稠,混凝土流动性差。砂率太小——石子之间砂浆层变薄,内摩阻力增大,混凝土流动性差,且易流浆、泌水。最佳砂率——在用水量及水泥用量一定的情况下,能使混凝土拌和物获得最大的流动性,且能保持良好的黏聚性和保水性。

19.[答案] ×

[解析] 参考JTG E42—2005关于集料性质的条件说明。用于测定规定条件下粗集料抵抗摩擦、撞击的能力。区别于道瑞磨耗值,采用道瑞磨耗试验得到的磨耗值指标,用来评定表层路面中的集料抵抗车轮磨耗的能力。

20.[答案] ✓

[解析] 参考JTG E20—2011中关于沥青与矿料黏附性试验结果相关技术规定。考查

沥青与石料的黏附性等级的划分,见下表:

试验后石料表面上沥青膜剥落情况	黏附等级
沥青膜完全保存,剥离百分率接近0	5
沥青膜少部分被水移动,厚度不均匀,剥离面积百分率少于10%	4
沥青膜局部明显地被水所移动,基本保留在石料表面,剥离面积百分率少于30%	3
沥青膜大部分被水移动,局部保留在石料表面,剥离面积百分率大于30%	2
沥青膜完全被水移动,石料基本裸露,沥青全部浮在水面	1

21.[答案]　×

[解析]　参考JTG F30—2003技术规范中关于普通混凝土配合比设计的技术要求与规定。混凝土的坍落度仅反映了新拌混凝土的流动性,而混凝土的工作性还包括黏聚性和保水性的两方面内容,测定混凝土的坍落度要同时观察这两方面是否满足要求。仅有坍落度满足要求,不能说明混凝土的工作性良好。

22.[答案]　×

[解析]　参考JTG F30—2003技术规范中关于普通混凝土配合比设计的技术要求与规定。混凝土的工作性包括流动性、黏聚性和保水性三方面的内容。混凝土拌和物中水泥浆越多,则混凝土拌和物的流动性越好,但是黏聚性和保水性会变差,混凝土拌和物的和易性会变差。

23.[答案]　×

[解析]　《水泥标准稠度用量、凝结时间安定性检验方法》(GB 1346—2011):

3.3.1　雷氏性是通过测定水泥标准稠度净浆在雷氏夹中沸煮后试针的相对位移表征其体积膨胀的程度。

3.3.2　试饼法是通过观测水泥标准稠度净浆试饼煮沸后的外形变化情况表征其体积安定性。

24.[答案]　✓

[解析]　参考JTG F30—2003技术规范中关于普通混凝土配合比设计中关于水泥的组成与分类以及相关技术要求。硅酸盐水泥是硅酸盐水泥熟料中掺入0~5%的石灰石或粒化高炉矿渣等混合料,以及适用石膏混合磨细制成的水泥。

25.[答案]　✓

[解析]　参考JTG E42—2005试验规程中T 0304—2005粗集料密度及吸水率试验(网篮法)、T 0307—2005粗集料吸水率试验的相关概念、技术规定。石料吸水率是指石料试件吸水饱和的最大吸水质量占其烘干质量的百分率,没有规定试验条件的限制。

26.[答案]　✓

[解析]　参考JTG E42—2005规程中关于粗集料密度试验的相关概念以及试验操作的具体技术要求。考查粗集料(涉及石料和细集料)的各种密度定义。

表观密度:粗集料在规定条件下单位表观体积里(指矿质实体体积和闭口孔隙体积之和)的质量。

毛体积密度:在规定条件下,单位毛体积(包括集料自身实体体积、闭口孔隙体积和开口孔隙体积之和)粗集料的质量。

表干密度:在规定的条件下,单位毛体积里粗集料的表干质量。

堆积密度:粗集料按照一定的方式装填于一定容器中,包括集料自身实体体积、孔隙(闭口和开口之和)以及颗粒之间的孔隙体积在内的单位体积下的质量。

27.[答案] ✓

[解析] 参考 JTG E42—2005 规程中关于粗集料密度试验的相关概念以及试验操作的具体技术要求。粗集料(涉及石料和细集料)的各种密度定义:见上题。

28.[答案] ×

[解析] 参考 JTG F30—2003 技术规范中关于普通混凝土配合比设计中关于水灰比的概念,相关技术要求对施工和易性的影响规律。稠度不是是反映混凝土强度的指标,测定混凝土和易性的指标有坍落度和维勃稠度。

29.[答案] ✓

[解析] 在满足最大水胶比的条件下,最小胶凝材料用量是满足混凝土耐久性的要求。

30.[答案] ×

[解析] T 0722—1993 沥青混合料中沥青含量试验(离心分离法)。该试验中,向装有试样的烧杯中注入三氯乙烯溶剂,将其浸没,浸泡 30min,用玻璃棒适当搅动混合料,使沥青充分溶解。可见,三氯乙烯的作用是溶解沥青。

四、问答题(共 5 道题,每题 10 分,共计 50 分)

1.配制混凝土时为什么要选用合理砂率(最优砂率)?砂率太大和太小有什么不好?选择砂率的原则是什么?

[答案] 砂率表征混凝土拌和物中砂与石相对用量的比例关系。由于砂率变化将使集料的空隙率和总表面积产生变化,坍落度亦随之变化。

当砂率选用合理时,可使水泥浆量不变的条件下获得最好的流动性,或在保证流动性即工作性不变的条件下可以减小水泥浆用量,从而节约水泥。

砂率太大,由于集料表面积增大,在水泥浆不变的条件下,使混凝土拌和物工作性变差。砂率过小时,集料表面积虽小,但由于砂用量过少,不足以填充粗骨料空隙,使混凝土拌和物流动性变差,严重时会使混凝土拌和物的保水性和黏聚性变差。

选择砂率的原则是在水泥浆用量一定的条件下,既使混凝土拌和物获得最大的流动性,又使拌和物具有较好的黏聚性和保水性。同时在流动性一定的条件下,最大限度地节约水泥。

[解析] 参考 JTG F30—2003 公路水泥混凝土路面施工技术规范中关于普通混凝土配合比设计的相关规定,熟悉砂率对水泥混凝土技术性质的影响作用。考查合理砂率的含义、合理砂率的选择。

2.回答测定土的液塑限的试验步骤。

[答案] (1)取有代表性的天然含水率或风干土样进行试验。如土中含有大于 0.5mm 的土粒或杂物时,应将风干土样用带橡皮头的研杵研碎或用木棒在橡皮板上压碎,过 0.5mm 的筛。取代表性土样 200g,分开放入三个盛土皿中,加不同数量的蒸馏水,使土样的含水率分别控制在液限(a 点)、略大于塑限(c 点)和两者的中间状态(b 点)附近。用调土刀调匀,密封放置 18h 以上。将制备好的土样充分搅拌均匀,分层装入盛土杯中,试杯装满后,刮成与杯边

齐平。给圆锥仪锥尖涂少许凡士林,将装好土样的试杯放在联合测定仪上,使锥尖与土样表面刚好接触,然后按动落锥开关,测记经过5s锥的入土深度 h。去掉锥尖入土处的凡士林,测盛土杯中土的含水率 w。重复以上步骤,对已制备的其他两个含水率的土样进行测试。

(2)结果整理。在二级双对数坐标纸上,以含水率 w 为横坐标,锥入深度 h 为纵坐标,点绘 a、b、c 三点含水率的 $h—w$ 图,连此三点,应呈一条直线。如三点不在同一直线上,要通过 a 点与 b、c 两点连成两条直线,根据液限(a 点含水率)在 $h—w_1$ 图上查得 h_p,以此 h_p 在 $h—w$ 图上的 ab 及 ac 两直线上求出相应的两个含水率,当两个含水率的差值小于2%时,以该两点含水率的平均值与 a 值连成一直线。当两个含水率差值大于2%时,应重做试验。在 $h—w$ 图上,在含水率与圆锥下沉深度的关系图上查得下沉深度为17mm对应的含水率为液限,查得下沉深度为10mm对应的含水率为10mm液限,查得下沉深度为2mm对应的含水率为塑限,取值以百分数表示,准确至0.1%。

[解析] 参考JTG E40—2007中土的界限含水率试验的相关规定及各界限含水率的概念,如T 0118—2007液限和塑限联合测定法。考查土的液塑限的试验步骤。

3.成型马歇尔试件时,如何选择和控制沥青混合料的搅拌与击实温度?同时简要说明沥青混合料的搅拌温度与击实温度对马歇尔试验结果的影响。

[答案] 以毛细管法测定不同温度时沥青的运动黏度,绘制黏温曲线,对石油沥青以运动黏度为 $170mm^2/s \pm 20mm^2/s$ 的温度为拌和温度,以 $280mm^2/s \pm 30mm^2/s$ 的温度为压实温度。

搅拌温度过高,易使沥青老化,马歇尔稳定度值会偏大,流值偏小;拌和温度过低混合料不易拌匀,裹覆矿料的沥青膜厚度不均匀,甚至有花料、结团等现象。稳定度值偏小,流值偏大。击实温度过高,混合料相对较密实,空隙率、流值偏小;稳定度、饱和度偏大,反之亦然。

[解析] 参考JTG F40—2004中关于沥青混合料施工温度与黏度关系曲线的相关规定,参考JTG E20—2011关于马歇尔试验试件成型方法的相关规定。考查成型马歇尔试件时的温度问题。

4.现场浇灌混凝土时,禁止施工人员随意向混凝土拌和物中加水,试从理论上分析加水对混凝土质量的危害?它与成型后的洒水养护有无矛盾?为什么?

[答案] 若在混凝土凝结前随意加水搅拌,由于改变了水灰比,使混凝土的单位用水量增加,强度将下降,同时拌和物的黏聚性及保水性也严重变差。使拌和物产生离析,入模后漏浆等问题,若在混凝土开始凝结时加水,除上述危害外强度将大幅度下降。

有矛盾,这种加水与养生洒水有本质区别,浇注中加水改变了混凝土拌和物组成材料比例,洒水养生并不改变拌和物组成材料比例,只是在混凝土凝结后保持其表面潮湿,补偿因蒸发而损失的水,为水泥水化提供充分的水,防止混凝土表面因水分蒸发水泥不能充分水化,产生表面干缩裂缝,确保混凝土强度的形成。

[解析] 参考JTG F30—2003关于普通水泥混凝土配合比设计中各组成材料用量的调整方法与相关操作步骤,掌握新拌水泥混凝土的工作性(和易性)的坍落度试验方法;混凝土工作性调整方法。考查混凝土拌和物用水量的问题。

5.T 0735—2011沥青混合料中沥青含量试验(燃烧炉法)。

[答案] (1)准备试样:在拌和厂从运料车上采取试样,称量试样,准确至0.1g。当用钻

孔法或切割法从路面上采取试拌时，应使其完全干燥，量烘箱中加热或松散状态并至恒重，称取质量，准确至0.1g。

(2)标定：对每一种沥青混合料都必须标定，以确定沥青含量的修正系数Cf和筛分级配修正系数。

(3)试验步骤：①将燃烧炉预热到设定温度，将沥青用量修正系数Cf输入到控制程序，连好打印机；②将试样放在105℃±5℃的烘箱中烘至恒重；③称量试验篮和托盘质量m_1，准确至0.1g；④称量试样、试验篮和托盘总质量m_2，计算初始试样总质量m_3（即m_2-m_1），将m_3输入控制程序；⑤将试样、试验篮和托盘放入燃烧炉；⑥关闭并锁定，启动按钮进行燃烧；⑦燃烧至连续3min试样质量每分钟损失率小于0.01%时结束，得试验损失质量m_4。⑧计算修正后的沥青用量P，准确至0.01%。$P=\left(\frac{m_4}{m_3}\times 100\right)-Cf$

(4)允许误差：重复性试验允许误差为0.11%，再现性试验允许误差为0.17%。

(5)报告：同一沥青混合料试样至少平行测定两次，取平均值为试验结果。

《材料》模拟试题(五)

一、单项选择题(四个备选项中只有一个正确答案,总共30道题,每题1分,共计30分)

1. 含水率测试时,求得土中水的百分含量是(   )。

A. 弱结合水　B. 强结合水　C. 自由水和部分结合水　D. 化学结合水

2. 用动态剪切流变化法测定沥青的动态剪切模量,其适用范围是(   )。

A. 0.1 ~ 10MPa　B. 20 ~ 1 000MPa

C. 10 ~ 100MPa　D. 2 ~ 100MPa

3. 相对密度是用来评价(   )土的密实状态。

A. 各种　B. 黏性　C. 砂性　D. 砾类

4. 环刀法可以测定(   )土的密度。

A. 细粒　B. 粗粒　C. 坚硬　D. 各种

5. 随着含碳量的提高,钢材的(   )。

A. 强度、硬度、塑性都提高　B. 强度提高,塑性降低

C. 强度降低,塑性提高　D. 强度和塑性都降低

6. 硅酸盐水泥最适用于(   )工程。

A. 大体积混凝土　B. 干燥环境中的混凝土

C. 耐热混凝土　D. 水泥混凝土路面

7. 与连续级配相比较,间断级配集料用于水泥混凝土的主要缺点是(   )。

A. 水泥用量大　B. 拌和物易离析

C. 混凝土砂率小　D. 单位用水量低

8. 混凝土中的水泥浆,在混凝土硬化前和硬化后起(   )作用。

A. 胶结　B. 润滑、填充和胶结

C. 润滑和胶结　D. 填充和胶结

9. 试拌混凝土时,如混凝土拌和物的和易性不符合要求,最常采用的方法是调整(   )。

A. 拌和用水量　B. 砂率

C. 水泥用量　D. 水泥浆用量(W/C不变)

10. 造钢材冷加工强化和时效后其(   )。

A. 强度提高　B. 韧性提高　C. 可焊性提高　D. 塑性提高

11. 下列四个指标中,哪一个不满足规范要求时水泥则为废品(   )。

A. 烧失量　B. 不溶物　C. 初凝时间　D. 终凝时间

12. 用雷氏夹法测水泥的安定性,沸煮时指针朝向正确的是(   )。

A. 朝下　B. 水平悬空

C. 朝上　D. 以夹子能稳定放置为准

13. 脱氧完全钢被称为(　　)。

A. 镇静钢　B. 半镇静钢　C. 沸腾钢　D. 特殊镇静钢

14. 为保证沥青混合料沥青与集料的黏附性,在选用石料时,应优先选用(　　)石料。

A. 酸性　B. 碱性　C. 中性　D. 无要求

15. 若沥青混合料的油石比为5.0%,则沥青含量为(　　)。

A. 4.76%　B. 4.56%　C. 5.00%　D. 5.26%

16. 混凝土立方体抗压强度试件的标准尺寸为(　　)。

A. 100mm×100mm×100mm　B. 150mm×150mm×150mm

C. 200mm×200mm×200mm　D. 7.07mm×7.07mm×7.07mm

17. 试验结果表明,砂类土的内摩擦角随试样干密度的增加而(　　)。

A. 减小　B. 增大　C. 不变　D. 不定

18. 拌和现场进行沥青混合料抽检的目的不是为了检验(　　)。

A. 沥青混合料拌和的均匀性　B. 沥青用量的多少

C. 马歇尔指标　D. 残留稳定度的高低

19. 能够降低沥青混合料流值的因素是(　　)。

A. 加大矿料的最大粒径　B. 增加沥青用量

C. 提高沥青标号　D. 提高集料的棱角

20. 毛细管法是用来测定石油沥青的(　　)。

A. 标准黏度　B. 运动黏度　C. 动力黏度　D. 旋转黏度

21. 水泥中加入石膏的目的是为了(　　)。

A. 加快水泥水化速度　B. 调整水泥凝结时间

C. 提高水泥品质　D. 降低水泥生产成本

22. 水泥胶砂强度试件,脱模后在(　　)的养护条件。

A. (20±1)℃的水中

B. 温度(20±1)℃,相对湿度>90%

C. (20±2)℃的水中

D. 温度(20±1)℃,相对湿度>95%

23. 表示各筛孔上砂石材料相对数量的参数是(　　)。

A. 各筛上的存留量　B. 通过量

C. 累计筛余　D. 分计筛余

24. 某钢筋混凝土结构的截面最小尺寸为300mm,钢筋直径为30mm,钢筋的中心间距为70mm,则该混凝土中集料最大公称粒径是(　　)。

A. 10mm　B. 20mm　C. 30mm　D. 40mm

25. 沥青的针入度较大,说明沥青(　　)。

A. 标号较高、黏稠性较高

B. 标号较低、适宜用在环境温度较高的地区

C. 标号较高、黏稠性较小

D. 标号较低、适宜用在环境温度较低的地区

26. 能够造成水泥混凝土坍落度降低的因素是(　　)。

A. 将碎石换成卵石　　B. 使用减水剂

C. 将粗砂改为细砂　　D. 采用强制搅拌方式

27. 集料的细度模数反映的是集料的(　　)。

A. 指定粒级的平均粗细程度　　B. 所有颗粒的平均粗细程度

C. 较粗颗粒的平均粗细程度　　D. 较细颗粒的平均粗细程度

28. 在实验室拌和沥青混合料,矿粉加入的次序是(　　)。

A. 和其他矿料一同加入　　B. 在加入沥青后加入

C. 在沥青加入并拌匀后加入　　D. 在加入沥青前加入

29. 沥青的针入度越高,说明该沥青(　　)。

A. 黏稠程度越大　　B. 标号越低

C. 更适应环境温度较高的要求　　D. 更适应环境温度较低的要求

30. 钢材的屈强比越小,则结构的可靠性(　　)。

A. 越低　　B. 越高　　C. 不变　　D. 两者无关

二、多项选择题(每道题目所列出的备选项中,有两个或两个以上正确答案,选项全部正确得满分,选项部分正确按比例得分,出现错误选项该题不得分。总共20道题,每小题分,共计40分)

1. 沥青混合料的表观密度是指单位表观体积混合料的质量,表观体积包括(　　)。

A. 实体体积　　B. 不吸水的内部闭口孔隙体积

C. 开口孔隙体积　　D. 部分开口孔隙体积

2. 含碳量低于(　　)的碳铁合金称为碳素钢。(检测员不考)

A. 2%　　B. 3%　　C. 4%　　D. 5%

3. 石料的毛体积密度是在规定条件下,单位毛体积石料的质量,其中毛体积包括(　　)。

A. 矿质实体的体积　　B. 闭口孔隙的体积

C. 开口孔隙的体积　　D. 颗粒之间的空隙体积

4. 土工合成材料的主要类型包括(　　)。

A. 土工织物　　B. 土工格栅　　C. 土工膜　　D. 土工网

5. 在用级配区图检查砂子的级配时,累计筛余百分率一点都不能超出规定的范围,超出则为级配不合格的筛孔是(　　)。

A. 0.15mm　　B. 0.315mm　　C. 0.63mm　　D. 5mm

6. 在确定最佳沥青用量的初始值 OAC_1 时,取三个沥青用量的平均值,它们分别是(　　)。

A. 最大密度对应的沥青用量

B. 最大稳定度对应的沥青用量

C. 空隙率中值对应的沥青用量

D. 饱和度中值对应的沥青用量

7. 软化点试验时,软化点在80℃以下和80℃以上其加热起始温度不同,分别是(　　)。

A. 室温　　B. 5℃　　C. 22℃　　D. 32℃

8. 用试饼法进行水泥安定性试验，沸煮后判别水泥是否安定的依据是目测试件是否有(　　)。

A. 弯曲　　B. 剥落　　C. 崩溃　　D. 裂缝

9. 孔隙率增大，材料的(　)可能会降低。

A. 密度　　B. 表观密度　　C. 导热性　　D. 抗冻性

10. 限制集料中的含泥量是因为其含量过高会影响(　　)。

A. 混凝土的凝结时间　　B. 集料与水泥石黏附

C. 混凝土的需水量　　D. 混凝土的强度

11. 乳化沥青具有许多优越性，其主要优点为(　　)。

A. 冷态施工，节约能源　　B. 利于施工

C. 节约沥青　　D. 保护环境，保障健康

12. 乳化沥青形成的机理是(　　)。

A. 乳化剂提高界面张力的作用　　B. 乳化剂降低界面张力的作用

C. 界面膜的保护作用　　D. 双电层的稳定结构

13. 能够测得沥青混合料马歇尔试件的毛体积密度的试验方法是(　　)。

A. 表干法　　B. 水中重法　　C. 蜡封法　　D. 体积法

14. 用乳化沥青作透层油时，要通过试洒试验确定乳化沥青的(　　)。

A. 渗透深度　　B. 稠度(黏度)

C. 破乳速度　　D. 单位面积洒布量

15. 沥青混合料的技术指标包括有(　　)。

A. 稳定度和流值　　B. 残留稳定度

C. 空隙率　　D. 饱和度

16. 关于土的相对密实度指标，下列说法正确的是(　　)。

A. 不能评价各种土的密实状态　　B. 可以评价黏性土的密实状态

C. 可以评价砂性土的密实状　　D. 在实际应用中仍存在缺陷

17. 公路工程土工合成材料力学性能试验中，拉伸试验分为(　　)。

A. 宽条拉伸试验　　B. 条带拉伸试验

C. 接头/接缝宽条拉伸试验　　D. 接头/接缝条带拉伸试验

18. 混凝土流动性太小，应(　　)。

A. 增加用水量　　B. 增加水泥用量

C. 水灰比不变增加水泥浆　　D. 增加砂率

19. 随着钢材牌号增大，屈服点和抗拉强度随之(　　)，伸长率随之(　　)。

A. 提高　提高　　B. 提高　降低

C. 降低　提高　　D. 降低　降低

20. 用于土木建筑的钢材，根据工程使用条件和特点，应具备下列技术要求(　　)。

A. 良好的综合力学性能　　B. 良好的焊接性

C. 良好的抗蚀性　　D. 越小越好的屈强比

三、判断题(正确的事实在后面括号中打"✓",错误的事实在后面括号中打"×"。总共30道题,每题1分,共计30分)

1. 为使试验结果具有代表性,在沥青取样时,应用取样器按液面上、中、下位置各取规定数量,不可将取出的三个样品分别进行检验。 ( )

2. 进行黏稠沥青性质常规检验时,沥青的取样数量应不少于1.5kg。 ( )

3. SGC试验机分为油压法和气压法两种。 ( )

4. 评价黏稠石油沥青路用性能最常用的三大技术指标为针入度、软化点及延度。 ( )

5. 对混凝土拌和物流动性大小起决定作用的是拌和物用水量的多少。 ( )

6. 普通混凝土的强度与其灰水比成线性关系。 ( )

7. 用同样配合比的混凝土拌和物做成两种不同尺寸的立方体混凝土试块,试压时大尺寸的试块破坏荷载大,故其强度高;小尺寸试块的破坏荷载小,故其强度低。 ( )

8. 新拌水泥混凝土的坍落度随砂率的增大而减小。 ( )

9. 沥青软化点试验时,升温速度超过规定的加热速率时,所测结果偏高。 ( )

10. 沥青的闪点是受热沥青试样所挥发的油分气体,遇以规定方法与之接触的试焰,初次发生一瞬即灭的闪火时的试样温度。 ( )

11. 标准稠度用水量试验的目的是为凝结时间和安定性试验制浆确定拌和用水量。 ( )

12. 沥青溶解度试验的目的是检验沥青产品的纯洁度。 ( )

13. 对水泥混凝土而言,试件的干湿状况对强度试验结果并无直接影响。 ( )

14. 砂率是水泥混凝土中砂子用量与石子用量之比的百分数。 ( )

15. 沥青混合料生产配合比调整的目的是为拌和楼计量控制系统提供各热料仓矿料的配合比例。 ( )

16. 沥青混合料车辙试验所用试件尺寸为长150mm×宽150mm×厚50~100mm。 ( )

17. 沥青混合料的理论密度随沥青用量的增加而增加。 ( )

18. 沥青的闪点是表征其热稳定性能的一项指标。 ( )

19. 磨耗值小的石料其抗磨耗能力差。 ( )

20. 限制针片状颗粒含量的原因是因为它影响水泥混凝土的工作性和强度。 ( )

21. 土的含水率越大,其压缩性越小。 ( )

22. 土的颗粒大小叫土的粒度成分。 ( )

23. 混凝土可以在温度符合规定的静水中养护。 ( )

24. 土由塑性体状态向半固体状态过渡的界限含水率称为塑限。 ( )

25. 粒状物料试样经过筛分不能通过筛孔的试样质量称为筛余。 ( )

26. 泵送混凝土配合比设计时,胶凝材料用量不宜小于300kg/m^3。 ( )

27. 沥青混合料中加入矿粉的用途主要是用于填充孔隙。 ( )

28. 坍落度试验仅适用于坍落度在一定范围的新拌混凝土。 ( )

29. 土的颗粒大小分析方法是筛分法和比重计法两种。 ( )

30. 半刚性基层材料在北方地区以25℃湿养6d,浸水1d进行无侧限抗压强度试验。 ( )

四、问答题(共5道题,每题10分,共计50分)

1. 砂子有害杂质包括哪些,其各自的含义是什么?对混凝土的危害是什么?分别用什么方法检测(只答方法名称)?

2. 简述土的击实试验步骤。

3. 简述石油沥青延度试验的试验条件及注意事项。

4. 混凝土在硬化期间受干燥后,对强度的瞬时影响是什么?长期影响是什么?重新受潮后影响又如何?

5. 用马歇尔法确定沥青用量的指标(规范规定的常规指标)包括哪几个?各自的含义是什么?分别表征沥青混合料的哪些性质?

《材料》模拟试题(五)答案及解析

一、单项选择题(四个备选项中只有一个正确答案,总共30道题,每题1分,共计30分)

1.[答案] C

[解析] 参考JTG E40—2007中土的含水率试验的相关规定,掌握烘干法、酒精燃烧法和比重法测含水率等三种试验方法的适用范围。考查烘干法(T 0103—1993)测含水率测定的试验步骤。土的含水率是在105~110℃下烘至恒量时所失去的水分质量和达到恒定质量后干土质量的比值,以百分数表示。

2.[答案] A

[解析] T 0628—2011沥青流变性质试验(动态剪切流变仪法)适用于测定沥青的动态剪切模量和相位角。沥青动态剪切模量测量值的范围为0.1~10MPa,相应的温度范围为5~85℃。

3.[答案] C

[解析] 参考JTG E40—2007中土的收缩试验T 0121—1993相关规定,土的密度不同试验方法的目的和适用范围,明确土的密度概念。砂土密实状态对其稳定性有很大的影响。砂土在天然状态的紧密程度用相对密实度D_r表示。

4.[答案] A

[解析] 参考JTG E40—2007中土的密度试验的相关规定,掌握各种密度试验方法目的和适用范围。测定密度常用的方法有环刀法、灌砂法、蜡封法、灌水法。环刀法操作简便而准确,在室内和野外普遍采用;不能用环刀削的坚硬、易碎含有粗粒、形状不规则的土,一般采用蜡封法;灌砂法、灌水法一般在野外采用。灌砂法适用于现场测定细粒土、砂类土和砾类土的密度;灌水法适用于现场测定粗粒土和巨粒土的密度。

5.[答案] B

[解析] 碳素钢的屈服强度和抗拉强度都随含碳量的提高而提高,塑性和伸长率随含碳量的提高而降低。

6.[答案] D

[解析] 参考JGJ 55—2000技术规范中关于普通混凝土配合比设计中关于水泥的组成以及相关技术要求。考查硅酸盐水泥的特点。硅酸盐水泥强度较高,主要用于重要结构的高强混凝土。

7.[答案] B

[解析] 参考JGJ 55—2000技术规范中关于普通混凝土配合比设计中关于级配的相关技术性质变化规律。考查级配的种类和特点。间断级配集料中颗粒粒径分布不连续,粗细颗粒之间存在粒径缺失,直接导致较大的差异,因而间断级配集料用于水泥混凝土,得到的拌和物更易发生离析。

8.[答案] B

[解析] 参考 JGJ 55—2000 技术规范中关于普通混凝土配合比设计相关技术要求。考查水泥混凝土的组成材料。水泥浆在混凝土硬化前赋予其流动性,对集料起润滑、填充作用;硬化后形成水泥石包裹于集料周围构成整体,对集料起胶结作用。

9.[答案] D

[解析] 参考 JGJ 55—2000 技术规范中关于普通混凝土配合比设计的技术要求与规定。考查混凝土拌和物的和易性的影响因素。水灰比直接影响水泥混凝土的强度,因而不能改变,水泥浆赋予混凝土拌和物流动性,黏聚性尚好、有少量泌水、坍落度太大时,流动性太大,可以减少水泥浆的数量来降低流动性。

10.[答案] A

[解析] 在常温下,钢材经拉、拔、轧等加工,使其产生塑性变形,而调整其性能的方法称为冷加工。冷加工后的钢材,屈服点和硬度提高,塑性降低,钢材得到强化。冷拉后的钢材,时效加快。若在常温下存放 15 ~ 20d,可完成时效,称自然时效。若加热钢材至 100 ~ 200°,则可以在更短时间内完成时效,称人工时效。经时效处理后的钢材,若再受拉,屈服点进一步提高,抗拉强度也提高,塑性和韧性进一步降低,弹性模量得到恢复。这种现象也称时效强化。

11.[答案] C

[解析] 参考 JTG E30—2005 试验规程中 T 0505—2005 水泥标准稠度用水量、凝结时间、安定性检验方法相关技术规定及试验操作方法。初凝时间不满足规范要求时水泥则为废品。

12.[答案] C

[解析] 参考 JTG E30—2005 试验规程中 T 0505—2005 水泥标准稠度用水量、凝结时间、安定性检验方法相关技术规定及试验操作方法。雷氏夹法:①按标准稠度用水量确定的方法和结果拌和水泥净浆。②将事先校准的雷氏夹放在涂有一薄层黄油玻璃板上,把制备好的标准稠度水泥净浆装填在雷氏夹的试模里,并用小抹刀插捣多次,确保密实,然后抹平。每个水泥样品至少制备两个试样,再盖上一块涂油的玻璃板,放入养护箱中养护 24h ± 2h。③沸煮试验前,首先调整好箱内水位,要求在整个沸煮过程中箱里的水始终能够没过试件,不可中途补水,同时要保证水在 30min ± 5min 内开始沸腾。④从养护箱中取出雷氏夹,去掉玻璃板,先测量雷氏夹指针尖端的距离 A,精确到 0.5mm,随后将试件放入沸煮箱水中的试架上,要求指针朝上,然后开始加热,试箱中的水在 30min 内沸腾,并恒沸 180min ± 5min。⑤沸煮结束后,立即放掉箱中的热水,打开箱盖,待冷却至室温,取出试件。测定雷氏夹指针尖端的距离 C,当两个雷氏夹试件煮后指针尖端增加的距离 $C—A$ 的平均值不大于 5.0mm 时,则认为该水泥安定性合格。

13.[答案] A

[解析] 钢材根据冶炼时的脱氧程度可以分为特殊镇静钢、镇静钢、半镇静钢、沸腾钢。沸腾钢为脱氧不完全的钢,半镇静钢为脱氧较完全的钢。镇静钢为完全脱氧的钢。

14.[答案] B

[解析] 参考 JTG F40—2004 中关于黏稠道路石油沥青的技术性质与技术要求。碱性石料与沥青的黏附性好于酸性石料。

15.[答案] A

［解析］　参考 JTG F40—2004 中关于热拌沥青混合料的技术性质与技术要求，各性能指标的所反映的技术性质及其变化规律。考查有关沥青混合料的基本概念。沥青含量是沥青占沥青混合料总质量的百分比。区别于油石比，是沥青占集料总质量的百分比。

16.［答案］　B

［解析］　参考 JTG E30—2005 试验规程中 T 0553—2005 水泥混凝土抗立方体抗压强度试验方法和 T 0558—2005 水泥混凝土抗弯拉强度试验方法的相关技术规定及试验结果处理方法。抗压强度标准值的定义是指按标准方法制作养护的边长 150mm 的立方体试件，在 28d 龄期，用标准实验方法测得的强度总体分布中具有 95% 保证率的抗压强度值。

17.［答案］　B

［解析］　参考 JTG E40—2007 中土的收缩试验 T 0121—1993 相关规定，土的密度不同试验方法的目的和适用范围，明确土的密度概念。干密度越大，孔隙体积越小。因颗粒的紧密排列，增强了颗粒表面摩擦力和颗粒之间嵌挤形成的咬合力。

18.［答案］　A

［解析］　考查沥青混合料的基本技术性质与影响因素，可参考 JTG F40—2004 中关于沥青混合料配合比设计的相关内容与规定。抽检沥青混合料是为了检验沥青混合料的技术性质能否满足要求。沥青混合料拌和的均匀性不属于沥青混合料的技术性质。

19.［答案］　A

［解析］　考查沥青混合料的基本技术性质与影响因素，可参考 JTG F40—2004 中关于沥青混合料配合比设计的相关内容与规定。降低沥青混合料流值，提高沥青混合料的抗变形能力，可以通过加大矿料的最大粒径。增加沥青用量，提高沥青强度，会降低沥青混合料的抗变形能力。

20.［答案］　B

［解析］　《公路工程沥青及沥青混合料试验规程》(JTJ 052—2011)：

T 0619—2011　沥青运动黏度试验（毛细管法）

T 0620—2000　沥青动力黏度试验（真空减压毛细管法）

T 0621—1993　沥青标准黏度试验（道路沥青标准度计法）

T 0625—2011　沥青旋转黏度试验（布洛克菲尔黏度计法）

21.［答案］　B

［解析］　参考 JTG E30—2005 试验规程中 T 0505—2005 水泥标准稠度用水量、凝结时间、安定性检验方法相关技术规定及试验操作方法。

水泥中加入石膏的目的是为了调节水泥的凝结硬化速度，调整水泥的凝结时间。

22.［答案］　D

［解析］　参考 JTG E30—2005 试验规程中 T 0505—2005 水泥胶砂强度试验的相关技术规定及试验操作方法。考查水泥胶砂强度试验的养护条件，要求温度 (20 ± 1)℃，相对湿度 >95%。

23.［答案］　D

［解析］　参考 JTG E42—2005 关于 T 0327—2005 细集料筛分试验的相关规定，及条文说明内容。表示各筛孔上的相对数量，就是各级筛孔上的筛余，即分计筛余。

24.［答案］ C

［解析］ 参考JTG F30—2003技术规范中关于普通混凝土配合比设计中集料最大粒径的技术要求。考查集料的最大粒径的选择。集料的最大粒径不得超过结构截面最小尺寸的1/4，不得大于钢筋间净距的3/4。

25.［答案］ C

［解析］ 参考JTG F40—2004中关于黏稠道路石油沥青的技术性质与技术要求。沥青的针入度反映沥青的黏滞性。沥青的针入度较大，说明沥青标号较高、黏稠性较小。

26.［答案］ B

［解析］ 参考JGJ 55—2000技术规范中关于普通混凝土配合比设计相关的技术要求。砂率不变，粗砂改为细砂，会降低水及混凝土的流动性。

27.［答案］ C

［解析］ 参考JTG E42—2005关于T 0327—2005细集料筛分试验的相关规定及条文说明内容。细度模数是评价砂粗细程度的一种指标，细度模数愈大，表示砂愈粗；细度模数的数值主要决定于0.16mm筛至2.5mm筛5个粒径的累计筛余量，粗颗粒分计筛余的“权”比细颗粒大，细度模数的数值在很大程度上取决于粗颗粒含量；细度模数的数值与小于0.16mm的颗粒无关；不同级配的砂可以具有相同的细度模数。

28.［答案］ C

［解析］ 在试验室拌和沥青混合料，在沥青加入并拌匀后加入，避免矿粉的结团。

29.［答案］ D

［解析］ 参考JTG F40—2004关于沥青混合料配合设计的相关规定，以及条文说明内容。要求考生熟悉沥青混合料各项路用性能试验检测技术基础上，明确各路用性能的影响因素。沥青的针入度反映沥青的黏滞性。沥青的针入度较高，说明沥青标号较高，黏稠性较小，更适应环境温度较低的地区。

30.［答案］ B

［解析］ 钢材的屈强比越小，反映钢筋受力超过屈服点工作时的可靠性越大，因而结构的安全性越高。

二、多项选择题（每道题目所列出的备选项中，有两个或两个以上正确答案，选项全部正确得满分，选项部分正确按比例得分，出现错误选项该题不得分。总共20道题，每小题分，共计40分）

1.［答案］ AB

［解析］ 参考JTG E20—2011试验规程中关于沥青混合料密度不同测试方法的适用性和主要试验操作步骤。考查材料的基本性质。沥青混合料的表观密度是指单位表观体积混合料的质量，表观体积包括沥青混合料的实体体积和内部闭口孔隙体积。

2.［答案］ BCD

［解析］ 钢的基本成分是铁和碳，根据含碳量的多少，钢：$C<2\%$，铁：$C>2\%$，$C<0.04\%$为纯铁。

3.［答案］ ABC

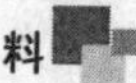

[解析] 参考 JTG E42—2005 规程中关于粗集料密度试验的相关概念以及试验操作的具体技术要求。粗集料(涉及石料和细集料)的各种密度定义。

表观密度是粗集料在规定条件下单位表观体积里(指矿质实体体积和闭口孔隙体积之和)的质量。

毛体积密度是在规定条件下,单位毛体积(包括集料自身实体体积 闭口孔隙体积 和开口孔隙体积之和)粗集料的质量。

表干密度是在规定的条件下,单位毛体积里粗集料的表干质量。

堆积密度是粗集料按照一定的方式装填于一定容器中,包括集料自身实体体积、孔隙(闭口和开口之和)以及颗粒之间的孔隙体积在内的单位体积下的质量。

4. [答案] AC

[解析] 参考 JTG E50—2006 中关于土工合成材料概念。土工合成材料是用于沿岩土工程和土木工程建设的聚合物材料的总称,对于其分类国内外尚未统一规定,国内一般分为四类:土工织物、土工膜、特种材料和复合型材料。土工格栅和土工网属于其中的特殊材料。

5. [答案] ACD

[解析] 参考 JTG E42—2005 关于 T 0327—2005 细集料筛分试验的相关规定,及条文说明内容。0.15 ~ 5mm 是砂的粒径范围,0.63mm 决定所在的级配区。普通水泥混凝土用砂,按 0.63mm 筛孔的累计筛余百分率划分为Ⅰ、Ⅱ、Ⅲ三个级配区。

6. [答案] ABCD

[解析] 参考 JTG F40—2004 关于沥青混合料配合设计的相关规定,以及条文说明内容。要求考生熟悉沥青混合料各项路用性能试验检测技术基础上,明确各路用性能的影响因素。考查沥青混合料配合比设计中最佳沥青用量的确定。初始确定 OAC_1,取马歇尔稳定度和密度最大值相对应的沥青用量 a_1 和 a_2,目标空隙率或中值对应的沥青用量 a_3,以及饱和度范围的中值 a_4,$OAC_1 = (a_1 + a_2 + a_3 + a_4)/4$。

7. [答案] BD

[解析] 参考 JTG F40—2004 中关于黏稠道路石油沥青的技术性质与技术要求。考查沥青软化点的测定试验。

(1)试样软化点在 80℃以下者:①将装有试样的试样环连同试样底板置于装有(5 ± 0.5)℃的恒温水槽中至少 15min;同时将金属支架、钢球、钢球定位环等亦置于相同水槽中。②烧杯内注入新煮沸并冷却至 5℃的蒸馏水,水面略低于立杆上的深度标记。③从恒温水槽中取出盛有试样的试样环放置在支架中层板的圆孔中,套上定位环;然后将整个环架放入烧杯中,调整水面至深度标记,并保持水温为(5 ± 0.5)℃。将温度计由上层板中心孔垂直插入,使端部测温头底部与试样环下面齐平。④将盛有水和环架的烧杯移至放有石棉网的加热炉具上,然后将钢球放在定位环中间的试样中央,立即开动振荡搅拌器,使水微微振荡,并开始加热,使杯中水温在 3min 内调节至维持每分钟上升(5 ± 0.5)℃。在加热过程中,应记录每分钟上升的温度值。⑤试样受热软化逐渐下坠,至与下层底板表面接触时,立即读取温度,至 0.5℃。

(2)试样软化点在 80℃以上者:①将装有试样的试样环连同试样底板置于装有(32 ± 1)℃甘油的保温槽中至少 15min;同时将金属支架、钢球、钢球定位环等亦置于甘油中。②在烧杯内注入预先加热至 32℃的甘油,其液面略低于立杆上的深度标记。③从保温槽中取出装有试样的试样环按上述①的方法进行测定,读取温度至1℃。

8.[答案] AD

[解析] 参考JTG E30—2005中关于T 0505—2005水泥体积安定性测试方法的相关技术规定。考查用试饼法测定水泥安定性的试验。试饼法:①将制备好的水泥标准稠度净浆取出一部分,分成相同两分,先团成球形,放在事先涂有一层黄油的玻璃板上,在桌面轻轻振动,并通过小刀由外向里的抹动,使水泥浆形成一个直径70~80mm、中心厚约10mm而边缘渐薄的圆形试饼。按上述方法养护(24±2)h。②从玻璃板上取下试饼,先观察试饼外观有无缺陷,在无开裂、翘曲等缺陷时,放在沸煮箱的试架上然后按同样的方法进行沸煮。(3)沸煮结束后,打开箱盖,待冷却至室温,取出试饼进行观察判断,当目测试饼未发现裂缝,且用钢尺测量没有弯曲时,则认为相应的水泥安定性合格。

9.[答案] BCD

[解析] 考查材料的基本物理性质。材料的孔隙,可分为开口孔隙和闭口孔隙。闭口孔隙增多,表观密度降低;孔隙率增大,导热性降低;开口孔隙增多,抗冻性会降低。

10.[答案] BCD

[解析] 考查集料中有害杂质的危害。集料中的含泥量会影响集料与水泥石黏附性能,提高混凝土的需水量,降低混凝土的强度。

11.[答案] ABCD

[解析] 参考JTG F40—2004中关于乳化沥青与改性乳化沥青的技术要求。乳化沥青的定义:将通常高温使用的道路沥青,经过机械搅拌和化学稳定的方法(乳化),扩散到水中而液化成常温下黏度很低、流动性很好的一种道路建筑材料。

应用目的:可以降低界面能的作用、增强界面膜的稳定作用、界面电荷稳定作用。

12.[答案] BCD

[解析] 参考JTG F40—2004中关于乳化沥青与改性乳化沥青的技术要求。乳化沥青乳化的原理是,沥青与水的表面张力相差较大,将沥青分散于水中,则会因表面张力的作用使已分散的沥青颗粒重新凝聚结成团。

13.[答案] ABCD

[解析] 参考JTG E20—2011试验规程中关于沥青混合料密度不同测试方法的适用性和主要试验操作步骤。马歇尔试件常用密度检测方法有:

表干法:适用于吸水率不大于2%的各种沥青混合料试件的毛体积相对密度或毛体积密度。

水中重法:测定不吸水的密级配沥青混合料试件的表观相对密度或表观密度。

蜡封法:适用于吸水率大于2%的各种沥青混凝土或沥青碎石混合料试件的毛体积相对密度或毛体积密度。

真空法:用于沥青混合料配合比设计、路况调查。

14.[答案] BD

[解析]·考JTG F40—2004中关于乳化沥青与改性乳化沥青的技术要求。乳化沥青:将通常高温使用的道路沥青,经过机械搅拌和化学稳定的方法(乳化),扩散到水中而液化成常温下黏度很低、流动性很好的一种道路建筑材料。目的:可以降低界面能的作用、增强界面膜

的稳定作用、界面电荷稳定作用。

15.［答案］　ABCD

［解析］　参考 JTG E20—2011 试验规程中关于沥青马歇尔试验的相关技术规定。沥青混合料马歇尔试验，将沥青混合料制备成相应规定尺寸的圆柱体试件，试验时将试件横向置于两个半圆形的压模中，让试件受到一定侧限。在一定的温度和加载速度下，对试件施加压力，记录试件可承受的最大承载力和与之相对应的变形，可以得出稳定度和流值两项指标。稳定度：试件受压或破坏时能承受的最大荷载。流值：达到最大荷载时试件的垂直变形。

评价沥青混合料耐久性的指标——空隙率、饱和度、残留稳定度。

16.［答案］　AC

［解析］　参考 JTG E42—2005 规程中关于粗集料密度试验的相关概念以及试验操作的具体技术要求。相对密实度是砂紧密程度的指标，等于其最大空隙比与天然空隙比之差和最大空隙比与最小空隙比之差的比值。

17.［答案］　ABC

［解析］《公路工程土工合成材料试验规程》（JTG E50—2006）力学性能试验有 T 1121—2006 宽条拉伸试验、T 1122—2006 接头/接缝宽条拉伸试验、T 1123—2006 条带拉伸试验。无接头/接缝条带拉伸试验。

18.［答案］　CD

［解析］　参考 JGJ 55—2000 技术规范中关于普通混凝土配合比设计中关于水泥混凝土工作性和强度的影响因素以及砂率的概念。混凝土流动性取决于混凝土中水泥浆数量的多少；合理砂率可以保证混凝土在 水泥浆数量一定时获得最大的流动性；水灰比直接决定混凝土的强度。因此，混凝土流动性太小时，应首先考虑增加水泥浆的数量，在此基础上考虑增加砂率，以获得最佳砂率，混凝土的水灰比是不可以任意改变的。

19.［答案］　B

［解析］　钢材的牌号直接代表钢材的屈服点，屈服点和抗拉强度提高，伸长率降低。

20.［答案］　ABCD

［解析］　普通钢筋的主要力学性能指标：强度、塑性、冷弯性能、硬度、冲击韧性、耐疲劳性、良好的焊接性。

三、判断题（正确的事实在后面括号中打"✓"，错误的事实在后面括号中打"×"。总共 30 道题，每题 1 分，共计 30 分）

1.［答案］　×

［解析］　参考 JTG E20—2011 中关于沥青试样方法的相关技术规定。考查沥青取样法的步骤。为使试验结果具有代表性，在沥青取样时，应用取样器按液面上、中、下位置各取规定数量，并将取出的三个样品充分混合后取规定数量样品作为试样，样品也可分别进行检验。

2.［答案］　✓

［解析］　参考 JTG E20—2011 中关于沥青试样方法的相关技术规定。考查沥青取样法的要求。进行沥青性质常规检验时的取样数量为：黏稠或固体沥青不少于 1.5kg；液体沥青不少于 1L；沥青乳液不少于 4L。

3.［答案］ ×

［解析］ T 0737—2011 沥青混合料旋转压实和剪切性能试验(GTM 法)适用于 GTM 试验机成型试件。GTM 试验机可分为油压法和气压法两种。

4.［答案］ ✓

［解析］ 参考 JTG F40—2004 中关于黏稠道路石油沥青的技术性质与技术要求。考查沥青的三大技术指标。沥青的三大技术指标是针入度、延度和软化点,其中针入度反映沥青稠度的大小,延度反映沥青塑性的大小,软化点主要反映沥青的热稳定性。

5.［答案］ ×

［解析］ 参考 JTG F30—2003 技术规范中关于普通混凝土配合比设计中关于水泥混凝土工作性和强度的影响因素以及砂率的概念。考查混凝土拌和物流动性的影响因素。水泥浆直接赋予混凝土拌和物流动性,拌和物水泥浆的多少和稀稠程度,直接决定混凝土拌和物的流动性大小。

6.［答案］ ✓

［解析］ 参考 JTG F30—2003 技术规范中关于普通混凝土配合比设计中关于水泥混凝土工作性和强度的影响因素以及砂率的概念。水泥混凝土的强度主要取决于水泥石的强度。混凝土的强度随水灰比的增大而降低,呈曲线关系,而和灰水比的关系呈直线关系。

7.［答案］ ×

［解析］ 参考 JTG F30—2003 技术规范中关于普通混凝土配合比设计中关于水泥混凝土工作性和强度的影响因素以及砂率的概念。强度不是试块的破坏荷载,而是单位面积承受的破坏荷载;小尺寸试块受压时的环箍效应相对作用较大尺寸试块大,因此,小尺寸试块测得的抗压强度偏高。

8.［答案］ ×

［解析］ 参考 JTG F30—2003 技术规范中关于普通混凝土配合比设计的技术要求与规定。考查新拌水泥混凝土工作性的影响因素。在 $1m^3$ 混凝土中,当水泥浆量一定时:砂率太大,石子之间砂浆层变厚,但砂子之间水泥浆层变薄,浆体干稠,混凝土流动性差。砂率太小,石子之间砂浆层变薄,内摩阻力增大,混凝土流动性差,且易流浆、泌水。最佳砂率,在用水量及水泥用量一定的情况下,能使混凝土拌和物获得最大的流动性,且能保持良好的黏聚性和保水性。

9.［答案］ ✓

［解析］ 参考 JTG F40—2004 中关于黏稠道路石油沥青的技术性质与技术要求,参考 JTG E20—2011 关于沥青软化点试验的相关规定与试验操作步骤。升温速度快,沥青试件本身受热不充分,温度低于周围水的温度,因此测得温度偏高。

10.［答案］ ✓

［解析］ 参考 JTG E20—2011 关于沥青闪点与燃点试验的相关规定与试验操作步骤。考查沥青的闪点、燃点的测定试验。闪点是指加热沥青至挥发出的可燃气体和空气的混合物,在规定条件下与火焰接触,初次闪火(有蓝色闪光)时的沥青温度(℃),闪点和燃点的高低表明沥青引起火灾或爆炸的可能性大小,它关系到运输、贮存和加热使用等方面的安全。题目说法正确,测定沥青闪点,开始加热时使升温速度迅速达到 14 ~ 17℃/min,待试样温度达到预期

闪点前56℃时,迅速调节,使升温速度在预期闪点前28℃时迅速使升温速率达到5.5±0.5℃/min,注意记录闪点,之后保持这样的升温速度继续加热,进行燃点的测定。

11.[答案] ✓

[解析] 参考JTG E30—2005试验规程中T 0505—2005水泥标准稠度用水量、凝结时间、安定性检验方法相关技术规定及试验操作方法。

凝结时间和安定性试验制浆的用水量根据标准稠度用水量试验确定。

12.[答案] ✓

[解析] 参考JTG E20—2011关于沥青溶解度试验的相关规定与试验操作步骤。检验沥青产品的纯度,通过沥青溶解度试验进行。

13.[答案] ×

[解析] 水存在对材料的力学性质和结构性质的劣化作用。一般地,材料浸水情况下,强度会降低。由于水分子进入材料后,由于材料表面力的作用,会在材料表面定向吸附,产生劈裂破坏作用;材料吸水膨胀,也会导致破坏;材料内容某些物质溶解,导致孔隙率增加,进而降低强度。

14.[答案] ×

[解析] 参考JTG F30—2003关于水泥混凝土配合比设计的相关规定,明确水泥混凝土配合比设计中砂率的概念。考查砂率的定义。砂率是水泥混凝土中砂子用量与砂、石总用量之比的百分数。区别于砂石比。

15.[答案] ✓

[解析] 参考JTG F40—2004中关于热拌沥青混合料配合比设计与技术要求。考查沥青混合料配合比设计的内容。

16.[答案] ×

[解析] T 0719—2011沥青混合料车辙试验。在试验室或工地制备成型的车辙试件,试件尺寸为长300mm×宽300mm×厚50~100mm。

17.[答案] ×

[解析] 参考JTG F40—2004中关于热拌沥青混合料的技术性质与技术要求,各性能指标的所反映的技术性质及其变化规律。考查沥青混合料的理论密度的计算,并非沥青用量越大,密度越大。

18.[答案] ×

[解析] 参考JTG E20—2011关于沥青闪点与燃点试验的相关规定与试验操作步骤,参考闪点反映的沥青技术性质。沥青的闪点从保证施工安全的角度提出。

19.[答案] ×

[解析] 参考JTG E42—2005中T 0317—2005粗集料磨耗值(洛杉矶法)试验的相关技术规定、试验操作以及所反映的粗集料技术性质。洛杉矶磨耗值指标用来评价集料抵抗撞击、摩擦作用的能力;道瑞磨耗值指标用来评定表层路面中的集料抵抗车轮磨耗的能力。磨耗值的计算方法相同,都是磨损失去的质量与原质量的比值,因此,磨耗值越小,反映石料的抗磨耗能力越好。

20.[答案] ✓

［解析］ 参考 JTG E42—2005 规程中关于粗集料针片状含量试验的相关概念以及试验操作的具体技术要求。集料针片状颗粒含量的危害。

21.［答案］ ×

［解析］ 参考 JTG E40—2007 中土的收缩试验 T 0121—1993 相关规定,土的密度不同试验方法的目的和适用范围,明确土的密度概念。土体的压缩变形主要是由于孔隙的减小所引起的,饱和土的压缩需要一定时间才能完成,饱和土的孔隙中全部充满水,要使孔隙减小,就必须使土中的水部分挤出,亦即土的压缩与孔隙中水挤出是同时发生的。土中水部分挤出需要一定时间,土的颗粒越粗,孔隙越大,则透水性越大,因而土中的水挤出和土体的压缩越快,黏土颗粒很细,则需要很长时间。

22.［答案］ ×

［解析］ 参考 JTG E40—2007 中关土的粒度试验相关技术规定。土粒的大小称为粒度。

土的粒度成分是指土中各种不同粒组的相对含量(以干土质量的百分比表示),它可用来描述土的各种不同粒径土粒的分布特性。表示方法有:表格法、累计曲线法、三角形坐标法。

23.［答案］ ×

［解析］ 参考 JTG F30—2003 技术规范中关于普通混凝土配合比设计中的技术要求,以及混凝土养护工作基本要求。混凝土的养护要满足一定的温度和湿度条件,不能在水中养护,混凝土的水灰比是严格控制的。

24.［答案］ √

［解析］ 参考 JTG E40—2007 中土的界限含水率试验的相关规定,如 T 0118—2007 液限和塑限联合测定法。土从液体状态向塑性体状态过渡的界限含水率称为液限,土由塑性体状态向脆性固体状态过渡的界限含水率称为塑限,达某一含水率后,土体不再收缩,这个界限含水率称为缩限。

25.［答案］ √

［解析］ 参考 JTG E42—2005 关于 T 0327—2005 细集料筛分试验的相关规定,及条文说明内容。筛分试验中,不能通过筛孔的试样质量称为筛余。

26.［答案］ √

［解析］ 如果胶凝材料用量太少,水胶比大则浆体太稀,黏度不足混凝土容易离析。

27.［答案］ ×

［解析］ 参考 JTG F40—2004 中关于热拌沥青混合料配合比设计技术性质与技术要求。沥青混合料中加入矿粉,矿粉与沥青作用形成沥青膜,提高与集料的胶结能力。

28.［答案］ ×

［解析］ 参考 JTG F30—2003 技术规范中关于普通混凝土配合比设计的技术要求与规定。考查坍落度试验的适用范围。坍落度试验只适用于集料最大粒径不大于 40mm,坍落度值不小于 10mm 的混凝土拌和物。

29.［答案］ ×

［解析］ 参考 JTG E40—2007 中相关规定,掌握 T 0115—1993 筛分法进行颗粒分析试验过程与试验结果处理。土的颗粒分析试验,方法有筛分法、密度计法和移液管法三种,分别有不同的适用范围。

30.［答案］ ✓

［解析］ 参考 JTG E51—2009 相关规定:半刚性基层材料在北方地区以 25℃湿养 6d,浸水 1d 后进行无侧限抗压强度试验。

四、问答题(共 5 道题,每题 10 分,共计 50 分)

1. 砂子有害杂质包括哪些?其各自的含义是什么?对混凝土的危害是什么?分别用什么方法检测(只答方法名称)?

［答案］ (1)含泥量,指砂中小于 0.08mm 颗粒的含量,由于它妨碍集料与水泥浆的黏结,影响混凝土的强度和耐久性。通常用水洗法检验。

(2)云母含量,云母呈薄片状,表面光滑,且极易沿节理开裂,它与水泥浆的黏结性极差,影响混凝土的和易性,对混凝土的抗冻、抗渗也不利。检测方法是在放大镜下用针挑捡。

(3)轻物质,指相对密度小于 2 的颗粒,可用相对密度为 1.95 ~2.00 的重液来分离测定。

(4)有机质含量,指砂中混有动植物腐殖质、腐殖土等有机物,它会延缓混凝土凝结时间,并降低混凝土强度,多采用比色法来检验。

(5)SO_3 含量,指砂中硫化物及硫酸盐一类物质的含量,它会同混凝土中的水化铝酸钙反应生成结晶,体积膨胀,使混凝土破坏。常用硫酸钡进行定性试验。

［解析］ 参考水泥混凝土路面、沥青路面施工技术规范,熟悉细集料中杂质对其路面性能的影响作用规律,明确其危害并熟悉测定细集料杂质含量的试验方法。考查砂子有害杂质的种类及危害。

2. 简述土的击实试验步骤。

［答案］ (1)根据工程要求,按规定选择轻型或重型试验方法。根据土的性质,按规定选用干土法或湿土法。

(2)试样击实:将击实筒放在坚硬的地面上,在筒壁上抹一薄层凡士林,并在筒底(小试筒)或垫块(大试筒)上放置蜡纸或塑料薄膜。取制备好的土样按所选击实方法分 3 或 5 次倒入筒内。每层按规定的击实次数进行击实,要求击完后余土高度不超过试筒顶面 5mm。用修土刀齐筒顶削平试样,称筒和击实样土重后用推土器推出筒内试样,测定击实试样的含水率和测算击实后土样的湿密度与干密度。依次重复上述过程,将所备不同预定含水率的土样击完。

(3)用修土刀沿套筒内壁削刮,使试样与套筒脱离后,扭动并取下套筒,齐筒顶细心削平试样,拆除底板,擦净筒外壁,称量,准确至 1g。

(4)用推土器推出筒内试样,从试样中心处取样测其含水率,计算至 0.1%。测定含水率用试样的数量及含水率的精确度均应符合有关规定。

(5)对干土法和湿土法,将试样搓散,进行洒水、拌和,每次约增加 2% ~3% 的含水率,其中有两个大于和两个小于最佳含水率。

按上述步骤进行其他含水率试样的击实试验。

［解析］ 参考 JTG E40—2007 中土 T 0131—2007 击实试验方法的相关规定,掌握土的击实试验步骤。考查土的击实试验步骤。

3. 简述石油沥青延度试验的试验条件及注意事项。

［答案］ (1)试验条件:

①试件形状尺寸:8 字形试样,中心断面为 1cm²;②温度:试验温度为 25℃或 15℃;③拉伸速度:非经注明为 5cm/min。

(2)注意事项:

①隔离剂要调配适当,确保侧模及玻璃板不粘沥青,隔离剂不能涂的太多,以免挤占试样体积;②当室温同试验温度相差太大时,为保证试样中心断面尺寸,试样应先恒温后铲平;③铲平时铲刀不能过热,也不能用力过大,以免试样老化或底面受拉变形;④当试样出现上浮或下沉时,应调整水的密度,重新试验;⑤确保水面不受扰动。

[解析] 考查石油沥青延度试验的试验条件及注意事项。

4. 混凝土在硬化期间受干燥后,对强度的瞬时影响是什么?长期影响是什么?重新受潮后影响又如何?

[答案] 混凝土是一种水硬性材料,在其凝结硬化过程中要有充分的外部水供给,保持其表面潮湿。当在硬化期间受干燥时,如果这种受干燥是瞬时的,将不会对混凝土的最终强度产生太大影响,如果干燥期较长,将会对最终强度产生较大影响。对于受干燥后又受潮的情况一般强度不同程度可恢复,干燥时间间隔越短恢复越多,但都达不到标准养生的最终强度。

[解析] 参考水泥混凝土技术性质的因素。考查影响混凝土水化的因素。

5. 用马歇尔法确定沥青用量的指标(规范规定的常规指标)包括哪几个?各自的含义是什么?分别表征沥青混合料的哪些性质?

[答案] 用马氏法确定沥青用量的常规指标包括稳定度、流值、空隙率和饱和度四个指标,其含义如下:

稳定度是指标准尺寸的试件在规定温度和加载速度下,在马氏仪上测得的试件最大破坏荷载(kN);流值是达到最大破坏荷载时试件的径向压缩变形值(0.1mm);空隙率是试件中空隙体积占试件总体积的百分数;饱和度是指沥青填充矿料间隙的程度。稳定度和流值表征混合料的热稳性,空隙率和饱和度表征混合料的耐久性。

[解析] 参考 JTG F40—2004 中关于沥青混合料配合比设计中最佳沥青用理的确定方法。掌握确定最佳沥青用量的各物理、力学指标的基本含义,及其对沥青混合料技术性质的影响作用。考查沥青混合料配合比设计的有关内容。